현대 정치학 강의

•

김웅진·김용민·김지희·김형철
안승국·이상환·홍재우 지음

명 지 사

머리글

지난 20세기를 거치면서 점차 분화·확대되어온 현대 정치학의 분석 구도를 한 권의 책에 모두 담는다는 것은 불가능하다. 따라서 우리는 정치학 연구의 핵심영역과 맥락만을 최대한 압축하여 소개하는 입문서를 만들어보려 시도했으나, 능력부족으로 인해 만족스러운 결과를 얻지 못했다.

이와 같은 책을 기획한 이유는 기존의 정치학 개론 교과서들이 수많은 개념과 이론들을 마치 백과사전처럼 나열하고 있기 때문에 읽는 이들, 특히 새롭게 정치학에 입문한 학생들이 모든 내용을 소화하기에 벅차다는 판단을 내렸기 때문이다.

책의 구성을 간략히 살펴보면, 우선 서론에 해당되는 제1장과 제2장에서는 정치학의 목표와 대상, 정치이론과 정치학 연구방법론을 간략히 소개했으며, 제3장~제6장은 정치학 연구에 사용되는 몇 가지 주요 개념들을 요약하고 있다. 뒤이은 제7장은 정치학 연구의 주제와 분석맥락, 제8장은 정치사상의 본질과 영역, 마지막으로 제9장과 제10장은 국제관계를 바라보는 이론적 시각과 쟁점들을 논의하고 있다. 집필은 공동작업의 성격상 일곱 명의 저자들이 각기 자신의 전공분야에 맞추어 분담할 수밖에 없었다. 내용에 대한 책임소재를 분명히 하기 위해 각 저자가 집필한 내용을 밝히면 아래와 같다.

김용민: 제8장

김웅진: 제1장

김지희: 제2장, 제7장 3절~4절

김형철: 제4장 2절

안승국: 제3장, 제4장 1절, 제6장, 제7장 1절~2절

이상환: 제9장, 제10장

홍재우: 제5장

출간에 흔쾌히 동의해주신 명지사의 최병문 사장님과 편집진께 깊은 사의를 표한다. 아무쪼록 이 책이 이상적인 정치사회의 모습을 꿈꾸는 새내기 정치학도들의 학문적 여정에 쓸모 있는 안내자가 될 수 있기를 바란다.

2007년 6월

저자 일동

차례

표 및 그림 목차

제1장 정치와 정치학

김웅진

제1절 정치

'정치(政治, politics)'란 어떤 현상을 지칭하는가? 정치는 다른 사회현상과 어떻게 다른가? 정치학 연구는 이러한 질문으로부터 시작되어야 한다. 왜냐하면 모든 과학적 연구(scientific research)는 그 대상을 명확히 밝힌 후에야 제대로 이루어질 수 있기 때문에, 정치학 연구도 먼저 정치가 무엇인가를 규정해야 하기 때문이다.

지금까지 수많은 학자들이 정치의 본질에 대해 나름대로의 견해를 제시해왔다 그런데 이처럼 다양한 견해들 가운데 어느 것이 가장 옳은가를 판단하기란 쉽지 않다. 왜냐하면 정치현상은 국가와 지역에 따라 색다르게 나타나며, 또 역사의 흐름과 함께 그 모습이 계속 변하기 때문이다. 결국 어떤 눈으로, 그리고 어떤 상황 속에서 바라보느냐에 따라 정치의 본질은 얼마든지 달리 규정될 수 있다. 예를 들어 조선시대에 우리 조상들이 생각한 정치와 오늘날 현대 민주주의 사회에서 우리가 생각하는 정치, 그리고 일본 사람들과 미국 사람들이 그리는 정치의 모습은 모두 다를 수 있다.

그럼에도 불구하고 정치는 역사적·공간적 조건을 뛰어넘는 두 가지 특성을 갖고 있다. 첫째, 정치는 사회구성원들이나 집단들이 자신의 고유한 목적을 달성하기 위해 상호작용함으로써 나타나는 현상이다. 예컨대 임금을 올리려는 근로자들과 동결하려는 기업주 사이의 밀고 당기는 협상, 한국-미국 간의 '자유무역협정(FTA)'에 대한 국회의 비준을 얻으려는 정부와 저지하려는 축산업자들 사이의 싸움, 국회의원 선거에서 보다 많은 의원을 당선시키려는 정당들 간의 경쟁은 모두 정치의 영역에 속한다.

둘째, 정치는 위에서 말한 것과 같은 상호작용들이 반드시 지켜야 할 절차와 규범을 권력(power)이라는 강한 힘을 통해 만들어낸다. 예로서 헌법(憲法, constitutional law, constitution)을 포함한 모든 법률은 정치의 소산이며, 이러한 규범들을 지키지 않을 경우 엄격한 제재가 뒤따른다. 그렇다면 권력이란 과연 무엇인가? 정치가 어떻게 모든 사회적 행동을 규제할 수 있는가?

이것이 가능한 이유는 정치가 인간 또는 인간사회의 핵심적 본성에 뿌리를 두고 있기 때문이다. 인간의 삶이 추구하는 바는 여러 가지가 있겠으나, 무엇보다도 인간은 자신의 정체성(正體性, identity)을 확고히 세우려는 욕구를 갖고 있다. 이러한 욕구는 인간의 삶 속에서 다양한 형태로 드러난다. 다시 말해서, 비단 정치뿐만 아니라 경제·문화·예술 등은 모두 인간의 정체성이 구체적으로 표출된 모습이라고 말할 수 있다.

그렇다면 인간의 정체성은 과연 어떻게 확보될 수 있는가? 마르크스(K. Marx, 1818~1883)와 같은 서구의 선구적 사회과학자들에 따르면, 인간의 정체성은 각 사람이 지닌 창조성[1]이 최대한 밖으로 드러날 때 확보된다. 왜냐하면 인간은 바로 창조성으로 인해 다른 생명체와 구별될 수 있는 '유적 존재(類的 存在, species being)'이기 때문이다.[2] 그런데

---

1) 혹은 창조적 자아(自我).
2) Marx, K. 1978. "Economic and Philosophic Manuscripts of 1884," in R. Tucker, ed. *Marx-Engels Reader*. New York: W. W. Norton, p.75.

사회 속에서 개인의 창조성을 마음껏 표출하기란 결코 쉽지 않을 뿐만 아니라, 극심한 긴장과 대립을 피할 수 없다는 점에서 정치의 의미를 찾을 수 있다. 즉 정치는 창조성을 구현함으로써 정체성을 확보하려는 인간의 본연적 욕구에서 비롯된 갈등의 소산인 것이다. 이러한 갈등이 왜 나타날 수밖에 없는가?

어떤 사람이 자신이 지닌 창조성을 밖으로 드러내려면 수많은 자원(資源, resources)을 확보해야 한다. 예로서 화가는 자신의 예술혼을 담은 작품을 만들기 위해 물감이나 캔버스와 같은 재료뿐만 아니라 브러시와 같은 여러 가지 도구를 필요로 한다. 또 작품을 편안히 만들 수 있는 공간과 완성된 작품을 전시할 수 있는 화랑도 마련해야 한다. 바로 여기에서 화가들 사이에 갈등과 대립이 시작된다. 왜냐하면 물감과 캔버스를 마음껏 얻을 수는 없기 때문이다. 그러한 재료들은 무한정 존재하는 것이 아니기 때문에 화가들은 이처럼 한정된 양의 재료, 보다 좋은 재료를 보다 많이 얻기 위해 서로 경쟁할 수밖에 없다. 게다가 작품을 아무리 열심히 만들어 보았자 화랑에 전시하여 남에게 보여주거나 팔지 못한다면 작품행위 자체가 무의미해진다. 즉 창조성의 구현은 반드시 '타자(他者)'를 필요로 한다는 뜻이다. 사람들은 타자에게 비추어진 자신의 창조성을 확인할 때 비로소 정체성을 얻게 된다. 화가는 다른 이들이 자신이 만든 작품을 보고 감동을 얻고, 또 그러한 작품에 쏟아 부은 의미와 뜻에 공감해줄 때 비로소 자신의 정체성을 확인할 수 있는 것이다.

이처럼 사람들은 삶의 의미를 찾기 위해 창조적 정체성을 드러내려 하지만, 그 과정에서 요구되는 자원을 얻기 위해 경쟁과 갈등에 빠져들게 마련이다. 우리가 치열한 경쟁을 거쳐 대학에 들어온 것도 창조성을 구현하는데 필요한 자원을 남보다 많이, 또 남보다 쉽게 얻기 위해서이다. 그런데 이러한 갈등과 대립이 전혀 통제되지 않고 무한정 지속되어 삶 자체가 심각한 위협을 받게 된다면, 인간사회는 영국의 정치사상가 홉스(T. Hobbes, 1588~1679)가 지적한 바와 같이 단지 '힘과 기만(force and fraud)'[3]에 따라 움직이는 '외롭고, 가난하고, 비열하면서도 잔인한(solitary, poor, nasty, brutish)'[4] 사회, 곧 '만인의 만인에 대한 투쟁(warre of every man against every man)'[5]이 계속되는 사회가 될 것이다.

바로 여기에서 인간이 살아야 할 '사회적 삶'의 딜레마가 나타난다. 즉 인간은 자신의 창조적 자아를 비추어 보기 위한 대상으로서 다른 사람들을 필요로 하지만, 타자와의 공존은 보다 많은 자원을 얻기 위한 투쟁과 갈등을 야기함으로써 삶 자체를 위협하게 된다. 그렇다면 차라리 홀로 사는 것이 더 낫지 않겠는가? 그러나 인간은 누구나 생물학적 존재이기보다는 '사회적 존재'로서의 삶을 선택하게 되며, 이로부터 인간실존의 딜레마는 극대화된다. 프랑스의 소설가 생 떽쥐베리(A. de Saint-Exupéry, 1900~1944)의 동화 『어린 왕자(Le Petit Prince)』[6] 속에 들어 있는 왕자와 어느 별에 홀로 사는 왕과의 만남 이야기는 사회적 존재로서의 의미를 찾으려는 인간의 본성을 잘 보여주고 있다. 왕의 정체성은 그가 지닌 창조성을 절대적인 힘, 즉 왕권(王權)을 통해 드러낼 때 비로소 확인된다. 그러나 제아무리 강한 왕권을 갖고 있더라도 아무 것도 할 수 없다면 그러한 힘은 왕에게 있어서 무의미한 것이 되고 만다. 따라서 왕은 어린 왕자에게 떠나지 말고 자신의 왕권에 복종하는 신하가 되어 줄 것을 간청할 수밖에 없었던 것이다.

정치는 바로 이러한 인간실존의 비극적 드라마로부터 시작된다. 즉 정체성을 얻기 위해서는 타자와 공존할 수밖에 없다는 인간조건과 공존이 필연적으로 야기하는 존재 자체에 대한 위협 사이에서 비롯된 딜레

---

3) Hobbes, T. 1972. *Leviathan*. Harmondsworth, UK: Penguin Books, p.188.
4) 위의 책, p.186.
5) 위의 책, p.188.
6) Saint-Exupéry, A. 1946. *Le Petit Prince*. Paris: Gallimard.

마는 결국 '투쟁이 통제된 공존'을 통해서만 해소될 수 있다. 그리고 이처럼 통제된 공존은 대부분의 사회구성원이 타당한 것으로 받아들일 수 있는 자원의 배분(resource allocation)을 통해서만 가능하다. 그러나 사회구성원 모두가 받아들일 수 있는 자원의 배분방식이란 있을 수 없다는 데 문제가 있다. 누구든 파이의 더 큰 조각, 혹은 가능하다면 전부를 차지하려는 상황 하에서 모두를 만족시키는 파이의 배분방식을 찾는다는 것은 애당초 불가능하다. 따라서 자원배분방식은 사회구성원 전부가 아니라 '대부분'을 충족시킨다는 맥락에서 강구될 수밖에 없으며, 이렇게 하기 위해서는 특정한 배분방식에 반대하는 사람들을 강한 힘, 즉 사회구성원들이 정당한 것으로 인정하는 권력을 통해 억누를 필요가 있다.

미국의 정치학자 이스턴(D. Easton)은 이러한 '사회적 가치의 권위적 배분(authoritative allocation of values for a society)'[7]을 일컬어 정치라 부르고 있다. 즉 정치는 사회구성원들이 획득하려는 자원의 배분방식을 '정당한 힘'을 통해 결정하는 과정을 지칭한다. 정치의 필요성은 바로 갈등의 제어를 통한 공존의 보장에 놓여 있다. 쉽게 말해서, 사람들은 생존 자체를 위협받지 않고 공존할 수 있는 수단으로서 스스로를 제어하는 힘을 만들어 사회의 관리집단에게 부여한다. 그리고 관리집단은 위임받은 권력을 이용해 모두가 추구하는 자원을 일부의 반대를 억누르며 나누는 과정, 곧 정치과정(political process)을 주도하게 된다. 이렇게 만들어진 힘을 일컬어 정치권력(political power)이라 부르며, 또 정치권력을 위임받아 사회구성원 간의 갈등을 통제하고 자원배분방식을 결정하는 집단을 정치지도층(political elite, political leadership)이라 칭한다. 요컨대 정치란 라스웰(H. Lasswell)이 규정한 바와 같이 '누가 무엇을 언제 어떻게 얻느냐(who gets what, when, and how)'[8]를 결정하는 매우 역동적인

---

7) Easton, D. 1971. *The Political System. An Inquiry into the State of Political Science*. Chicago: University of Chicago Press, p.129.

8) Lasswell, H. 1936. *Politics: Who Gets What, When, and How*. New York:

사회과정이다.

제2절 정치학: 과학적 연구와 규범적 연구

정치가 앞서 살펴본 것처럼 '사회적 가치의 권위적 배분'을 지칭하는 것이라면 정치학이 과연 어떤 학문인가를 쉽게 규정할 수 있다. 즉 정치학은 이와 같은 권위적 배분의 양상과 과정을 분석하는 학문이며, 따라서 배분과 관련된 인간의 사회적 행위와 상호작용, 그리고 그러한 상호작용을 통제하는 협약과 질서, 제도와 규범을 연구대상으로 한다고 말할 수 있다.

보다 구체적으로, 정치학은 사회적 가치의 배분과정이 어떠한 모습을 지니고 어떻게 전개되어 나가는가를 경험적으로 탐색하여 그 기본원리를 규명하려는 목적을 지니고 있으며, 이러한 목적을 지닌 정치학 연구를 '과학으로서의 정치학(political science)'이라 부른다. 그런데 여기에서 경험적(經驗的, empirical) 연구란 우리의 감각경험(感覺經驗, sensory experience)을 통해 얻은 정보와 자료에 근거해서 객관적인 지식을 생산하는 작업을 뜻한다. 바꾸어 말해서, 과학으로서의 정치학은 정치현상이 표출되는 모습을 가능한 한 있는 그대로 추적하여 그 원리를 밝혀내는 데 목적을 두고 있다. 즉 물리학이 당구대 위에서 움직이는 당구공의 모습을 분석하여 운동원리를 밝혀내려는 것과 마찬가지로, 과학으로서의 정치학은 정치현상이 발생하는 과정에 대한 법칙(law)이나 통칙(通則, generalizations)[9]을 찾아냄으로써 그러한 현상이 어떠한 원인으로 인

McGraw-Hill.

9) 통칙이란 경험적으로 검증된 가설(hypothesis)로서, 단정적인 법칙과 달리 일정한 조건 아래에서만 설명능력을 갖는 확률적 법칙을 지칭한다. 대부분의 사회과학이론은 이러한 통칙들이다. 김웅진·김지희. 2005. 『정치학연구방법론:

해 나타났는가를 밝혀낼 뿐만 아니라(설명), 이처럼 도출된 법칙을 이용해 장래 어떠한 정치현상이 도래할 것인가를 예측하려 한다.

그렇다면 설명과 예측은 어떤 의미를 갖는가? 정치학이 단순히 정치현상의 발생경로를 과학적으로 설명하는 데 머문다면 사회적 효용성과 가치를 가질 수 없을 것이다. 물론 모든 과학의 핵심적 목표가 연구대상현상의 체계적·객관적·경험적 설명과 예측에 놓여 있지만, 정치학뿐만 아니라 경제학·사회학·인류학 등 '사회과학(social sciences)'은 궁극적 목표를 가장 이상적인 사회를 만드는 데 두고 있다. 다시 말해서, 정치학 연구를 통해 얻어지는 과학적 지식들은 바람직한 정지, 이상적인 정치, 인간의 창조성이 극대화된 정치를 구현함에 있어서 반드시 요구되는 실천적 지식(實踐的 知識)으로서의 의미와 가치를 지녀야 한다.

지난 역사를 살펴보면 사람들이 자신이 처해 있는 사회적·자연적 조건에 대해 명확히 알지 못함으로 인해 인간성을 스스로 말살해버린 사례들을 쉽게 발견할 수 있다. 예로서 천체의 움직임에 관한 과학적 지식을 갖고 있지 못했던 중세 암흑기의 사람들은 일식(日蝕)이나 월식(月蝕)이 그들 가운데 '악한 자'가 있기 때문에 나타났다는 정치적 조작에 넘어감으로써 죄 없는 이들을 '마녀사냥(witch hunting)'의 희생자로 만들었다. 그런데 희생된 '마녀'들의 대부분이 당시 정치권력의 정당성을 뒷받침해주던 왕권신수설(王權神授說, The Divine Rights of Kings)에 저항한 사람들이었음은 무엇을 말해주는가? 사회현상이나 자연현상에 대한 무지는 정치적 조작을 초래했으며 비뚤어진 권력집단이 그러한 조작을 통해 무고한 저항자들을 처단했다는 역사적 사실은 정치현상에 대한 과학적 지식이 비단 정치학자의 전유물이 아니라 사회구성원 모두가 인간다운 삶을 살아가는 데 반드시 필요한 도구라는 점을 명백히 보여준다.

그러나 현실정치에 관한 과학적 지식만으로는 정치학의 실천성이 완

경험과학연구의 규준과 설계』. 명지사, pp.36-50을 볼 것.

벽하게 확보될 수 없다. 왜냐하면 과학적 지식은 단지 정치적 현실의 모습을 체계적으로 보여줄 따름이며, 그 자체로서는 과연 현실이 바람직한 것인가를 평가해주지 못할 뿐만 아니라 더 나아가 이상적인 정치사회를 구현하기 위해서는 무엇이 필요한가를 제시해줄 수 없기 때문이다. 따라서 정치학이 강한 실천성을 얻기 위해서는 과학적 지식을 통해 비추어진 정치적 현실을 평가하기 위한 잣대가 따로 마련되어야 한다. 다시 말해서, 현실정치를 진단하고 그 문제점을 해결하기 위한 대안을 찾기 위해서는 과학적 지식과 함께 정치가 마땅히 지향해야 할 가치와 규범이 정립되어야 한다. 정치학은 이처럼 바람직한 정치, 선한 정치, 올바른 정치의 모습을 규정하고 제시하려는 또 하나의 목표를 지니고 있으며, 이러한 맥락에서 이루어지는 연구를 규범적(規範的, normative) 정치학 연구, 정치철학(political philosophy), 또는 정치사상(political thought)이라 부른다. 결국 정치학은 정치현상의 발생경로에 대한 객관적 지식을 생산하려는 '과학'으로서의 위상을 지니고 있을 뿐만 아니라, 현존하는 정치현상이 과연 바람직한 것인가를 평가하고 더 나아가 모든 정치사회가 지향해야 할 보편적 가치를 모색하려는 '철학'으로서의 위상을 동시에 지닌 학문이다. 즉 정치적 실존과 당위, 이 두 가지를 정치학의 연구영역으로 규정할 수 있다.

제3절 정치학의 영역과 대상

1. 정치학의 연구영역

정치학의 연구영역은 당연히 정치의 영역과 일치한다. 즉 정치현상이 표출되는 시간적·공간적 영역과 제도적(制度的, institutional)·행태적(行態

的, behavioral)[10] 영역은 모두 정치학의 영역에 속한다. 그렇다면 정치의 영역과 다른 사회현상의 영역을 어떻게 구별할 수 있는가? 이러한 질문에 답하기란 결코 쉽지 않다. 왜냐하면 우리의 일상생활 가운데 정치의 영향을 받지 않는 부분이란 거의 없으며, 따라서 우리는 의식하든 의식하지 못하든 항상 '정치생활(political life)'을 영위하고 있기 때문이다. 물론 대부분의 사람들은 정치의 중요성을 인정하면서도 정치의 영역과 자신의 생활영역이 맺고 있는 깊은 관계를 명확히 깨닫지 못한다. 즉 우리는 대개 자신을 '정치적 인간(political man)'으로 규정하기를 거부하고, 때에 따라 자신과 정치적 영역 간의 관계를 애써 부정하려는 경향을 보인다.

그러나 정치는 앞서 살펴본 바와 같이 결코 피할 수 없는 인간조건의 산물이며, 따라서 창조성의 극대화라는 인간의 본성을 포기하지 않는 한 모든 사회구성원은 정치에 관여할 수밖에 없다. 돈과 같은 경제적 자원이든 사회적 신분이든 자신의 창조적 자아를 구현하기 위해 필요한 자원을 보다 많이 확보하려 노력하는 사람은 이미 정치에 참여하고 있는 것이다. 여성차별을 없애려는 여성단체의 시민운동이나 농산물 가격하락으로 인해 고통 받는 농부의 시위와 같은 현상들은 법안통과를 둘러싼 정당 간의 갈등 또는 야당과 대통령의 마찰과 마찬가지로 정치현상들임에 틀림없다. 왜냐하면 이러한 현상들은 본질적으로 보다 많은, 보다 나은 유형적·무형적 자원을 얻으려는 사회구성원들 사이의 갈등으로 인해 나타나며, 따라서 정치권력에 입각한 통제의 대상이 되기 때문이다. 예를 들어 여성차별을 없애려는 여권운동(女權運動)은 정부(政府, government)라는 최고의 권력집단에게 여성차별을 금지하는 정책을 채택하도록 압력을 행사하려는 목적을 갖고 있다. 즉 여권운동은 임금이

10) 행태란 반복적이자 지속적인 행위, 즉 특정한 조건이 주어질 경우 거의 대부분 같은 양상으로 나타나는 안정적 행위를 지칭하는 용어이다.

나 복지혜택과 같이 각기 남성, 여성에게 사회적으로 배분되는 자원의 질과 양을 둘러싼 갈등과 경쟁의 소산이고, 자원배분의 형평성을 권력 행사를 통해 강제적으로 확보하려는 목적을 지닌다는 측면에서 분명 '정치적'인 것이다. 이처럼 정치는 알게 모르게 우리의 일상생활과 관련되어 있기 때문에 정치학의 영역은 시민생활의 전 영역을 포괄한다고 보아야 한다. 그러나 정치학의 영역을 무한정 확장시킨다면 정치학의 연구대상은 대단히 모호해진다. 바꾸어 말해서 '모든 사회연구는 곧 정치학 연구'라고 말할 수도 있다.

그러나 정치학이 독립된 학문으로 정립되기 위해서는 여타 학문과의 영역구분이 어떤 방식으로든 내려져야 한다. 이와 같은 정치학의 영역 획정은 여러 가지 이유에서 필요하다. 무엇보다도 사회현상은 다양한 동기와 목적을 가진 사람들의 복잡한 상호작용으로 인해 나타나기 때문에 그 총체적인 모습을 한 가지 시각만으로는 완벽하게 파악할 수 없다. 따라서 가장 효율적인 방식은 사회현상의 여러 가지 면모들을 그에 맞는 적절한 시각을 통해 '나누어 살펴보는 것'이며, 이처럼 서로 다른 시각을 얻어진 지식들을 체계적으로 연결할 때 역동적인 사회현상을 보다 포괄적으로 이해할 수 있다. 이러한 맥락에서 사회과학은 몇 가지 분과학문(分科學問, subdiscipline)으로 나누어지는데, 정치학은 경제학, 사회학, 인류학과 함께 그 가운데 하나라고 말할 수 있다.

그렇다면 사회과학, 더 나아가 과학은 어떤 기준에 따라 분과학문으로 나누어지는가? 가장 보편적인 기준은 연구문제(research problems)가 무엇인가이다. 20세기를 대표하는 과학철학자 가운데 한 사람인 쿤(T. Kuhn)에 따르면 과학이란 '수수께끼를 푸는 작업(puzzle-solving activity)'[11]이며, 정치학은 나름대로의 수수께끼, 곧 연구문제들을 갖고 있다는 측면에서

11) Kuhn, T. 1970. *The Structure of Scientific Revolutions*. Chicago: University of Chicago Press, pp.35-42.

고유성과 독자성을 갖는다. 즉 정치학은 정치권력의 행사와 관련된 개인과 집단의 상호작용, 그리고 그러한 상호작용의 틀과 범주를 정하는 제도적 장치와 절차를 다룬다는 측면에서 다른 분과학문과 구별된다. 바꾸어 말해서, 정치학의 연구영역은 '정치권력의 행사'와 관련된 영역이다.

2. 정치학의 연구대상

1) 국정관리와 정치참여

그렇다면 '정치권력의 행사'와 관련된 연구문제들로서는 과연 어떠한 것들이 있는가? 만약 정치권력의 행사과정을 아주 좁게 본다면 그 과정은 곧 통치(統治, governing)의 과정이라고 말할 수 있다. 보다 구체적으로, 정치지도층이나 그들로 구성된 정부 또는 의회와 같은 공식적 정치조직들이 정치권력에 입각해 사회적 가치(자원)[12]를 배분하는 방식을 결정하고 적용하는 과정, 즉 정책결정(policy making) 또는 국정관리(國政管理)가 곧 정치학의 핵심적 연구대상이 된다.

그러나 사회적 가치의 배분은 사회구성원들의 요구와 이해관계를 반영해야 한다는 측면에서 정치학의 연구문제를 국정관리에 제한할 수는 없다. 자신이 지닌 요구를 정치지도층에게 전달하거나 정책결정과정에 압력을 행사하려는 사회구성원들의 개인적·집단적 행위 역시 정치학의 주요한 연구문제가 된다. 이와 아울러, 정치지도층에게 대표성(代表性)과 정당성(正當性, legitimacy)을 부여하기 위한 국민의 선택과 동의, 즉 선거와 같은 정치참여(政治參與, political participation) 역시 연구문제의 범주에 포함되어야 한다. 결국 정치학의 연구대상은 크게 ① 사회구성원들의 정치참여, ② 참여를 통해 전달된 다양한 이해관계에 입각하여 구

---

12) 제1장 제1절에서 소개한 정치에 관한 이스턴의 정의를 다시 볼 것.

체적인 자원배분방식을 선택하는 정치지도층의 정책결정, 그리고 ③ 결정된 정책에 따라 정치사회를 실제로 운영하는 국정관리 등 세 가지의 범주로 나누어질 수 있다.

2) 정치행태·정치제도·정치과정

한편 이러한 연구문제들은 무엇에 초점을 맞추느냐에 따라 다시 ① 행위의 문제, ② 제도의 문제, ③ 과정의 문제 등 세 가지로 나누어질 수 있다. 이들을 보다 상세히 살펴보면, 정치학 연구는 우선 일정한 유형의 정치적 행위, 즉 정치행태(政治行態, political behavior)가 어떤 조건 아래에서 어떤 원인과 경로를 통해 발생하는가를 탐색하려 한다. 예로서 국회의원 선거에 있어서 투표자들은 무엇에 따라 특정한 후보자에게 표를 던지는가? 쿠데타(coup d'état)나 혁명(革命, revolution)과 같이 폭력적인 정권전복 행위는 어떤 정치·경제·사회적 상황 속에서 발생하는가? 정부예산의 심의나 FTA 비준을 둘러싼 정당 간의 협상은 어떻게 이루어지는가? 이처럼 다양한 정치행태를 초래하는 원인과 조건을 찾아냄으로써 그러한 행태의 인과적 생성경로(causal path)를 탐색하려는 연구문제들은 모두 '행위의 문제'에 포함된다.

두 번째로, 개인적인 것이든 집단적인 것이든 정치행태는 공식적 제도와 절차의 테두리 속에서 나타나게 마련이다. 다시 말해서 정치행태의 레퍼토리는 대부분 제도적으로 결정된다. 예를 들어 개인적인 요구를 정치지도층에게 전달하는 참여행태는 각 국가가 지닌 헌정질서(憲政秩序, constitutional arrangement)를 벗어날 수 없고, 바로 그러한 헌정질서는 각종 정치제도로서 구체화되고 있다. 즉 국가적 주요사안에 대한 국민의 견해는 국민투표(referendum)와 같은 제도적 장치를 통해 표명되고, 공공정책의 결정 역시 정부와 의회제도 내에서 규정된 절차에 따라 이루어진다. 따라서 정치제도와 절차는 정치행태의 표출양상을 결정하는 기본적인 장치가 된다는 측면에서 그 유형과 특징, 생성과 변화는 정치학 연구의 중요한 대상이 된다.

물론 정치행태 가운데에는 제도적 틀을 벗어나는 것들도 있다. 예로서 쿠데타는 가장 대표적인 탈제도적(脫制度的) 정치참여, 다시 말해서 공식적 제도와 절차에 따르지 않고 물리적 폭력을 사용하여 정권을 바꾸려는 참여행위이다. 그러나 이러한 탈제도적 정치행태가 발생한다 해서 정치제도에 관한 연구의 중요성이 없어지는 것은 결코 아니다. 왜냐하면 탈제도적 행태는 바로 제도의 문제점과 한계를 보여주기 때문이다. 혁명이나 쿠데타는 국민의 이익을 정책결정과정에 효율적으로 전달할 수 있는 제도적 장치가 충분히 마련되어 있지 못할 때 발생하며, 따라서 어떻게 정치참여제도를 개선하거나 보완할 수 있는가라는 연구문제를 제공해준다.

세 번째로, 행태와 제도를 따로 떼어 보아서는 정치현상을 포괄적·총체적으로 이해할 수 없다. 아무리 좋은 정치제도가 마련되어 있다 하더라도 정치행태가 그러한 제도를 따르지 않거나 반대로 정치행태와 의식에 맞지 않은 정치제도가 존재한다면 정치는 안정성을 잃게 되기 때문이다. 따라서 정치행태와 정치제도의 상호작용에 관한 연구는 전반적인 정치의 흐름, 특히 정치적 안정과 불안정을 이해함에 있어서 반드시 필요하고, 이러한 행태와 제도 간의 상호작용이 전개되는 과정을 정치과정이라 부른다. 즉 정치과정의 연구는 개인과 집단의 정치적 행동이 주어진 제도적 장치와 절차에 상응하여 전개되어 나가는 역동적 과정에 관한 연구이며, 그러한 연구를 통해 정치사회의 거시적(巨視的) 전개양상을 파악할 수 있다.

3) 정치의식과 정치문화

정치학이 지닌 또 하나의 연구대상은 사회구성원들이 지닌 정치적 가치와 신념, 견해와 태도 등을 포함한 정치의식이라고 말할 수 있다. 흔히 정치적 정향(政治的 定向, political orientation)이라 불리는 정치의식은 그 양상에 따라 개인과 집단의 정치행태가 결정된다는 점에서 큰 중요성을 갖는다. 또 이와 같은 정치적 정향이 사회 속에 분포되어 있는 모습[13], 곧 정치문화(政治文化, political culture)는 정치과정에 큰 영향을 미치는 것으로 밝혀졌다.

정치문화란 간단히 말해서 사회구성원들 사이에 '가장 널리 퍼져 있는' 정치적 정향을 지칭하는데, 한 사회의 정치적 안정은 정치문화와 정치제도가 어느 정도 합치되느냐에 따라 결정된다고 볼 수 있다. 예를 들어 민주적인 정치제도를 갖고 있는 한국에서 민주정치가 제대로 이루어지지 않는 이유는 무엇인가? 한국 민주정치의 어려움은 국민이나 정치지도층의 정치행태가 민주적 제도가 규정하고 있는 절차를 따르지 않고 있기 때문에 나타난다고 볼 수 있는데, 그렇다면 1948년 민주정부가 수립된 이후 60년에 가까운 긴 시간이 흘렀음에도 불구하고 왜 아직 민주적인 정치행태가 확립되지 못하고 있는가? 우리 국민들이 성숙한 민주적 정향을 갖고 있지 못해서일 것이다. 또 이란의 경제사회적 근대화를 모색한 팔레비 왕(Shah Mohammed Reza-Phalevi)은 엄청난 업적을 달성했음에도 불구하고 왜 이슬람 혁명(1977~1979)을 통해 쫓겨났는가? 팔레비 왕정이 만든 서구식 정치사회제도와 반서구적 이슬람 근본주의(Islamic fundamentalism) 정치문화가 지속적으로 충돌했기 때문이다. 즉 정치제도와 정치문화 사이의 부조화가 팔레비 정권의 몰락을 가져온 것이다. 이처럼 정치적 정향과 정치문화는 정치행태의 양상, 더 나아가 정치과정의 흐름을 결정한다는 측면에서 결코 빠져서는 안 될 정치학의 연구대상이다.

---

13) Almond, G., Powell, G. and Mundt, R. 1996. *Comparative Politics Today, A Theoretical Framework*. New York: Harper Collins, p.43.

제2장 정치이론과 정치학 연구방법론

김지희

제1절 정치이론

제1장에서 말한 바와 같이 과학적 정치학 연구는 정치현상의 설명(explanation)과 예측(prediction)을 목표로 삼고 있다. 즉 설명과 예측은 비단 정치학뿐만 아니라 모든 과학의 공통목표로서 이론(theory)이라 불리는 과학적 도구를 통해 이루어진다. 그렇다면 이론이란 무엇인가?

이론은 어떤 현상의 인과적 발생경로에 관한 법칙이나 통칙, 곧 명제(proposition)와 그러한 명제가 성립되도록 하는 선행조건(initial conditions)을 포함하고 있으며, 연구자의 추측과 기대를 담은 가설(hypothesis)을 검증함으로써 도출된다(<그림 2-1> 참조).

가설		이론(검증된 가설)
○ 기대: X_1, X_2, X_3 (원인) ⇢ Y (결과)	⇨ 검증 ⇨	• 명제: X_1, X_2, X_3 (원인) → Y (결과)
○ 검증조건: C_1, C_2, C_3		• 선행조건: C_1, C_2, C_3

<그림 2-1> 이론의 모습

여기에서 이론과 현실은 분명 다르다는 것을 밝혀둘 필요가 있다. 이

론은 어디까지나 현실을 이해하기 위한 '도구'이지 현실의 정확한 복제품(複製品, replica)이 아니다. 또 어떤 현상의 모습과 발생경로는 보는 사람에 따라 얼마든지 다양하게 그려질 수 있기 때문에 같은 현상에 관한 서로 다른 이론이 있을 수 있다.[1)]

그렇다면 어떻게 이론을 평가할 수 있는가? 가장 널리 사용되는 평가기준은 이론이 얼마나 강력한 예측능력(predictive power)을 발휘하느냐이다. 다시 말해서 다른 이론에 비해 더 정확하게, 또 지속적으로 예측을 할 수 있도록 해주는 이론이 보다 좋은 이론이다. 그런데 이론의 예측능력은 논리적으로 설명능력에 기반을 두고 있으며, 따라서 좋은 이론은 설명력과 예측력을 모두 갖추고 있다고 말할 수 있다. 이제 이론이 어떤 구조를 갖고 있고 또 어떻게 설명과 예측의 도구가 되는지 살펴보기로 한다.

1. 이론의 기본구조

이론은 바로 위에서 말한 것처럼 어떤 현상과 그러한 현상을 불러일으킨 원인 사이의 인과관계를 보여주는 명제와 선행조건으로 이루어진다. 그리고 명제에 포함된 원인을 독립변인(獨立變因, independent variable), 독립변인이 초래하는 결과를 종속변인(從屬變因, dependent variable)이라 부른다. 또 독립변인과 종속변인 사이의 관계에 끼어들어 그 모습을 변화시키는 인자들을 간섭변인(干涉變因, intervening variable)이라 칭한다. 이러한 변인들은 본래 모두 개념(概念, concepts)들이며, 각 개념이 이론 속에서 수행하는 역할에 따라 독립변인, 종속변인, 혹은 간섭변인의 명칭을 얻게 된다.

---

1) 이러한 측면에서 이론은 연구자의 고유한 인지(認知)를 반영하는 상징적 구성체(象徵的 構成體 symbolic construction)라고 말할 수 있다. 김웅진·김지희(2005), 앞의 책, p.34 참조.

예로서 정치불안정이 왜 나타났는가를 보여주는 이론은 정치불안정(종속변인)의 원인으로서 경제적 피폐·국민의 정권에 대한 불만 확대·사회적 부패의 만연 등 세 가지 독립변인들을, 그리고 간섭변인으로서 국민의 불만을 정부에게 전달하는 정치참여장치의 효율성을 상정할 수 있다(<그림 2-2> 참조).

독립변인	⟶	**개입변인**	⟶	**종속변인**
▪ 경제적 피폐 ▪ 국민의 정권에 대한 불만 확대 ▪ 사회적 부패의 만연		▪ 정치참여장치의 효율성		▪ 정치불안정

[선행조건]

▶ 공간적(지역적) 조건 S: 제3세계 국가
▶ 시간적(역사적) 조건 T: 경제사회적 근대화의 초기단계

<그림 2-2> 정치불안정이론의 예

위의 예에 따르면, 정치불안정은 경제적 피폐, 국민의 정권에 대한 불만 확대와 사회적 부패의 만연 때문에 나타난다. 그러나 이러한 원인→결과 사이의 인과관계는 항상 유지되는 것이 아니라 개입변인(정치참여장치의 효율성)에 따라 양상이 바뀔 수 있다. 즉 정치참여장치의 효율성이 높다면 국민의 불만이 정부로 잘 전달되어 정치불안정이 발생하지 않고, 그 반대의 경우라면 심각한 정치불안정이 표출된다.

그렇다면 이와 같은 독립변인과 개입변인에 따라 '언제 어디에서든' 정치불안정이 발생하는가? 그렇지 않을 수도 있다. 즉 이들 간의 인과관계는 어떤 조건 아래 놓여 있느냐에 따라 유지될 수도 있고 무너질 수도 있다. 예로서 이러한 독립변인과 간섭변인들은 경제사회적 근대화(socioeconomic modernization)의 초기 단계에 놓여 있는 제3세계 국가들에 한해 정치불안정을 불러일으킬 뿐이며, 다른 조건 아래에서는 아무런

영향력을 발휘하지 않을 수 있다. 모든 이론은 이처럼 변인들 간의 관계를 성립시키거나 붕괴시키는 선행조건을 반드시 포함하고 있으며, 그러한 조건들은 시간적 조건(역사적 조건, temporal-historical conditions)과 공간적 조건(지역적 조건, spatial conditions)으로 나누어진다.[2)]

2. 이론의 역할: 설명과 예측

1) 설명

과학적 설명이란 어떤 현상이 '왜 나타났는가'라는 수수께끼를 풀기 위한 연역적 논증(演繹的 論證, deductive reasoning)의 과정이다. 현상 *E*는 왜 발생했는가? 이에 대한 답을 찾으려면 우선 적절한 이론 *T*를 전제로 삼은 다음, *E*가 *T*의 논리적 귀결이라는 것을 밝혀야 한다. 즉 설명대상(피설명항, explanandum) *E*가 설명전제(설명항, explanans) *T*로부터 필연적으로 도출되는 결론이라는 사실을 확증해야 한다(<표 2-1> 참조).

<표 2-1> 연역법칙적 설명의 예

◉ **피설명항 (*E*)**

- 홍길동은 왜 지난 국회의원 총선거에서 여당후보에게 표를 던졌는가?

◉ **설명항 (이론 *T*)**

▸ 명제: 소득수준에 따라 현 정권에 대한 지지도가 변한다(소득이 클수록 지지도가 높아지고, 적을수록 지지도가 낮아진다).

▸ 성립선행조건: 농촌의 경우

◉ **논증**

- 홍길동은 월 500만 원 이상을 번다. 따라서 그는 고소득층에 속한다.

---

2) 이론의 구조에 관해서는 김웅진·김지희(2005), 앞의 책, pp.36-44에 상세히 언급되어 있음.

- 홍길동은 충남 청양군에서 농업에 종사하고 있다. 따라서 그는 농촌에 산다.
- 여당후보에게 표를 찍는 행위는 현 정권에 대한 지지를 적극적으로 표명하는 행위에 속한다.

☞ 결국 충남 청양군에 살면서 농업에 종사하는 홍길동은 월 500만 원 이상을 벌기 때문에 당연히 여당후보에게 표를 줄 수밖에 없다. 왜냐하면 농촌에 사는 사람은 소득이 클수록 정권에 대한 지지도가 높아지기 때문이다.

위의 예가 보여주는 것처럼 어떤 현상(피설명항)은 '그러한 종류의 현상은 ×××라는 조건 아래에서 ×××라는 원인들로 인해 나타난다'라는 이론(설명항)에 따라 필연적으로 나타날 수밖에 없다는 점을 논증함으로써 설명된다.[3] 즉 '홍길동이 여당후보에게 표를 찍은 사건'은 '홍길동이 여당후보 진영에 기부금을 낸 사건' 혹은 '홍길동이 여당후보의 선거운동에 자원봉사자로 참가한 사건'과 마찬가지로 '농촌의 경우 고소득층일수록 정권에 대한 지지도가 높아진다'라는 이론에 비추어 볼 때 당연히 발생할 수밖에 없는 현상이다. 따라서 설명은 설명항으로 주어진 이론이 참(truth)일 경우, 즉 '항상 옳을 때'에만 가능하고 이를 연역법칙적 설명(演繹法則的 說明, deductive-nomological explanation)이라 부른다.

그런데 정치학 연구에 있어서는 이처럼 '항상 옳은' 이론을 만들 수 없다. 왜냐하면 어느 누구도 어떤 정치현상이 색다른 시간적·공간적 조건 속에서 나타나는 모습을 빠짐없이, 그리고 완벽하게 파악할 수 없기 때문이다. 이는 '백조는 희다'라는 진술은 모든 백조들의 색깔을 일일이

3) 즉 "무엇을 설명한다는 것은 그것이 보편적으로 알려진 것의 한 구체적인 표출양식이라는 사실을 밝혀내는 작업이다(To explain something is to exhibit it as a special case of what is generally known)." Kaplan, A. 1998. *The Conduct of Inquiry*. New Brunswick·London: Transaction Publishers, p.339.

확인하기 전까지는 '참'이 아닌 것과 마찬가지이다. 이에 따라 정치학 이론(정치이론)은 대개 어떤 조건이 주어진다면 맞을 가능성이 있는 확률적 통칙(probabilistic generalizations)으로 이루어져 있으며, 설명 역시 연역법칙적 설명의 논증구조를 그대로 지키되 결론의 도출에 있어서 유연성을 갖는 귀납확률적 설명(歸納確率的 說明, inductive-statistical explanation)의 형태를 취한다.

귀납확률적 설명은 연역법칙적 설명과 같은 논증구조를 갖고 있지만 설명항의 성격은 다르다. 즉 연역법칙적 설명의 설명항은 항상 옳은 이론, 곧 단정적 법칙을 포함하고 있으나 귀납확률적 설명의 설명항은 확률적 통칙으로 이루어져 있다. 이 때문에 귀납확률적 설명에 있어서는 피설명항이 설명항의 논리적·필연적 귀결이 되지 않을 수도 있다. 다시 말해서 피설명항이 설명항으로 설명되지 않을 가능성을 인정하고 있다. 이러한 귀납확률적 설명의 논증과정을 또 다른 예를 들어 살펴보자.

귀납확률적 설명은 설명항에 포함된 확률적 통칙과 선행조건을 각기 sG_1, sG_2 … sG_n과 C_1, C_2, C_3 … C_n으로 나타내었을 때, 이러한 전제의 귀결로서 *E*라는 사건이 발생할 가능성에 초점을 맞춘다. 즉 설명항 속에 포함된 통칙은 '만일 P라면 Q가 나타날 가능성이 있다'라는 형태를 갖는다(<표 2-2> 참조).[4)]

<표 2-2> 귀납확률적 설명의 예

◉ **피설명항 (*E*)**

- 우리 형은 왜 지난 16대 총선에서 여당 후보에게 표를 던졌는가?

◉ **설명항 (이론 *G*)**

▸ 명제: 교육수준에 따라 현 정권에 대한 지지도가 변할 가능성이 크다

4) 귀납확률적 설명의 상세한 논증구조에 대해서는 김웅진·김지희(2005), 앞의 책, pp.58-63 참조.

> (교육수준이 높을수록 지지도가 떨어지고, 낮을수록 지지도가 높아질 가능성이 크다).
>
> ▸ 성립선행조건: 소도시에 사는 경우
>
> ◉ **논증**
>
> - 우리 형은 초등학교밖에 나오지 못했다. 따라서 그는 교육수준이 매우 낮은 집단에 속한다.
> - 우리 형은 남원시에 산다. 따라서 소도시 거주민의 범주에 속한다.
> - 여당후보에게 표를 찍는 행위는 현 정권에 대한 지지를 표명하는 행위에 속한다.
>
> ☞ 결국 남원시에 살면서 최종학력이 초등학교 졸업인 우리 형은 여당후보에게 표를 던질 가능성이 높았고 실제로 그렇게 했다. 왜냐하면 교육수준이 낮을수록 정권에 대한 지지도가 높아질 가능성이 크기 때문이다(전제의 잠정적 확증).

위의 예에서 볼 수 있듯이 귀납확률적 설명의 설명항은 '교육수준에 따라 현 정권에 대한 지지도가 변한다'라는 단정적 법칙이 아니라 '변할 가능성이 크다'라는 확률적 통칙을 담고 있다. 이는 교육수준이 낮은 사람 가운데에서도 현 정권을 지지하지 않는 이들이 있을 수 있다는 의미뿐만 아니라, 현 정권을 지지하게 만드는 데에는 교육수준 이외에 다른 요인들(소득수준, 사회적 신분, 성별 등)도 있을 수 있다는 의미 역시 내포하고 있다. 결국 귀납확률적 설명에 있어서는 전제가 참이라 하더라도 결론이 반드시 참인 것은 아니다.

따라서 연역법칙적 설명에 있어서는 피설명항이 설명항의 논리적 귀결이 되지 않는 사례가 단 한 개만 있어도 설명항이 즉시 무너지고 설명은 실패로 끝나지만, 귀납확률적 설명의 설명항을 무너뜨리기 위해서는 수많은 '맞지 않는 사례'들을 제시해야 한다. 그러나 우리가 지닌 귀납적 관측의 한계 때문에 '맞는 사례'보다 더 많은 '맞지 않는 사례'가 존재한다는 명백한 근거를 제시하기란 매우 어렵다. 바로 이 때문에 정치이론(사회과학이론)들은 쉽게 무너지지 않을 뿐만 아니라 급격하게 변화하지도 않는다. 즉 정치학에 있어서는 서로 부딪히는 이론들이 병존할 따름이며, 하나의 이론이 다른 이론을 완전히 대체하는 것은 아니다.

2) 예측

정치학자들이 이미 나타난 현상을 설명하려 하는 것은 더 나아가 같은 종류의 현상이 다시 발생할 것인가를 예측하기 위해서이다. 예로서 과거에 발생한 구체적 사건인 쿠데타 E'가 [X_1, X_2, X_3 → E(정치불안정) under S_1, T_1]이라는 이론을 통해 설명되었다면, X_1, X_2, X_3, 그리고 S_1, T_1과 동일하거나 유사한 조건들이 관측되었을 때 혁명, 쿠데타나 폭동처럼 정치불안정 E의 범주에 속하는 현상이 곧 다시 발생하리라고 예측할 수 있을 것이다. 이처럼 예측과 설명은 이론을 필요로 한다는 측면에서 같은 작업이며, 단지 설명은 결과를 발생시킨 전제를 찾는 작업임에 반해 예측은 주어진 전제를 통해 결과를 기대한다는 점에서 서로 다를 뿐이다.

그런데 정치학 연구에 있어서는 앞서 말한 바와 같이 '항상 옳은' 설명항이 없기 때문에 연역법칙적 설명이 불가능한 것처럼 예측 역시 단정적일 수 없다. 즉 예측에 사용되는 전제는 귀납확률적 설명의 경우와 같이 확률적 통칙을 가진 설명항이며, 따라서 우리는 어떤 현상이 발생할 가능성을 제시할 수 있을 뿐이지 결코 그러한 현상이 도래하리라 단언할 수는 없다. 요컨대 정치학(사회과학) 연구에 있어서는 이론의 확률적 성격으로 인해 불완전한 설명과 불완전한 예측만을 할 수 있을 뿐이다. 그렇다고 해서 설명과 예측을 포기할 수는 없다. 왜냐하면 설명과 예측의 포기는 정치현상에 관한 과학적 지식이 차지해야 할 자리에 무지(無知), 더 나아가 왜곡된 이데올로기적 조작이 자리 잡게 만들 것이며, 그렇게 될 경우 우리가 지닌 창조적 자아의 구현이라는 정치사회의 궁극적 목표는 결코 달성될 수 없을 것이기 때문이다.

제2절 정치학 연구방법론

자연과학이든 사회과학이든 모든 과학은 이론을 도출하는 데 필요한 분석논리(分析論理, analytic logic)[5]와 방법(method of analysis)을 갖고 있으며, 이들을 포괄적으로 연구방법론(research methodology)이라 부른다. 과학적 이론은 엄정하고도 치밀한 절차를 통해 만들어져야 하는데 연구방법론은 바로 이러한 절차를 규정해준다는 측면에서 과학의 핵심적 구성요소가 된다. 바꾸어 말해서 연구방법론을 얼마나 잘 준수하느냐에 따라 도출된 이론의 설명력과 예측력이 결정된다고 볼 수 있다.

현대 정치학의 연구방법론은 크게 경험과학적 방법론(positivist methodology), 실재론적 방법론(realist methodology)과 의미론적 방법론(idealist methodology)으로 나누어진다. 이들은 각기 고유한 존재론적·인식론적 입장을 갖고 있고, 그에 따라 이론을 도출하기 위한 구체적 분석논리와 방법을 제시하고 있다. 여기에서 존재론이란 연구대상의 본질에 관한 논의를, 그리고 인식론이란 그러한 본질에 다가갈 수 있는 길에 관한 논의를 뜻한다.

1. 경험과학적 방법론

앞서 소개한 과학적 이론이나 설명의 논리는 모두 경험과학적 입장을 반영하고 있다. 경험과학은 연구대상을 감각경험을 통해 관측할 수 있는 현상에 제한하고 있으며, 이러한 현상들은 우연히 발생하는 것이 아

5) 혹은 분석규준(分析規準, analytic canons).

니라 일정한 질서나 법칙에 따라 나타난다고 본다. 따라서 경험과학 연구는 겉으로 드러난 현상들 사이의 인과관계를 객관화된 경험적 자료, 곧 투표참여율(%)이나 정부예산(×××달러)과 같이 계량화된 자료[6]들을 통해 일반화함으로써 법칙이나 통칙을 끌어내려 한다. 다시 말해서 눈에 보이는 현상들 사이의 인과관계에 관한 가설을 세운 후, 가설과 실제세계가 어느 정도 일치하는지를 경험적 자료에 입각해 확인함으로써 이론을 만든다(가설검증, hypothesis testing). 예로서 정치불안정을 설명하기 위한 이론을 도출하려 한다면 아래와 같은 단계를 밟는다.

1) 가설 설정

독립변인(원인)과 종속변인(결과)을 정하고 이들 사이에 일정한 인과관계가 있으리라는 가설을 설정한다. 예컨대 경제상황(독립변인)이 변화함에 따라 정치불안정(종속변인)의 수준이 변한다는 가설을 세운다. 대개 가설은 관련된 기존 이론으로부터 도출되지만 도움을 받을 수 있는 이론이 전혀 없을 때에는 연구자의 고유한 인식, 경험이나 판단에 따라 설정된다.

2) 검증사례의 선택과 검증의 시간적 조건 설정

두 번째로 가설을 어떤 사례(국가나 정치체제)를 대상으로, 그리고 어떤 시간적·역사적 구간 속에서 검증할 것인가를 결정한다. 이 경우 하나의 사례만을 택할 수도 있고(사례분석, case study), 여러 사례들을 택하여 가설이 모든 사례 속에서 맞는지 혹은 어떤 사례 속에서만 맞는지를 확인할 수도 있다(교차사례분석, cross-cases study).[7] 또 일정한 시점에서 발생한 현상들만을 대상으로 할 수도 있고(동시적 분석, diachronic

---

6) 계량화된 자료를 사용하는 이유는 수(數)야 말로 감각경험을 객관적으로 표현할 수 있는 가장 좋은 수단이기 때문이다.

7) 또는 비교분석(comparative analysis).

analysis), 1990년~2000년이나 '유신시대'와 같이 연속적인 시간적 구간을 대상으로 할 수도 있다(통시적 분석, longitudinal analysis).[8)]

3) 개념정의와 조작정의

다음으로 정치불안정과 경제상황이라는 개념이 각기 어떤 이론적 의미를 갖는지를 규정한 후(개념정의, conceptual definition), 다시 선택된 사례들 속에서 구체적으로 무엇을 지칭하는지를 분명히 밝혀야 한다(조작정의, operational definition).[9)] 예로서 정치불안정을 '정권의 정당성이 위협받고 있는 상황'으로 규정하여 이를 1년간 발생한 반정부 시위(反政府示威, anti-government protest)의 회수·규모(참여자 총수)·폭력성(부상자 수) 등의 수량적 지표(정량척도, quantitative measure)[10)]로 재구성한다. 경제상황 역시 '경제체제의 성과'로 개념정의한 후 다시 국민총생산(GNP)·실업률·인플레이션율 등의 정량척도로 조작정의한다. 그러나 반정부 시위가 발생했다는 사실을 알 수는 있지만 몇 번이나 발생했고 몇 명이 참여했는지 확인할 수 없을 때에는 정량척도를 사용하기 어렵다. 이럴 경우에는 어떤 현상의 발생 여부만을 측정하는 명목척도(nominal measure, 발생/미발생)[11)]나 폭력성이 어느 정도인지를 상대적으로 표현해주는 비교척도(comparative measure, 극심/미약)[12)]를 사용한다.

---

8) 시계열 분석(time-series analysis)이라 부르기도 한다.

9) 조작정의는 추상적 개념을 실증지표로 재구성하는 작업으로서, 개념정의를 통해 구축된 이론적 속성의 범주와 현실세계를 연결시키려는 목적을 갖고 있다. 김웅진·김지희(2005), 앞의 책, pp.125-129 참조.

10) 정량척도에는 절대 0을 가진 비율척도(ration measure)와 절대 0이 없는 등간척도(interval measures)가 있다. 위의 책, pp.135-137.

11) 분류척도(classificatory measure)라 부르기도 함. 위의 책, pp.131-132.

12) 혹은 순위척도(ordinal measure). 위의 책, pp.132-135.

4) 관측과 측정

네 번째 단계는 각 지표에 해당되는 자료들을 모아(관측) 그 양과 심도를 측정하는 작업이다. GNP나 실업률을 측정할 때에는 각종 통계집의 데이터베이스를 이용할 수 있고, 반정부 시위에 관한 자료는 신문과 같은 매스 미디어가 제공하는 보도자료로부터 추출할 수 있다. 또 연구대상이 정치불안정처럼 국가나 정치체제의 움직임과 관련된 거시적(macro) 현상이 아니라 개인('서울에 소재한 대학의 학생들' 등)의 정치적 성향과 같은 미시적(micro) 현상일 때에는 설문조사(survey research)를 통해 대상자들에게 직접 접근하여 자료를 모은다.[13)]

5) 가설검증

관측과 측정을 통해 정량척도에 관한 자료를 얻으면 이들 사이에 함수관계와 같은 수리적 공변관계(correlation)가 나타나는가를 회귀분석(regression)[14)]과 같은 통계분석방법을 통해 확인함으로써 인과관계를 추론한다. 또 변인들이 명목지표나 비교지표로 조작정의되었을 때에는 이들 간의 상호관계(association)[15)]를 교차분석표(crosstabulation)[16)]로 만들어 살펴본 후 그 깊이와 방향을 감마(γ), 람다(λ), 카이자승 검정법(χ^2) 등의 통계분석방법[17)]을 통해 측정한다. 물론 통계분석방법만이 사용되는 것

---

13) 설문조사의 자세한 절차에 관해서는 김웅진 외. 2001. 『정치학조사방법, 재미있는 퍼즐풀기』. 명지사, pp.163-201을 볼 것.

14) 회귀분석은 정량척도들 간의 함수적 공변관계를 추적하여 인과관계를 추론하는 데 가장 널리 사용되는 통계분석방법이다. 자세한 논리와 절차에 관해서는 김홍규. 1997. 『사회과학통계분석 SPSS for Windows』. 나남, pp.229-264 참조.

15) 상호관계란 인과성을 명확히 확인할 수 없는 관계, 즉 무엇이 원인이고 무엇이 결과인지를 확정하기 어려운 관계를 뜻한다.

16) 교차분석표는 두 개의 명목척도나 순위척도가 갖고 있는 카테고리, 예로서 남자-여자와 보수-진보의 카테고리들을 서로 교차시킨 구간(cell)들을 만들고 각 구간에 들어가는 빈도수를 제시함으로써 카테고리 간의 결합양상을 표현한 표이다. 김홍규(1997), 앞의 책, pp.130-131 참조.

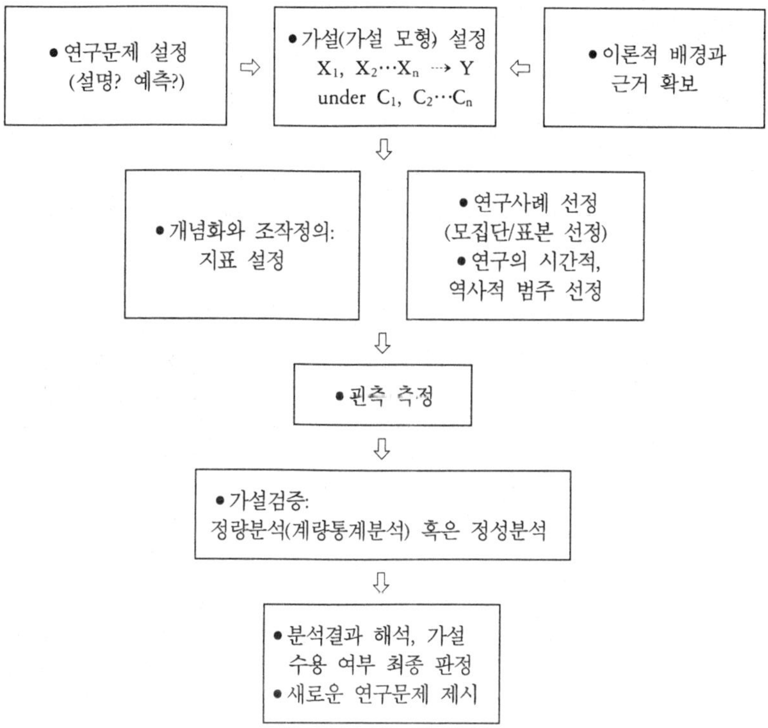

<그림 2-3> 경험과학연구의 방법론적 흐름

은 아니다. 순위지표나 명목지표를 사용할 때에는 일치법(method of agreement)·차이법(method of difference)·혼합법(joint method of agreement and difference)이나 부울 대수(Boolean algorithms)와 같은 정성적(定性的, qualitative) 비교분석전략[18]을 사용하여 변인들 사이의 인과관계를 논리

---

17) 감마는 순위척도로 이루어진 가설을, 그리고 람다와 카이자승 검정법은 명목척도로 이루어진 가설을 검증하는 데 사용되는 통계분석방법이다. Lewis-Beck, M., Bryman, A., and Liao, T. eds. 2004. *The Sage Encyclopedia of Social Science Research Methods*, Vol.2. Thousand Oaks, Calif.: Sage, pp.414-415; 김홍규(1997), 앞의 책, pp.121-129, 133-135 참조.

18) 이와 같은 비교분석전략의 논리와 적용방법은 김웅진·김지희. 2000. 『비교사회연구방법론』. 한울 아카데미, pp.26-69에 상세히 소개되어 있음.

적으로 추적해본다.

6) 검증결과의 해석과 새로운 연구문제의 제시

마지막으로 검증결과를 해석하여 가설을 받아들일 것인가 기각(棄却, reject)할 것인가를 최종적으로 판단한다. 만약 받아들인다면 가설은 설명과 예측의 도구, 즉 통칙이나 이론이 된다. 그러나 가설을 받아들일 수 없을 때에는 왜 가설이 기각되었는지를 면밀히 검토하여 새로운 가설을 설정하여 검증한다. 이러한 과정에서 새로운 연구문제들이 제시된다. 예로서 가설이 기각된다면 종속변인에 영향을 주는 다른 독립변인이나 간섭변인들이 있다는 증거가 되기 때문에 그것들이 어떠한 것인지를 탐색하게 된다. 이러한 과정을 흐름도로 표현하면 <그림 2-3>과 같다.

2. 실재론적 방법론과 의미론적 방법론

실재론자들은 모든 현상은 외피(外皮, appearance)의 세계와 그 아래에 숨어있는 본질의 세계, 곧 구조(structure)의 세계[19] 등 두 개의 층으로 이루어져 있으며, 외피의 모습은 구조의 성격에 따라 결정된다고 주장한다. 예로서 얼굴의 윤곽은 피부 밑에 깊이 감추어진 두개골의 구조에 따라 달라진다.

실재론적 방법론을 정치학 연구에 적용하고 있는 사람들은 주로 마르크시스트들이다. 이들에 따르면 자본주의 사회 속에서 나타나는 여러 가지 행위, 제도, 관습 등은 모두 자본주의 경제구조가 지닌 본질이 바깥으로 드러난 것이다. 즉 정경유착(政經癒着)이나 저임금 노동자들의 비

---

19) 혹은 핵심적 관계(relations)의 세계. 이러한 관계들이 유기적·체계적으로 연결된 망(網)을 구조라 칭한다.

참한 생활과 같은 정치경제적 현상뿐만 아니라 가족제도, 교육제도, 정치제도 등 모든 사회제도는 자본주의 경제구조의 본질적 성격을 반영하는 외피라는 것이다. 따라서 본질적 구조를 파악하지 않고 경험적 관측이 가능한 외피에만 연구의 초점을 맞추는 것은 겉핥기에 불과하다.

그렇다면 감추어져 있기 때문에 직접 볼 수는 없으나 분명 존재하는 구조를 어떻게 파악할 수 있는가? 이는 실재론적 방법론이 견지하고 있는 추상화의 방법(method of abstraction)을 통해서만이 가능하다.[20] 추상화의 방법을 요약해보면,

(1) 어떤 본질적 구조가 틀림없이 존재한다는 이론적 전제를 세운다.
(2) 만약 전제가 맞는다면 그에 해당되는 외피가 분명 나타날 것이라고 예측한다(전제와 외피 간의 논리적 인과관계 설정).
(3) 예측된 외피가 실제로 나타난다면 구조가 존재할 수밖에 없다는 결론에 도달하게 된다. 다시 말해서 전제를 참(truth)으로 받아들인다.

한편 상징적 상호작용론(symbolic interactionism)이나 현상학적 입장(phenomenological perspective)을 견지하고 있는 의미론자들은 사회적 행위는 자연의 움직임과 달리 의미(meaning)를 담고 있다고 본다. 즉 우리는 어떤 사람이 특정한 행위를 통해 무엇을 의도하는가를 '해석'함으로써 행위의 정체를 파악한다. 식당에서 손님 하나가 팔을 높이 들어 흔들 때 종업원이 그에게 다가가는 이유는 무엇인가? 그러한 행위가 자신을 부르려는 의도에 따라 나타난 것이라고 해석했기 때문일 것이다. 따라서 의도와 행위는 서로를 함축하고 있다는 것이 의미론자들의 주장이다. 바꾸어 말해서 의도와 행위를 놓고 무엇이 원인이고 무엇이 결과인지를 따질 수 없다. 왜냐하면 의도를 파악하지 않고서는 행위의 정체를 알 수 없고, 행위를 보지 않고서는 의도를 추측할 수 없기 때문이다. 의

---

20) Wilson, J. 1983. *Social Theory*. Englewood Cliffs, NJ: Prentice-Hall, p.173.

도와 행위는 같은 동전의 양면과 같다.[21]

이러한 맥락에서 의미론자들은 행위자의 의도를 '실질적으로 추론(practical inference)'함으로써 어떤 사회적 행위를 설명하려 한다. 이러한 추론은 일정한 전제(의도)로부터 결과(행위)를 논리적으로 연역하는 방식을 취하며, 행위는 행위자가 자신의 의도를 실현하는 데 필요한 수단(means), 곧 주어진 상황(외부세계, outer world)에 따라 행위자가 선택할 수 있는 대안으로 간주된다.[22]

위의 예에서, 식당에서 팔을 높이 들어 흔드는 행위는 왜 나타났는가? 의도를 실현하기 위한 수단의 한 가지일 것이다. 그렇다면 이는 어떤 의도를 실현하기 위한 수단인가? 식당이라는 상황에서 종업원의 눈을 끌려는 의도일 것이다. 따라서 팔을 흔드는 이유는 종업원을 부르기 위해서라고 논리적으로 해석할 수 있다. 이처럼 의미론적 입장에서 본 인과관계는 독립적이자 객관적 상황 사이의 관계가 아니며, 의도와 의도 실현 수단의 논리적 관계이다. 즉 행위에는 이미 의도가 함축되어 있고 의도는 그에 따른 행위를 함축한다. 이러한 함축성을 파악하는 것이 바로 사회과학 연구의 목표가 된다. 왜냐하면 인간은 본래 목적지향적이자 창조적인 존재이며[23], 따라서 자신의 의도를 구현하기 위한 수단을 주어진 상황 속에서 자유롭게 모색하기 때문이다.

---

21) Moon, D. 1975. "The Logic of Political Inquiry, A Synthesis of Opposed Perspectives," in F. Greenstein and N. Polsby, eds. *Political Science: Scope and Theory*, *Handbook of Political Science*, Vol.1. Reading, Mass.: Addison-Wesley, p.175.

22) Wilson(1983), 앞의 책, p.115.

23) 위의 책, p.112.

제3장 정치체계와 정치체제

안승국

고대 그리스의 도시국가에 대한 관심 이래로 국가는 정치학의 주요 연구대상들 중 하나였다. 현대 정치학에서도 국가권력과 국가정책 또는 국가 간 관계 등은 주요한 연구주제가 되고 있다. 지금까지 국가에 관한 연구는 국가주의와 마르크스주의 등을 비롯한 다양한 관점에서 논의되어왔다. 20세기 초 정치학의 과학화는 국가와 관련된 연구를 정치체계론의 맥락에 놓이게 했으며 이에 따라 전통적인 접근법에 의한 국가연구는 쇠퇴하게 되었다.[1] 이러한 연구경향은 1960년대 후반까지 지속되었다가, 그 이후부터 국가가 정치학의 연구주제로 다시 주목을 받게 되었다.

이 시기의 연구경향은 주로 정책의 결정이나 집행과 관련되는 국가의 역할과 능력에 초점을 두게 되었다. 정치체제(political regime)는 통치를 공식화하는 규칙과 절차를 의미한다. 즉 정치체제는 정치적 관계가 구성되고 유형화되며 조직화되는 특정의 방식을 의미하는 것이다. 정치체제에는 통치와 관련하여 분화된 기능과 역할을 수행하는 다양한 정치제도(political institution)가 존재한다. 따라서 정치체제는 정치제도를 통해 공동의 목표를 제시하고 목표를 실현시킬 수 있다.

---

1) Nettle, J. 1968. "The State as a Conceptual Variable." *World Politics* 20:3, pp.560-563.

제1절 정치체계와 국가

1. 정치체계란 무엇인가?

정치를 국민의 다양한 요구를 반영하여 정책을 결정하는 것으로 정의한다면 그 과정은 크게 두 가지로 나누어볼 수 있을 것이다. 첫 번째 과정은 국민의 요구가 정책결정기구로 유입되는 과정이고, 두 번째 과정은 특정한 정책이 결정되어 다시 국민에게 영향을 미치는 과정이다. 이와 같은 두 가지 과정은 넓은 의미에서의 정치과정이라고 할 수 있으며, 이 과정의 중심에 있는 것이 정치체계라고 할 수 있다.

(1) 이러한 정치체계를 경험과학적인 측면에서 이론적으로 정리한 사람이 이스턴이다. 그는 자신의 대표논저인 「정치체계의 분석에 대한 접근방식(An Approach to the Analysis of Political System)」과 『정치분석의 틀(A Framework for Political Analysis)』에서 정치체계란 개념을 현실정치에 적용하려고 했다. 즉 그는 정치체계에 대한 요구와 지지가 어떻게 형성되고 정책이 어떻게 결정되는가를 분석함으로써 정치를 경험적으로 개념화하고자 했던 것이다. 따라서 그의 분석은 정치체계에 미치는 환경의 영향을 고려해서 정책을 형성하고 집행하는 과정에 대한 논의와 관련된다. 정치체계와 구분되는 사회의 다른 부분은 환경이며 경계에 의해 구분된다.

(2) 정치체계와 환경은 지속적인 상호작용에 놓여 있으며 이것은 투입-전환-산출-환류의 과정을 통해 반복된다. 즉 정치체계는 국내외적 환경으로부터의 요구와 지지(투입)를 받아 전환과정을 거쳐 산출을 발생시키게 되는 것이다. 또한 이러한 산출은 수정이나 보완이 필요한 경우

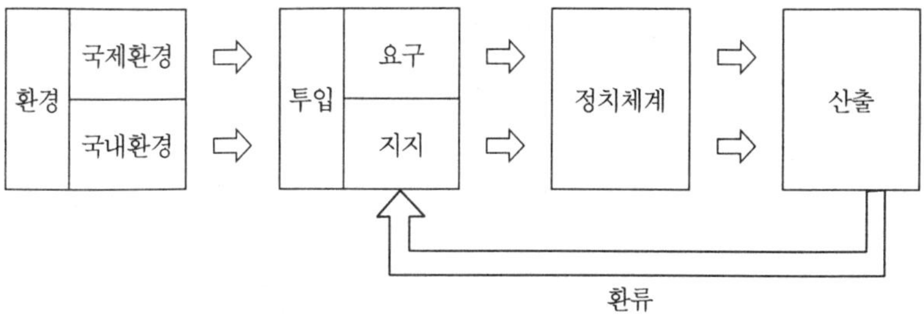

출처: Easton, D. 1965. *A Framework for Political Analysis*. Englewood Cliffs, NJ: Prentice-Hall, p.112.

<그림 3-1> 이스턴의 정치체계 모형

다시 정치체계의 투입으로 환류되어 동일한 과정을 거치게 된다. 즉 환경으로부터의 투입은 정책으로 전환되며, 정책의 성과는 환경과의 상응 여부에 따라 다시 정치체계에 환류되는 것이다.

(3) 요구나 지지와 같은 정치적 행위는 정치체계에 대한 투입을 구성하기 때문에 정치체계의 기본단위는 정치적 행위라고 할 수 있다. 요구는 환경이나 정치체계 내부에서 발생되는 것으로 정책형성에 영향을 미치게 된다. 지지는 사회구성원들의 요구를 실질적인 정책으로 형성시키기 위한 행위이다. 따라서 정치체계에서 다양한 정책이 결정되기 위해서는 투입과 관련된 행위가 활성화되어야 한다. 정치체계에 있어서 정책결정의 결과인 산출은 사회구성원들의 요구를 충족시킴으로써 정치체계에 대한 지지를 형성하거나 사회구성원들의 불만을 증대시켜 새로운 요구를 촉발시킨다. 따라서 산출은 사회구성원들이 정치체계의 능력을 평가할 수 있도록 해주는 것이다.

(4) 또한 요구와 지지를 통해 형성된 하나의 정책쟁점도 정치체계의 전환과정을 통과하는 동안 처음의 요구와 상이하게 변화될 수가 있다. 따라서 요구와 정책의 내용을 비교하고 검토하는 환류(feedback)가 이루

어진다. 이러한 환류는 선거와 시민단체의 정책비판 등에 의해 촉진될 수 있다. 환경은 정치체계의 외부에 존재하는 것으로 사회적·경제적·문화적 조건이다. 이러한 조건들은 투입과 산출에 영향을 미치게 된다. 즉 정치체계는 외부적 환경에 반응하면서 요구와 지지를 투입으로 받아들여 정책을 산출하는 것이다. 따라서 정치체계는 정책결정을 둘러싼 행위들 간의 상호작용이며, 이를 통해서 가치의 권위적 배분이 이루어지는 것이다. 정치체계론에서 정책은 가치를 배분하는 결정들과 행위들 간의 망(network)으로 구성된다.[2] 정치체계는 환경으로부터 압력과 영향을 받는 일종의 개방체계이지만 외부의 압력에도 불구하고 유지되려는 경향이 있다. 따라서 체계이론의 주요 관심사는 외부의 압력과 내부의 위기에도 불구하고 어떻게 정치체계가 유지되는가를 설명하는 것이다.

이스턴의 체계이론은 정치행위의 복합적인 상호작용을 분석함으로써 경험적 연구의 토대를 마련해주었다. 즉 이스턴은 과학적 정치학 또는 정치과학의 관점에서 국가나 정부와 같은 전통적 개념을 거부하고 투입, 전환, 산출, 환류와 같은 개념을 구축함으로써 경험이론의 생산을 강조하고자 했던 것이다. 따라서 체계이론의 공헌은 전통적 접근법에 비해 경험적으로 관찰될 수 있는 정치적 행위의 측면으로서 정치를 파악하고자 했다는 점이다. 즉 인간의 행태를 중심으로 정치현상을 분석할 것을 강조했던 것이다. 이스턴의 체계이론은 정치체계와 환경과의 상호작용을 쉽게 파악할 수 있고, 또한 특정 국가나 지역을 넘어 보편적으로 적용이 가능하다는 장점이 있다.

그러나 이스턴의 정치체계론에는 다음과 같은 문제가 제기되었다. 첫째, 정치체계론은 정치체계의 지속과 유지를 설명하는 데는 유용했지만

2) Easton(1971), 앞의 책, pp.129-130.

정치체계의 변동을 적절하게 설명하지 못했다. 즉 체계이론은 정치체계의 변동이 발생되는 원인을 규명하는 데는 적합하지 못했다고 볼 수 있는 것이다. 둘째, 정치체계의 개념이 너무 추상적이었기 때문에 구체성이 없었으며, 실증적인 분석이 불가능했다는 한계가 있었다.

알먼드(G. Almond)는 「비교정치체계(Comparative Political System)」[3]라는 논문에서 이스턴의 논의를 토대로 역할과 구조라는 개념을 통해 정치체계를 분석했다. 그의 이론에서 역할이란 정치체계의 상호작용에 있어서의 기본단위이며 구조는 상호작용의 유형을 의미했다. 알먼드도 이스턴과 같이 경험과학의 관점에서 정치학의 개념을 재구성하려고 했다. 따라서 그는 기존의 국가 개념을 정치체계라는 개념으로 대체했고, 제도 대신에 구조라는 용어를 사용했다. 알먼드도 이스턴과 같이 정치체계가 보편적 성격을 갖고 있다는 것을 전제했다. 즉 모든 정치체계에는 체계유지를 위한 역할과 구조가 존재하며, 구조는 동일한 기능을 수행한다는 것이었다. 바로 이러한 기능이 정치체계를 유지하고 환경에 적응하도록 해준다는 것이다. 알먼드는 이스턴이 제시한 투입, 전환, 산출, 환류에 구체적인 기능적 범주를 추가했다. 따라서 투입에는 정치사회화(political socialization)와 정치적 충원(political recruitment), 이익표출(interest articulation), 이익집약(interest aggregation), 정치적 의사소통(political communication)이라는 네 개의 기능이 포함되었고, 산출에는 규칙제정(rule making), 규칙적용(rule application), 규칙판정(rule adjudication)이라는 세 개의 기능이 포함되었다.[4]

투입에 있어서 정치사회화와 정치적 의사소통은 사회구성원들의 정치행위를 고취하고, 이익표출은 사회구성원들의 이해관계와 요구를 표

---

3) Almond, G. 1956. "Comparative Political System." *Journal of Politics* 18:3, pp.391-409.

4) Almond, G. and Coleman, J., eds. 1960. *The Politics of the Developing Areas*. Princeton, NJ: Princeton University Press, p.17.

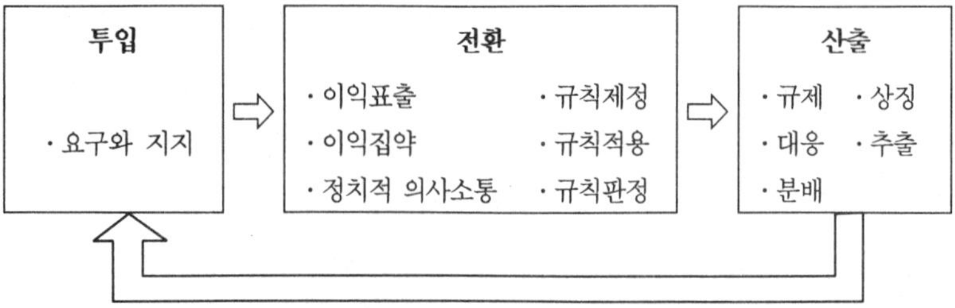

출처: Almond, G. and Powell, G. 1978. *Comparative Politics*. Boston: Little Brown, p.285.

<그림 3-2> 알먼드의 정치체계 모형

현하는 것이다. 정치사회화는 정치체계가 유지되기 위해 필요한 것으로 동일한 정치행위의 유형을 재생산한다. 이와 같이 동일한 정치행위에 의해 정치체계의 유지에 필요한 역할이 수행될 수 있는 것이다. 정치적 충원은 정치사회화를 통해 일정한 정치행위의 유형을 습득한 사람들 중에서 정치체계 내의 역할을 수행할 수 있도록 충원하는 기능이다. 즉 규칙제정(입법), 규칙적용(행정), 규칙판정(사법)을 담당할 수 있는 전문가를 충원하는 것이다. 또한 이익표출은 다양한 이익을 명확하게 표현하는 기능으로 이익집단이나 사회계층, 지역집단 등에 의해 이루어지며, 이익집약은 다양한 요구와 이익들이 정당에 의해 통합되는 것이다. 정치적 의사소통은 정치적 정보의 전달과 교환기능이다. 정치체계의 기능은 의사소통을 통해 이루어진다. 즉 투입에 있어서 요구와 지지도 의사소통에 의해 정치체계로 전달되며 산출에 대한 정보도 의사소통을 통해 국민에게 전달되는 것이다, 따라서 정치적 의사소통은 정치체계의 유지에 매우 중요한 기능을 수행한다고 볼 수 있다. 산출은 세 개의 분리된 권력, 다시 말해서 삼권분립의 원칙에 따른 입법부, 사법부, 행정부의 기능에 상응하는 것이다.

이러한 정치체계의 도식은 알먼드와 파우웰(G. Powell, Jr.)의 공동저작에서 재구성되었다. 즉 투입과 산출의 기능이었던 이익표출, 이익집약,

정치적 의사소통, 규칙제정, 규칙적용, 규칙판정은 전환과정의 기능으로 바뀌었다. 따라서 투입에 있어서 요구와 지지가 전환과정을 통해서 변화되어 규제(regulation), 대응(response), 분배(distribution), 상징(symbol), 추출(extraction)이라는 산출을 결과하게 되었다.[5] 이러한 도식의 특징은 각 기능들 간의 상호의존이다. 즉 알먼드와 파우웰은 체계의 유지가 기능의 존재로 보장되는 것이 아니라 각 기능들 간의 유기적 상호의존을 통해서 보장된다는 것을 보여주고자 했다. 다시 말해서 그들은 정치체계의 능력을 여섯 개의 기능으로 파악하고 각 기능의 능력을 정치체계의 성과라는 측면에서 정의하고 있는 것이다.

알먼드는 거시적이고 총체적인 이론을 수립하고자 했다. 그러나 그의 거시적 구조기능주의 관점은 비판에 직면했다. 첫째, 기능적인 정치체계의 균형을 강조하는 것이 문제점으로 지적되었다. 즉 정치체계는 기능들 간의 결속을 가정하기 때문에 체계의 기능적 통합은 각 기능의 경계를 모호하게 함으로써 분석 틀로서의 의미를 상실했다는 것이다. 둘째, 이스턴과 마찬가지로 정치체계의 유지를 강조함으로써 보수주의와 현상유지에 편향되었다는 것이다. 셋째, 알먼드는 이스턴의 추상성을 탈피하고자 했지만, 결과적으로는 구체성을 확보하는 데 성공하지 못했다는 평가를 받고 있다.

2. 국가란 무엇인가?

1960년대 동안 정치학에 있어서 국가라는 용어는 거의 사용되지 않았다. 정부나 정치발전, 선거를 포함한 거의 모든 연구에서 국가라는 용어는 제외되었던 것이다. 특히 과학적 정치학을 추구하는 연구경향은

---

5) Almond, G. and Powell, G. 1978. *Comparative Politics: System, Process, and Policy*. Boston Little, Brown, pp.283-321.

모호한 국가 개념을 정치체계로 대체했다. 즉 국가는 하나의 제도로서 다른 제도들과 마찬가지로 정치체계라는 개념 속에 융합될 수 있다는 것이었다.[6] 그러나 1960년대 말부터 국가라는 용어는 다시 등장했다. 마르크스주의 학자들은 자본주의 국가론을 전개하는 과정에서 국가라는 용어를 사용하기 시작했으며 자유주의 학자들도 합법적 강제력과 구속력을 가진 제도로서의 국가에 주목하게 되었다. 또한 1960년대와 1970년대 이른바 남부유럽과 제3세계 권위주의 국가의 수립에 대한 비교연구도 국가를 주요 관심영역으로 끌어들인 계기가 되었다.

국가라는 개념은 크게 두 가지 의미로 정의될 수 있다. 첫째, 국가는 정책결정권을 가진 공직자로 구성되는 조직 및 제도의 총체로 정부와 동일한 의미를 갖는다.[7] 즉 국가는 결속되고 제도화된 조직으로서 관료기구 또는 행정기구로 정의되어 법을 제정하고 집행한다. 이러한 의미에서 국가의 개입이나 국가의 개혁은 통치조직이나 통치자집단의 행위로 간주되는 것이다. 따라서 국가도 인간으로 구성되었다는 점에서 사회집단과 유사하지만, 국가는 결속력이 강하고 합법적인 강제력을 보유하고 있다는 점에서 사회집단과 상이하다고 볼 수 있다. 특히 통치조직으로서 국가는 국민의 복종을 획득할 수 있는 물리력을 보유하고 있다. 즉 국가는 경찰력과 군사력을 독점함으로써 어떠한 사회집단보다도 우월한 위치에 놓여 있는 것이다. 둘째, 국가는 주권을 가지고 영토를 확보하여 국민을 통치하는 조직체로, 첫 번째 국가 개념보다 더 포괄적이라고 할 수 있다. 이러한 측면에서 정부는 국가의 일부분이며 통치를 위한 도구적 조직이라고 할 수 있을 것이다. 즉 정부는 집권세력과 관료를 중심으로 하는 정책결정자의 집합체이다. 다시 말해서 정부는 권

---

6) Almond, G. 1988. "The Return to the State." *American Political Science Review* 82:3, p.82.

7) Krasner, S. 1984. "Approach to the State: Alternative Conceptions and Historical Dynamics." *Comparative Politics* 16:2, p.224.

위적인 결정을 담당하는 공직자와 공공기관의 집합체를 의미하는 것이다.[8] 따라서 통치의 도구로서 또한 정치조직으로서 정부는 구성이나 성격이 변화되지만 국가는 지속성을 가질 수 있는 것이다.

국가는 사회에서 상호경쟁에 놓여 있는 개인과 집단들의 요구와 이해관계를 조정하는 역할을 수행한다. 즉 국가는 중립적이고 객관적 위치에서 집단들 간의 갈등과 경쟁을 조정하는 것이다. 이와 같은 점은 국가와 사회집단 간의 관계를 규정한다. 또한 국가는 정책결정의 선택범위를 규정하는 제도의 총체이다. 이러한 맥락에서는 정책결정을 개인적 선택의 결과가 아니라 제도로서 국가의 영향력이 작용된 것으로 본다.

이러한 논의의 핵심은 국가가 독자적인 정책결정을 할 수 있는지의 문제로 국가 자율성(state autonomy)과 관련된다. 국가주의와 마르크스주의는 각기 사회와의 관계라는 측면에서 국가 자율성에 대한 독자적인 관점을 제시하고 있다.

1) 국가주의

현대에 있어서 국가는 중앙집권화되고 관료화된 국민국가라는 특징을 갖고 있다. 국가는 행정적·군사적·정치적 조직체로 영토와 국민을 통제하는 실체적 조직이다. 국가란 일면으로는 다양한 계층으로 구성된 사회경제적 구조와 다른 일면으로는 다양한 국가들로 구성된 국제체계에 존재하는 이중적 위치에 놓여 있다. 따라서 국가는 대내적인 질서를 유지하고 대외적으로는 다른 국가들과 경쟁을 하기 위해 자원의 동원과 배분에 있어서 사회계층의 이익과 상이할 수 있다. 즉 국가는 사회 내의 우월한 집단이나 계층의 직접적 통제로부터 자율성을 갖기 때문에 특정 계층의 이익에 치우치지 않는 독자적 이익을 가질 수 있는 것이

8) Benjamin, R. and Duvall, R. 1985. "The Capitalist State in Context," in R. Benjamin and S. Elkin, eds. *The Democratic State*. Lawrence, Kans.: University Press of Kansas, p.28.

다. 바로 이러한 측면에서 사회집단이나 계층의 이익과 요구를 단순히 반영하는 것이 아니라 자신의 목표와 이익을 추구하는 행위자로서 국가 자율성 개념이 등장했다.[9] 다시 말해서 국가가 사회(집단이나 계층)에 대해 자율성을 가지면 특정 계층의 이익에 상관없이 정책을 추진할 수 있다는 것이다. 국가 자율성을 결정하는 변인으로는 국제체계에 있어서 국가의 위치, 국가에 의한 질서유지의 필요성, 국가관료가 동원할 수 있는 자원 등을 들 수 있다.

따라서 국가의 자율성은 대외적으로는 국제사회에 있어서의 위치와 대내적으로는 스스로의 목표를 달성할 수 있는 능력에 의해 결정된다. 즉 대외적으로는 국가가 국제사회로부터 받는 압력이나 국제적인 조건이 국가의 행위를 규정하는 것이다. 또한 대내적으로는 주권과 행정적·군사적 통제, 관료제, 경제적 자원 등에 영향을 받는다.

국가주의는 국가가 자신의 이익을 가졌다는 점을 부인하는 마르크스주의 국가론과는 달리 국가가 특정 이익을 추구하는 행위자라는 점을 강조한다. 또한 국가는 자체의 이익을 가질 뿐만 아니라 이러한 이익이 사회집단의 이익과 상이할 수 있다는 것이다.[10] 이러한 관점에서 국가는 우월한 사회집단의 영향력을 차단하고 관료조직에 의해 독자적인 이익을 추구하기 때문에 정치의 본질은 관료의 정책형성과 결정으로 구성되는 관료정치라고 할 수 있으며 정당이나 이익집단의 정책에 대한 영향력은 배제되는 것이다.[11]

이러한 점은 마르크스주의 국가론에서 제시하고 있는 인과관계의 방

---

9) Krasner, S. 1978. *Defending the National Interest*. Princeton, NJ: Princeton University Press.

10) Skocpol, T. 1985. "Bringing the State Back In: Strategies of Analysis of Current Research," in P. Evans, D. Rueschemeyer, and T. Skocpol, eds. *Bringing the State Back In*. Cambridge: Cambridge University Press.

11) 안승국. 2006. 「동북아 발전국가에 대한 세계화의 영향: 해체인가? 재구축인가?」. ≪세계지역연구논총≫ 24:1, pp.139-140.

향을 역전시키는 강력한 국가 자율성을 의미한다. 다시 말해서 마르크스주의 국가론은 사회적 영향력을 독립변인으로 국가의 행위를 종속변인으로 간주한 반면, 국가주의는 국가의 행위 자체를 독립변인으로 간주하는 것이다. 그러나 국가주의는 국가와 사회와의 관계를 적절하게 설명하지 못했다. 국가주의는 단지 관료에 의해 결정되는 국가 자율성 개념을 정의했을 뿐이었다. 따라서 국가에 미치는 사회계층이나 집단의 영향력은 간과되었던 것이다. 이러한 문제점을 고려하여 수정된 국가주의는 행위자로서의 국가로부터 제도로서의 국가로 초점이 옮겨졌다.

국가의 목적 수행능력은 강제력의 독점, 관료, 재정 등과 같은 도구와 자원에 의존한다. 따라서 이러한 도구와 자원은 국가의 정책목적 형성과 집행간의 매개변인으로 간주될 수 있다. 이와 같은 능력의 도구를 기준으로 하여 강성국가(strong state)와 약성국가(weak state)를 구분할 수 있다.[12] 강성국가는 사회집단의 압력에도 불구하고 자원을 기반으로 국가의 이익을 관철시킬 수 있는 국가이고 약성국가는 자원의 부족과 사회집단의 저항 때문에 이익을 실현시키지 못하는 국가이다. 요컨대, 국가가 동원할 수 있는 자원은 목적을 수행할 수 있는 능력을 결정하는 것이다.

그러나 이러한 논의 역시 국가와 사회 간의 관계가 구체화되지 않은 채로 남게 된다는 점을 의미한다. 왜냐하면 이러한 논의는 국가에 내적으로 창출된 국가 자율성을 상정하고 있기 때문이다. 이러한 관점은 국가와 사회와의 관계를 분석하는 것이 결여되어 있고 국가를 사회적 진공 속에 위치지우는 것이다. 따라서 국가에 대한 사회집단의 압력을 완전히 제거하는 것이 강성국가의 기준이 되며 관료조직의 응집성이 전제되기 때문에 관료조직 간 경쟁은 제대로 설명되지 못했다. 결론적으로 국가주의는 강성국가의 정책결정과정을 규명하는 데 적합하다고 할 수

---

12) Skocpol(1985), 위의 책, pp.15-17.

있지만, 현실은 국가와 사회가 분리되어 있지 않기 때문에 양자 간의 관계가 더 구체적으로 분석되어야 하는 것이다.

2) 마르크스주의 국가론

국가에 대한 마르크스주의의 관점은 기본적으로 사회중심적 접근이다. 즉 국가정책을 국가 외부에 존재하는 요인으로 설명하고 있다. 따라서 이러한 관점은 국가와 사회 간의 연계를 함축하고 있으며, 국가를 종속변인으로 사회적 요인을 독립변인으로 간주하고 있는 것이다. 마르크스주의 국가론은 자본주의 사회에서 국가가 자본계급의 지배에 어떻게 기여하는가를 중심으로 전개되었다.

마르크스는 자본주의 국가의 정부를 자본가의 공동문제를 처리하는 집행위원회로 규정한 바 있다. 즉 자본주의 국가는 국민 전체의 이익이나 공공의 이익보다는 자본가의 이익에 봉사하며, 자율성을 갖지 못하므로 자본가의 지배도구에 불과하다는 것이다. 마르크스주의 국가론에서 가장 주목을 받았던 것은 밀리반드(R. Miliband)와 풀란차스(N. Poulantzas) 간의 논쟁이었다. 밀리반드는 『자본주의 사회에서의 국가』라는 저작에서 영국의 사례를 중심으로 자본계급의 지배에 놓여 있는 국가의 성격을 규명했다.

그에 따르면 영국의 국가는 관료에 의해 운영되고 있으며 관료의 계급적 성격을 분석해보면 대부분 자본계급에 속한다는 것이다. 따라서 자본주의 사회에 놓여 있는 국가의 정책은 자본계급의 이익을 반영하며 이것은 동일한 출신성분을 가진 관료들에 의해 추구된다는 것이다. 따라서 국가관료에 의해 결정된 정책은 자본의 이익을 유지하는 것을 목적으로 하고 있으며 정책이 부분적으로 노동계급의 이익을 추구하는 경우도 있지만 궁극적으로는 자본계급의 이익에 기여한다는 것이다.

이러한 주장에 비판을 제기한 것이 풀란차스였다. 그에 따르면 자본주의 사회에 놓여 있는 국가라고 할지라도 자본의 이익만을 추구하는 도구는 아니며, 국가 자체의 독자적인 영역과 권력의 행사가 가능한 자율성을 갖고 있다. 따라서 국가나 관료는 자본계급의 이익까지 제약할 수 있는 권한을 보유하고 있다는 것이다. 이러한 주장의 핵심은 국가가 자율성을 가진 기관이며 복합적인 구조에 놓여 있다는 것이다.

도구주의는 국가에 대한 계급의 영향력을 강조하는 계급이론의 시각에 놓여 있다. 도구주의는 국가를 모든 사회집단이 동등하게 접근할 수 있고 어떠한 정치적 목적도 추구하기에 적합한 중립적인 도구로 인식한다. 이러한 관점에서 국가정책과 국가개입은 도구로서의 국가에 대한 통제력을 보유하고 있는 계급이나 집단의 이익과 가치에 입각해 설명되는 것이다. 그러므로 국가제도와 조직은 특정 사회집단의 이익에 기여하는 것으로 간주되어 국가의 제도적 형태가 국가정책이나 국가개입을 수정하거나 변화시키지 못한다는 것이다. 즉 국가의 제도적 형태는 사회계급들의 권력관계의 균형이 변화될 때마다 재형성된다. 도구주의는 국가의 제도적 형태와 사회계급 간의 일 대 일 대응을 전제하기 때문에 사회집단이나 계급의 영향력을 제어할 수 있는 제도적 실체로서의 국가를 간과하는 약점을 갖고 있다.

밀리반드에 따르면 국가체계(state system)를 구성하는 것은 정부, 행정조직, 강제기구 등이며 국가체계는 정당과 이익집단을 포함하는 정치체계와는 구별된다.[13] 경제에 대한 국가개입이 증대됨에 따라 자본계급은 국가와 직접적으로 연계되었기 때문에 국가정책에 이익을 반영시키고 국가개입의 성격을 결정하기까지 한다는 것이다.[14]

국가는 사회계급의 다양한 이익을 반영하여 정책을 추진하고 정책쟁점에 대해 자유로운 토론을 허용하고 있지만 관료들이나 정치인들 간에

---

13) Miliband, R. 1969. *The State in Capitalist Society*. New York: Basic Books, p.54.

14) 위의 책, p.58.

근본적인 견해차이는 없다. 즉 자본주의체제의 유지에 대한 기본적 합의가 존재하기 때문에 이러한 조건에서 국가는 재분배와 같은 획기적인 개혁조치를 취하기가 어렵다는 것이다.[15)]

도구주의의 관점에서 국가는 잠정적으로 자본주의적(the state in capitalist society)이지만, 구조주의의 관점에서 국가는 자본의 이익에 상치될 수 없기 때문에 필연적으로 자본주의국가(capitalist state)이다. 즉 구조주의는 자본주의의 존속을 위한 조건을 유지하기 위해 수행해야 하는 국가의 기능에 초점을 맞추고 있다. 국가라는 제도적 구조는 경제에 있어서의 권력관계와 정치적으로 접합되어 있기 때문에 자본주의의 계급관계를 재생산한다는 것이다. 풀란차스에 따르면 자본주의국가는 자본주의 생산양식에 특수한 것으로 이러한 기능을 효과적으로 수행하기 위해서는 상대적 자율성(relative autonomy)을 가져야 한다고 주장했다.

풀란차스의 주장은 국가가 독자적으로 정책을 결정하고 집행한다는 점을 부인하지 않으면서도 장기적이고 근본적으로는 자본계급의 이익에 기여한다는 것이다. 즉 국가정책의 핵심은 자본주의 생산양식을 유지하고 자본계급이 우위를 점하고 있는 계급구조를 존속시키는 것이 된다. 풀란차스에 따르면 자율성을 가진 국가에 의한 정책이 자본계급보다도 더 합리적이고 거시적인 안목을 가지고 있기 때문에 자본주의의 유지에 더욱 효과적이다.

즉 자본주의 국가는 다음과 같은 세 가지 기능을 수행한다는 것이다. 첫째, 경제적 갈등 또는 분열을 정치적으로 통합하여 불평등한 계급관계를 은폐한다. 즉 국가는 경쟁적이고 상이한 이익들에 대해 일반적 이익을 표방함으로써 계급적 성격을 위장한다. 둘째, 자본계급에 대해서는 경제적 고립을 해소할 수 있는 정치적 조직화를 보장하고 노동계급에 대해서는 정치적 조직화를 금지한다. 셋째, 국가의 물질적 토대를

15) 위의 책, p.80.

구축하기 위해 자본주의를 유지한다.[16)]

도구주의나 구조주의는 기본적으로 마르크스주의의 관점에서 국가의 기능에 계급관계가 반영된다고 보기 때문에 국가의 수동성을 전제하고 있다는 점이 문제로 지적될 수 있다. 특히 국가의 정책결정과 집행에 있어서의 자율성을 간과했다는 점에서 도구주의는 단순화의 문제에 직면할 수밖에 없다. 그러나 마르크스주의 국가론은 자본주의 국가의 인식에 새로운 지평을 제시해주었고, 국가를 주요한 연구대상으로 재등장시키는 데 크게 기여했다는 점은 인정될 수 있을 것이다.

결론적으로 기본적인 정치단위체로서 국가를 정확히 분석하기 위해서는 사회에서의 영향력이 국가의 정책결정에 반영되는 과정을 고려해야 한다. 이러한 연구에서 핵심적인 과제는 지배적 사회계급 또는 집단들의 경제권력이 정치권력으로 전환되는 과정을 규명하는 것이다. 또한 사회와 국가 간에 놓여 있는 제도화된 관계가 분석되어야 할 것이다. 이러한 관계의 내용에는 국가의 사회 유지기능이 포함될 수 있으며, 반대로 사회가 국가에 부과하는 구조적 제약도 논의의 대상이 될 수 있을 것이다.

제2절 정치체제

1. 민주주의체제

1) 민주주의의 원리

민주주의체제는 권력이 한 사람이나 소수에게 속하는 것이 아니라 모

16) Poulantzas, N. 1975. *Political Power and Social Classes*. London: Verso, pp.25-33.

든 국민들에게 부여되는 통치체제를 의미한다. 따라서 민주주의체제는 국민이 권력을 소유할 뿐만 아니라 행사할 수 있는 정치체제이다. 국민의, 국민에 의한, 국민을 위한 정치체제를 의미하는 민주주의는 다음과 같은 원리를 기반으로 하고 있다. 첫 번째는 국민주권의 원리이다. 민주주의체제에서는 국민들의 자발적 동의를 정치권력의 원천으로 한다. 즉 국민은 원래 자신들에게 귀속되어 있는 권력을 통치자에게 자발적으로 양도했다는 것이다. 따라서 통치자는 국민의 대리인이므로 국민은 통치자의 권력행사를 감시하고 권력이 남용되는 경우에는 통치를 무효화시킬 수 있는 것이다. 다시 말해서 국민주권의 원리는 정치적 결정의 궁극적 권한이 개인이나 소수집단이 아니라 전체 국민에게 귀속된다는 것이다.

두 번째는 법과 제도의 정치이다. 동의에 기초한 정치는 법에 의해 정부의 목적, 통치방법 등이 규정되고 개인의 자유와 권리가 보장되어야 한다. 또한 시민사회가 정치권력에 상응할 수 있는 권력을 소유하여 정부의 권력남용을 제약할 수 있어야 한다. 정치권력에 대한 경쟁은 법에 의해서 제도화되어 있는 선거를 통해 이루어진다. 선거는 복수 후보자에 대한 선택이 가능하고 정책공약에 대한 비판과 토론이 이루어진다. 또한 정책의 결정과 집행과정이 개방되어 다양한 통제에 놓여진다. 예를 들어 의회의 심의를 거쳐 행정부에 의해 정책이 결정되어도 사법부와 여론에 의해 다시 재심의되는 것이다.

세 번째는 삼권분립의 원리이다. 삼권분립은 시민적 자유를 보장하고 법치주의를 유지하기 위해 필수적이다. 오늘날 거의 모든 국가들은 규칙(법률)제정권을 입법부에, 규칙적용권을 행정부에, 규칙판정권을 사법부에 부여하고 있다. 규칙제정, 규칙적용 및 규칙판정은 각기 상이한 업무이기 때문에 민주주의체제에서는 이와 같은 권력의 기능적 분립이 견제와 균형의 원리에 따라 확립되어 있다. 이에 따라 민주주의체제에서는 헌법에 권력분립을 명시하는 것이 오랜 전통이 되어왔다. 그러나 엄밀한 의미에서 완전한 삼권분립을 이룬 국가는 거의 없다고 할 수 있다. 과거에는 의회가 행정부보다 우위에 있었으나, 근래에는 정치권력의 중심이 의회에서 행정부로 이동했다. 입법권도 행정부가 잠식하여 실질적으로 입법권을 공유하는 상황이 되었다.

민주주의는 기본적으로 국민의 의사를 기반으로 하는 것이기 때문에 국민은 주권자로서 정치과정에 참여하는 것이 매우 중요하다. 따라서 민주주의의 기본요건은 국민의 정치참여를 실질적으로 보장해줄 수 있는 기제를 확립하는 것이다. 오늘날 대부분의 민주주의 국가에서 일반 시민들의 정치참여란 현실적으로 국민의 대표자를 선출하는 행위를 의미하고 있다. 따라서 공정한 선거의 실시여부는 민주주의를 평가하는 기준이 되는 것이다.

물론 선거제도가 확립된다고 해도 정치가 모든 국민의 선호를 충족시키지는 못할 것이다. 이상적으로는 민주주의체제에서 모든 국민의 의사가 완벽하게 반영되는 것이 제도적으로 보장될 뿐만 아니라, 더 나아가 모든 국민이 직접 정치과정에 관여하는 것이 바람직하다고 주장될 수 있다.

그러나 현실적으로 존재하고 있는 어떠한 민주주의체제도 이상적인 기준에는 부합되지 않는다. 현존 민주주의체제는 선거를 통해 선출된 대표자들이 입법권을 행사하고 정책을 결정하는 대의제이다. 따라서 국민의 의사는 대표자들을 통해서 간접적으로만 반영될 수 있기 때문에 모든 국민의 의사가 즉각적으로 반영되는 이상적인 민주주의체제에 비해서는 제한적이라고 할 수 있다.

현재의 민주주의에 있어서 또 하나의 문제점은 주요 정책결정이 소수의 관료나 정치 엘리트들에 의해 이루어진다는 점이다. 이것은 민주주의의 중심원리인 국민 자치와는 상당한 차이가 있으며, 실질적으로 국민의 선호가 반영되는 것이 제한적이라는 것을 의미한다. 더욱 중요한 문제는 정책결정에 대해 국민들이 최종적으로 통제할 수 없다는 것이다.[17] 그러나 현존 민주주의는 모든 국민들의 선호를 적극적으로 수용하지는 못했으나 시민적 자유를 보장하는 데 기여했다고 할 수 있다. 시민적 자유는 국가의 자의적인 권력행사를 억제하고 국가행위를 시민이 원하는 방향으로 이끌어내는 데 상당히 중요하다.

민주주의는 공정하고 경쟁적인 선거, 최고통치자의 합법적 선출에 의해 확보되는 정치제도의 책임성, 시민적 자유의 보장이라는 요소를 갖고 있다. 첫째, 경쟁적 선거는 정책쟁점을 개방시키고 국가행위를 통제할 수 있다는 데 중요한 의미가 있다. 선거는 유권자들이 정권을 교체시키고 후보자를 거부할 수 있는 가장 효과적인 방법이다.[18] 그러나 권위주의체제에서는 독재권력을 정당화시키기 위한 방편으로 동원된 선거를 실시한다. 즉 형식적으로는 선거를 통한 참여의 기회를 부여했지만 실질적으로는 국민의 의사를 왜곡시키거나 억제하는 것이다. 그러나 경쟁적 선거가 민주주의의 충분조건이라고 할 수는 없다. 왜냐하면 비록 경쟁적 선거가 실시된다고 해도 정치제도의 책임성이 확보되지 않는다면 진정한 의미의 민주주의는 성취되지 못한 것이기 때문이다.

둘째, 정치제도의 책임성은 국민의 의사에 따라 정부가 구성될 때 확보될 수 있다. 따라서 합법화된 반대세력의 존재는 민주주의의 필요조건이며, 정치세력 간의 공정한 경쟁을 통한 최고통치자의 선출은 민주주의의 핵심요소들 중 하나라고 할 수 있다.

셋째, 시민적 자유와 정치적 자유는 시민들의 정치행위를 가능하게 하는 기본요건이다. 따라서 시민적 자유와 정치적 자유가 증진될수록

---

17) Dahl, R. 1982. *Dilemmas of Pluralist Democracy: Autonomy vs Control.* New Haven, Conn.: Yale University Press, pp.47-48.

18) Lipset, S. 1994. "The Social Requisites of Democracy Revisited." *American Sociological Review* 59:1, p.11.

정치과정에서 배제된 시민들의 의사가 표명될 수 있는 기회가 확대될 것이며, 이러한 결과는 정치안정에 기여할 수 있다. 시민적 자유와 정치적 자유의 또 다른 중요성은 시민을 구속하는 국가권력의 과도한 행사를 제한할 수 있다는 점이다. 이것은 시민사회의 자율성에 대한 국가권력의 침해를 방지할 수 있게 해준다.

이와 같은 요소들은 민주주의체제를 판단할 수 있는 기준이다. 민주주의체제에서는 세 가지 요소들이 완전하게 보장되지만, 권위주의체제에서는 첫 번째 요소와 두 번째 요소가 거의 보장되지 않는다. 이와 같은 세 가지 요소를 기준으로 하면 민주주의, 권위주의, 전체주의에 대한 구분이 어느 정도 명백해진다. 전체주의체제에서는 세 개의 요소가 완전히 무시되며, 권위주의체제에서는 최소한의 자유만이 허용된다. 물론 민주주의체제들 사이에도 세 가지 요소들이 보장되는 정도는 각기 상이하다. 따라서 민주주의체제도 완전한 민주주의체제와 제한적 민주주의체제로 구분할 수 있다. 제한적 민주주의체제에서는 선출된 공직자의 권력이 남용되고 정당 간의 경쟁이 제약되며 선거결과가 정치인들의 협상에 좌우되어 국민의 선호와 상당한 차이가 존재한다. 또한 정치적 이익을 충분히 표출할 수 없을 정도로 시민적 자유와 정치적 자유가 제한된다.

2) 민주주의체제의 유형

(1) 내각제

내각제는 권력분립의 원칙이 아니라 권력융합의 원칙에 따라 정부를 구성하여 의회를 중심으로 정치를 하는 제도이다. 내각제에서는 의회로부터 정부가 구성되어 의회에 책임을 진다. 의회는 법률을 제정하고 총리와 각료를 임명 또는 해임하며 정책쟁점을 심의한다. 따라서 내각제에서 의회는 최고의 정치기관이라고 할 수 있다. 그러나 정당과 정치지

<표 3-1> 각국의 정부형태

정부형태	국가
대통령제	한국, 대만, 인도네시아, 필리핀, 러시아, 신유고연방, 알바니아, 키프로스, 니카라과, 도미니카, 멕시코, 미국, 베네수엘라, 볼리비아, 브라질, 아르헨티나, 우루과이, 콜롬비아, 칠레, 파나마, 페루
내각제	싱가포르, 인도, 일본, 캄보디아, 태국, 이스라엘, 터키, 그리스, 네덜란드, 노르웨이, 덴마크, 독일, 룩셈부르크, 벨기에, 스웨덴, 스페인, 아이슬란드, 아일랜드, 오스트리아, 이탈리아, 자메이카, 캐나다, 도미니카, 오스트레일리아, 뉴질랜드
이원집정부제	루마니아, 불가리아, 프랑스, 폴란드, 핀란드, 우크라이나

도자의 영향력이 증대되면서 행정부와 입법부의 관계는 변화되었다. 내각은 정책을 결정할 뿐만 아니라 법안을 제출하기도 한다.

내각제의 특징은 다음과 같다.[19] 첫째, 내각은 의회에 의해 성립되어 의회에 책임을 진다. 즉 내각은 의회의 신임 여부에 따라 지속되거나 붕괴된다. 따라서 내각은 고정적인 임기가 없다. 다수의원들이 내각의 정책과 결정에 반대할 때 의회는 내각이 요청한 신임투표를 부결시키거나 의원이 제안한 불신임안을 가결시킴으로써 내각을 사퇴시킬 수 있다. 그러나 내각이 제출안 법안의 부결은 명시적으로 신임 여부와 연관시키지 않는 경우 내각에 대한 불신임으로 간주되지 않는다.

의회의 빈번한 내각불신임으로 인한 정권교체 때문에 정국이 불안정했던 프랑스의 3, 4공화국 상황을 방지하기 위해 최근의 내각제에서는 대체로 의회의 내각불신임권을 제한하는 규정을 두고 있다. 즉 불신임 동의안의 발의에서 표결에까지 냉각기를 두거나 불신임 동의안의 가결

19) Verney, D. 1994. "Parliamentary Government and Presidential Government," in A. Lijphart, ed. *Parliamentary Versus Presidential Government.* Oxford: Oxford University Press, pp.34-37.

기준을 높여놓은 것이다.

둘째, 내각은 연대책임을 진다. 즉 헌법에 내각의 연대책임을 명시하거나 헌법상의 명문규정이 없더라도 내각은 의회에 대해 하나의 실체로서 존재한다. 따라서 내각을 구성하는 각료들은 내각의 결정사항에 대해 집단적으로 책임을 지는 것이다.

셋째, 내각은 의회의 임기가 만료되기 전 의회를 해산시킬 수 있다. 내각에 대한 불신임안이 가결되더라도 의회 내에 다수파가 형성되지 않은 경우 내각은 의회해산권을 발동시킨다. 또한 내각이 새로운 선거에서 자기 당의 의석수를 증대시킬 것으로 기대하는 경우에도 의회를 해산한다. 예를 들어 1964년 총선에서 근소한 차이로 승리한 영국의 노동당은 자당의 입장이 유리해진 1966년, 의회를 해산하고 총선을 실시하여 의회에서 안정의석수를 확보했다. 그러나 의석수가 증대될 것으로 기대하고 실시한 1970년 총선에서는 보수당에 패배하여 실각했다. 의회해산권의 무분별한 행사를 방지하기 위해 헌법은 의회해산권의 발동회수와 시기를 제한하고 있다. 따라서 총선 직후의 수개월 내와 의회의 임기만료 수개월 전의 기간에는 의회를 해산할 수 없다.

넷째, 각료는 의원 중에서 임명한다. 각료와 의원의 겸직은 의회와 행정부의 융합을 초래한다. 따라서 대통령제에서와는 달리 의원이 각료에 임명이 되어도 의원직을 보유한다. 그러나 모든 내각제국가에서 각료를 의원 중에서 선임하지는 않는다.

다섯째, 국가원수와 정부수반은 구분된다. 실질적 권력은 정부수반인 총리가 장악한다. 영국에서는 2차대전 시의 전시내각의 수립을 계기로 총리의 권한이 크게 강화되었고, 의회의 권한은 상대적으로 약화되었다. 국가원수는 상징적인 존재로 입헌군주국의 경우 군주는 국가원수직을 세습하며, 공화국의 경우 대통령은 일정 임기를 보장받는다. 정부수반인 총리는 의회 다수당에서 나오게 되며, 형식상 국가원수인 군주나 대통령에 의해 임명된다.

내각제는 특성에 따라 두 개의 유형으로 구분할 수 있다. 영국 내각제에 근원을 두고 있어 웨스트민스터 모델(Westminster model)이라고도 불리는 다수제는 다수대표제와 양당체계를 기반으로 하는 것이다. 즉 선거에서 두 개의 주요정당들 중 하나가 다수의석을 차지하며 내각을 구성한다. 다수제에서 내각이 선호하는 결정은 의회에서 거의 수용된다.[20] 따라서 다수제에서의 내각은 정책을 추진해 나가는 데 있어서 어떠한 반대나 거부에도 직면하지 않게 된다. 야당은 내각의 정책을 반대하거나 비판할 수 있지만 결정적인 영향력은 행사할 수 없다. 결국 다수제는 집권당에게 포괄적인 권력을 부여하고 권력행사에 따른 책임성을 강조하는 제도인 것이다. 만일 집권당이 부적절하게 권력을 남용했다면 다음 선거에서 권력의 상실이 초래된다.

합의제는 비례대표제와 다당체계를 결합한 것이다. 즉 합의제에서 의석을 가진 정당들은 다수이며 어떠한 정당도 과반수를 획득하기 어렵다. 따라서 내각의 구성은 정당들 간의 협력에 의존한다. 다수의 정당이 연합하여 내각을 구성하기 때문에 연합이 붕괴되면 내각은 사퇴해야 하며, 의회가 지지하는 다른 내각으로 대체된다. 따라서 의회는 다수제에서보다 훨씬 강력하며, 소수당도 영향력을 갖고 있다. 즉 합의제는 여러 정당들 사이의 합의에 기초해서 정책을 결정하는 제도인 것이다.[21]

---

20) Lijphart, A. 1999. *Patterns of Democracy: Government Forms and Performance in Thirty-Six Countries*. New Haven, Conn.: Yale University Press, pp.10-16.

21) Lijphart, A. 1984. *Democracies: Patterns of Majoritarian and Consensus Government in Twenty-One Countries*. New Haven, Conn.: Yale University Press.

(2) 대통령제

대통령제는 권력분립의 원칙에 따라 조직된 민주적인 정치제도를 지칭한다. 대통령제는 정부와 의회가 국민에 대해 별개의 권력을 위임받아 수립되며 정부와 의회가 개별적으로 책임을 진다. 따라서 의회에는 대통령을 견제할 수 있는 권한이 부여되며, 대통령에게도 의회에서 통과된 법안에 대해 거부권을 행사함으로써 의회를 견제할 수 있는 권한이 부여된다.

그러나 삼권분립은 삼권이 아무런 연계도 없이 독자적으로 분리되는 것을 의미하지는 않는다. 즉 견제와 균형의 원리를 통해서 삼권이 긴밀하게 연계되어야 하는 것이 전제이다. 대통령제는 입법부와 행정부, 사법부(특히 의회와 행정부)를 엄밀하게 분립시켜놓고는 있지만, 국정에 있어서는 긴밀한 연계가 이루어진다. 따라서 삼권분립은 오늘날에 있어 점차 삼권협력의 경향을 띠고 있다. 또한 오늘날의 대통령제는 삼권분립의 원칙에 입각해 있으면서도 대통령의 권한이 확대되고 있으며, 대통령이 실질적인 국정의 책임자로서 인정되고 있다. 결과적으로 행정부 우위의 정치가 형성되고 있는 것이다.

대통령제의 특징은 다음과 같다.[22] 첫째, 대통령제는 대통령이 국가원수와 정부수반의 이중역할을 수행한다. 즉 상징적 권력과 실질적 권력이 융합된다. 이러한 점에서 대통령은 군주제 국가의 왕과 유사한 지위에 있다고 할 수 있는 것이다. 다시 말해서 내각제에서의 왕이나 대통령이 갖고 있는 의전적 내지는 형식적 권한뿐만 아니라 총리가 갖고 있는 실질적 권한까지 갖고 있다. 미국헌법 제2조 1항은 행정권이 대통령에 속한다고 규정하고 있다.

둘째, 의회와 행정부는 분리된다. 대통령은 선거인단이나 의회에서 선출되더라도 국민에 대해 책임을 진다. 행정부는 안정된 임기를 갖고

---

22) 위의 책, pp.40-46.

<표 3-2> 대통령 선출방식

대통령 선출방식		국가
직선제		대만, 필리핀, 한국, 이란, 멕시코, 베네수엘라, 우루과이, 파나마, 우즈베키스탄, 카자흐스탄, 러시아, 우크라이나, 폴란드, 아르헨티나, 볼리비아, 브라질, 칠레
간선제	의회에서 선출	라오스, 알바니아, 신유고연방, 도미니카
	선거인단에서 선출	인도네시아, 핀란드, 미국

있는 대통령을 중심으로 일관성을 유지하며 의회도 해산의 부담 없이 행정부를 견제할 수 있다.

미국에서 대통령은 교서를 통해 입법을 요청할 수 있으며 의회가 통과시킨 법안에 대해 거부권을 갖고 있다. 의회(상원)는 행정부의 고위관리 임명에 대한 승인권과 조약의 비준권을 갖는다. 또한 의회는 대통령과 법관을 포함한 사법심사권을 갖고 있다. 원칙적으로 의원과 각료는 겸직할 수 없다. 미국의 경우 행정부의 직책과 의원직의 겸직을 허용하지 않고 있다.

셋째, 내각은 연대적으로 책임을 지지 않는다. 대통령제에서 내각은 대통령의 의사에 의해 구성된다. 따라서 내각은 대통령의 개인 자문관인 각료로 구성되고 이들 각료들은 대통령에 대해서만 개별적으로 책임을 진다. 즉 각부장관들은 대통령의 지시를 받아 대통령을 보좌하며 대통령에 의해 임명되고 면직되는 것이다. 대통령제에서 내각은 내각제에서의 내각과 달리 의결기관의 성격을 갖지 않는다. 즉 대통령은 각료회의의 구속을 받지 않고 독자적인 결정을 내릴 수 있는 것이다.

넷째, 대통령은 일정한 임기가 보장된다. 임기 동안 대통령의 소속정당이 의회에서 소수당이 되어도 대통령직을 유지한다. 또한 중죄, 중대한 비행, 중대한 신체적·정신적 질병 발생의 경우가 아니면 임기 동안

해임되지 않는다. 따라서 대통령은 장기계획을 수립할 수 있고 일관성 있는 정책을 추진할 수 있다. 그러나 임기 동안 국민의 지지 여부가 즉각적으로 반영되지 않는 단점이 있다.

(3) 이원집정부제

이원집정부제는 내각제의 요소와 대통령제의 요소를 공유하고 있는 정치제도이다. 즉 일정한 임기를 가진 대통령이 선출되며 총리와 권한을 공유한다. 대통령제에서 대통령에게 집중되었던 권한은 분산되며 분리되었던 정부와 의회는 긴밀히 연계된다. 대통령은 총리를 임명하고 총리는 내각을 구성한다. 그러나 총리와 내각은 내각제에서와 같이 의회의 신임에 의존한다.

이원집정부제의 원형은 1차대전 이후 독일에서 수립되었던 바이마르 공화국 정부에서 찾아볼 수 있다. 원래 이원집정부제는 대통령의 권력 집중을 방지하고 정부의 권력분산과 책임정치 구현을 목표로 하는 것이었다. 바이마르 공화국에서 국민의 직접선거로 선출된 대통령은 총리를 임명하고 의회를 해산할 수 있었다. 또한 총리는 대통령에 의해 임명되지만 의회에 책임을 지도록 했다.

프랑스의 제5공화국 헌법도 국가원수인 대통령과 행정수반인 총리의 이원집정부제를 규정하고 있다. 대통령은 상징적인 존재가 아니라 실질적 권한을 갖고 있으며 의회는 총리인준권과 내각불신임권을 보유한다. 따라서 이원집정부제는 대통령제와 내각제의 혼합이라고 할 수 있을 것이다.

제5공화국 이전 의회 중심의 내각제에 있어서는 정치가 매우 불안정했다. 4공화국의 총리였던 드골(C. De Gaulle)은 대통령의 권한을 강화하는 신헌법을 제정했고 대통령직선제를 도입했다. 이러한 헌법에 따라 프랑스 대통령은 미국 대통령과 달리 하원을 해산할 수 있고 헌법적 위기가 발생하는 경우에는 계엄령을 선포할 수 있게 되었다. 총리는 대통령의 승인을 받아 각료를 임명하여 내각을 구성하며, 법안제출권을 갖고 있다. 대통령은 총리를 해임시킬 수는 없지만 사퇴압력을 가할 수는 있다.

실제운영에 있어서도 이원집정부제는 일면으로는 내각제의 성격을 갖기도 하고 다른 일면으로는 대통령제의 성격을 갖기도 한다. 문제는 대통령과 총리 중 누가 실질적인 최고권력자인가 하는 것이다. 만일 대통령의 소속정당이 의회 다수당이라면 대통령이 최고권력자이고, 총리의 소속정당이 다수당이라면 총리가 최고권력자라고 주장할 수 있다. 따라서 최고권력을 대통령이 장악했을 때는 대통령제로 운영되고 총리가 장악했을 때는 내각제로 운영된다고 주장할 수 있을 것이다.[23)]

그러나 대통령의 소속정당이 의회의 다수당인 경우에도 이원집정부제에서의 대통령은 대통령제에서의 대통령과 권한이라는 측면에서 동일하다고 볼 수는 없다. 이와 마찬가지로 총리의 소속정당이 다수당인 경우에도 이원집정부제에서의 총리는 내각제에서의 총리와 권한이 동일하지 않기 때문에 내각제와 동일하게 운영된다고 볼 수도 없을 것이다. 또한 이원집정부제에서의 대통령은 내각제의 대통령과 상이하다고 할 수 있을 것이다. 물론 자신이 소속한 정당이 다수당인 경우보다는 권한의 행사가 제약되겠지만 상징적인 존재에 불과한 내각제의 대통령과는 다르다고 볼 수 있다.

따라서 이원집정부제에 대한 논의의 핵심은 제도 자체가 대통령제로 운영되는가 아니면 내각제로 운영되는가라는 문제보다는, 대통령이 최고권력자인가 아니면 총리가 최고권력자인가의 문제라고 할 수 있다.[24)]

---

23) Aron, R. 1981. "Alternation in Government in the Industrial Countries." *Government and Opposition* 17:1, pp.3-21.

24) Sartori, G. 1994. *Comparative Constitutional Engineering: An Inquiry into Structures, Incentives and Outcomes*. Basingstoke, UK: Macmillan, pp.124-125.

결국 대통령과 총리 가운데 누가 우위를 차지하느냐의 문제는 어떠한 당이 의회에서 다수당이 되는가에 달려 있다고 할 수 있을 것이다.

다시 말해서 대통령 소속정당이 의회다수당이 되는 경우 대통령이 총리를 임명하고 내각구성에도 관여하기 때문에 실질적으로 대통령제로 운영된다고 할 수 있으며, 대통령이 총리에 대해 우위에 놓여 있게 되는 것이다. 이러한 상황에서 실질적으로 대통령은 국가원수뿐만 아니라 정부수반의 역할을 수행하게 되며 총리는 대통령을 보좌하는 위치에 놓이게 된다.

이원집정부제가 제대로 운영되기 위해서는 대통령과 총리가 각기 다른 정당에서 나오는 동거정부가 구성되어야 하는데, 이러한 경우는 제5공화국 출범 이래로 세 번 있었다. 이른바 코아비타시옹(cohabitation)이라는 좌우동거정부는 대통령 소속정당이 총선에서 다른 정당들보다 다수 의석을 획득하지 못하여 내각구성을 다른 정당이 담당할 때 수립된다. 1986년 총선에서 우파가 승리하자 미테랑(F. Mitterrand) 대통령은 시라크(J. Chirac)를 총리로 임명하여 좌파 대통령과 우파 총리의 동거정부가 최초로 시작되었다. 1993년 총선에서는 우파가 의석의 70퍼센트를 차지하는 압승을 거둠에 따라 미테랑 대통령은 발라뒤르(E. Balladur)를 총리로 임명하여 2차 동거정부가 수립되었다. 1997년 총선에서 좌파의 승리로 사회당의 조스팽(L. Jospin)이 내각을 구성하게 되어 시라크 대통령과의 제3차 동거정부가 출범되었다. 이와 같은 동거정부의 수립은 제5공화국 헌법의 산물이었지만 정국불안을 초래할 수 있는 계기가 되기도 했다. 동거정부에서 대통령과 총리의 권한은 구분되어 있지만 원만하게 조정되기는 쉽지 않다. 대통령은 국내문제에 영향력을 행사하고자 하며 총리도 외교관계에 관심을 갖고 있는 경우가 있다. 이러한 경우 대통령과 총리는 경쟁관계에 놓이게 되는 것이다. 1990년대 들어와 동거정부가 장기화되면서 대통령과 총리 간에 의견대립이 초래되어 국정관리의 효율성이 하락하자 국민의 불만이 증대되는 결과가 나타났다. 이러한 상황에서 2000년 대통령의 임기가 7년에서 5년으로 단축됨으로써 하원의 임기와 동일해져 동거정부의 수립가능성은 상대적으로 낮아졌다고 할 수 있다.

2. 독재체제

독재체제(dictatorship)는 한 사람 또는 소수의 특정 세력이 정치권력을 독점하고 어떠한 제약도 없이 자의적으로 통치권을 행사하는 체제를 의미한다. 즉 나치체제의 히틀러, 소련의 스탈린, 쿠바의 카스트로, 이라크의 후세인 등이 전형적인 일인 독재자이며 공산당의 정치국, 군사혁명위원회(junta) 등이 지배집단이라고 할 수 있다. 지난 1980년대까지만 해도 독재체제는 민주주의체제와 더불어 상당수의 국가들이 수립하고 있는 정치체제였다. 독재체제는 다양한 유형이 존재하며 억압성에 따라 권위주의체제와 전체주의체제로 구분할 수 있다. 권위주의체제와 전체주의체제는 정치권력이 집중되어 있고 권력행사가 제약되지 않는다는 점에서 유사하다고 볼 수 있다. 또한 민주주의체제와는 달리 개인의 권리가 거의 인정되지 않고 국민을 복종시키기 위해 무력과 이데올로기, 대중매체 등을 사용한다. 그러나 전체주의체제와 권위주의체제 간에는 다음과 같은 주요한 차이점이 존재한다. 첫째, 사회 각 부문에 침투하는 범위와 정도에 있어서, 또한 국민을 동원할 수 있는 능력에 있어서 전체주의체제는 권위주의체제에 비해 강력하다. 즉 전체주의체제는 사회부문에 침투해서 사회집단과 학교, 교회를 체제에 적합하게 재조직화하는 것이다. 권위주의체제는 사회부문을 통제하고는 있지만 어느 정도의 자율성을 부여하고 있다. 결과적으로 권위주의체제는 '제한적 다원주의'를 허용하게 되는 것이다.

전체주의체제에 있어서 사회침투의 기반이 되는 것은 이데올로기이다. 이러한 이데올로기는 무조건적인 복종과 희생을 강요함으로써 대규모의 국민동원을 가능하게 한다. 그러나 권위주의체제는 이데올로기를 강조하지 않는다. 권위주의체제는 적극적 복종보다는 소극적 묵인을 추구하는 것이다.

나치체제 및 파시스트체제와 공산주의체제는 이데올로기를 통해 강력한 침투와 동원을 추구했다는 점에서 유사하다고 볼 수 있다. 그러나 공산주의체제와 나치체제 및 파시스트체제 사이에는 몇 가지 차이점이 있다. 첫째, 나치체제와 파시스트체제는 히틀러나 무솔리니와 같은 개인중심의 체제였다. 따라서 공산주의체제에 비해서 제도화의 수준이 낮았다고 볼 수 있다. 둘째, 나치체제 또는 파시스트체제와 공산주의체제의 지지기반은 서로 상이했다. 나치체제와 파시스트체제의 기반은 중간계층 및 산업자본가였으나 공산주의체제의 기반은 노동자와 농민이었다. 또한 나치체제와 파시스트체제는 자본주의를 유지했고 자본가들을 억압하지도 않았다. 그러나 공산주의체제는 사회주의를 도입했고 노동자와 농민에게 지지를 호소했다. 이러한 측면에서는 나치체제와 파시스트체제는 주로 정치에 대한 침투를 감행했고, 공산주의체제는 정치뿐만 아니라 경제에까지 침투를 확대했다고 볼 수 있다.

공산주의체제와 나치체제 및 파시스트체제 간의 근본적인 차이는 이데올로기에 있다. 공산주의는 경제적 평등의 실현을 목표로 다수의 지배를 명분으로 하여 공산당과 개인 또는 소수집단의 지배를 정당화했다. 그러나 나치즘이나 파시즘은 다수에 대한 소수의 영속적인 지배를 제시했기 때문에 공산주의보다 대중적인 호소력이 약했고, 국민들의 반발을 초래했다. 이러한 차이로 인해 결과적으로 공산주의체제는 나치체제나 파시스트체제보다 더 오래 존속할 수 있었던 것이다.

1) 전체주의체제

전체주의체제에서 권력이란 통치자에게 당연히 귀속되는 것이며 국민이 복종하는 것은 의무였다. 또한 국민의 동의를 구하기보다는 이데올로기와 무력을 통해 국민을 복종시켰다. 사회 및 경제부문에까지 포괄적으로 개입했던 전체주의체제는 다음과 같은 요소들을 갖고 있었다.[25] 첫째, 국민이 복종해야 하는 이념체계로서 공식적 이데올로기이다. 전체주의체제의 이데올로기는 과거의 사회질서와 정치체제를 부인하고 새로운 사회질서와 정치체제를 제시했다. 또한 전체주의체제의 모든 침투와 동원을 이러한 이데올로기에 의해 정당화하고 합리화했다.

둘째, 유일한 대중정당은 전체주의 독재자들이 그들의 의사를 국민에게 부과하며 통치의 기반을 제공해주는 주요한 도구였다. 셋째, 독재를 유지하기 위해 국민과 반정부집단을 감시하는 폭력적 통제체계로서 경찰조직이다. 넷째, 전체주의 독재에 순응하는 인간형을 만들어내는 데 필수적이며 침투와 동원을 합리화하는 데 필요한 대중매체의 독점이다. 다섯째, 전체주의 독재를 유지하는 데 있어서 필수적인 군부의 장악과 무력의 독점이다. 여섯째, 전체주의체제는 권위주의체제보다 더욱 강력하게 경제에 개입했다. 즉 모든 경제정책은 계획에 의해 이루어지며 생산뿐만 아니라 분배에까지 관여했다. 일곱째, 전체주의체제를 유지하기 위해서는 팽창주의를 지속적으로 추구했다. 즉 대외문제에 광범위하게 개입하거나 대규모의 건설을 추진하기 위해 대중을 동원했던 것이다. 여덟째, 전체주의체제에서 독재자의 결정과 행위는 초법적인 성격을 가지기 때문에 사실상 법적 제약이 없었다. 즉 독재자는 사법부까지 완전히 통제할 수 있었던 것이다.

---

25) Friedrich, C. and Brzezinski, Z. 1984. *Totalitarian Dictatorship and Autocracy*. New York: Praeger, pp.9-10.

(1) 공산주의체제

정통 마르크스주의의 관점에서는 19세기 말에서 20세기에 들어오면서 사회주의의 실현이 민주적 절차를 통해서 가능하다는 인식이 확산되어 있었다. 그러나 이러한 경향과는 달리 공산주의는 정통 마르크스주의가 혁명의 열망을 약화시켰다고 보고 혁명을 다시 강조했다. 혁명을 중시했던 이유는 러시아에서 전제군주제가 유지되고 있는 등 다른 유럽 국가들과 차이가 있기 때문이라는 것이었다. 즉 당시 러시아는 전제적이었을 뿐만 아니라 시민혁명을 억압했으며 산업화도 이루지 못한 후진적인 농업국가에 불과했다.

20세기에 들어와 자본주의의 발전은 노동계급을 형성했고 러시아의 제정은 약간의 정치적 양보를 했으나 실질적으로 군주의 권력은 유지되고 있었다. 따라서 이러한 상황에서 사회주의의 실현이 민주적 절차를 통해서 가능하다는 것을 기대하기 어렵다는 것이 레닌(V. I. Lenin)의 판단이었다.

자본주의가 발전하는 과정에서 필연적으로 부르주아와 프롤레타리아의 계급투쟁이 불가피하다는 마르크스의 이론은 러시아와 같이 정치적·경제적 후진성을 지닌 국가에서는 그대로 적용될 수 없었다. 레닌의 공산주의는 마르크스주의를 후진국가에서도 적용될 수 있는 것으로 재구성하는 것이었다.

레닌에 있어서 계급투쟁은 역사발전의 변증법적 법칙을 이해하는 계급의식이 투철한 전위대에 의해서 추진되어야 하고, 사회주의는 혁명에 의해서만 가능한 것이었다. 따라서 소수의 전위대, 즉 직업적인 혁명가들이 권력장악을 위한 투쟁을 전개하고, 승리 후에는 프롤레타리아 독재가 과도적으로 존립해야 한다는 것이었다. 민주주의체제는 부르주아 독재로 소수의 지배계급이 다수의 피지배계급을 억압한 체제였으나, 프롤레타리아 독재는 다수의 지배라는 점에서 부르주아 민주주의보다 더

서기장
정치국
중앙위원회
당대회
시위원회
지방위원회
세포
당원
국민

<그림 3-3> 공산주의체제에서 권력행사의 단계

민주적이라는 것이었다.

공산주의체제의 특징은 공산당 일당독재이다. 즉 혁명조직이었던 공산당은 정치체제의 중심이 되는 것이다. 따라서 정치권력은 집중되어 민주주의체제와는 달리 권력분립, 견제와 균형, 개인적 권리의 보장은 완전히 무시된다. 과거 소련에 있어서 공산당은 모든 정부기관을 통제하고 모든 정책을 결정했다. 공장, 학교, 공공조직 등에는 세포(cell)라 불리는 공산당의 단위조직들이 침투해 있었다. 이러한 조직을 기초로 해서 공산당의 권력행사는 위에서부터 아래로 전개되었다.

공산당의 고위당원들은 정부의 요직을 차지했고 관료들의 임명을 결정했으며 정부관리들에 대한 통제를 행사했다. 즉 서기장, 각료회의 의장, 최고회의 간부회의장, 군 최고사령관직은 독재자가 차지하고 다른 정치국원이나 당중앙위원 등도 정부의 요직을 대부분 차지했다. 따라서 공산당과 정부는 실질적으로 중복되었으며, 결과적으로 공산당의 정부에 대한 통제가 가능했던 것이다.

이러한 상황에서 당관료가 정부관료를 겸직했었고 공산당에 의해 임명된 정부관료들은 공산당의 영향에 놓이게 되었다.[26] 특히 당중앙위원회나 정치국과 같은 공산당 중앙조직의 구성원들은 정책의 형성과 집행에 있어서 직접적인 영향력을 행사했다. 즉 공산주의체제에서 정부는 공산당 내에 존재했던 것이다.

(2) **파시스트체제와 나치체제**

파시스트체제는 의회를 중심으로 하는 민주주의체제를 대립적 세력들 간의 분열을 조래하는 것으로 간주한다는 측면에서 본질적으로 반동적이며 독재와 단일정당을 추구했다. 1차대전 이후의 독일과 이탈리아는 경제적 혼란과 지도력의 부재로 악조건을 극복하는 데 실패하자 파시즘이 국민에게 수용될 수 있었다.

파시스트체제와 나치체제는 기존의 정치체제를 비합리적인 것으로 부정했다. 파시스트체제와 나치체제는 개인보다는 국가 또는 민족을 중시함으로써 민주주의를 부정했고, 또한 국가나 민족을 떠나서 계급이 존재하지 않는다고 보기 때문에 공산주의도 부정했다. 즉 개인을 국가나 민족의 일부에 불과한 것으로 보고 국가의 수단적 존재로 간주했던 것이다.[27] 따라서 파시스트체제에서 개인의 자유는 국가나 민족이 허용하는 범위 내에서만 인정되었다. 결국 국가나 민족이 허용하지 않는 개인의 자유는 존재할 수 없는 것이다. 즉 개인의 자유는 국가의 의사에 따를 때 최대한 보장될 수 있다는 것이다. 그러므로 파시스트체제나 나치체제에 있어서는 정치, 사회분야뿐 아니라 학문, 예술, 도덕과 같은 문화분야도 민족이나 국가와 관련해서만 존재가치가 인정될 수 있었다.

---

26) Linz, J. 2000. *Totalitarian and Authoritarian Regimes*. Boulder, Col.: Lynne Rienner Publishers, p. 94.

27) Macridis, R. 1986. *Modern Political Regimes: Patterns and Institutions*. Boston: Little, Brown, pp. 175-176.

파시스트체제와 나치체제에서 공통적으로 추구한 것은 국가의 신성화였다. 즉 국가는 정신적·도덕적인 것으로서 개인을 초월한 것인 동시에 개인을 신성한 공동체 구성원으로서의 자각을 갖게 함으로써 인간을 한층 높은 단계로 상승시킨다는 것이다. 나치체제에 있어서는 독재권력이 기초를 확립하기까지 국가의 신성화가 추진되었지만, 권력확립 이후에는 국가 대신 민족을 강조했다. 즉 국가는 민족에 봉사하는 수단이며 민족의 정치적 생활양식으로서 민족정신을 표현하는 것이었다.

파시스트체제나 나치체제에서는 지배계급과 대중이라는 두 개의 계급을 구별했다. 대중은 이성적 능력이 결여되어 주로 군중심리에 좌우되며 강자에 대한 복종을 원한다는 것이었다. 지배계급은 이러한 대중을 지도하며 억압이 아니라 지도라는 점에서 진정한 민주주의라고 주장되었다. 그러나 파시스트체제와 나치체제에서 지배계급은 대중의 정치적 의견을 전혀 고려하지 않았다. 또한 지도자는 국가와 민족의 의사를 명백히 이해하고 실현할 수 있는 사람으로 엘리트와 대중 위에 존재했다. 따라서 파시스트체제와 나치체제에 있어서 유일하게 신뢰할 수 있는 것은 지도자뿐이며, 따라서 맹목적인 복종이 이성에 의한 행동보다 더 바람직하다는 것이었다.

2) 권위주의체제

(1) 권위주의체제의 수립

권위주의체제는 국민의 의사에 반해서 특정 가치와 정책을 강제하는 정치체제이다. 즉 권위주의체제는 정치권력을 개인이나 특정 정당이 독점하여 정책결정과정이 폐쇄적이다. 따라서 국민의 의사가 반영되지 않고 일방적인 결정이 이루어진다.

이러한 체제는 일인독재의 형태일 수도 있고 소수의 지배세력이 통치하는 이른바 과두체제일 수도 있다. 정치학에서 권위주의체제라는 용어는 비민주주의체제를 광범위하게 지칭한다. 권위주의는 전제정치(autocracy), 참주정치(tyranny), 전제군주정치(despotism), 군부통치(military rule), 과두정치(oligarchy)를 포함하는 용어인 것이다. 권위주의의 형태는 다양하나 대부분은 군부독재(military dictatorship) 내지는 군부체제(military regime)였다. 이른바 프레토리안 체제(praetorian regime)로 군부가 지배하는 정치체제를 의미한다.[28] 제2차대전 이후로 전 세계국가의 3분의 2에서 쿠데타가 발생하여 군부정권이 수립되었다.

과거의 경험을 보면 대체로 선진국에서는 군부가 개입하지 않았고, 이와는 달리 개발도상국에서는 광범위한 군부개입이 이루어졌다. 그렇다면 왜 일부 국가에서는 개입하지 않았고 다른 국가에서는 개입했는지를 규명할 필요가 있다. 대체로 정치적 규범이나 가치, 그리고 정치제도와 관련해서 군부와 정치인, 국민 간에 민간통치에 대한 진정한 합의가 존재하면 군부개입은 부당하고 허용될 수 없는 것으로 간주된다.

또한 민간정부의 전통과 역사가 오랜 경우 군부개입의 성공 가능성이나 군부정권의 지속 가능성은 매우 낮을 것으로 인식된다. 선진국에서 쿠데타가 발생하지 않은 이유는 바로 이러한 이유 때문이다. 그러나 2차대전 이후의 신생국 정치체제에서는 이러한 요인들이 거의 존재하지 않았다.

또한 군부의 성향에 따라 개입 가능성이 달라진다. 즉 군부가 국토방위와 같은 전통적 직업주의를 추구하면서 정치적 중립을 준수하면 군부쿠데타의 발생가능성은 크게 낮아진다. 그러나 군사안보뿐만 아니라 사회안보에까지 관심을 갖는 이른바 신직업주의를 추구하게 되면 군부는

---

28) 프레토리안은 원래 로마황제의 근위대로 황제를 보호하고 명령을 수행하는 황제 개인의 호위대를 지칭하는 용어였다. 당시 무력으로 정치권력을 장악한 프레토리안은 통치권을 행사했는데, 이러한 이유로 현대에 있어서도 무력으로 정치권력을 획득한 군부가 주도하는 정치체제를 프레토리안 체제로 지칭하게 되었다.

사회경제적 조건과 상관없이 정치에 개입하고, 그러한 행위를 정당화하게 된다. 2차대전 이후 다수의 신생국가에서 발생한 쿠데타는 사회경제적 조건과 군부의 신직업주의의 산물로 볼 수 있다. 그러나 군부의 정치개입이 대부분 계획적으로 이루어졌다는 점을 고려하면 군부 또는 군부지도자의 정치적 동기가 주요 변수로 간주될 수 있을 것이다.

<표 3-3> 아프리카 국가의 군사쿠데타 발생

국가	쿠데타 발생일시
부룬디	1976. 11. 2
중앙아프리카공화국	1979. 9. 20
차드	1981. 9. 1
에티오피아	1974. 9. 12
가나	1972. 1. 13
나이지리아	1975. 7. 29
르완다	1973. 7. 19
수 단	1971. 6. 22
우간다	1971. 1. 25
기니	1984. 4. 4

신생국에서 군부가 정치에 개입하는 원인은 몇 가지가 있다. 첫째, 많은 경우에 있어서 군부는 자신의 이익을 보호하기 위해서 개입했다. 즉 자원의 배분이 충분히 이루어지지 않는 경우 군부는 불만을 갖게 되었고 정치에 개입하게 되었던 것이다. 또한 기존의 질서를 타파하려는 급진적 사회운동에 의해 군부의 이익이 침해될 때도 군부가 개입했다. 둘째, 통치자의 갑작스러운 사망으로 후계자가 확정되지 않았을 때 또는 후계자를 선출할 수 있는 합리적인 절차가 마련되지 않았을 때 군부의 개입가능성이 높았다. 셋째, 2차대전 이후 미국과 소련은 신생국들에게 막대한 군사원조를 제공했다. 결과적으로 군사원조는 군부를 근대화시켰고 지위를 상승시켰다. 즉 군부는 신생국에서 우월하고 영향력 있는 집단으로 변화되었던 것이다. 따라서 군부는 이른바 근대화의 주체로서

사회 및 경제 각 부문의 근대화를 위해 개입하게 되었던 것이다.

(2) 군부 권위주의체제의 통치형태

군부체제는 다양한 형태로 나타날 수 있다. 군부쿠데타는 기존 정치체제의 구조를 근본적으로 변화시키고 국민의 참여와 정치적 경쟁을 차단하는 권위주의체제를 수립시켰다. 즉 군부체제도 다른 독재체제와 마찬가지로 군부 또는 지배세력이 선호하는 정치구조를 형성시켰던 것이다.[29] 따라서 군부가 정치에 개입하여 정권을 장악하면 개혁을 명분으로 체제유지에 유리한 통치형태를 구축했다.[30] 이러한 통치형태는 크게 직접적 통치와 간접적 통치로 구분할 수 있다.

직접적인 군부통치는 군부가 민간정부를 인수하여 지휘계통에 따라 정치적 결정을 내리는 것이다. 따라서 군부는 사실상의 정부가 되며 민간관료조직은 해체되거나 영향력을 상실했다. 이러한 통치형태에는 군부지배를 유지시키는 다수의 기능적 조직이 존재했다.

군부의 실세로 구성되는 군사평의회는 주요 정책결정을 내리고 고위장교로 구성된 내각과 실무담당자로 구성된 집행부는 행정을 담당했다. 그러나 이러한 조직구성은 군부통치에 있어서 이상적인 형태이다. 현실적으로는 군부와 민간관료와의 융합이 초래되었다. 또한 직접적인 군부통치가 이루어지더라도 일부 민간업무와 행정은 민간기관에게 위임되며 민간재판소는 민사재판을 담당했다.

직접적인 군부통치의 경우에 군부지도자들은 정치인이 되기 위해 군

---

29) 군부는 명령과 복종과 같은 가치와 규범 때문에 협상과 타협을 경시하는 반정치적 성향을 갖고 있다. 따라서 군부가 정치를 주도하게 되면 기성 정치인과 국민의 정치참여가 배제되기 때문에 정치체제는 과두적 성격을 갖게 된다. Nordlinger, E. 1977. *Soldiers in Politics: Military Coups and Government*. Englewood Cliffs, NJ: Prentice-Hall, pp.58-60.

30) Perlmutter, A. 1981. *Modern Authoritarianism*. New Haven, Conn.: Yale University Press, pp.11-24.

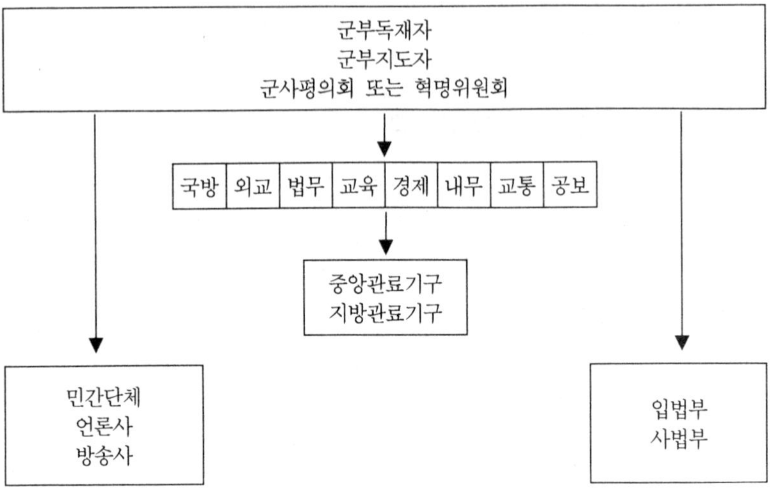

<그림 3-4> 군부 권위주의체제의 통치구조

부를 떠났다. 그러나 그들은 정치체제에 군의 가치, 군의 조직적 특성, 위계질서, 상명하복과 같은 것들을 이식시켰다. 즉 군부지도자들은 군국주의에 따라 정치체제뿐만 아니라 사회구조까지 변형시키려고 했던 것이다. 군부통치의 기반은 무력이다. 군부체제는 국민들을 복종시키기 위해 무력에 의존할 수밖에 없으므로 군대와 경찰이 감시와 통제를 담당했다. 또한 병영에서와 같이 명령과 복종이 중시되기 때문에 불복종은 엄격히 처벌되었다.

간접적인 군부통치는 군부가 정치체제를 장악하고 있다고 하지만 민간관료와 민간정부가 존재한다는 점에서 직접적 군사통치와는 차이가 있다. 군부지도자들은 그대로 군조직에 남아 있지만 민간정치인들은 그들의 지시를 받는다. 민간정치인이나 관료들은 형식상의 권한만 갖고 있으며 정책의 실패에 대한 책임을 감수해야 한다. 즉 군부는 민간정부에 대한 통제를 통해서 영향력을 행사하는 것이다. 또한 다수의 정당이 존재하고 선거가 실시될 정도로 대의제도가 운영되지만 특정 정책에 대해서는 군부의 동의를 필요로 한다. 군부는 민간정부의 정책제안에 대해 거부권을 행사할 수 있다.

군부 쿠데타 직후에는 대부분 일인체제 또는 군부과두체제가 수립되었다. 즉 정치체제는 특정 군부지도자가 정치권력을 장악하는 일인체제나 소수의 지도자들이 지배세력을 형성하여 통치하는 과두체제를 특징으로 했던 것이다. 그러나 일정 기간이 지나 지배의 조건이 확립되면 군부와 민간관료의 연합체제로 전환되었다. 이것은 체제의 명분과 효율성 증대를 위한 불가피한 조치였다. 그러나 민군연합체제를 표방하더라도 실권은 군부가 장악하는 것이 특징이었다.

제4장 의회와 정당

안승국·김형철

제1절 의회

1. 의회의 구성과 조직

1) 의회의 의미와 구성

(1) 의회와 민주정치

서구에서 국민의 의사를 대표할 목적으로 만들어진 의회는 오늘날 민주주의의 대명사가 되었다. 특히 근대 이후 사회규모가 확대됨에 따라 국민 다수가 직접 정치에 참여할 수 없는 상황이 초래되면서 의회를 매개로 한 이른바 대의 민주주의의 중요성이 널리 인정되었다. 의회가 민주정치를 구현하는 데 있어서 중요한 이유는 의회 내에서 다수당과 소수당이 서로 비판과 견제를 통해 합의를 이끌어내기 때문이다. 대체로 정부는 집권당이 독점적으로 영향력을 행사하므로 정부에 반대하는 정치세력이 존재할 여지가 없다. 그러나 의회에서는 정부와 집권당에 대한 비판과 견제가 가능하다. 즉 의회에서 집권당과 야당은 정책의 대결과 토론을 통해서 경쟁하는 것이다. 따라서 이와 같은 의회정치가 실현될 수 있는지의 여부가 민주주의인지 독재인지를 구분 짓게 된다.

의회제도에 있어서 가장 중요한 문제는 대의의 정당성이다. 민주주의는 국민이 주권을 갖는 이른바 '국민주권'에 입각해 있다. 그러나 루소(J. J. Rousseau)와 같은 초기 민주주의이론가들은 의회가 국민의 의사를 반영한다는 것에 회의적이었다. 즉 루소는 주권의 위임이 주권의 상실을 초래할 것이라고 생각했다. 루소에 따르면 자유롭고 공정한 선거가 실시된다고 해도 선출된 사람은 폭군이나 독재자가 되기 때문에 투표가 끝나는 즉시 국민은 노예가 된다는 것이다. 그러나 1838년 영국의 인민헌장(the People's Charter)에서 성인남성의 보통선거권, 비밀투표, 의원의 재산자격 폐지, 선거구 크기의 균등화 등을 규정함으로써 국민의 의사는 선거와 의회에서 다수결을 통해 반영된다는 점이 인정되었다.

루소에 따르면 대의민주주의에서 의회는 정책결정을 주도해서는 안 되고 국민의 정책선호를 그대로 반영하는 기능을 수행하는 것이 바람직하다. 즉 의회가 국민의 의사를 고려하지 않고 정책결정을 주도하게 되면 과두제가 초래된다는 것이다. 그러나 이와는 달리 의회가 다루는 문제가 너무 복잡하고 어렵기 때문에 현실적으로 일반국민들이 정책결정과정에 관여하기는 어렵다는 주장이 있다. 즉 의회는 단순히 국민의 의사를 반영해서는 안 되고 국정관리에서 요청되는 정책을 주도적으로 결정해야 한다는 것이다. 이러한 관점에 따르면 의회가 정책결정을 주도한다고 해서 민주주의의 원리가 훼손되는 것은 아니다. 왜냐하면 의회를 구성할 의원의 선출은 국민에 의해 이루어지기 때문이다.

의회는 공식적 정치제도로서 유권자에 의해 직접 선출된 의원들로 구성된다. 의원들은 형식적으로 동등한 권한을 가지며 모든 결정은 의원들의 투표에 의해 이루어진다. 의회에서는 위계서열에 따라 구성되어 있는 행정부와 달리 모든 의원들이 동일한 권한을 보유하고 있다. 다시 말해서 다선의원과 초선의원 간의 권한차이는 없다. 그러나 관행적으로 다선의선을 존중하고 의원들은 원내총무의 지시를 받는다. 또한 소속정당에서는 당직이 있어서 의원들이 완전히 동등한 위치에 있지는 않지만 의원 각자는 국민을 대표하는 입법자로서 법적으로는 동일한 지위에 있는 것이다.

현실적으로 의회는 국민의 의사에 따라서만 움직이지는 않는다. 또한 의회가 국민의 의사를 무시한 채 정책에 대한 결정을 내리기도 어렵다. 따라서 실제에 있어서는 두 가지 측면이 혼재되어 있다고 할 수 있을 것이다. 즉 의원들은 다음 선거에서의 당선을 고려해서 국민들의 요구를 중시할 수도 있고 다음 선거에시의 손해를 감수하더라도 자기 나름대로의 독자적인 판단을 내릴 수도 있다. 또한 당내에서의 위치를 고려해서 독자적인 결정을 고려하지 않고 소속정당의 결정에 따를 수도 있을 것이다.

의회는 정부, 정당, 이익집단과 더불어 주요 정치세력들이 상호작용할 수 있는 공식적인 환경을 제공하는 역할을 한다.[1] 의회는 원칙적으로 국민들에 의해 직접 선출된 입법기관이기 때문에 강력한 권한을 가지며, 또한 법률을 발의하고 수정하며 채택 여부를 결정하기 때문에 공공정책의 형성에 있어서 주도적인 역할을 하게 된다. 그러나 실제로는 지난 수십 년 동안 대부분의 국가에서 의회는 정책결정과 관련된 주도권을 정부에 넘겨주었다. 결과적으로 정부는 의회를 통제하면서 정책결정에 강력한 영향력을 행사하게 된 것이다. 대통령제 국가에서는 대통령과 각료들이 역시 내각제 국가에서도 총리와 내각이 주요 법안을 제안하고 정책을 결정한다.

그러나 이러한 현실 때문에 현대 민주정치에서 의회의 역할이 중요하지 않다고 할 수는 없다. 의회는 여전히 법률을 제정할 수 있는 권한을

1) Polsby, N. 1975. "Legislatures," in F. Greenstein and N. Polsby, eds. *Handbook of Political Science* Vol.5. Reading, Mass.: Addison-Wesley, pp.257-319.

보유하고 있으며 정부에서 제안한 정책안을 심의하는 역할을 수행하고 있다. 즉 정부가 추진하는 대부분의 정책들은 의회의 동의를 획득해야 하는 것이다. 의회에 대한 정부의 통제력이 내각제 국가에 비해 상대적으로 약한 대통령제 국가에서는 의회의 견제역할이 더욱 강하게 나타난다. 미국에서 대통령은 법안을 요청할 수 있지만 초안 그대로 의회를 통과하기는 쉽지 않다. 의회는 대통령의 권한을 제한하고 의회의 권한을 강화하는 법안을 통과시킬 수도 있다. 미국의 어떠한 대통령들도 자신들이 선호하는 정책을 그대로 추진하지 못했고, 정부가 요청한 많은 법안들이 의회에 의해 거부되었다.

내각제를 채택하고 있는 국가들은 다수당을 통해 의회를 통제할 수 있다는 점 때문에 내각이 선호하는 정책을 쉽게 통과시킬 수 있을 것으로 생각할 수 있다. 그러나 다수당 내부에서도 반발이 있을 수 있으며 야당의 견제와 유권자의 비판으로부터 내각이 자유로울 수는 없다. 영국의 경우 의회의 반대가 내각의 정책을 변화시킬 수는 없지만, 의회는 내각의 정책변화를 권고할 수 있으며 실제로 획기적인 정책변화가 일어나기도 한다.

그러나 최근 대부분의 국가에서 의회의 지위는 하락되는 경향을 보이고 있다. 정치과정에 있어서 의회의 영향력이 약화되고 있는 것이다. 특히 정부조직의 확대는 정부의 법안제출을 증대시켜 의회의 입법권한을 실질적으로 축소시켰다. 또한 법안의 복잡성은 의회의 심의능력을 약화시켜 입법활동이 본회의가 아니라 상임위원회 중심으로 이루어지게 했다. 따라서 정책결정의 중심이 정부로 이전되고 있고, 의회는 정부의 인준기관내지는 심의기관으로 전락되었다는 비판이 제기되고 있는 것이다.

실제로 많은 국가에 있어서 국민의 대표자인 의원들은 정부를 구성하고 있는 정치지도자나 정당지도자의 의사를 무비판적으로 수용함으로써 정책결정은 실질적으로 정부에 의해 주도되고 있는 양상을 보이고 있는 것이 사실이다. 따라서 의회는 정부의 행위를 정당화하는 역할을 수행한다는 점이 인정될 수 있는 것이다. 또한 의회는 입법이나 정책의 결정에 있어서 국민의 의사를 반영하기보다는 정당의 이익을 실현하는 데 중점을 두는 경향도 보이고 있다. 즉 민주주의를 가능하게 하는 자유롭고 개방적인 토론에 의한 결정이라기보다는 정당 내부에서 사전에 결정된 사항을 단순히 추인하는 데 그치고 있는 것이다. 이러한 상황에서는 정당들 간의 이기적인 대립이 초래되기 쉬우며 의정활동의 마비를 초래할 수 있다. 이러한 문제점을 해결하기 위해서는 의회가 정당의 영향에서 벗어나 자율적이고 독자적인 결정을 내릴 수 있어야 할 것이다.

(2) 의회의 구성방식

의회의 구성은 단원제와 양원제로 구분할 수 있다. 단원제는 국민이 선출한 의원으로 구성되는 단일한 협의체를 특징으로 한다.[2] 전 세계 국가들 중 약 60퍼센트가 단원제를 채택하고 있으며 40퍼센트는 양원제를 채택하고 있다. 양원제는 의회를 상원, 하원 두 개의 원으로 구성하여 각기 의결을 하고 양측의 결정이 일치하면 이것을 의회의 결정으로 간주하는 제도이다. 영국에서 유래된 양원제는 과거에 귀족원의 권한이 더 강했기 때문에 상원으로, 평민원을 하원으로 부르게 되었다. 양원제는 기본적으로 권력분립에 기초해 있다. 의회를 두 개로 분리하는 이유는 하나의 의회에 과도한 권력이 집중되면 남용될 가능성이 있을 뿐만 아니라 궁극적으로는 의회권력의 독재를 초래할 수 있기 때문이다. 특히 입법과정에 있어서 하나의 의회가 다른 의회의 견제를 받게 함으로써 입법권의 남용에서 비롯되는 과도한 입법을 방지할 수 있는 것이다.

---

2) 단원제 의회는 입법을 포함한 의정활동을 신속하게 처리할 수 있고 의회비용을 줄일 수 있는 장점이 있으나 법안심의를 소홀히 하고 과도한 입법을 초래할 수 있는 단점이 있다.

국가의 형태를 기준으로 하면 단일국가보다는 연방국가들이 양원제를 채택하는 경우가 많다.[3] 이것은 의원선출을 인구비례 기준으로 하는 경우 인구가 많은 주가 유리하기 때문에 주의 대표라는 측면에서 상원을 구성하도록 하여 각 주가 연방의회에서 동등한 대표성을 갖도록 하기 위함이다. 따라서 미국의 경우 하원은 인구가 많은 주에 많은 의석이 배분되지만 상원은 각주에 두 석씩 동일하게 배정된다.

연방주의에 따라 양원제를 채택한 국가들은 양원이 동일한 권한을 갖는데 미국의 경우 하원은 선거구 단위로, 상원은 주 단위로 선출된다. 즉 인구비례에 기초한 지역선거구에서 435명의 하원의원을 선출하고 크기에 상관없이 한 주에서 2명의 상원의원을 선출하고 있다.[4] 따라서 하원의원은 지역대표, 상원의원은 주대표의 의미를 갖게 되는 것이다.[5] 대체로 하원은 상원에 비해 의원 수가 많고 임기가 짧다. 미국 상원의원의 임기는 6년이고 하원의원의 임기는 2년이다. 또한 귀족으로 구성되는 영국 상원의원은 종신직이고 하원의원의 임기는 5년이다. 역시 프랑스의 경우에도 상원의원의 임기는 9년이고 하원의원의 임기는 5년으로 상원임기가 더 길다.

상원과 하원 간의 권력관계는 국가에 따라 상이하게 나타나고 있다.

---

3) 연방국가는 자치권을 가진 다수의 주가 연합하여 하나의 국가를 구성한 것이다. 각 주는 자체의 주법을 적용하여 국내법상으로는 자율성을 갖지만 국제법상으로 단일의 주권국가로 간주된다. 프랑스나 스페인, 이탈리아는 연방국가가 아니지만 양원제를 채택하고 있다. 단일국가가 양원제를 채택하는 이유는 의회의 과중한 업무를 분담하여 효율적인 의정활동을 가능하게 하고 상원과 하원의 상호견제를 통해 과도한 입법을 방지할 수 있기 때문이다.

4) 헌법제정 이후 약 백여 년간 상원의원은 국민투표가 아니라 주의회에서 임명되었다. 1913년 수정헌법 제17조에서는 상원의원에 대한 직접선거를 규정하고 있다.

5) 1787년 제헌회의에서는 의회구성이 주요 논쟁 중의 하나였다. 당시 큰 주들은 인구비례에 따른 양원제 구성을 주장했고 작은 주들은 각 주의 동일 의원 수로 구성되는 단원제를 주장했다. 이러한 이견을 조정하는 과정에서 상원은 동일 의원 수로 선출하고 하원은 인구비례로 선출한다는 타협안이 마련되었다.

이에 대한 평가기준은 상원이 독자적인 입법권을 보유하고 있는가와 하원이 통과시킨 법안을 거부할 수 있는가의 여부이다. 미국 의회제도의 특징은 하나의 법안을 상원과 하원에서 동일한 과정을 통해 의결하는 것이다. 이러한 점은 상원과 하원의 권한이 원칙적으로 동등하다는 것을 의미한다. 그러나 미국의 상·하원이 동일한 역할만 하는 것은 아니다. 역할이 중복되는 부분이 있기는 하지만 각기 독자적인 권한을 갖고 있다. 예를 들어 외국과의 조약을 체결하는 경우 상원의 동의를 필요로 하고 있으며 대통령이 공직자를 임명하는 경우에도 상원의 동의가 있어야 한다. 대통령에 대한 탄핵과 관련해서 하원은 탄핵을 발의하고 상원은 탄핵안에 대해 심판함으로써 최고재판소의 역할을 수행한다.

영국의회의 경우 상원은 하원과 마찬가지로 법안을 제출할 수 있는 권한을 갖고 있지만 예산과 관련된 법안에 대해서는 하원이 배타적인 권한을 갖고 있다. 또한 하원은 총리와 내각에 대한 불신임을 결의할 수 있다. 따라서 영국의 경우 하원 우위의 원칙이 확립되어 있다고 할 수 있다.

프랑스 상원은 시의원과 도의원으로 구성되는 선거인단에 의해 간접 선출되어 지방자치단체를 대표한다. 입법에 있어서 상하원에게 동등한 권한이 부여되지만 직접선거에 의해 구성되는 프랑스 하원인 아상블레 나쇼날(Assemblée Nationale)은 간접선거로 구성되는 프랑스 상원인 세나(Senat)에 대해 우위가 인정되고 있다. 하원만이 임시회의를 소집할 수 있으며, 법안이 양원합동위원회를 통과하지 못한 경우 하원에서 최종적으로 의결한다.[6] 또한 영국과 마찬가지로 예산관련 법안과 내각불신임에 대해서는 배타적인 권한을 행사하고 있다.

특히 대통령제 요소와 내각제 요소가 공존하고 있는 프랑스 정치체제

6) 상하원합동회의는 베르사유 궁에서 개최되며 합동회의 의장은 하원의장이 맡는다. 합동회의에서는 헌법개정 등 주요 안건들이 심의된다.

에서 내각은 하원에 대해 책임을 지기 때문에 하원은 내각불신임권을 행사할 수 있다. 관례적으로 신임총리가 임명되면 하원에는 직접 출석해서 인준을 받지만 상원에는 대리인을 보냄으로써 하원을 우대하고 있다.

독일의 경우 연방상원인 분데스라트(Bundesrat)는 16개 주를 대표하여 연방에 관련된 사안보다는 각주에 관련된 사안을 중시한다. 따라서 상원은 주대표들 간의 회의라고 할 수 있으며 상원의원 개인의 자율성은 제한된다. 독일의 상원은 미국 상원과는 달리 모든 주에서 동일한 수의 의원을 선출하지 않고 각 주의 인구에 비례해서 의원 수를 달리하고 있다.[7] 연방하원인 분데스타크(Bundestag) 의원은 지역 선거구와 주 단위의 선거구에서 다수대표제와 비례대표제로 선출된다.

19세기를 통해 새로운 의회정치를 시행하게 되면서 대부분의 유럽 국가들은 양원제를 채택했다. 즉 귀족이나 왕족은 상원을 구성했고 평민의 대표는 하원을 구성했다. 엄밀한 의미에서 대의기관인 의회는 국민에 의해 선출되지 않고 신분에 따라 자동적으로 임명되는 사람으로는 구성될 수 없다. 따라서 이러한 문제점으로 인해 19세기에 양원제를 채택한 국가들은 20세기에 들어와 상원의 권한을 대폭 축소하거나 폐지했다. 또한 상원의 선출방식을 대선거구제나 전국구제로 하여 지역적인 이해관계를 초월하게 하거나 직능별 대표성을 갖게 하려는 시도가 이루어졌다.

특히 귀족의회의 오랜 전통을 갖고 있는 영국에서는 1998년 노동당의 블레어(T. Blair) 내각이 종신귀족을 중심으로 상원을 개편하고 세습귀족들을 상원의원직에서 물러나게 하는 상원개혁안을 발표했다. 상원

---

7) 독일헌법 제51조에 따르면 16개 주는 인구수에 따라 네 개의 범주로 상원의석을 갖도록 되어있다. 따라서 각 주는 3석에서 6석까지 배정되지만 인구가 적은 주라도 최소 3석을 보장하고 인구가 많은 주라도 6석을 넘지 않도록 하여 형평성을 최대한 고려하고 있다.

<표 4-1> 각국의 의회제도

국가	의회 구성	임기	의원 수	국가	의회 구성	임기	의원 수
싱가포르	단원제	5년	94	필리핀	양원제	상원 6년 하원 3년	상원 24 하원 250
인도네시아	단원제	5년	500	독일	양원제	상원 다양 하원 4년	상원 68 하원 656
중국	단원제	5년	2,979	러시아	양원제	상원 다양 하원 4년	상원 178 하원 450
한국	단원제	4년	299	루마니아	양원제	상원 4년 하원 4년	상원 143 하원 343
이스라엘	단원제	4년	120	스페인	양원제	상원 4년 하원 4년	상원 248 하원 350
그리스	단원제	4년	300	아일랜드	양원제	상원 5년 하원 5년	상원 60 하원 166
덴마크	단원제	4년	179	영국	양원제	상원 종신 하원 5년	상원1272 하원 659
스웨덴	단원제	4년	369	이탈리아	양원제	상원 5년 하원 5년	상원 325 하원 630
포르투갈	단원제	4년	230	폴란드	양원제	상원 4년 하원 4년	상원 100 하원 460
페루	단원제	5년	120	프랑스	양원제	상원 9년 하원 5년	상원 321 하원 577
뉴질랜드	단원제	3년	120	멕시코	양원제	상원 6년 하원 3년	상원 128 하원 500
대만	단원제	3년	225	미국	양원제	상원 6년 하원 2년	상원 100 하원 435
말레이시아	양원제	상원 6년 하원 5년	상원 69 하원 193	브라질	양원제	상원 8년 하원 4년	상원 81 하원 513
인도	양원제	상원 6년 하원 5년	상원 245 하원 545	아르헨티나	양원제	상원 6년 하원 4년	상원 72 하원 257
일본	양원제	참의원 6년 중의원 4년	상원 242 하원 480	캐나다	양원제	상원75세 하원 4년	상원 104 하원 295
태국	양원제	상원 6년 하원 4년	상원 200 하원 500	오스트레일리아	양원제	상원 6년 하원 3년	상원 76 하원 148

개혁안의 핵심은 세습귀족 의원직을 박탈하고 종신귀족들과 선거구 선출의원들로 상원을 재구성한다는 것이었다. 이러한 상원개혁안은 1999년 상원에서 통과되어 새로운 상원의원 선출방안을 검토할 왕립위원회(Royal Commission)를 중심으로 추진되고 있다.

최근에는 덴마크, 뉴질랜드, 스웨덴과 같은 일부 국가에서 양원제가 폐지되었으며 또한 영국을 비롯한 일부 국가에서는 상원의 권한이 약화되어 실질적인 입법기관은 하원이 되고 상원은 자문기관의 역할을 수행하게 되었다. 양원제의 폐지는 상원의 존재가 실질적인 대의기관인 하원의 권한을 약화시킬 수 있기 때문이었다.

2) 의회의 조직

(1) 지도부

의회가 새로 구성되면 지도부가 선출된다. 미국에서 하원의장(Speaker)은 대통령 계승순위가 부통령 다음이며, 의원경력이 많은 다선의원들 중에서 선출된다. 영국에서도 회의를 진행하는 하원의장이 의회에서 중요한 위치를 차지한다. 영국 하원의장의 역할은 근대 시기까지 거슬러 올라가는데, 당시 의장은 하원의 결정을 국왕에게 전달하고 의원들의 의사를 국왕에게 알려주었다. 의장은 1258년부터 존재했으나 1377년부터 의원들에 의해 선출되기 시작했다. 이러한 전통은 현재까지 유지되어 의장은 원로의원들 중에서 선출되고 있다. 일단 의장에 선출된 사람은 소속정당을 탈당하여 정당의 영향에서 벗어남으로써 정치적 중립을 유지한다. 의장의 탈당은 내각제가 도입되면서 나타났다. 의장은 소속정당이 없기 때문에 지역구는 갖고 있지만 정치활동은 하지 않는다. 영국의 하원의장은 미국과는 달리 다수당이 바뀌어도 스스로 물러나지 않는 한 계속 의장직에 있게 된다.

하원의장의 가장 중요한 역할은 하원의 입법활동과 의사진행이 원활하게 이루어질 수 있도록 하는 것이다. 따라서 원칙적으로 의장은 의원들의 발언권을 보장하고 다양한 의견이 교환되도록 한다. 의장은 규칙에 따라 의사를 진행하고 의사진행의 방해에 적절하게 대응한다. 또한 의결과정에 직접 관여하지 않고 가부동수인 경우에만 표결권을 행사한다.

미국의회에서 원내대표(leader)는 의원총회에서 선출되며, 다수당의 경우 부의장의 역할을 수행한다. 이와는 달리 영국의 하원대표(Leader of the House of Commons)는 총리에 의해 임명되며 내각의 구성원으로 의회 내에서 정부제출법인 의결과정에 관여하면서 법안에 관한 소개와 홍보를 하는 것이 주 임무이다.

미국의 상원의장은 부통령이 겸임하도록 되어 있으나 실제로는 원로의원 중에서 임시의장을 선출한다. 그러나 임시의장은 회의를 주재하지도 않고 권한을 갖지도 않는다. 영국하원은 지도부에 대한 충성도와 당에 대한 추종이 상원보다 강하다. 영국의 상원의장은 하원의장과 유사한 업무를 수행한다. 그러나 하원의장과 달리 당적을 보유하면서 표결에도 참여할 수 있다. 상원은 자율적으로 운영되어왔기 때문에 상원의장의 역할은 제한적이다. 즉 발언순서나 법안수정에 대한 권한이 없기 때문에 법안의 소개와 표결 결과를 발표하는 역할만을 하게 된다. 상원대표(Leader of the House of Lords)는 총리에 의해 임명되며 정부가 제출한 법안이 통과되도록 조정하는 역할을 한다. 상원대표는 내각의 구성원이며 필요한 경우 상원의 입법과정에 대해 조언할 수 있지만 구속력은 없다.

독일하원의 의장단은 한 명의 하원의장과 다수의 부의장으로 구성된다. 하원의장은 다수당에서 추천된 의원으로 정하고 부의장은 각 교섭단체에 한 명씩 배정된다. 독일에서 하원의장의 지위는 대통령 다음으로 의전서열 2위에 놓여 있다. 하원의장은 다른 나라에서와 마찬가지로

회의를 주재하고 질서를 유지하는 역할을 하며 의결권은 갖고 있지 않다. 독일의 상원의장직은 16명의 주 총리들이 인구가 많은 주 순서로 교대로 담당하며, 회의를 주재하는 역할을 수행한다. 상원의장은 대통령이 직무를 수행할 수 없거나 공석인 경우 직무를 대행하도록 되어있다.

(2) 위원회

의회에서는 다양한 입법활동을 수행하기 위해 의원들로 위원회가 구성된다. 상임위원회에는 크기에 따라 수 명에서 수십 명까지의 의원이 배속되며 의석비율에 따라 각 위원회의 정당별 위원수가 정해진다. 즉 일정 수의 의원을 위원회에 배정하여 관련의안이나 문제를 토론하고 관계부처의 장관이나 공무원을 출석시켜 질의한다. 상임위원회를 구성하는 이유는 첫째, 의안을 본회의에서 심의하게 되면 수백 명의 의원들이 수천 개의 의안을 효율적으로 처리하지 못하고 결정을 내리는 데도 많은 시간이 소요되기 때문이다. 둘째, 제출되는 법안들은 국방, 외교, 교육, 문화에 이르기까지 다양하기 때문에 이를 다루기 위해서는 각 분야의 전문적인 지식을 필요로 한다.

따라서 상임위원회에서는 법안을 전문영역별로 나누어 심의를 하고 본회의에 상정하여 동의를 받는다. 그러나 상임위원회에 지나치게 비중을 두면 의제가 소수의 의원에 의해 결정되고 대다수 의원들은 거수기로 전락하게 된다. 또한 상임위원회 내에서 사적 이익을 배타적으로 주장하여 국정운영에 혼란을 초래할 수도 있다. 이러한 문제점에도 불구하고 상임위원회가 유지되는 이유는 해당 분야 전문가들로 구성되어 효율적인 활동이 가능하기 때문이다.

상임위원회의 역할은 크게 두 가지이다. 첫째는 상임위원회에 회부된 법안을 처리하는 것이다. 상임위원회는 별도의 수정 없이 원안 그대로 본회의에 상정할 수도 있고 수정 결정을 내릴 수도 있다. 둘째, 상임위원회는 자체적으로 법안을 만들어서 제출할 수도 있다. 미국의 경우 상임위원회는 전문영역별로 특화되어 있고 심의 및 수정에 있어서 강력한 권한을 행사하나, 영국과 프랑스의 상임위원회는 영역별 분화가 이루어져 있지 않으며 미국의 위원회에 비해 권한도 약하다.

<표 4-2> 유럽국가의 상임위원회 수

국가	위원회 수	국가	위원회 수
네덜란드	29	스위스	12
노르웨이	12	스페인	11
덴마크	22	아이슬란드	9
독일	19	오스트리아	17
룩셈부르크	191	이탈리아	13
벨기에	11	포르투갈	12
스웨덴	16	프랑스	6

미국의 경우 상원에는 17개의 상임위원회가 있고 하원은 19개의 상임위원회를 두고 있다. 각 상임위원회는 외교, 국방, 농업, 상업, 세출 등의 특정 분야로 나누어 구성된다. 또한 상하원이 함께 참여하는 네 개의 합동상임위원회가 추가로 구성되어 있다. 상하원에 제출된 법안들은 상임위원회에 회부되어 심의된다. 각 위원회는 법안을 승인하거나 수정권고를 내리고 폐기하기도 한다. 상임위원회가 승인하지 않는 법안은 본회의에 상정되지 못한다.8)

8) 상임위원회의 법안심의를 면제받기 위해서는 과반수의 찬성을 필요로 하지만 면제동의안의 통과는 현실적으로 거의 이루어지지 않는다.

특별위원회는 특정한 목적을 위해 임시적으로 구성되는 위원회로서 어느 위원회에도 배정되지 않은 쟁점화된 안건이나 사안을 심도 있게 조사하는 것을 목적으로 하며 법안제출은 하지 않는다. 합동위원회는 상하원이 공동으로 구성하는 위원회로 정보수집과 청문회 개최 등에 관여하고 경제, 조세, 도서관, 출판의 네 개 분야로 나뉘어져 있다. 조정위원회는 상하원에서 통과된 법률이 서로 다를 경우 조정을 위해 상하원합동으로 임시적으로 구성된다. 일단 조정위원회에서 내용에 대한 합의가 이루어지면 법안의 내용수정은 불가능하고 상하원에서 각기 의결만 할 수 있다.

영국의 경우 1907년 이래 상임위원회가 법안을 심의하는 것은 관행이 되었으며 정부 부처의 활동을 감독하기 위한 분과위원회는 1979년에 조직되었다. 상임위원회는 법안의 세부내용을 검토하는 일을 한다. 따라서 법안의 내용에 대해 토론하고 수정을 제안한다. 그러나 위원회가 독자적으로 할 수 있는 것은 많지 않고 일부 수정만을 제안할 수 있다. 또한 상설조직을 의미하는 명칭과는 달리 실제로는 특정 법안의 심의를 위해서 임시적으로 구성되기 때문에 위원회 내부의 결속력은 강하지 않다. 새로운 정책쟁점이나 복잡한 법안을 처리하기 위해서 특별상임위원회라는 이름으로 구성되기도 한다. 분과위원회는 정부 부처의 예산집행, 행정 및 정책 전반에 대해 조사하고 그 내용을 하원에 보고하기 위해 조직된 것이다. 분과위원회의 정당별 구성은 대체로 정당의 원내 의석수 비율에 따른다.

독일 하원에도 21개의 상임위원회와, 특별위원회가 조직되어 있다. 위원회의 위원수는 16개 주의 수와 같이 16명으로 되어있으며 위원장은 각 주의 의원들에 하나씩 배정된다. 상임위원회 위원은 교섭단체의 의석비율에 비례해서 배정되고 원칙적으로 하나의 위원회에 소속된다.

2. 의회의 권한과 입법

1) 의회의 권한

(1) 헌법과 법률의 제정과 개정

입법권이란 법안을 제안하고 심의한 뒤 표결을 통해 법률로서 확정짓는 것을 의미하는 것으로 이러한 권한은 오직 의회만이 갖고 있다. 따라서 입법부로서 의회의 가장 중요한 권한은 헌법과 법률의 제정과 개정이다. 법률은 의회에서 공식적으로 제정되는 법을 의미하므로 의회는 법률제정을 독점한다고 할 수 있다. 또한 의회는 헌법을 제정하고 개정할 수 있는 권한을 갖고 있다. 의회가 헌법을 개정하지만 대부분의 경우 의회는 개정안을 제안하고 이것은 국민투표에 의해 인준되거나 거부된다. 그렇지만 대부분의 국가에서 정부도 법안을 제출할 수 있는 권한을 갖고 있기 때문에 의회는 정부제출법안이 잘 통과될 수 있도록 하는 역할도 한다.

(2) 국정조사

국정조사는 정부의 업무성과에 대한 조사뿐만 아니라 입법에 필요한 정보를 수집하고 제정된 법률의 효과를 확인하는 목적으로 한다. 대체로 국정조사는 개별 의원에 의해 이루어지지 않고 위원회에 위임된다. 위원회는 소속의원들뿐만 아니라 외부 전문가를 초청하여 청문회를 개최하여 조사를 실시한다. 청문회는 언론에 공개되며 위원회는 국정조사의 내용과 결과를 발표할 수 있기 때문에 국민들에게 국정에 대해 알리고 의회활동을 평가할 수 있는 수단이 된다. 1949년 미 상원특별조사소위원회는 행정부 공직자들의 부패를 조사했고 1973년 워터게이트 사건에 대해서는 특별위원회가 구성되었으며 1988년 이란 콘트라 사건에 대해서는 상하원합동위원회가 구성되어 조사활동을 실시했다. 1996년 상원 재정위원회는 국세청의 권력남용을 조사하여 과실을 밝혀냈고 이를 기초로 1998년 개혁법안을 의결했다. 이와 같이 의회의 국정조사권은 대통령과 정부기관을 감독하고 권력남용을 견제하는 데 필수적인 권한이라고 할 수 있다.

(3) 대통령과 총리의 선출

의회는 대통령이나 총리를 선출할 수 있는 권한을 갖고 있다. 내각제 국가에서 의회는 총리를 선출하며 불신임안에 대해 표결함으로써 현직 총리를 재선출할 수도 있고 퇴진시킬 수도 있다. 대통령제에서도 의회는 대통령을 선출할 수 있다. 미국의 경우 어떠한 대통령후보도 선거인단 과반수의 지지를 받지 못하면 하원이 후보들 중에서 대통령을 선출한다. 또한 의회는 내각을 구성하고 장관을 충원한다. 한 정당이 하원의 과반수 의석을 차지하는 경우 정당의 당수가 총리가 되며, 몇 개의 정당이 연합하여 정부를 구성하는 경우 총리선출은 협상의 대상이 된다.

(4) 탄핵

많은 국가에 있어서 헌법을 통해 의회에 사법적 권한을 부여하고 있다. 미국의 경우 하원은 대통령을 비롯하여 부통령, 정부부처 장관 등 고위공직자를 탄핵할 수 있는 권한이 있다. 영국에서도 탄핵은 의회가 정부를 통제할 수 있는 수단이다. 영국에서 탄핵이 실질적으로 제도화된 것은 14세기 이후이다. 탄핵의 목적은 정치적 압력으로 인해 공정한 법 적용이 어려운 경우 의회에서 고위공직자의 비리와 부정을 심판하는 데 있다. 따라서 탄핵의 대상은 총리를 비롯한 각료, 의원, 법관, 공무원 등이 되며 실질적으로 제한이 없다. 탄핵사유는 성문화되어 있지 않으므로 대부분 판례에 의해 결정된다. 탄핵은 하원에서 발의(소추)하고 상원에서 심판한다. 탄핵재판 시 공직의 파면뿐만 아니라 형벌도 부과되는 것이 특징이다.

(5) **예산안 심의와 조약체결 비준동의**

조약은 국내법과 동일한 효력을 갖게 되어 국가와 국민에 중대한 영향을 미치게 되므로 국민 대표기관인 의회의 동의를 필요로 한다. 따라서 대부분의 의회는 원조 또는 안전보장, 국제기구, 통상, 강화 등과 관련된 조약체결과 비준에 동의권을 갖고 있다. 또한 의회는 정부가 제출한 예산안을 심의한다. 예산의 편성은 정부가 하지만 의회는 예산의 규모를 결정하고 정부 예산안을 수정할 수 있다.

2) 의회의 입법

미국의 경우 법안은 다양한 방식으로 제출된다. 의원들이 직접 법안을 발의하기도 하고 상임위원회나 특별위원회에서 법안을 제출하기도 한다. 또한 정부에서도 법안을 제출하기도 한다. 제출된 법안은 해당 상임위원회로 보내져 심의를 받게 된다. 법안심의는 상임위원회에 소속된 의원들이 주로 담당하지만 공청회를 개최하여 입법과정에 국민이 참여할 수 있는 기회를 부여한다.

상임위원회의 심의결과 법안이 승인되면 제출법안은 본회의에 상정된다. 상원에서는 상대적으로 의원 수가 적으므로 사실상 제한 없는 토론이 이뤄지나, 하원은 의원 수가 많기 때문에 토론이 제한된다. 토론이 끝나면 법안을 통과시킬 것인지 아니면 거부할 것인지를 표결에 부친다. 하나의 원에서 통과된 법안은 다른 원으로 보내져 표결에 부쳐진다. 두 번째 표결에서 수정이 요청되면 양원합동위원회가 중재를 하게 된다.

양원을 통과한 법안은 대통령에게 보내진다. 미국 헌법상 법률로 제정되기 위해서는 대통령의 동의를 필요로 하기 때문이다. 대통령은 법안에 동의할 수도 있고 거부할 수도 있다.[9] 대통령에 의해 법안이 거부되더라도 양원에서 3분의 2이상의 찬성으로 재의결되면 법률로 제정된다.

영국의 경우 미국이나 다른 국가들과 달리 제출된 법안은 본 회의의 심의와 일반토론을 거친 후에야 상임위원회에 회부된다. 상임위원회는 세부 내용에 대한 검토를 거쳐 수정을 제안하고 본 회의에서 표결에 부쳐 최종적으로 법안을 확정하게 된다. 이러한 측면에서 상임위원회의 입법과정에 대한 역할은 미국에 비해 제한적이라고 할 수 있다. 위원회를 구성하는 의원들은 소속정당의 통제 아래 놓여 있으므로 내각이 발의한 정부제출법안에 대해서는 부정적인 영향력을 행사할 수 없다. 특히 집권당 의원들은 야당의원들에 비해 법안제출이 저조하다. 이것은 집권당 의원들이 정부제출법안의 통과를 중시하고 있음을 보여준다. 즉 집권당의 경우 개별 의원들이 직접 법안을 제출하기 보다는 정부를 통해 제출하는 경우가 많다. 따라서 의원제출법안은 주로 야당의원들에 의해 만들어진다. 물론 야당의원의 제출법안은 의회에서 통과될 가능성이 낮다.

조세 및 재정관계 법안을 제외한 모든 법안은 원칙적으로 상·하 양원에서 통과되어야 한다. 그러나 1911년 및 1949년의 의회법에 따라 하원은 상원의 동의를 받지 못한 법안이라고 해도 1년 경과 후에 국왕의 재가를 요청할 수 있다. 따라서 상원은 법안을 수정하거나 지연시키는 역할을 주로 수행하고 있다. 그러나 법안의 처리가 하원에 의해 일방적으로 주도되는 것은 아니다. 상원은 1998년 블레어 내각이 제출한 유럽의회의원 선거법개정안을 부결시켰다. 하원을 통과한 법안이 상원에서 부결되고 하원에서 재의결하자 상원에서 재부결시키는 과정이 다섯

9) 대통령은 법안에 대해 명시적인 거부를 하지 않고 아무 조치도 취하지 않고도 법안을 거부할 수 있는데 이것이 유보거부(pocket veto)이다.

하원

제1독회	- 2차독회 이전에 법안을 심의할 것인지의 여부를 결정한다.
제2독회	- 법안의 목적과 원칙 등을 토론하여 법률제정의 필요성 등을 판단한다. - 논쟁적이지 않은 법안은 바로 법안심의위원회에 회부한다.
위원회	- 법안의 세부내용을 상이한 정당의 의석비율에 따른 의원 수로 구성된 상임위원회에서 검토한다. 정부는 신속한 입법을 위해 기요틴(guillotine)이라는 시간제한조치를 위원회에 부과할 수 있다.
수정보고	- 하원은 상임위원회의 제안을 고려하여 내용수정을 진행한다.
제3독회	- 법안에 대한 전반적인 토론이 이루어지며 표결에 부쳐 통과 여부를 확정짓는다. - 대체로 수정보고에 이어 바로 진행된다.

⇓

상원
하원과 동일한 5단계 심의과정

⇓ ⇓ ⇓

승인	**거부**	**수정**
상원이 승인하면 국왕의 재가로 이동	상원이 거부하면 1년간 법안 지연	상원이 수정하면 다시 하원 5단계로, 하원이 승인하지 않으면 상원은 거부

⇓ ⇓

국왕의 동의

<그림 4-1> 영국의회의 입법과정

차례나 반복되었다.

독일의 경우 상원과 하원, 연방정부는 법안제출권을 갖고 있다. 정부제출법안은 상원에서 먼저 검토되어 하원으로 제출된다. 상원제출법안도 정부를 경유하여 하원에 제출된다. 하원은 정부나 상원을 경유하지 않고 재적의원 5%의 서명을 받아 직접 발의한다.

일단 하원에 제출된 법안은 독회에 회부되는데, 본회의에서의 1차독회에서 일반토론을 거친 후 소관위원회에 회부한다. 실질적인 법안심사는 위원회에서 이루어진다. 하원에서 의결된 법안은 상원에 제출된다. 상원은 법안에 대해 동의 또는 거부, 그리고 이의제기를 할 수 있다. 이의제기는 하원의 재의결로 기각시킬 수 있지만 거부된 경우 양원합동위원회에서의 조정을 필요로 한다.

영국의 경우 의회에서의 표결은 여러 가지 방식이 사용된다. 안건에 대한 의견이 대립되지 않는 경우에는 만장일치방식이나 구두투표를 사용하며 이러한 방식은 시간을 절약하는 장점이 있다. 다른 표결방식은 의장을 중심으로 좌측과 우측으로 나누어진 복도에 나가 있는 의원들의 이름과 수를 확인하는 것이다. 이 방식은 의원 개인의 표결이 회의록에 기록된다. 하원에서 가장 빈번하게 사용되는 방식이지만 시간이 많이 걸리는 것이 단점이다.

표결에 있어서 의원 개인들은 자율적으로 찬반 여부를 선택하지 못한다. 내각이 제출한 법안이 부결되면 그것이 곧 내각에 대한 불신으로 해석될 수 있기 때문에 의원들은 정당의 결정에 따라야 한다. 만일 의원이 정당과 다른 선택을 한다면 다음 선거에서 후보추천을 받기 어려우며, 내각의 각료직이나 당직을 받지 못하게 된다. 뿐만 아니라 사안에 따라 정당으로부터 징계를 받거나 정치활동에 제약이 가해질 수 있다. 후보추천을 받지 못하면 선거에서 사실상 당선되기 어려우므로 이러한 불이익을 받지 않으려면 정당의 결정에 따를 수밖에 없는 것이다.

대부분의 의원들이 이러한 불이익을 받지 않기 위해서 반강제적으로 정당의 결정에 따르는 것만은 아니다. 오히려 의원들은 정당의 결정을 존중하는 것을 당연하게 생각한다. 왜냐하면 소속의원들은 기본적으로 정당에 대한 충성심을 갖고 있으며 정당의 이념과 정책노선에 적극적으로 동조하기 때문이다. 또한 의원들은 자신이 속해 있는 정당이나 동료의원들로 구성된 내각이 자신의 선택 때문에 불안정에 놓여 있게 되는 것을 원하지 않는다. 그러나 집권당 의원들이 정부안에 반대하는 경우가 나타나기도 했으며 최근 이러한 현상이 더욱 빈번해지고 있다.

3. 의회와 정부의 관계

독일에서 정부는 의회입법에 대한 거부권을 보유하고 있지 않지만 재정 관련 입법은 정부의 동의를 필요로 한다. 정부 감독을 위한 하원의 조직은 상임위원회이나. 상임위원회는 정부부처와 동일한 부분으로 구성되어 있다. 상임위원회는 관련부처 장관의 출석을 요구할 수 있고 해당부문에 관한 질의를 할 수 있다. 하원은 과반수 찬성으로 정부에 대한 불신임을 의결하고 후임총리를 선출하여 재임 중의 총리해임을 대통령에게 요청하여 불신임을 제인할 수 있다. 또한 독일 의회는 대정부질문을 통해 정부를 감독한다. 교섭단체나 재적의원 5퍼센트 이상이 문서로 의장에게 제출하면 의장은 정부에 답변을 요청한다.

프랑스에서도 의회는 서면이나 구두로 정부에 질의를 하고 있다. 서면질의는 정부로부터 답변을 받아 책자로 발간되며 구두질의는 토론질문, 토론 없는 질문, 현안문제 질문, 내각책임과 연계된 질문 등이 있다. 내각책임과 연계된 질문은 정책과 내각신임을 연계하는 것으로 과거에는 정치불안의 원인이었으나 최근에는 원내 안정의석을 확보한 정당(들)이 내각을 구성하기 때문에 영향을 크게 미치지 못하고 있다.

영국 하원도 '질의시간'을 통해 정부활동을 감독할 수 있다. 질의는 총리 및 장관들에게 질의할 기회를 부여받은 의원들에 의해 이루어진다. 총리의 질의시간은 매주 수요일 30분에 걸쳐 진행된다. 질의는 장관들의 공식활동에 관련된 것으로 구두로 이루어지는 것이 일반적이나 문서로 제출되기도 한다. 그러나 실제 하원의 정부활동 감독은 형식적이고 취약하다고 할 수 있다. 집권당이 하원에서 다수를 차지하고 있기 때문에 정부에 대한 감독은 제한적이라고 할 수 있는 것이다.

내각제의 특성과 대통령제의 특성을 동시에 갖고 있는 프랑스의 경우 의회와 정부 간의 관계가 다른 국가들에 비해 복잡한 양상을 띠고 있다. 정부는 의회에 대해 법안이나 정책과 관련해서 신임투표를 요청할 수 있다. 이러한 경우 하원이 과반수에 의해 신임투표를 부결시키지 못하면 법안이 통과된 것으로 간주된다. 하원은 재적의원 10퍼센트의 서명으로 불신임안을 제출할 수 있다. 그러나 불신임안이 가결되더라도 대통령은 사임시킬 수 없으며, 단지 총리와 내각만이 사퇴한다. 1962년 드골 대통령의 대통령 직선제안에 반발하여 의회는 불신임안을 가결시켜 퐁피두(G. Pompidou) 총리를 사임시켰다. 그러나 드골 대통령은 즉시 의회를 해산하고 총선을 실시하여 대통령 소속정당이 다수의석을 차지하자 퐁피두를 다시 총리에 임명했다.

영국의 경우도 의회는 내각을 구성할 때 별도의 신임투표를 하지 않지만, 내각에 대한 불신임결의를 통해서 내각을 사퇴시킬 수 있다. 불신임결의가 통과되면 내각이 사퇴해야 한다고 헌법에 규정되어 있지는 않지만 관행상 총리와 각료들은 사임하게 된다. 원칙적으로 불신임안은 총리에 대한 것이나, 내각은 집단적으로 책임을 지기 때문에 각료들도 사퇴하게 되는 것이다.

제2절 정당과 정당체계

1. 정당이란 무엇인가

정당은 현대정치를 이해함에 있어 필수불가결한 정치제도 중 하나이다. 의회 및 선거와 더불어 정당은 전근대와 근대를 구획하는 핵심적인 정치제도로서 '근대정치의 생명선'으로 인식되고 있다. 근대정치는 대중에 기초한 정치구조를 구성하는 정당을 통해 시민사회 내에서 제기되는 다양한 이해와 요구를 정치적으로 대표하고 있다. 즉 정당은 국민과 정부 사이에서 가교역할을 수행하는 근대정치의 발명품 중 하나인 것이다. 이러한 의미에서 정당은 현대 민주주의의 주요한 정치제도로서 인식되고 있다. 그러나 정당의 중요성이 전시대를 거쳐 받아들여진 것은 아니다. 1960년대에 서구사회에서 '정당무용론'이 제기되면서 정당의 위기와 더불어 그 중요성이 낮아졌다. 그러나 1970년대 중반 이후 전세계적으로 확산된 민주화 이행은 정당의 중요성을 다시금 확산시키는 계기가 되었다. 즉 정치적 대표성, 경쟁성, 책임성, 참여성, 그리고 평등성 등 민주주의의 기본적 가치와 원리의 실현에 있어 정당의 역할과 중요성이 강조되고 있는 것이다.

1) 정당의 개념과 특성

어원적으로 정당(political party)은 '전체 중의 한 부분'인 정치 분파를 의미하는 것으로, 전체 일반의 의지를 실현하는 유일한 집단이 아니라 공공의 이익을 촉진하기 위해 동일한 정치적 가치와 주장을 갖는 사람들이 만든 정치적 집단인 것이다. 여기서 부분(party)의 의미는 두 가지로 구성된 것이다. 즉 하나는 라틴어 동사인 '분할하다'(partire)라는 의미를 가지고 있으며, 다른 하나는 영어의 '함께하다'(partaking)라는 의미를 가지고 있다. 그리고 오늘날에는 협력과 참여를 함축하고 있는 후자의 의미가 전자의 의미보다 강하게 받아들여지고 있다.[10] 즉 정당이란 파벌 또는 분파와 같이 단순히 이익 또는 감정에만 기초한 집단이 아니

---

10) Sartori, G. 1967. *Parties and Party Systems: A Framework for Analysis*. Cambridge: Cambridge University Press. pp.4-5.

라 공공의 이익을 촉진시키기 위해서 구성원들이 동의하는 공통의 원칙을 중심으로 상호간에 협력적인 정치활동을 전개하는 집단인 것이다.[11)]

대의제의 발전과 보통선거권의 확대 속에서 정당에 대한 의미는 보다 구체화되어 정당을 선거나 다른 수단을 통해 정부권력을 획득하고자 하는 목적을 가지고 다른 집단과 경쟁·대립하는 조직된 집단으로 정의한다. 즉 정당은 권력획득을 목적으로 대중에게 지지를 호소하고 유권자를 조직적으로 동원하는 집단인 것이다.

웨어(A. Ware)는 정당이란 무엇인가에 대해 다른 집단과 구별되는 정당의 특성을 통해 "정부의 공직을 획득하기 위한 시도를 통해 국가에 대한 영향력을 행사하려는 제도이며, 단일한 사회적 이익보다 많은 이익들로 구성된 집합적 이익을 추구하는 제도"로서 정의하고 있다.[12)] 그가 정의한 정당의 특성은 첫째, 국가 내에서 권력획득을 목표로 사람들을 조직하는 제도, 둘째, 자신의 목적을 추구하기 위해 정당한 수단을 사용하는 집단, 셋째, 선거로 경쟁할 수 있는 기회가 주어질 때 선거에 참여하는 조직, 넷째, 사회 내의 단일하고 좁은 이익을 넘어서 대표성을 추구하는 조직, 다섯째, 유사한 신념, 태도와 가치를 지닌 사람들의 모임이다. 이러한 정당의 특성은 다른 사회집단과의 차이를 명확하게 한다.

그렇다면 정당으로서 인정받기 위해서 갖추어야 할 조건은 무엇인가? 이에 대해 라팔롬바라와 위너(J. LaPalombara and M. Weiner)는 정당의 조건으로서 첫째, 지도자의 변화에도 불구하고 정당이 유지되어야 한다는 지속성, 둘째, 조직적 관계에 있어 정당은 지방조직과 전국조직 간의 정기적인 커뮤니케이션과 기타 집단과의 다양한 상호관계를 갖는 관계망의 형성, 셋째, 권력획득의 측면에서 단독 혹은 연합을 통해 권력을 쟁취 유지하기 위한 지도자들의 목적의식적 결정행위, 마지막으로

11) 진덕규. 1994. 『현대정치학』. 학문과 사상사, p.324.

12) Ware, A. 1996. *Political Parties and Party Systems*. New York: Oxford University Press. pp.1-6.

선거에서 보다 많은 득표와 대중적 지지를 획득하기 위해 지지자를 찾으려는 조직성을 제시한다.[13)]

위와 같은 정당과 사회집단의 차이와 정당의 조건을 전제로 정당의 개념을 정리하면, 정당은 다양한 사회적 이익을 정치적으로 대표하고 민주적 선거경쟁을 통해 시민들의 정치참여를 이끌어내며, 정책결정과정에서 시민들의 요구를 반영하여 이를 정책으로 실현하는 주요한 행위자로서 시민들에게 정치적 책임을 지는 정치조직으로 정의할 수 있다.

2) 정당의 기원과 발전

정당의 형성과 발전은 대의제의 출현과 보통선거권의 확대라는 두 가지 정치현상과 깊은 연관을 맺고 있다. 즉 정당은 19세기에 의회의 역할이 강화되면서 공통된 이해를 갖는 의회 내 구성원들의 집단화가 이루어졌으며, 선거권의 확대로 인해 보다 많은 유권자의 지지를 획득하기 위한 조직의 필요에 의해 형성되었다. 또한 20세기 초 보통선거권이 확대되면서 새롭게 선거권을 획득한 사회세력들이 자신들의 이해와 요구를 정치적으로 대표하기 위한 조직적 노력의 결과로서 정당이 형성되기도 했다. 일반적으로 전자는 선거 및 의회주의적 기원을 갖는 원내정당으로 지칭되며, 후자는 의회 외적 기원을 갖는 원외정당으로 지칭한다.[14)]

먼저 원내정당은 의회에 진출한 의원들 사이에 가문, 지역 그리고 친분 등 사적인 이해관계를 중심으로 한 의회집단이 형성되고, 선거권의 점진적 확대에 의한 선거위원회가 결성되면서, 두 조직 — 의회집단과 선거위원회 — 간 자율적이면서 상호의존적인 관계를 갖는 정당을 의미한다. 즉 의회에 진입한 대표들은 지역적 이념적 요인에 따라 의회 내

---

13) LaPalombara, J. and Weiner, A. 1966. "The Origin and Development of Parties," in J. LaPalombara and M. Weiner, eds. *Political Parties and Political Development*. Princeton, NJ: Princeton University Press. pp.3-4.

14) Duverger, M. 1967. *Political Party*. London: Methuen & Co. Ltd.

에 집단을 형성하고, 선거에 공동으로 대응하면서 자신들의 재선을 보장받을 수 있는 유권자의 동원과 지지조직으로서 선거운동단체를 결성함으로써 조직적 틀을 갖는 정당에 대한 필요성을 갖게 되었다. 이러한 필요성에 기초해서 발생한 원내정당의 대표적인 예는 유럽의 보수주의 및 자유주의를 지향하는 정당인 보수정당들과 자유주의정당을 들 수 있다.

반면 원외정당은 의회 밖의 조직인 노동자 단체, 학술 단체, 언론 등 사회단체들의 목적을 추구하기 위해 결성된 정당을 의미한다. 원외정당은 보통선거권의 실시에 따른 새로운 유권자들 — 노동자, 농민, 다양한 사회단체 등 — 의 정치참여와 정치세력화의 욕구 및 실현을 위한 노력의 정치적 결과로서 등장했다. 이와 같은 원외정당은 사회단체에 의해 중앙 정당조직이 먼저 생기고 뒤에 지방선거위원회, 그리고 원내집단이 형성되는 과정을 통해 정당이 형성된다. 이러한 대표적 정당은 19세기 후반에 형성된 계급과 이념에 기초한 사회주의 또는 사회민주주의 정당과 이에 대응하는 기독교 민주당과 같은 종교정당을 들 수 있다.

정당의 형성과 발전과정의 차이는 정당의 성격에 있어 커다란 차이점을 갖는다. 첫째, 정당권력의 형태의 측면에서 원내정당은 권력의 집중성이 낮은 반면, 원외정당은 권력이 중앙으로 집중되는 경향을 보이고 있다. 둘째, 조직구조의 측면에서 원내정당은 이념적으로 응집력이 약하며 정당규율이 엄격하지 않다. 그러나 원내정당은 이념적 응집력과 규율이 매우 강한 조직구조를 갖는다. 셋째, 의원집단 또는 개별 의원들의 영향력의 측면에서도 원내정당은 의원집단과 개별 의원들의 영향력이 정당의 영향력보다 강하지만, 원외정당은 의원집단이나 의원들의 영향력이 낮고 정당의 영향력이 강하게 나타난다. 마지막으로 정당활동의 목표에 있어 원내정당의 주요 목표는 의석확보를 통한 의회 활동에 있지만, 원외정당은 선거를 통한 의석확보보다는 정당이 지향하는 정치적 목적을 실현하기 위한 수단으로 선거와 의회 활동을 고려한다.

헌팅턴은 근대적 정당이 파벌주의(factionalism), 분극화(polarization), 확대화(expansion), 그리고 제도화(institutionalization)라는 4가지 단계를 걸쳐 발전하고 있다고 설명한다.[15)]

① 파벌주의 단계: 이 단계는 구성원들의 사적인 이익만을 대변하는 초기 정당의 형태로서 정치참여 및 정치제도화의 수준이 매우 낮은 단계이다. 이 단계에서 정당은 사적인 이익을 달성하기 위한 비공개적인 연합체로서 활동의 범위가 의회 내에 국한되어 있다. 또한 정당의 구조는 허약하며, 사회적 지지를 동원하기 위한 조직이 결여되어 있다.

② 분극화 단계: 선거권 확대는 정치참여의 범위를 확대하고 정치세력과 사회세력이 결속하는 정당의 형성을 가져왔다. 이러한 결속의 과정 속에서 정당은 자연스럽게 이념적 성격에 따라 분극화가 이루어졌다. 즉 기존의 지배세력을 중심으로 하는 정당과 새로운 사회세력의 지지에 기초한 정당으로 양분되었으며, 이들 정당은 이념과 정책을 중심으로 경쟁하는 구조를 형성했다. 이러한 분극화는 여론의 양극화와 정치참여의 촉진에 의해 파벌정치로부터 정당정치로의 변화를 가져오게 되었다.

③ 확대화의 단계: 분극화의 단계를 거친 정당은 일반 국민의 지지를 확보하고 동원하기 위한 효과적인 조직을 구축하려는 노력을 보이게 된다. 이러한 노력들의 과정과 결과가 확대화의 단계인 것이다. 즉 확대화의 단계는 정치참여의 확장과 참여를 조직화하는 단계인

15) Huntington(1968), 앞의 책.

것이다. 이 단계는 원외정당의 구성과 원내 진입, 그리고 다양한 사회세력의 정치세력화에 따른 다당화의 초래, 그리고 국민정당의 성격 강화 등의 특징을 갖는다.

④ 제도화 단계: 제도화의 단계는 정치참여가 확대됨에 따라 형성된 정당이 적응성, 복합성, 자율성 그리고 응집성을 가지며, 중요한 국가의 정책결정과 정치지향을 주도하는 핵심적인 정치제도로 자리 잡는 단계이다. 또한 이 단계는 개별정당 차원뿐만 아니라 정당체계가 성립되는 최종단계이며, 이 단계에서 정당체계의 변화는 사회구조상의 주요 위기나 변화의 결과에 의해 나타나게 된다.

3) 정당의 기능

대의제의 발전과 선거권의 확대를 통해 형성되고 발전된 정당은 현대 정치과정에 있어 정치적 동원의 핵심적 담당자로서, 국가 또는 정부와 사회를 연결하는 통로로서, 그리고 분화된 사회의 갈등을 조정·통합하는 조정자로서 인식되고 있다. 즉 정당은 권력획득이라는 목적을 성취하기 위해 자신들이 지향하는 가치, 이념, 그리고 정책에 대한 국민들의 지지를 동원하는 조직으로서, 국민의 의사가 정치에 반영될 수 있도록 전달하는 조직으로서, 그리고 사회 내에 존재하는 다양한 갈등을 정치체제 내에서 토론과 대화를 통해 조정하고 통합하는 조직으로서 역할을 수행한다. 이와 같은 정당의 역할을 통해 정치과정에서 정당이 수행하는 기능을 살펴보면 다음과 같다.

① 사회적 이익과 요구의 대표 기능
② 정치사회적 목표의 공식화 기능
③ 정치 엘리트의 형성과 충원 기능

④ 정치참여와 사회화 기능

⑤ 사회적 갈등의 조정과 통합 기능

(1) 사회적 이익과 요구의 정치적 대표 기능

사회적 이익과 요구의 정치적 대표기능은 사회 내에 존재하는 이익의 정치적 표출과 집약을 의미한다. 즉 정당은 국민 개인이나 집단이 정치체제에 대한 요구를 정책으로 구체화하여 정치적으로 대표하는 기능을 수행한다. 이와 같은 기능은 정당의 존재 이유를 설명하는 일차적 기능으로 간주된다. 현대사회는 다양한 이익들이 존재하며, 정당은 이들 이익들에 대해 반응하고 접목시키는 기능을 통해 다수의 지지 동원과 득표를 추구함으로써 권력획득이라는 목적을 성취할 수 있다. 알먼드와 파우웰은 정당의 대표기능을 정치체계에 대한 투입기능으로 설명하고 있다. 즉 그들은 정당이 정치체제 내에서 이익의 표출과 집약을 통해 정책결정과정에서 국민의 요구와 이해를 공적 정책으로 전환시켜 실현하는 기능을 수행한다고 지적한다.[16] 또한 유권자의 득표를 추구하는 정당을 시장의 기업과 유사하다고 주장하는 다운즈(A. Downs)는 기업이 더 많은 상품을 팔기 위해서 소비자의 선호에 반응하듯이, 정당은 투표자의 선호에 반응하여 정치적으로 대표할 때 권력을 획득할 수 있다고 주장한다.[17] 정당은 다양한 사회적 이해와 요구를 수렴하고 이를 정책결정과정에 의제로 제시함으로써, 사회 내에 존재하는 다양한 갈등과 균열을 정치체제에 반영하는 전달자의 기능을 수행하는 것이다.

16) 유재일. 2004.「정당의 기능」, 심지연 편저.『현대정당정치의 이해』. 백산서당, p.123.

17) Downs, A. 1957. *An Economic Theory of Democracy*. New York: Harper & Row.

(2) 정치사회적 목표의 형성과 공식화 기능

정당은 자신들이 지향하는 이념과 원칙을 정강과 정책으로 명확하게 제시하고 있다. 정당의 정강과 정책은 당원들이 지향하는 가치나 목표만을 의미하는 것이 아니라, 국민들에게 제시함으로써 정치사회가 성취해야 할 목표와 나아가야 할 방향을 제시한다는 점에서 커다란 의미를 갖는다. 즉 정당은 정강과 정책을 통해 정치사회의 집단적 목표를 설정하고 수행하게 된다. 또한 정당은 정치의 지향목표를 시대와 상황에 맞게 제시함으로써 대다수 국민들로 하여금 올바르게 그 정치이념을 선택하고 수용할 수 있게 해준다.[18] 그러나 탈이념적·탈계급적인 포괄정당화가 이루어지면서 정당의 목표형성과 공식화 기능은 약화되고 있다. 즉 정당은 정치사회적 목표보다는 인물, 정책, 그리고 쟁점에 대한 이미지에 역점을 둠으로써 정치사회가 나아가야 할 청사진을 마련하는 데 소홀해지고 있다.

(3) 정치적 충원과 참여기능

먼저 정치적 충원기능은 정당이 정치 엘리트를 양성하여 국가의 정치적 지도자를 선택·제공하는 기능을 수행한다. 정당은 정치적 리더십과 정책을 만들어내는 능력을 갖춘 정치 엘리트를 양성하기 위해 다양한 교육과 정치적 경험의 기회를 제공한다. 그리고 정당은 이러한 과정을 거친 검증된 인물을 각종 선거의 후보로 내세워 유권자의 지지를 획득하고자 한다. 즉 이러한 일련의 과정은 정치 엘리트를 충원하는 결과를 가져온다.

또한 정당은 국민의 정치참여를 촉진하는 기능을 수행한다. 즉 정당은 선거운동뿐만 아니라 정책설명회, 공청회 등과 같은 다양한 정당 활동을 통해 국민의 정치참여를 촉진한다. 즉 다양한 정당의 활동은 정치사회화 기능을 통해 새로운 사회적 및 정치적 의제에 대한 관심을 갖게

18) 진덕규(1994), 앞의 책, p.327.

하고, 이에 대한 국민 스스로의 의사를 개진하기 위한 참여의 노력을 이끌어낸다. 이러한 정당의 활동 중에 중요한 것은 정당의 선거운동이다. 즉 정당은 선거운동을 통해 유권자의 자발적인 정치참여를 촉진시키며, 또한 정당은 선거운동에 결합된 유권자들을 조직화하여 일상적 정치활동에의 참여를 유인한다.

(4) 정치교육과 사회화 기능

정당은 자신들의 이념과 정책을 선전하고 유권자들의 지지를 획득하기 위해 당원들뿐만 아니라 일반 국민들을 대상으로 하는 교육을 수행하고 있다. 일반적으로 국민에 대한 정당의 일상적 활동은 정치에 대한 관심과 정치의식의 향상, 그리고 정치활동에 참여시키는 데 초점이 맞춰져 있다. 그리고 정당은 이를 통해 유권자 개인의 정치적 성향, 정당 일체감, 그리고 정치에 대한 사고방식을 습득할 수 있도록 도와주는 사회화 기능을 수행한다. 정당의 사회화 기능은 정책홍보, 교육, 유대활동을 통해 이루어진다. 이와 같은 기능은 정당이 유권자들의 지지를 확대하고 정치참여를 촉진시키기 위한 필수불가결한 요소인 것이다.[19] 이와 같은 정당의 정치교육과 사회화 기능은 정당에 대한 선호도를 높여주며, 정치에 대한 관심과 참여를 높여준다.

(5) 사회적 갈등의 조정과 통합 기능

마지막으로 정당의 중요 기능 중 하나는 사회적 갈등의 조정과 통합 기능이다. 현대사회는 다양한 이익을 추구하는 집단들이 존재하는 다원화된 사회이다. 그리고 다원화된 사회에서 발생되는 사회적 요구와 갈등을 조정하고 통합하는 것은 정치안정성에 있어 중요한 요소인 것이다. 대표적으로 립셋과 로칸(S. Lipset and S. Rokkan)은 정당 간의 경쟁을

---

19) 유재일(2004), 앞의 책, pp.158-159.

사회균열의 반영물로서 인식하고 있으며, 정당 간의 경쟁을 통해 사회균열을 조정하고 완화할 수 있다고 보고 있다.[20] 이러한 사회균열의 조정과 완화는 정당의 선거활동을 통해 이루어지는 것이 일반적 현상이다. 정리하면 정당은 다양한 사회세력들의 이해관계를 발전시키거나 방어하는 매개물로서, 대립되는 갈등을 위임받아 정당 간의 경쟁을 통해 갈등의 조정과 사회통합의 기능을 수행한다. 그리고 정당은 이러한 사회적 갈등의 조정과 통합기능을 통해 정치안정성에 기여한다.

2. 정당의 조직과 유형

1) 정당의 조직

대의제 민주주의하에서 정당이 수행하는 기능의 중요성은 정당권력이 어떠한 조직에 존재하는가에 대한 관심을 불러일으켰으며, 정당조직 연구의 발전을 가져왔다. 이에 대한 대표적인 연구는 과두제의 철칙(the iron law of oligarchy)을 제시한 미헬스(R. Michels)의 연구와, 정당의 형성과 유지를 위한 4가지 조직적 요소를 제시한 뒤베르제(M. Duverger)의 연구이다.

먼저 독일 사회민주당의 권력구조를 분석한 미헬스는 민주적 가치를 실현하려는 사회주의 정당 및 민주주의 정당을 포함한 모든 조직에서 소수에 의한 지배형태가 불가피하게 초래된다고 밝히고 있다.[21] 그는 조직의 과두제화의 경향을 가져오는 주요한 원인으로 ① 대규모의 조직에서 전문적 지식과 조직적인 기술을 습득한 관료제의 형성, ② 대중

---

20) Lipset, S. and Rokkan, S. 1967. "Cleavage Structures, Party Systems and Voter Alignment: An Introduction," in S. Lipset and S. Rokkan, eds. *Party Systems and Voter Alignments*. New York: Free Press, pp.1-64.

21) Michels, R. 1962. *Political Party: A Sociological Study of the Oligarchical Tendencies of Modern Democracy*. New York: Free Press.

들의 무관심과 지도자에 대한 맹목적인 복종과 숭배를 지적한다.

그러나 미헬스의 주장은 특정한 시기에 있는 단 하나의 사례만을 갖고 조직의 과두제화를 일반화했다는 비판을 받고 있다. 이러한 비판의 대표적인 학자가 뒤베르제이다. 그는 미헬스의 아이디어를 이어받아 유럽의 여러 정당들의 조직을 비교 연구했다.

뒤베르제에 따르면 정당을 형성·유지하는 조직은 크게 4가지 요소, 즉 간부회의(caucus), 지부(branch), 세포(cell), 그리고 행동대(militia)가 있으며, 이러한 요소는 정당유형을 분류하는 기준 중 하나로 제시되고 있다.[22)]

① 간부회의는 제한되고 폐쇄적인 반영구적 집단으로 정당운영과 후보자 선출이 소수의 명망가 또는 전문가에 의해 이루어지는 조직유형이다. 그리고 당원의 충원은 간부회의의 암묵적 동의에 의해서 선출하거나 또는 공식적 지명에 의해 이루어진다. 그리고 정당의 활동범위는 선거구와 일치하며, 정당의 활동기간이 주로 선거기간에 한정되어 운영된다. 즉 간부회의에 기초한 대표적 정당유형은 간부정당, 명망가 정당 등이다.

② 지부는 선거권의 확대와 더불어 발달한 대중정당의 핵심적 조직형태이다. 지부는 간부회의와 달리 당원 가입이 개방적이지만, 당내 규율이 강하며 중앙집중적인 조직적 성격을 갖는다. 지부에 기초한 정당들은 대부분 정당과 당원들 사이에 긴밀한 유대관계가 유지되고 있으며, 정치활동은 선거시기뿐만 아니라 평상시에도 지속적으로 이루어지고 있다. 그리고 정당의 주요한 정책과 운영은 당원들의 토론을 통한 의사결정방식을 채택하고 있다.

---

22) Duverger(1967), 앞의 책.

③ 세포는 볼셰비키 정당 및 혁명정당에서 보이는 기초조직으로서, 동일한 장소에서 일하는 모든 당원들로 구성된다. 이들은 철저한 규율과 획일적인 위계질서를 갖고 있으며, 엄격한 비밀주의를 원칙으로 한다. 이들 조직의 목적은 많은 시민들이 지역정치에 더 많이 참여하도록 고무하고 정치이데올로기에 익숙하게 하는 것이다.

④ 행동대는 독일의 나치당과 이탈리아의 파시스트당의 핵심적인 조직으로서 정규군과 같은 규율에 종속되는 당원들로 이루어진 준군사집단을 의미한다. 이들 조직은 다른 조직과 달리 정치지도자와의 사적인 충성관계에 의해 형성된 조직의 성격을 갖는다.

2) 정당의 유형

정당의 유형은 일반적으로 정당의 이념, 조직형태, 그리고 정당의 당원 수를 중심으로 구분되며, 정당의 역사적 전개과정에 따라 정당의 유형과 특징이 커다란 차이를 보이고 있다. 여기서는 정당의 유형을 19세기 말에 원내 명망가를 중심으로 형성된 간부정당(cadre party), 20세기 초에 보통선거권의 확대와 더불어 형성된 대중정당(mass party), 20세기 중엽에 나타난 포괄정당(catch-all party), 그리고 20세기 후반에 등장한 카르텔 정당(cartel party)을 중심으로 살펴보고자 한다. 여기서 주목할 점은 비록 각 시기마다 정당의 유형과 특징이 변화되어왔지만 이를 정당의 발전이라는 진화론적 관점에서 설명하기 어려우며, 또한 정당의 유형을 규정짓는 성격이 서로 융합되어 있는 정당이 많다는 점이다. 즉 대중정당보다 포괄정당이, 그리고 카르텔 정당이 현대 정치에 있어 더 발전된 정당의 유형임을 의미하는 것이 아니며, 이러한 역사적 과정을 꼭 거쳐야만 하는 단계라고 할 수 없다. 왜냐하면 서구 유럽대륙의 많은 정당들은 아직도 정당의 이념, 정당조직, 그리고 당원의 수에 있어

대중정당적 성격을 강하게 보이고 있기 때문이다.

(1) 간부정당

간부정당은 의회 내의 명망가들의 비정치적이고 개인적 요인에 의해 형성된 선거 및 의회주의적 기원을 가지는 원시적 형태의 정당이다. 즉 간부정당은 이념적 대의나 정치적 목표에 기초한 정당이 아니며, 명망가들의 개인적 친분과 보수적인 전통사회의 충성심에 기초한 조직 및 지지세력에 기초한 정당이다. 간부정당의 조직은 크게 원내집단과 선거위원회 조직으로 구분된다. 원내집단은 정당운영과 당의 정책을 결정하는 핵심적 조직으로, 원내집단의 구성원들은 자율성을 갖고 있다. 그리고 선거위원회 조직은 정당의 이념이나 목표에 동의하기보다는 지역 및 개인적 친분관계에 의해 형성된 조직으로서, 일상적인 정치활동을 전개하기보다는 선거시기에만 국한되어 활동하는 선거운동조직의 성격이 강하다. 이와 같은 정당형성의 기원과 조직구조 및 운영의 성격은 간부정당이 이념적으로 보수주의 정당으로 발전하는 중요한 원인으로 제시될 수 있다. 그리고 간부정당은 귀족, 대토지 소유자, 자본가와 같은 사회경제적 엘리트들의 재정적·정치적 후원을 받고 있기 때문에 당원의 확대 및 대중의 조직적 지원을 필요로 하지 않는다. 이러한 경향은 간부정당을 대중과 괴리된 엘리트의 이익을 대변하는 엘리트 정당으로 인식하게 하는 원인으로 작용한다. 이와 같은 간부정당의 대표적 예는 보수주의 정당과 자유주의 정당을 들 수 있다.

(2) 대중정당

대중정당은 선거권의 확대와 더불어 발전된 정당의 유형으로서 일반대중의 지지를 기초로 원외조직에 의해 형성된 정당이다. 대중정당은 근대 산업사회가 낳은 가장 대표적인 정당 유형으로 19세기 말부터 진행된 보통선거권의 확대의 결과물이다. 즉 자본주의 발전에 따라 확대된 산업노동자들이 자신들의 정치적 시민권과 정치세력화를 추구하기 위한 투쟁에 의해 형성된 정당이 대중정당이다. 이러한 대중정당은 간부정당과 달리 이념이나 정치적 목표를 공유하는 사람들로 구성된 근대적 정당형태이다. 그리고 조직적 측면에서도 간부정당과 달리 지역, 직종, 그리고 사회단체를 중심으로 한 지부조직을 갖고 있다. 앞서 살펴보았듯이 지부조직은 당원 및 유권자를 동원하고 조직화하며, 당의 전반적인 운영과 정책에 대한 논의와 당원들의 의사를 수렴하는 창구로서의 기능을 수행하고 있다. 이러한 기능은 정당과 당원들 사이의 긴밀한 유대관계를 형성한다. 이와 같은 대중정당은 간부정당과 달리 정당규율이 엄격하며, 의사결정구조는 중앙집중적 성격을 띠고 있다. 대중정당의 대표적인 예는 독일의 사회민주당, 영국의 노동당 등과 같은 사회주의 또는 사회민주주의 이념에 기초한 정당들이다. 또한 선거권의 확대와 더불어 소수의 지지 세력과 비조직적 구조를 갖고 선거에서 승리할 수 없다는 인식이 확산되면서 간부정당의 형태를 가졌던 보수주의 정당과 자유주의 정당들은 대중정당으로 변화하게 되었고, 그 결과 대중정당은 현대사회의 지배적인 정당유형으로 자리 잡게 되었다.

(3) 포괄정당

포괄정당은 선거에서 승리하기 위해 특정한 이념과 계급에 기초하지 않고 가능한 한 다수의 유권자 지지를 획득하려는 정당이다. 이 정당은 1960년대에 대중정당을 대체하여 등장한 정당을 설명하기 위해서 키르크하이머(O. Kirchheimer)가 제시한 정당유형의 하나이다. 그는 포괄정당을 특정한 이념이나 사회계급에 의존하는 대중정당과 달리 다수의 국민으로부터 최대한의 지지를 획득하기 위해 유권자가 선호하는 이슈를 제기함으로써 유권자의 지지를 동원하는 정당이라고 지적한다.[23] 포괄정당은 1960년대 립셋과 로칸이 제시한 균열구조에 기초한 정당과 유권자의 편성(alignment)이 해체되면서 확대된 무당파층 또는 유동층의 지지를 얻기 위한 정당의 적응과정에서 등장했다고 할 수 있다. 이러한 포괄정당은 탈이념적·탈계급적 성격이 강하고 정당과 당원 및 지지자 사이의 연계가 약하며, 대규모 당원의 열성적 참여보다는 소수의 엘리트와 그를 보좌하는 집단의 정치조직의 모습을 갖추고 있다. 그리고 선거활동에 있어서 이념과 계급에 기초한 정당일체감에 의해 유권자의 지지를 동원하는 대중정당과 달리, 포괄정당은 유권자의 선호에 따라 지지를 동원하는 선거활동을 벌이고 있다. 포괄정당의 문제점은 정당의 기능 중 정치사회의 목표를 제시하는 데 있어 한계를 갖고 있으며, 정당들은 선거에서의 승리를 위해 유사한 인기영합적인 정책과 인물을 중심으로 한 정당의 성격을 갖는다는 점을 지적할 수 있다. 포괄정당의 대표적인 예는 미국의 민주당과 공화당, 독일의 기독교민주당(Christian Democratic Union)을 들 수 있으며, 최근에 탈이념적 성격을 보이고 있는 영국의 노동당도 포괄정당 유형으로 분류할 수 있다.

(4) 카르텔 정당

카르텔 정당은 자유민주주의 체제에서 발생하고 있는 새로운 정당 형태로서 정당과 국가의 상호침투나 정당 상호간의 담합에 의한 정치적 대표성의 독과점에 기초한 정당을 의미한다. 카르텔 정당을 처음으로 제시한 캐츠와 메이어(R. Katz and P. Mair)는 정당에 대한 국고보조금의 증가와 선거운동에 있어 국가의 통제에 종속되는 전자매체의 증가 등이 국가와 정당 사이의 상호침투를 가져오는 중요한 요인으로 지적한다.[24)]

---

23) Kirchheimer, O. 1966. "The Transformation of the Western European Party System," in J. LaPalombara and M. Weiner, eds. *Political Parties and Political Development*. Princeton, NJ: Princeton University Press. pp.177-200.

24) Katz, R. and Mair, P. 1995. "Changing Models of Party Organization and

즉 국고보조금과 미디어 선거의 확대는 정당에 있어 당원과 활동가들의 지지와 지원에 대한 의존을 약화시키며, 이들 정당들은 정당유지를 위해 새로운 정당의 등장과 의회진입을 제한하는 경향을 보이고 있다. 그리고 이러한 카르텔 정당의 성격은 시민과 정당 사이의 단절 심화와 국가에 대한 종속 강화라는 역설적 현상을 가져왔으며, 새로운 재정적 원천과 미디어의 독과점에 의한 기성정당 간 정치적 대표성의 독과점을 형성하게 되었다.[25] 즉 이러한 현상은 카르텔 정당이 국가와 사회를 연결하는 통로로서의 정당의 의미와 기능을 약화시키고 있으며, 거대 정당에게 유리한 경쟁과 특정 사회집단의 이익만이 정치적으로 대표되는 독과점 현상을 가져온다는 비판에 직면하는 주요 이유이다.

3. 정당체계

1) 정당체계의 분류

정당체계(party system)란 복수의 정당들 사이의 권력획득을 목적으로 한 경쟁적 상호작용의 체계로서 정당과 정당, 정당과 다른 정치제도, 그리고 정당과 환경 사이의 상호작용의 결과물이라고 할 수 있다. 즉 정당체계는 하나의 정치체계 내에서 운영되는 복수 이상의 정당들의 상호의존적인 부분들로 구성된다.[26] 이러한 정당체계의 정의는 정당체계가 정당 간의 경쟁을 규정짓는 사회경제적 환경과 선거·의회제도와 같은 정치제도의 결과로서 형성됨을 의미하는 것이다. 즉 사회균열의 차원이 단차원인지 아니면 다차원인지, 선거제도가 비례성이 높은 비례대표제인지 아니면 대표성이 강한 다수대표제인지, 그리고 의회가 양원제인지 아니면 단원제인지에 의해 정당체계는 상이한 속성과 기능을 갖게 될 것이다.

Democracy: The Emergence of the Cartel Party." *Party Politics* 1.

25) 장훈. 2004.「정당과 선거」, 심지연(2004). 앞의 책, p.179.

26) Kourvetaris, G., 박형신 외 옮김. 1998.『정치사회학』. 일신사. p.282.

정당체계에 대한 관심은 부분으로서의 정당들 사이에 존재하는 관계를 중심으로 정당의 기능과 역할에 대한 동태적 이해와 전체로서의 정치체제를 설명하기 위한 이론적·현실적 요구에 의한 것이다. 예를 들어, 정당의 핵심적 기능인 사회적 이익의 정책적 반영은 개별정당의 역할만으로는 충분히 설명될 수 없으며, 정당들 사이의 상호작용을 통해 총체적이고 분석적인 이해를 가져올 수 있을 것이다.[27)]

이러한 정당체계에 대한 연구를 제기한 대표적인 학자는 뒤베르제를 들 수 있다. 그는 정당체계를 복수의 정당이 공존하고 있는 형태나 양식이라고 정의하고, 정당의 수에 근거하여 정당체계를 분류하고, 정당 내부구조의 유사성과 상이성, 그리고 정당들 사이의 상호관계 등을 기준으로 정당체계의 성격을 비교하고 있다.[28)] 즉 뒤베르제에 있어 정당체계 유형은 일당제와 양당제, 그리고 다당제라는 정당의 수에 의해 구분된다.

반면 정당체계와 정치발전 사이의 관계에 초점을 맞춘 라팔롬바라와 위너는 정당체계를 정당 간의 경쟁성에 근거하여 경쟁체계와 비경쟁체계로 구분했으며, 또한 경쟁체계의 하위유형을 정당의 속성으로서 이데올로기적인지 아니면 실용적인지와 정권교체가 가능한지 아닌지를 기준으로 분류했다.[29)] 이에 따른 경쟁적 정당체계의 유형은 ① 패권-이데올로기 체계 ② 패권-실용주의적 체계 ③ 교체-이데올로기적 체계④ 교체-실용주의적 체계로 분류된다. 그리고 비경쟁적 정당체계는 ① 권위주의형 ② 준권위주의형 ③ 전체주의형으로 구분한다.

정당체계 연구에 있어 가장 많이 사용되는 유형 분류는 정당체계와 정치적 안정성 사이의 관계에 초점을 맞춘 사르토리(G. Sartori)의 분류방법이다. 그는 정당의 수와 더불어 이데올로기의 거리를 의미하는 분

27) 곽진영, 2004. 「정당체계」, 심지연(2004). 앞의 책, p.142.
28) Duverger(1967), 앞의 책, p.203.
29) LaPalombara and Weiner(1966), 앞의 책, pp.24-29.

극성(polarization)과 정당 간의 경쟁적 성격을 의미하는 분절성(fragmentation)을 기준으로 정당체계의 유형을 구분한다.[30)]

사르토리는 정당의 수를 세는 데 있어 3가지의 문제, 즉 군소정당을 셀 것인가, 파벌로 나눠진 정당을 단일정당으로 셀 것인가, 그리고 동맹이 이루어진 정당을 하나의 정당으로 셀 것인가의 문제에 직면한다고 지적하고, 이를 극복할 수 있는 방안을 제시하고 있다. 즉 그는 연합의 잠재력(coalition potential)과 위협의 잠재력(blackmail potential)이라는 규칙을 통해 적실성 있는 정당의 수를 세고 있다. 먼저 연합의 잠재력이란 득표율이 낮은 정당일지라도 연합정부를 구성할 수 있는 능력을 의미한다. 그리고 위협의 잠재력은 야당으로서 여당을 계속 위협할 수 있는 능력을 의미한다.

사르토리의 정당체계 유형을 살펴보면, 그는 먼저 정당체계를 비경쟁체계와 경쟁체계로 구분한 후 정당의 수와 이데올로기적 분극성을 기준으로 정당체계를 세분화하고 있다. 그리고 정당체계의 유형으로 먼저 비경쟁체계로서 일당제와 패권정당제(hegemonic party system)를 구분하고 있으며, 경쟁체계의 하위 유형으로 1당우위제(predominant party system), 양당제, 온건다당제(moderate multipartism), 분극적 다당제(polarized multipartism), 그리고 원자적 다당제(atomized multipartism)를 제시하고 있다.

2) 정당체계의 유형[31)]과 정치적 결과

(1) 일당제

단 하나의 정당만이 합법적인 정당으로 인정되는 정당체계로서 강한

30) Sartori(1967), 앞의 책, pp.119-216.

31) 여기서는 사르토리의 분류에 따른 정당체계 유형을 설명하고자 한다. Sartori(1967), 앞의 책, pp.119-216. 참조.

이데올로기를 통해 강제동원과 축출을 특징으로 한다. 이러한 일당제는 독단성과 전횡성 등을 기준으로 전체주의적 일당제, 권위주의적 일당제, 그리고 실용주의적 일당제로 구분된다. 일당제의 대표적 예는 자유로운 경쟁을 인정하지 않는 전체주의 국가와 독재국가에서 발견된다(나치 독일, 파시스트하의 이탈리아, 소련을 비롯한 사회주의 국가들).

(2) 패권정당제

하나 이외의 정당이 존재하지만 경쟁이 허용되지 않으며, 정권교체가 이루어지지 않는 정당체계이다. 패권적 정당제는 이데올로기 지향의 패권적 정당체계와 실용주의 지향의 패권적 정당체계로 구분된다. 대표적인 예는 멕시코의 PRI와 자유화 이전의 폴란드의 통일노동당 등이다.

(3) 일당우위세

일당우위제는 복수의 정당이 존재하고 선거경쟁이 이루어지지만 주요한 한 정당 또는 정당연합만이 장기적으로 정권을 획득하는 정당체계를 의미하며, 정권교체의 가능성이 존재한다는 점에서 패권정당제와 차이점을 갖는다. 그러나 패권정당제와의 차이점의 대표적인 예는 1955년부터 1993년까지의 일본의 정당체제를 들 수 있다.

(4) 양당제

두 개의 거대정당이 권력을 둘러싼 경쟁을 수행하여 한 정당이 정부를 구성하는 정당체계이다. 양당제는 두 정당 간에 선거를 통해 권력교체가 이루어지며, 군소정당은 적은 의석에 의해 그 정치적 영향력은 약하다고 할 수 있다. 양당제의 주요한 특징 중 하나는 이데올로기적 거리가 근접하다는 점을 들 수 있다. 대표적인 예는 미국, 영국을 비롯한 영연방국가 등이다.

(5) 온건다당제

세 개 이상(3~5개)의 정당이 권력을 둘러싼 경쟁을 수행하는 정당체계로서 정당들 사이의 이데올로기적 거리가 비교적 적으며, 정당들 사이에 연합이 용이하다는 특징을 갖고 있다. 또한 강력한 반체제 정당이 없으며, 정당 간의 경쟁이 구심적이라는 특징을 보이고 있다. 대표적인 온건다당제 국가의 예는 독일, 스웨덴 등 유럽 대륙의 국가들을 들 수 있다.

(6) 분극적 다당제

정당의 수가 6개 이상으로 정당 간의 이데올로기적 거리가 넓은 정당들 사이에 경쟁하는 정당체계이다. 분극적 다당제에서는 강력한 반체제 정당이 존재하며, 3극 이상으로 분극화되어 있다. 그리고 이들 정당들 사이의 경쟁은 이념적 갈등에 의해 원심적 특성을 갖는다. 대표적인 예는 프랑스 제4공화국과 독일의 바이마르 공화국 그리고 과거 이탈리아의 정당체계를 들 수 있다.

(7) 원자적 다당제

다수의 정당이 경쟁하지만, 강력한 정당이 없이 수많은 정당들이 난립하는 정당체계이다. 대표적인 예는 말레이시아의 정당체계를 들 수 있다.

사르토리는 이러한 정당체계의 유형들 중 정치안정성과 민주주의에 있어 양당제의 우월성을 강조한다. 즉 양당제는 ① 구심성을 갖는 온건한 경쟁이 이루어진다는 점, ② 선거결과로 과반수 이상의 지지를 받는 정당이 단독정부를 구성함으로써 안정되고 효율적인 국정운영을 수행한다는 점, ③ 두 정당이 내세우는 대안적인 공공정책에 대한 유권자의 선택이 용이하다는 점, ④ 단일정당정부의 구성에 의해 책임성의 소재가 명확하다는 장점을 갖고 있으며, 그 결과 정치적 안정성과 민주주의에 대한 긍정적 영향을 미친다고 보고 있다.[32] 그리고 많은 학자들은 양당제가 책임 있는 공공정책을 생산할 수 있는 배타적이고, 강력하고, 결단력 있고, 책임 있는 단일정당정부를 가져오며, 민주주의를 위협하는 환경하에서 안정성, 생존성, 그리고 문제해결 능력이 뛰어나다는 점을 이론적·경험적 연구를 통해 밝히고 있다.[33]

그러나 이러한 주장에 대한 반론도 강하게 제기된다. 즉 양당제의 단점은 ① 양당 간의 경쟁은 온건한 경쟁보다는 오히려 적대적인 갈등의 정치를 가져올 수 있다는 점, ② 대부분의 유권자들이 두 당을 지지하지 않거나 다른 정당에게 투표할 때, 사표(wasted vote)의 증대를 가져온다는 점, ③ 정부정책의 커다란 변화를 가져옴으로써 장기간의 계획을 마련하기 어렵다는 점, ④ 정부를 구성한 정당에게 강력한 권력을 주기 때문에 소수집단의 정치적 대표성이 약화된다는 점, ⑤, 두 정당이 구심적이고 온건한 경쟁에 의해 대안적 공공정책에 대한 유권자 선택에 있어 정당 사이의 차별성이 없어진다는 점을 지적할 수 있다.[34] 그리고 비례선거제의 단기적 결과인 다당제가 소수 집단의 정치적 대표성과 선거경쟁에 있어 공평성 보장, 그리고 투표참여에 있어 다수의 정치참여를 가져오며, 소수세력의 이탈(exit)을 방지함으로써 민주주의 안정성에 더 효과적이라는 주장이 최근에 강화되고 있다.[35] 즉 비례적 정치제도

32) Sartori(1967), 앞의 책 pp.119-216 참조

33) Anderson, L. 2001. "The Implications of Institutional Design for Macroeconomic Performance." *Comparative Political Studies* 34:4, pp.429-452.; Armingeon, K. 2002. "The Effects of Negotiation Democracy: A Comparative Analysis." *European Journal of Political Research* 41, pp.81-105.

34) Lijphart, A., 최명 역. 1987. 『민주국가론』. 법문사. pp.118-122.

35) Crepaz, M. 1996. "Consensus versus Majoritarian Democracy: Political Institutions and their Impact on Macroeconomic Performance and Industrial Disputes." *Comparative Political Studies* 29:1, pp.4-26.; Powell, G. 1982.

는 비례성과 대표성, 그리고 참여성을 보장함으로써 사회 내에 존재하는 소수세력과 반대세력의 이탈을 방지하고 그 결과로 민주주의 체제의 안정성을 보장한다.

이렇듯 어떤 정당체계가 정치안정성과 민주주의에 효과적인가를 평가하는 데 상반된 관점이 제시되고 있다. 그러나 이들 중 하나의 관점이 이론적 우위성을 갖는다고 볼 수 없다. 왜냐하면 이러한 특정한 정당체계가 우월하다고 주장하기 위해서는 이론적 우위성을 갖기 위해서 한 사회의 사회균열과 문화적 속성뿐만 아니라 다른 정치제도, 특히 선거제도와의 관계에 대한 면밀한 관찰이 필요하기 때문이다. 즉 사회균열이 단차원적인 동질적 사회와 다수대표제하에서는 양당제가 정치적 안정성과 민주주의에 효과적일 것이며, 사회균열이 다차원적인 이질적 사회와 비례대표제하에서는 다당제가 정치안정성과 민주주의에 긍정적인 영향을 미칠 것이다.[36] 그리고 이러한 관점에서 정당체계의 정치적 결과를 분석하는 사회학적 관점은 한 사회에 있어 정치안정성과 민주주의의 발전에 적합한 정당과 정당체계가 무엇인지를 밝히고 설계하는 데 있어 중요한 이론적 함의를 던져준다고 할 수 있다.

Contemporary Democracies. Cambridge, Mass.: Harvard University Press.; Tavits, M. 2004. "The Size of Government in Majoritarian and Consensus Democracies." *Comparative Political Studies* 37:3, pp.340-359.

36) Lijphart(1987), 앞의 책, pp.13-14.

제5장 투표와 선거

홍재우

제1절 투표와 선거

정치를 "가치의 권위적 배분"이라고 정의한 이스턴의 말을 받아들인다면, 정치는 결국 배분을 위한 '결정'에 관한 것이다. 수많은 갈등과 대립, 이해와 타협, 승리와 패배의 과정으로 묘사되지만 결국 정치는 '누가', '어떠한' 결정을 내리는가에 관련된 과정이다. 이런 맥락에서 민주주의는 사회적 결정을 내리는 권한이 시민으로부터 나오는 체제를 의미한다. 민주주의가 그 어떤 체제보다 권력이 분산된 체제라는 점을 고려할 때 가장 완벽한 결정 방법은 만장일치일 것이다. 하지만 이런 결정은 참여자가 늘어날수록 어려워지며, 현대의 대의제 민주주의하에서는 대의제가 갖는 이중적인 결정의 과정, 즉 위임받을 사람을 결정하는 과정과 위임받은 사람들이 결정하는 과정을 생각해볼 때 매번 만장일치가 내려지기를 기대하는 것은 불가능하다. 따라서 어떤 방식이든 모든 민주주의 체제는 결정의 과정에서 승자와 패자를 만들어내게 된다.

민주주의에 대한 가장 기초적인 지식만 가진 사람도 승자는 '보다 많은' 사람을 의미하며 패자는 '보다 적은' 사람들을 의미한다는 사실을 떠올릴 것이다. 민주주의 사회의 최종 결정은 그 결정의 대안들에 대하여 머릿수가 많고 적음에 따라 내려지는 것이다. 그 머릿수를 세는 과정이 투표다. 투표는 어떤 대안들에 대하여 얼마나 많은 사람들이 동의하는지를 살핌으로써 보다 많은 사람들이 선호(選好)하는 결과를 만들어내기 위한 과정이다. 즉 민주주의 사회에서 투표는 사회 구성원들의 선호의 총합을 취합해 집합적인 결론을 도출하는 것으로 '사회적 선호(social preference)' 혹은 사회적 선택(social choice)을 만들어내는 한 방법이다. 투표는 말 그대로 어떤 대안에 대해 표를 던져 의사를 표시하는 행위를 뜻한다면, 선거는 그 투표를 통해 공직을 맡을 사람들, 즉 권력을 일정 기간 동안 위임받을 사람들을 뽑는 과정과 제도를 의미한다. 따라서 선거는 투표를 전제조건으로 하지만, 국민투표의 경우에서 보듯이 투표가 반드시 선거를 의미하는 것은 아니다. 아래에서 우리는 우선 투표의 본질, 즉 현대 민주주의의 핵심적 요소인 투표의 의미부터 살펴볼 것이다. 나아가 선거의 역할과 영향력, 그리고 선거제도와 투표행태를 구성하는 여러 요소들을 살펴보기로 하겠다.

제2절 투표의 역설과 민주주의

1. 투표의 역설

투표가 선호를 취합해 사회적 선택을 만들어내는 것이라면, 이는 두 가지 가정에 근거하고 있다. 첫째, 어떤 형태이든 한 사회가 전체로서 원하는 선호가 존재하며 둘째, 이 선호는 투표와 선거라는 과정을 거쳐 실제 세계에서 재현될 수 있다는 것이다. 조금 쉽게 표현하자면 '보다 많은 사람'이 원하는 대로 결정한다는 원리에 입각한 투표와 선거라는 제도를 통해 한 사회가 전체적으로 원하는 바를 결정할 수 있으며 그것이 민주주의의 의의에 가장 부합한다는 뜻이다. 이 과감한 발상을 근거로 민주주의는 대의성(代議性)과 정당성을 부여받고, 그에 따라 운용된다. 즉 선거와 투표라는 제도적인 참여를 통해 민주주의의 정의가 실체성을 띠게 된다. 따라서 투표와 선거가 그 사회의 선택을 제대로 실제화하는가는 민주주의의 존재 근거에 대한 매우 날카로운 질문이 될 것이다.

위의 두 가지 가정은 그러면 어떻게 검증되어야 할까? 사회적 선호가 실체로서 존재하는가는 매우 철학적인 질문이며 객관적 검증이 불가능에 가깝다는 점을 고려한다면, 우선 투표가 개별 사회구성원의 선호를 어떤 식으로 총합하는가를 살펴볼 필요가 있다. 투표방식이 논리적, 관념적 일관성을 갖고 구성원 개별의 선호를 취합한다면 사회적 선택이 존재한다고 할 수 있을 것이다. 이에 대한 논의는 예로부터 '투표의 역실(the paradox of voting)'이라는 말로 알려졌다. 투표의 역설은 18세기 말엽 프랑스 철학자 콩도르세(M. Condorcet)에 의해서 발견된 것으로, 투표/선거를 통해서 명백한 승자가 되는 대안/후보가 없는 모순이 나타날 수 있다는 사실을 의미한다. 간단히 말하면 셋 이상의 대안과 셋 이상의 투표자가 있는 선거에서 두 개의 대안씩 묶어 1:1로 비교했을 때, 모든 다른 대안에 비해 많은 선호를 받는 대안이 없어 대안 간의 순위를 정할 수 없는 상황이 나타날 수 있다는 것이다.

예를 들어 A, B, C 세 명이 x, y, z 세 개의 대안 혹은 후보를 놓고 선택을 한다고 하자. 그때 A의 선호 순서가 {x, y, z}, B의 선호 순서가 {y, z, x}, C의 선호 순서가 {z, x, y}라고 한다면, 각각 두 개의 대안을 두고 투표를 할 때 이들의 집단적 선택은 x-y-z-x··· 순으로 순환하게 된다(x 대 y: A와 C가 y>x이므로 2:1로 x가 최종선택, y 대 z: A와 B가 z>y이므로 2:1로 z가 최종선택, z 대 x: B와 C가 x>z이므로 2:1로 x가 최종선택). 누군가에게 유리한 규칙이 적용되지 않는 한 이 3인으로 이루어진 사회의 사회적 선택은 도출되지 않는다는 결론에 다다르게 된다. 다시 말하면, 결정을 위한 대안을 내리지 못하는 상황이 발생한다. 그렇다면 사회적 선호는 이 경우 존재한다고 할 수 있는가?

사회적 선호가 존재하지 않을 수도 있다는 의미뿐 아니라 이 문제는 방식에 따라 사회적 선호의 최종 결과가 '가변적'이 될 수도 있다. 사람들의 선호의 내용과 순서는 변하지 않아도 그것을 총합하는 방식에 따라 결과가 달라질 수 있다는 것이다. 따라서 투표의 역설은 "일관된 사람과 일관적이지 않은 사회(coherent man and incoherent society)"라는 모순의 발생을 의미한다.[1)]

선거방식에 따라서 결과가 달라지는 예를 살펴보자. 아래 <표 5-1>은 32명의 선호순위를 나타낸 것이다. 32명이 후보 혹은 대안 a, b, c, d에 대해서 아래와 같이 6개의 집단으로 나눌 수 있는 선호분포를 갖고 있다고 가정하자. 각 집단은 아래 표와 같이 각기 다른 수의 구성원을 갖는다. 이들의 선호를 이용해 선거방식에 따라 결과가 어떻게 달라지는가를 알아보자. 여기서는 다섯 가지의 선거방식을 이용했다. 상대적 다수가 승리하는 단순다수제(1위대표제)와 상위 후보자만 다시 선거를 하는 결선투표제, 위에서 살펴본 콩도르세 방식, 그리고 승인하는 복수의 대안에게 1표씩을 줄 수 있는 '승인투표제',[2)] 끝으로 선호순위를 반영하는 보다 방식(Borda method)[3)]이 사용되었다.

---

1) Riker, W. 1982. *Liberalism Against Populism: A Confrontation Between the Theory of Democracy and the Theory of Social Choice*. Prospect Heights, Ill.: Waveland Press.

2) 승인투표제에서 유권자가 몇 표나 행사할 수 있는지는 경우에 따라 다르다. 이 방식은 선호 순서를 따지지 않기 때문에 가장 부정적인 반응을 얻지 않은 후보가 당선될 가능성이, 다시 말해 중도적 대안이 최종 선택될 가능성이 크다.

3) 보다 방식은 선택 대안의 총수(n)에서 투표자의 선호 순서에 따른 각 대안의 등위를 뺀 후 다시 그 값을 대안별로 모두 합하여 총합이 가장 큰 대안이 승리하는 방식이다. 즉 5개의 대안(n=5)이 있을 경우 1위는 4점(n-1=4), 2위는

<표 5-1> 32명의 사회적 선택

투표자	투표수	제1선호	제2선호	제3선호	제4선호
v1-v9 (가)	9	a	d	b	c
v10-v17 (나)	8	b	a	c	d
v18-v24 (다)	7	c	d	b	a
v25-v28 (라)	4	c	b	a	d
v29-v30 (마)	2	d	a	b	c
v31-v32 (바)	2	d	b	c	a

출처: 안순철. 1998.『선거체제비교: 제도적 효과와 정치적 영향』. 법문사, p.28.

단순다수제의 결과를 보면 c가 (다) 집단과 (라) 집단으로부터 11표를 얻어 다른 어떤 후보보다 많은 표를 얻게 되고 승자가 된다. 결선투표제를 적용하고 상위 2인에 대해 두 번째 투표를 한다고 가정하면 a와 c가 결선투표에 참여하게 된다. 사람들이 자신의 선호 순서를 바꾸지 않았다면 a는 1차 투표의 9표와 함께 2차 투표에서 (나) 집단의 8표, (마) 집단의 2표를 얻고, c는 2차 투표의 11표와 함께 (바) 집단의 2표를 얻는 데 그친다. 전체 득표는 a가 19표, c가 13표를 얻어 a가 최종 승자가 된다.

다음으로 승인투표제의 결과를 보자. 만약 후보자가 각기 2명의 후보에게 표를 줄 수 있다면, 제2 선호까지 표를 받는 셈이다. 그 경우 a는 (가), (나), (마) 집단에서 19표를, b는 (나), (라), (바) 집단에서 14표를, c는 (다), (라) 집단에서 11표를, d는 (가), (다), (마), (바) 집단에서 20표를 얻어 최종 승자는 d가 된다. 보다 방식의 결과를 살펴보자. 후보자가 4명이므로 1선호에게 3점, 2선호에게 2점, 3선호에게 1점, 4선호에

3점(n-2=3), 3위는 2점, 4위는 1점, 5위는 0점을 부여하고 모든 투표자의 이 점수들을 합산하는 방식이다.

게 0점을 준다면 a는 51점, b는 54점, c는 43점, d는 44점이 되어 최종 승자는 b가 된다.

그럼 마지막으로 콩도르세 방식을 써서 최종 승자를 찾으면 어떻게 될까? 예를 들어 a와 b의 대결일 경우 a는 11표를, b는 21표를 얻어 b가 이기게 된다. 이런 식으로 두 후보씩 비교를 하면 a는 b에 지지만 c와 d는 이기고, b는 a와 c에게는 이기지만 d에는 패한다. 또 c는 d만 이기고 나머지 후보에게는 패하고, d는 b만 이기고 나머지에는 패한다. 즉 a, b, c, d 후보 중 어느 누구도 나머지 후보를 전부 이기지 못해 승자를 얻지 못한다. 결국 앞에서 사용한 방법들의 결과는 모두 다르다. 이 밖에도 여기서 언급하지 않는 다른 많은 선거방식이나 위의 방식을 조금만 변형해도 결과는 얼마든지 다르게 나올 수 있다.[4] 물론 투표자의 선호 분포에 따라서 결과가 일치할 수도 있다. 그러나 중요한 것은 사회적 선호의 분포가 그것을 총합하는 방법에 따라서 달라질 수 있다는 것이다.

위의 예에서 살펴본 것과 같이 선호를 취합하는 방식에 따라서 결과는 달라질 수 있다. 학자들은 이런 문제와 결부되어 선거제도를 판단하는 기준들을 제시했는데, 그 기준은 대개 아래와 같이 정리된다.[5]

일률성(monotonicity): 한 대안에 대한 구성원들의 선호가 유리하게 변화했다면, 선거결과는 이 대안에 유리하게 작동해야 한다. 즉 사회적 선택이었던 대안 A에 대한 투표수가 증가했다면 A가 다시 사회적 선택이 되어야 하며, A가 사회적 선택이 아닌 상황에서 A에 대한 투표수가 감소했다면 A는 계속해서 사회적 선택이 아니어야 한다.

익명성(anonymity): 모든 표의 가치는 동일해야 한다. 즉 표의 가치가

4) 안순철(1998), 앞의 책 참조

5) Riker(1982), 앞의 책 참조.

동일하기 때문에 익명성이 보장된다는 의미이다.

중립성(neutrality): 선거제도가 어느 한 대안에 대해 사전적인 혹은 사후적인 유·불리함을 주지 말아야 한다. 예를 들어 헌법개정 절차와 같이 2/3 혹은 3/4 등 절대다수를 요구하는 원칙, 소수파에게 지분을 허용하는 방법, 투표수가 동수가 되었을 때 특정 직위의 인물에게 권한을 주는 방식(tie-breaker) 등은 중립성의 원칙을 훼손하는 것들이다.

콩도르세 원칙: 한 대안이 1 대 1 대결에서 다른 모든 대안을 이기거나 비길 경우 그 대안이 사회적 선택이 되어야 함을 의미한다.

일치성(consistency): 한 대안이 복수의 집단에서 모두 사회적 선택이 된다면, 그 집단을 합쳐 하나의 집단을 형성한 이후에도 사회적 선택이 되어야 한다는 것을 의미한다. 그러나 실제로 선거구 조작 등을 통해 이 기준은 쉽게 훼손된다.

그러나 문제는 어떤 선거제도도 이들 기준을 모두 만족시킬 수는 없다는 점이다. 대부분의 선거제도는 이들 중 일부만을 만족시킬 뿐이다. 그 어떤 투표 메커니즘도 투표자가 가지는 다양한 선호를 일관되게 표현할 수 없다는 사실을 경제학자 애로우(K. Arrow)는 일반적 불가능의 정리(general impossible theorem)를 통해 증명했다.[6] 쉽게 말해 다양한 선호를 언제든지 일관되게 취합할 수 있는 완벽한 선거제도는 이론적으로 존재하지 않는다.

2. 정치공학의 가능성

위에서 우리는 사회적 선택 혹은 사회적 선호라는 말을 사용했다. 이 말은 낯설지도 모르지만 정치인들에 의해서 흔히 '국민의 뜻'이란 말로

---

6) Arrow, K. 1951. *Social Choice and Individual Values*. New York: Wiley.

사용된다. 그들은 선거에 나서거나 선거에 승리할 경우에도 국민의 뜻에 따른다고 말하고, 선거에 패배하면 '국민의 심판'을 겸허히 수용한다고 한다. 그러면 선거로 나타난 사회적 선택은 정말 국민의 뜻인가? 국민의 뜻이라고 답하는 것은 선거의 결과가 공공이익(public interest)의 명백한 표현이라는 뜻을 암시한다. 그러나 이런 주장은 매우 자의적인 성격을 갖고 있다. 공공이익은 분명 모든 시민들이 갖는 공동의 혹은 집단적인 이익을 나타낸다. 이 말의 이론적 근거를 찾기 위해선 아마 루소의 '일반의지'를 떠올려야 할 것이다. 루소에 의하면 일반의지로 표현되는 공공이익은 개인의 이기적 이익과 분명히 구별되며 도덕적으로 더 우월한 것이다. 도덕적 접근이 불편하다면 조금 더 완화된 형태로 공공이익을 생각해볼 수 있을 것이다. 공공이익은 사적 이익들의 총합이며 선거나 투표의 결과는 이익들의 표현이라는 것이다. 그러나 앞에서 살펴본 바와 같이 사회적 선택은 개개인의 선호의 분포와 그것을 취합하는 방식에 따라서 매우 다르게 나타날 수 있다. 그렇다면 과연 '국민의 뜻' 혹은 공공의 이익이라는 것은 존재하는 것일까? 혹은 존재한다 하더라도 그것을 취합하거나 알아낼 수 있는 방법은 있는가? 지금까지 살펴본 투표의 역설은 민주주의가 다른 체제에 비해 도덕적으로 우월하고 더 정의롭다고 말할 수 있는 실천적 증거에 대해 심각한 의문을 제기한다. 이것은 민주주의에 대한 이론적/도덕적 조종(弔鐘)을 울리는 소식일지도 모른다.

그렇다면 우리는 어떻게 해야 하는가? 위선적인 민주주의의 모습을 고발하고 새로운 대안을 모색해야 하는가? 만약 이런 문제점에도 불구하고 민주주의의 가치를 인정한다면 우리는 이 문제를 세 가지 관점으로 바라볼 수 있다. 첫째는 대의제와 선거가 갖는 최소주의적 의미를 긍정하는 것이다. 선거를 통해 대중은 조잡한 '예'와 '아니요'의 선택만으로 의사를 표명하고 정치인들은 그것을 국민의 뜻, 공공의 이익으로

자의적으로 해석하지만, 최소한 그들이 취할 수 있는 행동의 범주가 완전히 자의적이지는 않다. 정치인들은 다음 번 선거에서 그들이 심판받고 책임을 추궁 받을 수 있다는 점을 안다. 이런 관점에 의하면 선거는 정부를 통제할 수 있는 최소한의 안전판으로서 충분한 의미를 지닌다. 둘째, 참여민주주의를 진흥시키는 방안이다. 선거 자체에만 의미를 두는 것이 아니라 선거를 기회로 사회적 이슈에 대한 정보를 확산하고 이에 대한 토론을 통해 사회적 숙의(deliberation)의 과정을 갖는 것이다. 이런 과정은 선거의 의미를 더욱 풍성하게 만들 것이다. 셋째, 투표의 역설이 갖는 문제섬을 역으로 이용하는 것이다. 선거방식에 따라 다른 결과가 나올 수 있다는 사실은 제도를 필요에 따라서 어떤 특정한 정치·사회적 문제를 해결할 수 있는 해결책으로 운영할 수 있음을 의미한다. 서로 다른 선거제도의 장단점을 충분히 안다면 특정한 선거제도를 통해 소수파의 보호, 권력 공유로 인한 사회적 갈등의 해소, 정부 책임성의 향상 등을 모색할 수 있다. 이런 문제들을 해결하기 위한 선거 결과는 선거제도의 판단 기준을 모두 만족하는 상황에서는 얻을 수 없는 것들이다. 따라서 제도에 따른 결과의 유동성은 얼마든지 긍정적인 방향으로 사용될 수 있다. 이런 특징 때문에 선거제도의 설계와 그 결과는 정치공학(political engineering)의 가능성을 열어주며 '헌정공학의 진정한 예술'이라는 평가를 듣는다.[7] 결론적으로 투표의 역설이 의미하는 바는 민주주의가 대의제를 중심으로 실현되는 상황에 대한 이론적 한계점을 지적하는 동시에 민주주의를 운영하고 사회적 문제점을 치유하는 가능성의 문을 열어준다는 의미로 이해해야 할 것이다.

---

7) Grofman, B. and A. Reynolds. 2001. "Electoral Systems and the Art of Constitutional Engineering: An Inventory of the Main Findings," in R. Mudambi, P. Navarra, and G. Sobbrio, eds. *Rules and Reason: Perspective on Constitutional Political Economy*. New York: Cambridge University Press.

제3절 선거제도의 기능

선거는 다음과 같은 기능을 한다. 첫째, 대중의 정부에 대한 통제와 조절의 기능이다. 유권자들은 경쟁하는 엘리트들을 선택하고, 그들이 자신들의 프로그램을 추진하는 동력을 제공하며 동시에 이미 진행된 정책에 대해서 평가하고 판단한다. 선거를 통해 유권자는 '누가' 자신들을 대표할 것인지를 선택하고 그들에게 대표성을 부여한다. 또 그 선택은 정부의 구성으로 나타나는데, 유권자들은 선택을 통해 무정부 상태를 해소하거나 기존의 정부를 추인하기도 하며 기존의 정부를 '심판'하고 새로운 정부를 세우기도 한다. 선거는 또한 구체적인 정책을 결정하는 역할도 한다. 선거의 정책결정 기능에 대해 회의적인 시각도 있지만 발전된 민주주의 국가의 정당들은 선거에서 제시했던 정강, 정책, 공약 등을 실행하려 노력한다. 특히 선거 직후 유권자들의 지지에 힘입어 정부는 그들의 정책을 적극적으로 실현하려고 하고 야당도 이에 암묵적으로 동조하는 밀월기간(honeymoon period)을 갖기도 하는데, 이는 정부의 정책이 가까운 시일에 치러진 선거로 인해 추인을 받았다는 인상을 강하게 주기 때문이다.

둘째, 정부의 대중에 대한 통치와 정당성에 관한 기능이다. 정당성(legitimacy)은 합법성을 선언한다는 라틴어 legitimare에서 비롯된 것으로 통치 행위의 법적 근거를 의미한다. 그러나 선거를 통한 정당성의 획득은 법적인 것만을 의미하는 것이 아니라 도덕적, 형식적, 선언적 의미를 갖기도 하는데, 비합법적으로 집권한 정권도 가능한 한 비민주적인 선거라도 거치고자 하는 이유가 여기에 있다. 즉 선거만이 정부에 정당한 권위를 제공한다고 보기 때문이다. 따라서 정부의 행위는 국민이 부여한 명령(mandate)의 이름으로 수행되며, 공권력이라는 형식으로 집행된다. 정부의 결정은 일정한 법과 절차를 지키는 한 그 권위가 인정되며, 국가 구성원에게 예외 없는 영향력을 갖는다. 여기서 선거가 부여하는 정당성은 단지 정부에게뿐 아니라 선거에 참여한 패배자, 즉 야당에게도 부여된다는 점을 잊지 말아야 한다.[8] 야당은 마을의 유일한 게임(only game in town)인 선거에 참여함으로써 체제 전복자가 아니라 체제 안에서 집권을 추구하는 체제의 일원으로 간주되며, 정부를 감시하고 견제할 정당성을 획득한다. 선거는 체제 이탈세력으로 하여금 불확실성을 제도화해 민주주의를 공고화시키는 역할을 한다.[9] 또 선거는 엘리트들로 하여금 통치의 권위를 강화하고 효율성을 높이는 수단으로 이용되기도 한다. 선거라는 최소한의 정치적 참여의 통로를 제공하는 대가로 엘리트는 갈등을 해소하고 정치적 안정을 추구할 권력과 자원을 장악할 수 있는 합법적인 기회를 제공해 통치를 돕는다.

셋째, 선거는 유권자와 엘리트에게 교육과 학습, 그리고 인적 충원의 기회를 제공한다. 선거가 유권자에게 정치교육의 기회를 제공한다는 사실은 잘 알려져 있다. 선거를 통해 유권자들은 일상생활에서 큰 관심을 갖지 않았던 국가의 주요 현안, 정당과 정치인의 정책적 이념적 입장 등에 대한 정보를 얻고 이해를 촉진시킬 기회를 갖게 된다. 또한 정치인들도 선거과정을 통해 다양한 방법으로 대중과 접촉하고 유권자들이 어떤 생각을 하며, 그들이 원하는 요구가 무엇인지를 간파하는 기회를 갖게 된다. 또 이러한 상호 학습의 과정을 통해 정치권은 새로운 인적 자원을 충원한다. 대중은 새로운 정치 엘리트들을 정치권에 투입할 수 있으며, 이들로 인해 정치권도 자신의 구성과 역할을 재생산, 변화시킨다.

이상과 같이 선거는 유권자들로 하여금 대의제 정부를 통제하고, 정부와 정치 엘리트의 통치 근거를 마련해주며, 동시에 양자를 교육하는

8) Harrop, M. and Miller, W. 1987. *Elections and Voters: A Comparative Introduction*. New York: New Amsterdam Books.

9) Przeworski, A. 1991. *Democracy and Markets*. Cambridge: Cambridge University Press.

역할을 한다. 쉽게 말하면 선거는 민주주의에 활력을 불어넣고 그것을 제대로 작동하게 하는 제도적 조건 중의 하나라 하겠다.

제4절 선거제도

선거제도(electoral system)는 선거체제라고도 불리며 선거법(electoral law)의 일부이다. 선거법은 선거와 관련된 모든 규칙의 집합으로 선거관리위원회가 관리하는 선거공고, 공천, 여론조사, 선거광고, 선거자금, 선거운동원, 인쇄물, 후보자 등록, 토론회, 유권자 권리, 의석배분 등을 포함하는 매우 광범위한 내용을 포함한다. 선거제도는 이에 비해 투표부터 의석까지의 과정에 관한 것으로 투표방법(ballot structure), 선거구 의석수(district magnitude), 의석배정방식(electoral formula)을 포함하며[10], 보다 좁게는 의석배정방식만을 의미하기도 한다. 이하에서는 선거제도 중에서 선거구 획정과 의석수, 그리고 의석배정방식에 대해서 살펴보겠다. 투표방법은 의석배정방식에 종속되어 있다. 우선 그 전에 선거권에 대해서 검토해보겠다. 선거권은 일반적으로 선거제도의 일부로 간주되지는 않지만, 오늘날의 민주주의 선거를 이해하기 위한 기초적인 지식에 해당된다.

1. 선거권과 선거의 원칙

선거권은 투표할 수 있는 권리와 입후보할 수 있는 권리를 아우르는 말로 대부분의 민주주의 국가에서는 일정한 연령이 된 모든 성인들에게

---

10) Rae, D. 1967. *The Political Consequences of Electoral Laws*. New Haven: Conn.: Yale University Press.

참정권의 핵심적 권한으로 부여된다. 오늘날 선거권에 대한 논란과 연구가 선거연구에 있어 큰 부분을 차지하고 있지는 않지만 선거권의 확장 과정은 민주주의 발전의 또 다른 이름이었다. 선거권은 원래 보편적인 권리가 아니라 특권이었다. 서구에서 선거권의 확장은 백여 년에 걸친 피나는 투쟁의 결과였으며, 노동자계급에게는 바리케이드 뒤에서 던지던 돌을 '종이 돌(paper stone)'로 대체한 것이었다.[11] 1848년 영국에서 최초로 계급이나 재산과 상관없이 투표권을 부여하는 보통선거권이 확립된 이후에도 보통선거권이 보편적 권리가 되기는 오랜 세월이 필요했다. 특히 여성들의 보통선거권은 나라마다 큰 시차를 두고 채택되었다.[12] 그럼에도 불구하고 식민지에서 독립한 나라들을 포함하여 대부분의 국가에서는 2차세계대전 이후에 보통선거권이 민주주의가 제공하는 보편적인 권리로서 받아들여졌다.

선거권의 확대는 단순히 민주주의의 발전으로만 간주할 수 없는 정치적 의미를 갖는다. 서구의 정당구조를 사회의 균열구조를 통해 분석한 로칸(S. Rokkan) 이래 서구 사회의 경쟁적 정당체제, 특히 좌우 이데올로기 균열을 중심으로 한 정당체제의 형성은 선거권의 확대와 밀접한 영향을 갖고 있다. 선거권의 확장은 이 과정에서 종속변수와 독립변수로 모두 기능한다. 선거권의 확장은 산업혁명과 생산력의 발전, 그에 수반하는 사회적 분화와 평등사회를 성취하고자 하는 노동자들의 요구의 결과로, 또 확장되는 시민영역을 흡수해 국민국가를 건설하는 과정

11) Przeworski, A. and John, S. 1988. *Paper Stones: A History of Electoral Socialism*. Chicago: University of Chicago Press.

12) 뉴질랜드에서는 1893년부터 받아들여졌지만 그 밖의 많은 서구 국가에서는 남성의 보통선거권이 보편화된 1920년대에 들어서 전쟁으로 여성의 지위가 향상된 후, 큰 사회적 논란을 겪은 후에야 채택되었다. 그러나 서구 국가 중에서, 특히 가톨릭 국가들(프랑스, 이탈리아, 벨기에 등)은 2차대전 이후에야 여성에게 참정권을 부여했고, 스위스에서는 심지어 1971년이 되어서야 완전하게 보장되었다.

의 영향하에 나타났을 뿐 아니라 아울러 선거권의 확장 자체가 한 국가의 각기 다른 역사적 조건하에서 그 나라의 정당체제의 생성에 영향을 미치는 주요한 원인으로도 작용했다. 이런 의미에서 산업화 이후의 민주주의와 정당정치의 역사적 맥락을 이해하기 위한 연구들은 선거권 확장의 자세한 내용과 그 동학에 초점을 두고 있다. 서구적 맥락에서는 선거권의 확대는 노동자 정당 혹은 좌파 정당의 부상과 맞닿아 있다. 그러나 확장된 선거권은 자본가들이 우려하던 선거를 통한 자본주의 사회의 전복이 아니라 사회적, 경제적 갈등을 정치적 갈등으로 분출하고, 타협과 협상을 통해 그 갈등을 완화하고자 하는 현상을 낳게 되었다.

현대적 의미의 선거권은 잘 알려진 바와 같이 다음 네 가지의 원칙에 기반하고 있다. 그러나 이 원칙들이 절대적으로 예외 없이 적용되는 것은 아니며, 이들 중 일부는 적용에 있어 일정한 허용 범위를 두는 경우도 있다.

보통선거: 근본적으로 모든 시민에게 그들의 인종, 성, 언어, 종교, 재산, 신분, 계급, 교육, 정치적 입장 등에 관계없이 선거권과 피선거권을 부여하는 것을 의미한다. 예외적으로는 정신적 판단력, 시민권의 소유나 범죄로 인한 유보 여부, 주거지원칙 등의 전제조건이 있다. 역사적으로 보통선거권을 제한해온 요소로는 소수집단(종교적, 인종적, 성적), 재산규모, 그리고 교육수준에 관한 것이었다. 보통선거에 관한 현재의 논의는 주로 연령제한에 관한 것이다.

평등선거: 이 원칙은 종종 보통선거의 원칙으로 오인된다. 보통선거 원칙이 선거권자의 자격에 관한 것이라면, 평등선거 원칙은 개별 유권자가 갖는 표의 가치에 관한 것이다. 모든 유권자는 동등한 수량적 가치의 표를 갖는다. 1인 1표제가 바로 그것이다. 역사적으로는 여러 종류의 계급/신분 선거권, 복수 선거권 등이 있어왔으며, 영국에서는 심지

어 1950년대까지 특정 대학졸업자 중 일부는 대학선거구를 통해 2표를 행사할 수 있었다. 오늘날 평등선거의 원칙이 논란이 되는 경우는 대개 선거구의 크기에 있다. 즉 의석 1석을 선출하기 위해 필요한 득표수의 차이는, 각 표의 등가성을 훼손한다는 문제가 있다. 현실적으로는 나라마다 그 차이를 허용하는 범위에 대한 법적 규정을 두고 있다.

비밀선거: 이 원칙에 의하면 한 개인의 선택 행위가 타인에 의해서 인지되면 안 된다. 따라서 모든 형태의 공개적 투표행위는 이 원칙을 무시하는 것이다. 실제로 의회 선거에서 비밀투표가 보장되기 시작한 것은 모든 후보가 한 장의 용지에 표시된 호주식 투표용지 제도(Australian Ballot System)가 보급되기 시작한 이후이다. 이전에는 많은 국가들에서 각 정당이 자신들의 후보만을 인쇄한 용지를 배포했고, 투표용지를 수령하는 자체가 투표 결정을 노출시키는 역할을 했다. 물론 의회 내에서의 의원들의 투표(roll-call vote)는 공개를 원칙으로 하는데, 이는 대의제의 원칙을 강조하기 위한 조처이다.

직접선거: 이 원칙은 유권자가 직접 후보자에게 투표를 한다는 원칙이다. 대리투표나 매표에 의한 투표는 인정되지 않는다. 그러나 이 원칙은 선거인단 투표 등 여러 종류의 간접선거에 의해서 위반되는데, 그럼에도 선거인단에게 직접투표를 하고 선거인단도 후보자에게 최종적으로 직접투표를 한다는 점에서는 직접선거의 요소는 완전히 배제되지 않으며 선거인단이 유권자의 선택에 무조건적으로 구속되는 선거에서는 직접선거와 더욱 밀접하다고 할 수 있다.

오늘날 선거권에 관한 주요 이슈는 연령과 특수 집단에 대한 투표권 부여 여부이다. 선거연령은 과거 21세가 보편적이었으나 20세, 19세로 낮아지고 있으며, 각국의 사회적 상황, 세대와 정당지지의 관계에 따라 다양하게 논의되고 있다. 오늘날 선거권 이슈에 의해 논의되는 특수집단은 재외국민, 영주권을 지닌 외국인, 그리고 자국 내의 소수민족들이다. 재외국민에 관해서는 나라마다 다른 기준을 갖고 있다. 과거 한국과 같이 재외국민의 투표권을 전혀 인정하지 않는 경우가 있는가 하면 영국과 같이 모국을 떠난 지 일정 기간 이내의 경우에만 허용하는 경우도 있고, 아예 재외국민에게 배정한 의석에만 투표할 수 있도록 하는 나라도 있다. 영주권을 지녔거나 오랫동안 거주한 외국인에게 투표권을 허용하는 나라는 많지 않다. 영국이 아일랜드와 영연방 국가에 속한 나라의 시민들에게 투표권을 준 것은 매우 드문 사례이다. 그러나 지방자치 선거의 경우에는 외국인에게 투표권을 주는 사례가 점차 늘어나고 있다. 소수민족의 경우는 대개 일반시민으로 간주하여 투표권을 주지만, 과거 뉴질랜드와 같이 소수민족에 대한 의석이 특별히 배정된 경우에는 일반 의석과 소수민족 의석 중 어느 한쪽에만 투표권을 행사할 수 있도록 하는 사례도 있다.

2. 선거구

1) 선거구 획정

선거구를 어떻게 나눌 것인가도 선거제도 선택에 있어 매우 중요한 요소이다.[13] 일반적으로 선거구획정은 선거구를 어떻게 지리적으로 나누는가에 관련된 사항이지만, 선거구를 반드시 지리적으로만 나누어야 하는 것은 아니다. 언어나 인종이 다른 집단으로 구성된 국가의 경우 선거구를 지역이 아닌 문화적 집단에 따라서 나누는 경우도 있는데, 언

---

13) 선거구 문제는 역사적으로 늘 쟁점이 되어왔다. 서구에서 도시가 팽창하던 시절 대부분의 도시는 그 인구수에 비해 적은 의석만을 갖고 있었다. 이는 새롭게 성장하는 정당들, 즉 초기에는 자유주의 정당들, 이후에는 사회주의 정당들을 제어하려는 시도 중에 나타났다. 도시와 농어촌 간의 불균형은 아직도 많은 민주주의 국가들이 겪고 있는 공통된 문제점으로 지적된다.

어집단에 따라 상원 선거구가 정해지는 벨기에가 그 한 예이다. 그러나 대부분의 경우 선거구는 주로 행정적 구획을 중심으로 한 지리적 경계선을 갖는다. 선거구 획정에 있어 가장 중요한 이슈는 선거구에 따른 유권자의 불공정 배분(malapportionment)이다. 예를 들면 1석 선거구인 A지역과 B지역의 유권자수가 각기 1만 명과 5천 명이라면 B지역 유권자가 갖는 표는 A지역 유권자의 표보다 두 배의 가치를 갖는 셈이 된다. 현실적으로 정확한 유권자 수의 배분은 힘들겠지만 국가별로 그 차이를 용인할 수 있는 수준을 정해놓는 경우가 많다.[14] 선거구 획정은 다음과 같은 원리를 준수하는 것을 이상으로 한다.

- 평등성의 원리: 1표는 어디서든 동등한 가치를 지니도록 선거구가 획정되어야 한다.
- 인접성의 원리: 선거구는 전체가 하나의 지역으로 연결되어 있어야 한다.
- 밀집성의 원리: 선거구 내의 지역적 거리가 합리적 수준이어야 한다
- 지역성의 원리: 선거구를 획정할 때 지역의 행정적 경계를 최대한 반영해야 한다.

인구편차 이외의 다른 문제는 게리맨더링(Gerrymandering)[15]이다. 1석

---

14) 지역대표를 선출하는 의미에서 선거구를 무작정 인구비례에만 맞추기도 어려운 것이 현실이다. 실제로 도시의 의원은 비교적 좁은 지역을 대표하지만 농어촌의 지역은 공동체의 이해가 일치하지 않을 수 있는 매우 광범위한 지역을 대표해야 하는 문제가 생기기도 한다.

15) 1812년 매사추세츠 주지사였던 게리(Elbridge Gerry)가 자신이 지지하는 후보들의 당선을 위해 선거구를 마치 도마뱀(salamander)처럼 좁고 구불구불하게 고안한 것에서 유래한 말이다. (그의 이름은 19세기에는 '게리'로 읽혔지만 점차 '제리'로 읽히게 되었다. 따라서 초기에는 게리맨더링으로 발음되었으나 현재는 일반적으로 제리맨더링으로 발음된다.) 노골적인 게리맨더링이 잘못된

선거구에서 자주 발생하는데 주로 여당이 지지표의 효율성을 극대화하는 방향으로 선거구를 획정하는 것을 말한다. 다음의 사례를 보자. 1,000명이 있는 지역에서 A와 B 두 정당의 지지는 500 대 500으로 대등하다. 이들 지역은 8개의 소지역으로 나누어져 있는데, 4명의 의원을 한 선거구에서 선출하기 위해서 이들 소지역은 두 개씩 엮어 하나의 선거구가 되어야 한다. 그때 각 소지역 ①~⑧의 정당 지지는 다음과 같다고 가정하자.

① 35:80	② 100:35	③ 45:70	④ 90:35
⑤ 45:70	⑥ 100:35	⑦ 50:75	⑧ 35:100

이 8개 소지역을 다음 두 가지 경우로 묶을 경우 전체적으로는 똑같은 지지를 받고 있음에도 불구하고 지역을 어떻게 묶었나에 따라 의석수는 크게 차이가 난다.

A당 3석: B당 1석

①+② 135:115	③+④ 135:105	⑤+⑥ 145:105	⑦+⑧ 85:175

A당 1석: B당 3석

①+⑤ 80:150	②+⑥ 200:70	③+⑦ 95:145	④+⑧ 125:135

이처럼 선거구를 어떻게 나눌 것인가는 선거 결과에 상당한 영향을 미친다. 대개의 경우 이런 게리맨더링은 선거의 공정성을 심각하게 훼

계산으로 실패한 경우는 아일랜드의 1974년 선거구 재확정을 담당했던 털리(James Tully)의 이름을 따 털리맨더링이라고 불린다.

손하지만, 이런 선거결과의 변화 가능성이 늘 부정적인 것만은 아니다. 미국의 경우 흑인이 소수인종이며 동시에 투표율도 낮기 때문에 이들을 대표하는 의원이 선출되기는 쉽지 않다. 따라서 흑인이 밀집된 지역끼리 연결해서 선거구를 획정하면 흑인을 대표하는 후보자가 당선될 가능성이 높아진다. 일반적인 경우라면 사표 처리될 가능성이 높은 표들을 효율적으로 묶어줌으로써 약자와 소수자를 배려하는 결과를 만들어낼 수도 있다. 즉 이론적인 공정성과 일관성에 얽매이지 않고 현실적인 상황을 고려할 때 이런 다양한 선거 결과의 변이가 가능하다는 사실은 정치공학적으로 매우 유용하게 쓰일 수 있다.

2) 선거구 의석수

선거구에 관한 더 중요한 이슈는, 한 선거구에서 몇 명의 의원을 선출하는가 하는 문제이다. 대개 선출하는 의원 수에 따라 소선거구, 중선거구, 대선거구로 나눈다. 흔히 선거구의 크기를 나타내는 이 명칭들이 마치 선거제도의 종류인 양 사용되고 있지만, 다양한 의석전환방식과 결부되기 때문에 선거구의 크기만으로 선거제도의 종류를 쉽게 나누기는 어렵다.

소선거구는 흔히 1구 1인제라고 불리기도 하는데, 한 선거구에서 한 명의 대표만을 선출하는 것이다. 주로 상대적 다수로 선출되는 1위대표제가 사용되지만, 과반수를 인위적으로 만드는 결선투표제나 대안투표제와 함께 사용되기도 한다. 소선거구제에서는 후보자와 지역 유권자 간의 유대가 긴밀해지고 지역현안에 대한 정부와 의회의 응답성도 높아진다. 그러나 승자독식 형태로 사표가 증가하여 정당의 득표율과 의석률 간의 불비례 현상이 나타나 민의를 왜곡하기도 한다. 즉 다양한 후보자를 선택할 기회를 박탈하고, 군소정당에게 매우 불리하게 작용한다. 또한 의원은 지역 대표적 성향이 강해 국가적인 이해보다는 지역적 이해에 따라 행동하기도 한다.

중선거구는 2인부터 약 10인에 이르는 의원들을 선출하는 방식이다. 이 선거구는 소선거구의 폐해를 최소화하는 장점이 있는데, 지역과 대표의 유대감을 심각하게 훼손하지 않으면서 동시에 후보자 선택의 폭을 넓혀 군소정당에게도 기회를 제공한다. 일반적으로 지역적 인물보다는 전국적인 인물이 유리한 편이다. 중선거구는 실제로 다양한 선거제도와 결부되어 사용되며 그 선거제도의 종류에 따라 정치적 결과 또한 다양하다. 10인 정도의 중선거구제는 의회 규모에 따라 실제로 정당투표를 기반으로 한 비례대표제와 결부되기도 하고, 3인에서 7인 정도의 선거구제에서는 다양한 종류의 선호투표제와 함께 사용되기도 한다. 이렇게 다양한 의석전환방식과 결부되기 때문에 중선거구제의 단점을 일괄해서 언급하기는 어렵다. 그러나 비례제의 경우에는 정당의 영향력이 강해 무소속이 진출하기 힘들고, 과거 일본과 같은 단기비양식의 경우에는 한 지역구에서 같은 당 후보가 복수로 출마하기 때문에 정당 내의 파벌이 형성되는 결과를 낳기도 한다.

대선거구는 10인 이상의 의원을 선출하는 방식이다. 극단적으로는 이스라엘과 같이 전국이 하나의 선거구인 경우도 있다. 대선거구를 채택한 경우에는 득표와 의석 간의 비례성이 높아지기 때문에 군소 정당이나 이를 지지하는 소수 집단에게도 기회를 제공한다. 그러나 정당과 후보의 난립을 가져올 수도 있다. 대개의 대선거구는 비례제도와 결부되지만, 정당이 후보자 명부의 순서를 정한 폐쇄형 비례제가 아니고 유권자가 선호 순서를 밝히는 개방형 비례제이거나 아예 비례제도 이외의 방식을 취한다면 전체적으로 상당한 선거운동 비용이 소모될 것이다. 또 지역과의 유대감도 약해져 의원들이 보이는 지역에 대한 응답성과 책임성도 상당히 떨어질 것이다.

3. 의석전환방식

좁은 의미에서 선거제도를 '선거운동이 끝나는 즉시 작동하여 선거에 있어서 승자와 패자를 결정하는 기제'라고 정의할 때, 그것은 득표를 의석으로 전환하는 방식(electoral-formula)을 의미한다. 현재 적용되고 있는 수백여 개의 선거제도는 실제 운영되는 형태를 관찰하면 완전히 동일한 선거제도는 하나도 없다. 그러나 몇몇 공통된 특징을 기준으로 선거제도를 분류하기 위해서는 대개 득표와 의석의 비례성에 초점을 든다. 예를 들어 파렐(D. Farrell)은 신거제도를 비례제(PR: proportional system)와 비비례제(non-PR)로 양분한 후, 이들을 다시 여섯 가지로 세분했다(비례제:정당명부식, 1인 2표식, 단기이양식; 비비례제: 1위대표제, 결선투표제, 대안투표제).[16] 또 최근 이를 바탕으로 좀더 세분화하여 선거제도 연구 기관인 IDEA(International Institute of Democracy and Electoral Assistance)는 4개의 대분류를 만든 후 다시 이를 총 12개의 소분류로 나누기도 했다. <표 5-2>에서 보듯이 이 책에서는 기존의 연구들을 취합하여 의석전환방식을 다수제, 비례제, 혼합제(준비례제)로 구분하고, 다시 이들을 특징에 따라 세분했다. 실제로 이들 의석전환방식은 선거제도를 구성하는 다른 요소인 선거구나 투표용지의 구조와 밀접한 관계가 있다.

1) 다수제 선거방식

다수제 선거방식은 후보자 중심의 선거방식으로 대개 한 지역구에서 한 명의 대표를 선출한다. 여러 가지 방식이 있지만 대개 득표율과 의석률이 비례하지 않는다는 치명적인 약점을 가진 반면에, 지역대표성이 있고 권력의 책임소재가 명확하다는 장점이 있다.

---

16) Farrell. D. 1997. *Comparing Electoral Systems*. London: Prentice-Hall.

<표 5-2> 선거제도(의석전환방식)의 종류

다수제 (Plurality System)	**비례제** (Proportional System)	**혼합제** (Semi-Proportional / Mixed system)
1위대표제 결선투표제 대안투표제	정당명부식 비례제 단기이양식 투표제	다수-비례 병렬제 다수-비례 혼용제

(1) 단순다수제/1위대표제

단순다수대표제 혹은 1위대표제는 가장 친근하게 느껴지는 제도이다. 이 제도는 여러 가지 명칭으로 불리는데, FPTP(first past the post)는 선거를 경마 경주에 비유해 가장 먼저 결승점의 기둥을 지나가는 말이 1등이 된다는 것을 의미하며, SMDP(single-member-district plurality)는 1인 1구에서 단순 다수에 의해서 선출된다는 뜻이다. 이 밖에도 다양한 방식으로 일컬어지는데, 학계에서는 '1위대표제' 혹은 '단순다수제'라는 명칭이 주로 통용된다.

1위대표제는 설명이 필요 없을 정도로 간단하다. 후보자가 몇 명이든 유권자는 자신이 선호하는 후보자 단 한 명에게만 투표할 수 있으며, 후보자들 중 가장 많은 득표를 한 후보가 당선이 된다. 이 간단한 제도는 주로 영국과 미국의 영향력하에 있던 나라들에서 채택되었으며 아직도 광범위하게 보급된 선거방식 중 하나이다. 1위대표제의 가장 큰 특징은 당선자가 50%+1표의 득표를 할 필요가 없기 때문에, 실제 당선자는 전체 유권자의 측면에서는 '소수대표'에 지나지 않은 경우가 많다는 것이다. 후보자가 다수인 경우에는 심지어 20% 정도의 득표율만 갖고도 당선될 수 있는 제도이다. 따라서 이 제도는 다당제와 결부될 경우 사표를 양산하고 득표율과 의석률 간의 심각한 불비례 현상을 초래한다.[17)]

17) Rae(1967), 앞의 책.

또 행정구역 중심으로 선거구를 획정하는 경우가 많기 때문에 선거구 간의 인구편차로 인해 의원 1석을 선출하기 위해 필요한 득표수가 선거구별로 차이가 나는, 표의 등가성 문제도 1위대표제에 많이 나타난다. 게다가 지역대표성 때문에 의원들이 국가적인 이익보다는 지역적인 이익에 민감하게 반응하게 되며, 여성이나 소수집단의 대표성은 현저하게 떨어지게 된다.

1위대표제[18)]는 과거 영국과 미국의 경험으로 인해 정치적 안정성이 제도적 장점으로 칭송되었으나, 이것을 받아들인 대부분의 나라에서 점차 문제점을 드러내기 시작했다. 이에 1993년 영국식 정치 모델을 받아들였던 뉴질랜드가 독일식 혼합형 비례대표제를 채택했고, 아파르트헤이트(apartheid)를 종식시킨 남아프리카 공화국도 정당명부식 비례대표제로 전환했다. 뿐만 아니라 남유럽과 동유럽의 신생민주주의 국가 중에서 그 어떤 나라도 1위대표제를 채택한 나라가 없다는 사실은, 이 제도가 갖는 문제점을 쉽게 극복할 수 있는 조건은 특정 국가에만 한정된 것이라는 점을 말해준다. 심지어는 영국의 경우에도 하원 선거를 제외하고는 다른 선거방식이 채택되고 있으며, 하원 선거제도의 개혁도 논의되고 있다.

그럼에도 불구하고 1위대표제가 아직도 상당히 사용되고 있는 것은 이 제도가 갖는 몇 가지 장점 때문이다. 우선 1구 1석을 특징으로 하기 때문에 의원의 지역대표성이 매우 높으며, 유권자와 대표 간의 친밀도도 상대적으로 높다. 또 1위대표제는 과반수 정당을 만들어주는 효과가

18) 1위대표제의 변형으로 단기비이양식 선거제도(single non-transferable vote system)가 있다. 과거 일본에서 사용되던 이 방식은 한 선거구에서 다수의 의원(대략 3~5명)을 선출하지만 유권자는 단 한 표만 갖는 방식으로, 당선자는 다득표의 순위로 결정된다. 이 방식은 몇몇 학자들에 의해서 준비례대표제라고 분류되기도 하지만, 실제로 비례성은 1위대표제에 비해서 높은 편은 아니다. 의석전환방식을 기준으로 했을 때는 광범위한 의미에서 다수대표제의 한 종류로 보는 것이 타당하다.

있기 때문에, 정치적 책임성의 소재 여부가 매우 분명하다. 양당제에 기반한 단일 정부는 다음 선거에서 바로 국민의 심판을 직접적으로 받기 때문에 대의제 민주주의 체제의 책임성을 부각하는 데는 더 나은 제도라고 간주되기도 한다.

(2) 결선투표제

결선투표제(run-off system)는 2회 승부제(second-round system) 혹은 2회 투표제(second-ballot system)라고도 불리는데, 우리 학계에선 주로 결선투표제나 결승투표제로 일컬어진다. 결선투표제는 다수의 후보가 참여하는 1차 투표에서 과반수를 차지한 후보가 나올 경우 그 후보가 2차 투표 없이 당선자로 확정되며, 과반수를 얻은 후보자가 없을 경우에는 상위 2인의 후보만이 다시 2차 투표에 참여하는 방식이다. 1위대표제를 두 차례에 걸쳐 적용하는 것으로, 이론상으론 승자에게 50%+1표를 제도적으로 보장하는 절대다수제의 일종이다. '과반수'가 민주주의에서 갖는 의미를 최대한 부각한 선거방식이라 할 수 있다. 이 제도는 프랑스식 선거방식이라고 할 만큼 프랑스의 대통령 선거와 의회 선거를 통해 많이 알려졌고, 대통령제를 채택한 많은 나라에서 받아들여지고 있다.

결선투표제는 그 방식이 매우 단순하고 지역대표성을 충분히 보장하는 장점과 더불어 1위대표제가 갖는 소수대표의 문제를 해결해준다. 그러나 불비례성이 매우 높고 콩도르세 기준을 위반하는 현상이 많이 나타나며, 두 번에 따른 선거로 선거비용이 많이 든다는 단점이 있다. 가장 큰 정치적인 특징은 1차 선거와 2차 선거 사이에 나타나는 선거연합이다. 2차 투표에 진출하지 못한 정당들은 2차 투표에서의 지지를 제공함으로써 선거연합을 형성하게 된다. 따라서 다양한 스펙트럼으로 나누어져 불안정한 정치가 좌우 양대 진영으로 크게 재편성되는 결과를 낳으며, 소수파들의 이익도 선거협상을 통해 보장된다. 결승투표제는 양당제도를 형성하지는 않는데, 의회 선거의 경우에는 한 지역구나 여러 지역구에 걸친 다양한 선거연합이 결성될 수 있고, 대통령 선거의 경우에는 1차 득표에서 아무도 50%를 쉽게 넘지 못할 것이라는 예상하에 2차 투표에서의 거래를 위해 후보자의 수가 늘어나는 현상이 나타난다. [19]

(3) 대안투표제

투표방식의 측면에서 1위대표제와 결선투표제가 범주형 투표(categorical ballot)인 데 비해, 대안투표제(alternative vote system)는 선호형 투표(preferential ballot)다. 이 방식은 투표자가 가장 좋아하는 후보 이외에도 두 번째, 세 번째 식으로 선호순위를 밝혀서 대안을 제시한다는 의미에서 그 명칭을 얻었다. 이 방식은 1870년대에 처음 고안되었으나 1918년 기존의 1위대표제의 문제점을 해결하고자 오스트레일리아 연방하원에서 채택된 이후 널리 알려졌다.[20]

투표방식은 간단한 데 비해 개표절차는 많은 단계와 시간을 필요로 한다. 이 제도는 오직 소선거구제에서만 적용된다. 투표자는 기본적으로 후보자 전체에 대한 선호하는 순위를 밝힌다. 개표 결과 어느 한 후

---

19) 2차 투표에 참여하는 후보 수는 반드시 2인으로 한정된 것은 아니다. 프랑스 의회의 경우에는 1차 투표에서 등록유권자(유효투표가 아니라)의 12.5%를 얻은 후보는 모두 2차 투표에 나갈 수 있어 이론적으로는 7명 이상까지 가능하다. 그러나 실제로 3명 이상의 후보가 2차 투표에 나가는 경우는 매우 드물다. 또 코스타리카의 대통령 선거의 경우에는 1차 투표에서의 1위가 40%를 넘으면 2차 투표를 하지 않는다. 이는 50% 이상이라는 획득하기 어려운 조건 때문에 너무 많은 후보가 난립하는 것을 막기 위한 것이었다. 실제로 1차 투표 이전에 선거연합이 형성되어 1위의 평균 득표율은 50%를 초과했고, 따라서 거의 모든 대선에서 2차 투표가 필요 없었다. Shugart, M. and J. Carey. 1992. *Presidents and Assemblies: Constitutional Design and Electoral Dynamics*. New York: Cambridge University Press.

20) 오스트레일리아의 선거제도에 대해서는 홍재우. 2007. 「호주의 정당체계와 선거제도: 또 하나의 웨스트민스터 모델?」, 『지구촌의 선거와 정당』. 한국외국어대학교 출판부 참조.

보가 50%+1표의 득표를 하면 그 후보는 당선으로 확정된다. 만약 과반수를 득표한 후보가 없으면 가장 적은 득표를 한 후보를 탈락시키면서 그가 얻은 표를 2순위 선호에 따라 다른 후보에게 이양한다. 이 과정에서 과반수를 얻은 후보가 나오면 그가 당선이 되고, 과반수를 얻은 후보가 없으면 다시 남아 있는 후보 중 가장 적은 후보의 표를 앞의 방법과 같이 2순위에 따라 나머지 상위 후보들에게 이양한다. 단 이 2차 탈락 후보가 첫 번째 이양과정에서 얻은 표는 3순위에 따라 이양된다. 이와 같은 과정을 과반수 후보가 나올 때까지 반복한다. 이 과정에서 보듯이 대안투표제는 결선투표제와 마찬가지로 인위적으로 과반수에 이르는 후보를 만들어냄으로써 소수대표의 부작용을 제거하고 당선자에게 보다 높은 정당성을 부여하기 위해 고안되었다. 1위대표제의 장점을 갖추고 있으면서도 투표자의 선호를 최대한 반영하고, 단 한 번의 투표로 결과가 나오기 때문에 결선투표제에 비해서 비용과 시간이 절약된다는 장점이 있다. 또 다른 특징은 선호 순위가 반영되기 때문에, 1선호에서 가장 많은 표를 얻은 후보가 최종 결과에서 패배하는 경우도 얼마든지 가능하며, 선거가 한 번 이루어지기 때문에 결선투표제처럼 선거와 선거 사이에 급격히 맺어지는 연합이 아니라 선거 이전에 정당 간에 제휴가 맺어져 자기 당의 지지 유권자들에게 전략적인 선호순위를 미리 공개하기도 한다. 단점으로는 여전히 불비례성이 높으며, 유권자들이 선호순위를 모두 밝혀야 한다는 것이 유권자가 가진 정보의 한계 때문에 무리한 요구가 될 가능성이 있고 이것이 무효표로 연결된다는 점을 지적할 수 있다.

2) 비례제 선거방식

비례제는 국민의 대표기구인 의회가 그 사회의 모습을 축소한 소세계적 분포를 가져야 한다는 원칙하에 채택된 것이다. 쉽게 말해 정당의 득표율에 따라서 의석이 비례적으로 배분되어야 한다는 것이다. 1899년 벨기에가 최초로 받아들인 이래 영국을 제외한 대다수의 서유럽국가들에 의해서 채택되었다. 비례제는 높은 비례성을 특징으로 사회의 다양한 목소리를 제도권으로 흡수하여 가장 민주적인 선거방식이라 할 수 있다. 또 다당제와 연립정권을 형성하게 되면 대결과 승자독식이 아닌 타협과 분점의 정치문화를 촉진하며, 비교적 강한 정당규율을 형성해 정당정치를 견고하게 정착시키는 장점이 있다. 그러나 비례제는 유권자와 대표 간의 유대감이 떨어지고, 개표방식이 복잡하며, 잘못하면 지나친 다당제를 갖고올 개연성이 있다. 또 다당제와 연립정부하에서 정부의 구성이 정치적 거래와 홍정을 통해 선거 후에 이루어지기 때문에, 유권자의 권리를 박탈하며 소수 정당에게 지나친 권력을 부여하기도 한다.

(1) 명부식 비례대표제

정당명부식 비례제(Party list PR: party list proportional representative system)는 쉽게 말해 후보자가 아니라 정당에 대해 투표하는 제도이다. 비례제는 몇 가지 기준에 따라 다양한 형태와 운영방식이 존재한다. 첫째는 의석배분의 공식이다. 비례제는 정당의 득표율에 따라 각 선거구에 의석수를 배정하는 것이지만, 실제 의석전환방식은 그것을 개발한 학자의 이름을 붙인 다양한 수학적 방식들을 사용한다. 이 방식들은 크게 득표를 일정한 수열의 나눔수에 의해서 나누고 그 몫이 큰 수대로 의석을 배분하는 나눔수제(divisor system)[21]와, 1석을 배정받기 위한 필요 득표수(쿼터)를 미리 정하고 득표를 이 쿼터로 나누어 의석을 배분한

21) 나눔수의 수열은 1, 1+1d, 1+2d, 1+3d······식으로 표현되는데 d=1인 경우에는 동트(d'Hondt)식, d=2인 경우에는 생-라그 (Sainte-Laguë)식으로 부른다. 1 대신 1.4를 사용한 것을 수정 생-라그 식이라고 한다. 쿼터제의 경우에는 총 유효표를 선거구 의석 크기로 나누는 헤어 쿼터(Hare-Quota) 방식과 이를 조금씩 변형한 드룹 쿼터(Droop Quota), 임페리알리 쿼터(Imperiali Quota) 등이 있다.

이후에 잔여 의석을 몫을 제외한 나머지(reminders)의 크기대로 배정하는 쿼터제(quota system)로 나뉜다.[22)]

둘째는 지역구의 크기이다. 모든 비례제는 그 성격상 한 지역구에서 다수의 대표들을 선출하는데, 이스라엘처럼 국가 전체가 한 지역구인 경우도 있고 주나 비교적 큰 지방 행정단위를 중심으로 여러 선거구로 묶는 경우도 있다. 셋째는 의석배분에 참여할 최소조건에 관한 것이다. 흔히 봉쇄조항(threshold)이라고도 하는데, 군소정당의 난립을 막기 위해서 비례대표제의 의석배분에 참여할 최소한의 득표비율을 정하는 것이다. 대체로 1퍼센트에서 5퍼센트 정도의 조건을 두어 그 이상을 득표해야만 의석을 배정받는다. 마지막으로 유권자들이 정당을 선택하면서 명부에 속한 후보자들의 순서를 정할 수 있는가에 따라 폐쇄명부식(closed list system)과 개방명부식(open list system)으로 나뉜다.

폐쇄명부식(혹은 구속명부식)은 유권자가 정당을 선택할 뿐 후보자의 순위는 정당이 선택하는 방식이다. 대부분의 정당명부식은 폐쇄형 선거이다. 투표자는 하나의 투표용지에 하나의 정당에 대한 지지를 표시하는데, 드물기는 하지만 후보자의 명단이 적힌 개별 정당의 투표용지 자체를 골라서 투표함에 넣는 방식도 있다. 정당명부의 순위는 지방에서 상향식으로 선출되기도 하지만 정당 지도부의 의중이 많이 반영된다. 따라서 정당은 소속 의원들에 대한 강한 통제력을 갖게 되며, 정당 지도층이 정책 결정을 주도한다. 의원들은 지역에 한정된 소규모 이익보다는 전국적인 이익에 따라 행동할 수 있으며 당 지도부는 충성심이 높은 의원들로 인해 정강정책을 일관되게 견지할 수 있다. 또 성별, 인종, 장애인 등 다양한 분야의 소수/약자 집단들을 정당 지도부의 리더십 아래 의도적으로 대표시킬 수도 있다. 반면에 엘리트 중심의 정당운영과

22) 나눔수제를 최고평균법(highest average method)으로, 쿼터제를 최대잔여투표순제(largest reminder system)로도 부른다.

상명하복의 정당체계는 정당의 민주성을 희생시킬 가능성이 있으며, 유권자의 선택의 폭을 제한한다는 단점도 있다. 이러한 장단점은 동시에 공유되는 것이 아니라 정당을 어떻게 운영하는가에 따라 달라지며 그 나라의 정당정치 구조와 문화의 영향력도 받는다.

개방명부식(혹은 이완명부식)은 유권자가 정당명부 내의 후보자들의 당선 순위를 정할 수 있는 것을 말하는데 그 정도의 차이에 따라 최소개방형, 중간개방형, 최대개방형 등으로 나눌 수 있다. 투표용지에는 대개 정당과 후보자가 모두 표시되어 있다. 최소개방형은 정당 선택이 우선되고 후보표가 나중에 합산되며(벨기에), 중간개방형은 후보들이 받은 투표를 모두 합산해서 정당의석수를 정하고 다시 후보 표를 중심으로 순위를 정하는 방식(핀란드)이며, 최대개방형은 한 정당에 투표하거나 복수 정당의 개별 후보들에게 투표할 수 있는 방식이다(스위스). 그러나 같은 형태에 속해도 나라마다 표 합산과 후보자 순위선정 방법은 조금씩 다르다. 개방명부식은 개표 과정이 복잡하고, 의석배분 자체는 비례적이지만 투표 구조적인 측면에서 후보자 중심적이기 때문에 경우에 따라서는 일반적인 비례제의 특징과는 달리 정당 내외의 후보자 개인들 간의 치열한 경쟁이 생기고 인물 중심의 정치문화를 만들어내기도 한다.

(2) 단기이양식 비례대표제

단기이양식(單記移讓式) 선거제도(STV: single transferable vote system)는 투표구조상 선호투표제 중 하나로, 위에서 살펴본 대안투표제와 유사성이 있다. 그러나 대안투표제와는 다르게 한 선거구에서 복수의 후보를 뽑는 중선거구제와 연결되어 있으며, 의석전환방식도 다르다. 단기이양식은 오랜 기간 동안 아일랜드에서 채택되어왔고 최근에는 영국령인 북아일랜드도 지방선거에 이 제도를 채택했다. 세계적으로는 몰타와 오스트레일리아의 상원에서 사용되고 있으나, 다른 제도에 비해서 그 사용

사례는 적은 편이다.

보통 한 지역구의 의석은 2~5석이며 투표자는 후보자들에 대한 선호순위를 기입한다. 의석배분은 기본적으로 두 가지 원칙이 반복되는 것이다. 첫째, 일종의 당선기준 득표수인 쿼터[23]를 정해서 그 쿼터를 넘은 후보는 당선이 확정되며, 쿼터보다 더 얻은 표는 잉여표로 간주되어 제2선호에 의해 다른 후보에게 이양된다. 둘째, 잉여표가 모두 이양되어도 의석수를 채우지 못했을 경우에는 대안투표제와 같이 최하위 후보의 표를 제거하면서 다음 순위의 후보에게 이양하는 것이다. 이 과정 중에 이양된 표를 받아서 쿼터를 넘기는 후보가 있으면 당선이 확정되고, 여기서 발생하는 잉여표는 다시 다음 순위에 따라 이양하게 된다. 다시 말해서 쿼터에 도달할 때까지 잉여표를 이양하며, 잉여표가 없으면 최하위의 득표를 이양하는 방식이 의석수를 모두 채울 때까지 반복된다. 원칙적으로는 쉬워 보이나, 표가 2회, 3회씩으로 이양되면서 표가 거쳐온 과정에 따라 다르게 고려되어야 하고 운영방식에 따라 표가 소수점으로 나누어지면서 이양되는 등 실제 적용에는 몇 가지 기술적인 복잡함이 있다. 이 복잡함은 개표자의 능숙함에 따라 달라지지만, 실제 사용하는 나라에서는 크게 복잡하게 여기지 않는 것도 사실이다.

이 제도는 1859년 헤어(T. Hare)가 주장한 이래 많은 학자들에 의해서 그 제도적 장점이 부각되어왔으며, 이론적으로 가장 선호되는 선거방식 중 하나이다. 소선거구제가 아니어도 지역대표성을 유지하는 동시에 높은 비례성을 보인다. 투표자가 정당과 후보를 모두 고를 수 있다는 점에서 유권자의 선택의 폭도 넓다. 선거구의 의석수가 많을 경우에는 후보자 수도 함께 늘어나 사용하기 어렵다는 것과 숙련된 개표요원

---

23) 아일랜드의 STV가 사용하는 쿼터는 드룹 쿼터(Droop Quota)이다.

을 필요로 한다는 것을 제외하고는 단기이양식만의 고유한 단점은 별로 없다.[24] 논의되는 문제점들은 대개 단기이양식만의 문제점이 아니라 단기이양식이 내재한 다수제나 비례제적 성격이 갖고 있는 문제들이다. 다만 개표방식이 너무 어렵고 복잡하다는 선입견 때문에 많은 국가들에서 받아들여지지 않고 있어 아직 그 경험적 연구결과에 대한 합의가 이루어지지는 않은 상태이다.

3) 혼합형 선거제도

혼합형 선거제도는 쉽게 말해 1위대표제와 정당명부식 비례제도가 함께 사용되는 제도를 의미한다. 이 제도를 채택하고 있는 나라는 독일, 일본, 한국, 헝가리, 뉴질랜드 등으로 점차 늘어나고 있는 추세이다. 이들 제도가 갖고 있는 공통점은 의석의 일부분은 소선거구에서, 다른 일부는 비례대표제로 선출한다는 것이다. 따라서 거의 대부분의 경우에 유권자 한 명이 지역구와 정당명부에 각각 투표하는 1인 2표제를 시행한다.[25]

또 하나의 공통점은 한 후보가 소선거구와 비례대표 명부에 동시에 출마할 수 있다는 것이다. 따라서 전국적인 지명도를 가진 후보가 지역선거에서 낙마하더라도 비례제를 통해 원내에 머물 수 있게 해주는 것으로, 주로 정당 지도부를 위한 안전판으로 작용한다. 한국은 이런 동시 출마를 금지하지만 독일과 일본은 모두 이를 허용한다. 심지어 일본

24) 오스트레일리아와 미국의 지방 선거에서 사용되었을 때 한 지역구의 의석수가 20명을 초과하고 후보자의 수도 거의 100명에 이르러 투표용지가 심지어 1미터에 달했던 기록도 있다. 이렇게 의석수가 늘어나면 투표용지의 문제뿐 아니라 유권자가 이들 모두에 대해 선호순위를 가져야 한다는 어려움에 처하게 된다. Farrell(1997), 앞의 책.

25) 16대 총선까지 한국의 경우에는 1인 1표제를 사용해 지역구의 득표가 정당명부까지 결정했다. 그러나 헌법재판소의 위헌 결정으로 17대 총선부터 1인 2표제를 사용한다.

은 정당명부의 같은 순위에 여러 명의 지역 출마자를 공천할 수도 있는데, 최종 당선자를 결정하기 위해 지역에서 낙선한 후보들이 타당의 당선후보를 상대로 얼마나 선전했는가를 비교하는 석패율(惜敗率) 제도를 채택해 당선자를 결정한다.

여러 혼합형 선거제도의 가장 큰 차이점은 의석전환방식의 차이이다. 그 차이에 따라 크게 병립제(竝立制)와 병용제(倂用制)로 나눌 수 있다. 전자를 독립형(산술형) 혼합제, 후자를 연동형 혼합제라고도 한다.[26] 병립제는 1위대표제와 비례대표제 간에 어떤 연결고리도 없다. 각각의 의석은 유권자가 행사한 각기 다른 2표에 의해서 선출된다. 따라서 소선거구제가 갖는 불비례성의 효과는 여전히 남아 있는 셈이다. 또 이 방식을 채택한 나라들은 대개 소선거구제에 보다 많은 의석수를 배정하고 있기 때문에 소선거구를 기본으로 하고 부분적으로 비례제를 가미한 형태라 할 수 있다. 이에 비해 병용제는 2표 중 비례대표제 표에 우선해서 전체 의석수를 정한 다음, 여기서 소선거구에서 당선된 의석수를 뺀 만큼 비례의석을 정하는 방식이다. 즉 두 방식이 서로 연계되어 있다. 따라서 지역적인 지지보다는 전국적인 지지를 받는 정당이 상대적으로 많은 비례의석을 얻을 수 있는 방식이며, 비례제 표를 기준으로 함으로써 의석-투표수 간의 불비례성도 낮은 편이다. 병립제는 현재 우리나라와 일본에서 채택되어 있으며 병용제는 독일, 뉴질랜드 등에서 적용하고 있다.

병립제는 1위대표제와 비례대표제의 독립적인 사용이기 때문에 이해하기 어렵지 않으나 독일식의 병용제는 제도의 이해에 약간의 노력이

26) 실제 적용하는 명칭은 나라마다 다양하고 한 나라도 여러 방식으로 불린다. 중심이 되는 제도에 초점을 맞추어 병립제는 때로 혼합형 다수대표제(mixed member majority system: MMM)로, 병용제는 혼합형 비례대표제(mixed member proportional system: MMP)로 불리기도 한다. 또 병용제 중 독일의 선거제도는 인물중심 비례제(Personalized PR), 부가형 선거제(additional member system) 등으로 불리기도 한다.

필요하다. 독일의 예를 보자면 우선 정당명부에 대한 득표를 사용해 헤어-니마이어(Hare-Niemeyer) 방식에 따라 개별 정당이 차지할 의석수를 결정한다. 한 정당이 얻은 의석수는 다시 각 주별로 배분이 되는데, 각 주의 지방당이 차지하는 의석수 역시 같은 방식으로 결정이 된다.27) 이렇게 각 정당의 전국별, 주별 의석배분이 결정되면, 지역구에서 선출된 의석수를 총 의석수에서 제외한 다음 나머지를 최종적인 비례대표 의석수로 확정한다. 이때 만약 지역에서 당선된 의원의 수가 그 정당이 배정받은 총의석수를 초과하는 경우에는 지역구 당선자를 모두 인정하고 정당명부에는 의석을 배정하지 않는다. 이런 초과의석(überhangmandate)의 발생 때문에 독일 의회의 전체 의석수는 매번 약간의 변동이 있다.

혼합제를 운영하는 데 있어 또 하나의 차이점은 병용제나 병립제와 관계없이 국가마다 정당명부의 구성단위가 다르다는 점이다. 전국을 하나의 선거구로 구성해 하나의 명부만을 제출하는 나라(뉴질랜드, 한국)와 전국을 나누어서 지역별 정당명부를 제출하는 나라(독일, 일본)도 있고, 헝가리와 같은 경우는 1위대표제의 소선거구, 주 단위의 비례대표제, 전국단위의 비례대표제의 3단계 층위로 나누어서 사용한다.

혼합제의 효과 중 하나는 투표자들의 2원 투표(split-ticket voting) 경향이다. 투표자는 지역구와 비례제에 대해 다른 정당에 투표할 수 있는데 이는 유권자의 선택의 폭을 넓히고, 지역적 기반이 약한 정당이나 지역구보다 전국적인 사안에 집중하는 녹색당 같은 군소정당에 유리하게 작

---

27) 예: 헤어-니마이어 방식에 의한 SPD(독일사민당)의 의석배정 과정

$$\text{SPD의 총의석수} = \frac{\text{총의석수} \times \text{SPD 총정당명부득표수}}{\text{총정당명부득표수}}$$

$$\text{함부르크 주 총의석수} = \frac{\text{SPD의 총의석수} \times \text{함부르크에서 얻은 SPD의 정당명부득표수}}{\text{SPD의 총정당명부득표수}}$$

함부르크 주 SPD의 비례의석수 = 함부르크 주 SPD의 총의석수 - 함부르크 주 SPD의 지역구의석수

용한다. 그러나 이 경우 독일식 같은 경우에는 초과의석이 늘어나는 단점을 수반한다. 혼합제가 1위대표제와 비례제의 장점만을 만들어낼지 아니면 단점만을 취합할지는 사례마다 다를 것이다. 그러나 독일의 성공적인 경험을 바탕으로 최근 주요 국가들의 선거 개혁은 대개 혼합형을 취하고 있다는 점을 고려할 때, 앞으로도 다양한 방식의 혼합형이 개발되고 적용될 가능성이 많다.

제5절 선거제도의 영향력

1. 선거제도와 정당체제

선거제도에 대한 연구가 활발한 것은 선거제도의 영향력 때문이다. 그중 가장 많이 논의되는 것이 선거제도와 정당체제와의 관계이다. 이 분야는 뒤베르제에 의해 최초로 체계화되었고[28] 흔히 뒤베르제의 법칙(Duverger's Law)이라고 불린다. 1위대표제가 대정당 중심의 양당체제를 발현시키는 경향에 관한 것으로 주요한 내용은 (1) 비례대표제는 독립된 많은 정당들의 출현을 유도하는 경향이 있고, (2) 결선투표제의 다수제는 서로 연립된 다수의 정당들을 출현하도록 유도하며, (3) 1위대표제는 양당제를 만드는 경향이 있다[29]는 것이다. 이런 인과관계는 선거체제의 제도적 효과(mechanical effect)와 심리적 요인(psychological factor)이 제3당을 불리하게 만들기 때문에 형성된다.[30]

---

28) Duverger(1967), 앞의 책.

29) Duverger, M. 1986. "Duverger's Law: Forty Years Later," in B. Grofman and A. Lijphart, eds. *Electoral Laws and Their Political Consequences*. New York: Agathon Press, p.70.

30) 심리적 요인은 이른바 '전략적 투표(strategic voting)'로 나타난다. 합리적인 유권자는 선거제도의 기계적 효과에 자극을 받아 자신의 선호순위와 당선 가

뒤베르제의 법칙은 정치학의 많은 이론 중에서 유일하게 '법칙'이라고 불릴 정도로 높은 설명력을 갖는 것으로 간주되었지만, 이후 많은 학자들의 연구를 거쳐 많은 조건들을 고려해야 하는 규칙(rule)이나 설명력이 높은 이론 중의 하나 정도로 받아들여지고 있다. 사르토리는 선거제도와 정당체계와의 관계는 다소 완화된 '경향적 법칙'으로 표현한다. 그에 의하면 중요한 것은 선거제도가 기존의 어떤 정당체제와 결부되는가이다. 즉 (1) 양당체제가 1위대표제에 의해 유지되지만 그 형성은 구조적으로 1위대표제가 공고한 정당체제와 결합되었을 때, 그것도 장기적인 과정을 거쳐서 이루어지고, (2) 1위대표제를 채택해도 언어, 인종, 종교 등의 사회적 균열구조가 존재하고 그 균열구조가 지역적으로 집중되어 분포된다면 양당제도의 성립은 불가능하며, (3) 비례대표제가 이미 공고화된 양당체제에 받아들여진다고 해서 정당체계의 변동이 당연히 일어나는 것은 아니며 만약 새로운 정당이 등장하더라도 그것은 1위대표제가 없어지면서 나타나는 부수효과(side effects)에 불과한 것이다.[31] 쉽게 말해 많은 학자들은 뒤베르제 법칙의 '경향적' 타당성을 인정하면서도 그것의 인과관계가 갖는 현실적 '적실성'에 대해서는 쉽게 동의하고 있지 않다. 즉 장기적인 영향력에도 불구하고 단순히 선거제도가 어떤 정당체계를 형성하는 데 있어 충분조건은 아니라는 것이다.

능성을 염두에 두고, 당선 가능성을 보다 중시해 사표 방지심리로 가장 덜 선호하는 후보의 당선을 막고자 제2의 혹은 제3의 선호후보에게 투표하는 경향이 있는데 이를 전략적 투표라 한다. 라이커는 이 개념을 통해 뒤베르제의 심리적 요인이 존재함을 확인하고 있다. Riker, W. 1986. "Duverger's Law Revisited", 위의 책.

31) Sartori. G. 1986. "The Influence of Electoral Systems: Faulty Laws of Faulty Method?" in Grofman and Lijphart(1986), 앞의 책.

2. 선거제도와 비례성

선거제도 연구의 또 다른 주요 연구는 비례성 문제이다. 비례성(proportionality)이란 말 그대로 선거에서 얻은 득표와 그 득표에 의한 의석 간의 비례관계를 의미한다. 다수제 선거제도에서는 비례성의 문제가 심각한데, 1위대표제의 경우는 승자독식의 선거방식이기 때문에 개별 선거구에서는 후보자의 수에 따라 과반수의 득표가 사표가 되어 의석으로 전환되지 않는 경우도 쉽게 발생한다. 따라서 1위대표제의 경우에 특정지역에 집중적이고 강한 지지를 받는 정당과 전국적으로 고른 지지를 받는 정당 사이에, 후자가 전체적으로 더 많은 득표를 해도 의석은 더 적게 얻을 수도 있다. 이런 제도는 비례성을 희생하는 대신 책임성을 추구하는 제도라 하겠다. 이에 비해 비례제 선거방식은 의회가 사회의 축소판이어야 한다는 소세계적(microcosmic) 대표성을 추구하는 것으로, 다수제 선거제도하에서 심화되었던 인종, 민족, 언어, 종교적 집단의 갈등을 비례성을 통해 치유하기 위해 많이 채택된다.

그러나 어떤 선거제도를 취하든 간에 완벽한 비례성을 만들어내기는 불가능하다. 같은 비례제라도 그 하위의 많은 선거방식에 따라 비례성은 달라진다. 또 선거제도와 정당체제와의 관계에서 살펴본 것처럼, 선거방식과 비례성이 반드시 기계적인 결과로 일치되는 것은 아니다. 비례성은 의석전환방식뿐 아니라 선거구의 크기, 또 정당득표율의 분포, 개별 선거에서 나타나는 여러 특징들에 의해서 좌우될 수 있다. 따라서 비례성의 측정 또한 사후분석이라는 점을 명심해야 할 것이다. 흔히 비례성을 측정하는 데 사용되는 방법은 삼승규칙(cube law), 레이의 불비례지수(Rae's index of disproportionality), 루즈모어 핸비 지수(Loosemore and Handby index), 그리고 갤러거의 최소제곱지수 인덱스(LSQ: Least Square Index) 등을 들 수 있다. 그중 최근 많이 사용되는 방법인 갤러거 지수는 다양한 선거방식에 적용할 수 있으며, 아래와 같이 계산한다. Vi는 정당 i의 득표율, Si는 정당 i의 의석률을 의미한다.

$$LSQ = \sqrt{\frac{1}{2}\sum(V_i - S_i)^2}$$

이러한 지수들을 사용하면 선거제도의 비례성의 일반적 수준을 비교할 수 있다. 1위대표제, 결승투표제, 대안투표제 등 다수제 선거제도들은 상당히 낮은 비례지수를 보인다. 비례제의 경우에는 나눔수제와 쿼터제에 따라 헤어-LRS와 생 라그 방법은 비교적 높은 비례성을, 드룹-LRS와 수정 생 라그 방법은 중간 정도의, 동트와 임페리알리-LRS는 상대적으로 낮은 비례성을 보인다.[32] 단기이양식은 중간 정도의 비례성을 보인다. 그러나 앞에서 언급한 것처럼 이 비례성의 수준도 모든 나라에 일관되게 적용되는 것은 아니다. 지역구 크기, 봉쇄조항 등의 제도적 차이에 따라서 비례성은 달라진다. 혼합식은 어떤 제도들의 혼합인가 등 그 운영 여부에 따라 다른 비례성을 보인다.

3. 선거제도와 민주주의

선거제도에 대한 관심은 단순히 선거제도와 정당체제 혹은 선거제도의 비례성 문제에 대한 지적 호기심 때문은 아니다. 서로 다른 선거제도의 결과가 중요한 것은 그것이 만들어내는 서로 다른 정치적 내용들 때문이다. 즉 정치적 개혁이나 각 정치체제가 직면한 문제를 해결하기 위해 동원할 수 있는 방법 중 상대적으로 손쉽게 의도하는 정치적 결과물을 가져오기 때문이다. 특히 비례성과 정당체제의 문제는 그것이 결국 정치적 권력의 공유(power-sharing)에 관한 것이기 때문에 중요한 이

32) Lijphart(1994), 앞의 책.

슈로 다루어진다. 즉 비례성이 높다는 것은 정치적으로 의미 있는 집단, 보다 정확히는 그들을 대표하는 집단들이 최소한 그들의 숫자에 비례한 권력 자원을 갖고 있다는 것을 의미한다. 또 다당제는 양당제에 비교해서 보다 다양한 정치적 집단이 대표되고 있으며, 연립정부 등을 구성할 때는 소수파도 다수파에 못지않은 정치권력을 보유할 수 있다는 사실을 뜻한다. 사실 영미식 양당제의 그늘 때문에 전통적으로 다수당을 형성하고 권력이 공유될 가능성이 있는 비례대표제는 정치 일반의 안정성, 구체적으로는 정부의 책임성, 지속성 면에서 불리한 제도로 간주되어왔지만, 최근의 연구는 다른 결과들을 보여주고 있다.

민주주의 체제를 제도 중심으로 비교한 레이파트(A. Lijphart)는 민주주의를 권력의 공유 정도에 따라 상대적 다수가 지배하는 다수제 민주주의(majoritarian democracy)와 그 다수를 최대화(maximization of majority)한 합의제 민주주의(consensus democracy)로 개념화한 각각의 민주주의 체제를 구성하는 열 개의 제도적 특징들을 분석했다. 그중 선거제도, 정확히는 각 선거제도가 갖는 비례성의 정도는 정당체제와 함께 중요한 제도적 특징으로 포함되었다. 그의 연구결과에 의하면 비례제 선거방식을 한 특징으로 하는 합의제 민주주의가 다수제 선거방식을 한 특징으로 하는 다수제 민주주의에 비해서 민주주의의 질, 경제적 발전 등 모든 면에서 결코 뒤떨어지지 않으며 오히려 우수한 성과를 나타냈다.[33)]

선거제도의 일반적인 영향력에 대해서는 합리적 선택 제도론과 문화적 근대화론 사이에 일정한 차이를 보였다. 전자가 좀더 독립변수적인 제도의 역할을 강조했다면, 후자는 제도가 오히려 인간행동에 적응하는 것으로 보았다. 이런 차이를 비교하면서 선거제도를 집중적으로 비교연구한 노리스(P. Norris)의 최근 연구는 선거제도가 투표행태와 정치적 대표성에 있어서 상당한 차이를 만들어낸다는 것을 경험적으로 입증했

---

33) Lijphart(1999), 앞의 책.

다.[34] 물론 선거제도 자체가 정치 경제적 발전의 원동력이거나 독립변인으로 작용하는 것은 아니지만 선거제도가 만들어내는 다양한 정치적 결과물들은 사회 전체의 발전과 밀접한 관련이 있다. 그러나 기억해야 할 것은 각각의 사회가 갖는 문제가 동일하지는 않으며, 그 문제들에 대한 제도적 처방, 여기서는 적절한 선거제도도 모두 다를 수 있다는 점이다. 따라서 흥미롭게도 선거연구의 저명한 학자들은 그들이 가장 최선이라고 여기는 선거제도의 종류에 대해서 다른 입장들을 취하고 있다. 예를 들면 사르토리는 선택과 정치적 책임의 소재가 뚜렷하다는 점에서 결승두표세를[35], 레이파트는 비례제와 다수제의 특징을 고루 반영한 독일식 혼합형 선거제도를[36], 타게페라(R. Taagepera)와 슈가트(M. Shugart), 그리고 파렐 등은 비례성과 유권자 선호도의 반영, 지역 대표성을 고려하여 단기이양식을 선호하고 있다.[37] 이런 차이점은 선거체제의 선택이 백지에 그림을 그리는 것이 아니라 이미 존재하는 정치적 현실을 밑그림으로 하여 새로운 그림을 그리는 작업이기 때문이며 학자들은 서로 다른 그림을 그리고 있기 때문이다.[38]

이처럼 선거제도의 장단점에 대한 연구와 특정 선거제도의 이론적/경험적 우수성이 알려졌지만, 선거제도의 실질적인 변화와 개혁은 쉬운 문제가 아니다. 왜냐하면 선거제도는 민주주의 정치에 있어 게임의 규칙과 같은 것이므로 어떤 정파도 자신들에게 불리할 가능성이 있는 제도를 받아들이려 하지 않기 때문이다. 특히 현행 선거제도로 선출된 이

---

34) Norris, P. 2004. *Electoral Engineering: Voting Rules and Political Behavior*. Cambridge: Cambridge University Press.

35) Sartori(1994), 앞의 책.

36) Liphart A(1994), 앞의 책.

37) Taagepera, R. and M. Shugart. 1989. *Seats and Votes: The Effects and Determinants of Electoral Systems*. New Haven, Conn.: Yale University Press; Farrell(1997), 앞의 책.

38) 안순철(1998), 앞의 책. p.287.

들이 다수파를 형성하는 한 선거제도의 개혁은, 그것이 제도적으로 가장 손쉬운 것임에도 불구하고, 현실적으로 매우 어렵다. 따라서 제도가 변화한다 하더라도 정당 간의 타협으로 점철된 불완전한 제도 변화가 대부분이었다. 그러나 1990년대 중반 이후, 일본과 뉴질랜드의 예에서 보듯이 선거제도의 전면적인 변화가 지속적으로 이루어지고 영국과 같은 1위대표제의 본산지에서도 선거제도의 개혁 논의가 끊이지 않고 있으며, 다양한 층위의 선거에서 다른 선거방식이 사용되기 시작했다.[39] 새로운 정치적 흐름이 선거를 통해 표출되고, 그것이 기존의 정치권력을 약화시키는 현상이 일어나면, 선거제도의 변화는 언제든 일어날 수 있다.

제6절 투표행태

투표행태에 대한 연구는 정치학에서 행태주의 혁명(behavioral revolution)과 궤를 함께 해왔다. 민주주의가 확산되면서 정치 연구에 있어 제도와 엘리트에 대한 연구뿐 아니라 일반 시민의 행위, 그것도 가장 기본적인 정치참여의 한 방법인 투표행태에 대한 연구가 본격화된 것은 자연스러운 일이었다. 게다가 투표행태에 대한 연구가 전후 폭발적으로 성장한 것은 많은 정치 현상 중에서 계량화할 수 있는 여지가 가장 크기 때문이었다. 통계학에서의 새로운 분석기법의 발달과 마케팅 분야의 조사 방법의 발달, 그리고 심리학으로부터 빌려온 이론적 도구들은 투표행태에 대한 연구를 통해 정치학의 과학화에 지대한 공헌을 해왔다. 미시간 대학을 중심으로 만들어낸 『미국의 투표자(American

39) 홍재우. 2006. 「변화하는 승자독식의 민주주의: 영국의 선거제도」, 김웅진 외. 『라운더바우트를 도는 산적과 말도둑』. 르네상스.

Voters)』는 이 분야 연구의 선구적 업적이라 할 수 있으며, 이후 반세기 동안 주로 미국을 중심으로 상당한 이론적, 경험적 연구결과가 축적되어왔다.[40] 행태주의 혁명이 극성기에 달하던 시기에 가졌던 투표행태 연구가 정치체제와 제도에 대한 대부분의 의문을 충족시킬 수 있을 것이란 지나친 기대는 비록 충족되지 않았지만, 투표행위 연구는 여전히 정치학의 중요한 분야로 남아 있다.

투표행태에 대한 연구는 크게 두 가지로 구분할 수 있다. 첫째는 '누가 투표하는가?'에 대한 문제이며, 두 번째는 '어떤 선택을 하는가?'에 대한 것이다. 앞의 질문은 쉽게 말해 투표 참여에 대한 것으로 투표자의 사회경제적 조건들과 함께 참여에 나타나는 문제들, 예를 들면 민주주의 국가에서 나타나는 전반적인 투표율 저하의 문제들에 대한 연구들이 등장했다. 사실 누가 투표하는가에 대한 문제는 이론적으로 왜 투표하는가에 대한 문제와 연관되어 있으며, 합리적 선택론에 기반을 둔 연구들에 이에 대한 이론적 모색을 추구해왔다. 뒤의 질문은 '왜 특정한 대안/후보를 선택하는가?'에 대한 문제로, 무엇이 유권자들의 최종 결정에 영향을 미치는가에 대한 연구들이 주류를 이루어왔다.

1. 투표참여의 이론

투표참여의 일반이론은 합리적 선택론이 취하고 있는 '합리적 인간관'에 기반하고 있다. 인간은 모두 합리적 선택, 다시 말하면 자신의 효용을 극대화하는 선택을 추구한다는 가정은 연역적 이론체계를 구성하게 해주며, 이런 일반이론에 근거해 다양한 하부이론과 가설들을 도출시킬 수 있다는 장점이 있다.

합리적 선택으로 투표행위를 설명한 것은 다운즈의 기대효용(expected

---

40) Campbell, A, et al. 1960. *American Voters*. New York: Wiley.

utility) 모형이다[41]. 간략히 설명하면 유권자는 투표를 함으로써 얻는 기대효용[EU(V): expected utility of voting]이 투표를 하지 않음으로서 얻는 기대효용[EU(A): expected utility of absence]보다 클 때만 투표를 한다는 것이다. 아주 상식적으로 들릴 수 있는 이 가정에 의하면 EU(V)>EU(A), 즉 EU(V) - EU(A)>0이어야만 유권자는 투표를 하게 된다. 투표를 하는 경우를 좀더 분명하게 나타내면, V=PB - C로 표현된다. 여기서 V는 투표참여의 전체적 기대효율을 의미하고, P는 유권자 개인의 한 표가 선거의 결과에 영향을 미칠 확률(probability), 다시 말해 후보자가 단 한 표 차로 당선되거나 동률이 되는 경우에 대한 확률이 얼마나 되는가에 대한 유권자의 판단을 의미한다. B는 자신이 선택한 후보자가 당선됨으로써 유권자가 얻을 것으로 기대하는 혜택(benefit)과 다른 후보가 당선되어서 얻는 기대효용의 차이를 의미하며, C는 투표에 소용되는 모든 비용을 의미한다. 따라서 투표를 하기 위해서는 PB - C>0이라는 조건이 충족되어야 한다.

그러나 문제는 대부분의 제도권 선거에서는 투표자의 수가 많기 때문에 자신의 한 표가 결과를 바꿀 수 있는 여지, 즉 P가 무시할 수 있을 만큼 작다는 점이다(유권자가 수만 명이나 되는 선거에서 당선이 딱 한 표 차로 결정날 가능성을 생각해보라). 따라서 B의 가치와는 큰 상관이 없이 PB는 0과 다를 바가 없게 된다. 즉 0 - C>0이라는 조건이 만족되어야 투표를 하게 되는데, 어떤 경우든 선거에 참여하는 비용(예를 들면 시간, 교통비, 투표를 함으로써 포기해야 하는 다른 이익)이 들기 때문에 이런 상황은 발생하지 않는다. 다시 말해 투표를 하는 것은 비합리적인 행위가 된다. P가 매우 크다고 생각하는 유권자를 제외하고는 합리적으로 자신의 기대효용의 극대화를 추구하는 유권자라면 기권하는 것이 마땅하다는 결과에 도달하게 된다. 그러면 투표장에 나타나는 유권자들은 다 누

41) Downs(1957), 앞의 책.

구인가? 그들은 비합리적인 인간일 뿐인가? 다운즈 자신도 자신의 모델이 현실을 제대로 반영하고 있지는 못하다고 생각했고, 위의 공식에 새로운 항목이 필요하다고 믿었다 그것이 바로 D항목으로 흔히 언급되는 시민적 의무(civic duty)이다. 이제 V=PB－C+D가 된다. 다운즈에 의하면 많은 사람들은 민주주의의 지속을 원하며, 민주주의를 향유하고 있는 데서 발생하는 사회적 책임감의 일환으로 투표에 참여한다.

다운즈의 일반 모형은 이후 라이커(W. Riker)와 오드슉(P. Ordeshook) 같은 학자들에 의해 더욱 보강되었고, D항목에 대한 보충도 이루어졌다.[42] 단순한 체제에 대한 책임감뿐 아니라 투표에 따른 여러 가시 만족감, 즉 정당이나 후보에 대한 자신의 정치적 지지를 표현했다는 만족감과 정치적 효능감(political efficacy)의 실현 등 투표라는 표현 행위에 대한 만족감이 작용하며 이들도 D항목에 포함된다는 것이다. 그러나 문세가 완전히 해결된 것은 아니다. 다운즈의 모델을 적용하는 데 있어 두 가지의 문제점을 마주하게 되는데, 첫째는 시민적 의무라는 개념 자체가 합리적 선택론의 영향 밖에 존재하는 것이라는 점이다.[43] 둘째는 시민적 의무에 대한 이론적 부재와 함께 그것을 측정할 수 있는 방법을 개발하는 것이 요원하다는 점이다. 다시 말해 D항목의 상대적 중요성이 너무 커져서 단지 D만으로 설명하는, 즉 '투표해야 한다고 생각하기 때문에 투표한다'는 의미 없는 결론에 도달하기가 쉽고, 어떤 의무감과 만족감에 의한 것인지를 측정하기가 쉽지 않다. 그러나 다운즈의 모형은 인간의 합리성에 근거한 연역이론으로서 여러 투표참여 이론에 대한 기본 전제역할을 하고 있다. 실제로 D항목뿐 아니라 B항목도, 또 유권자 개인이 계산해야 하는 P항목도 직접적으로 알기 어렵다. 따라서 다

42) Riker, W. and Ordeshook. P. 1968. "A Theory of the Calculus of Voting." *American Political Science Review* 62, pp.25-43

43) Barry. B. 1970. *Sociologists, Economists, and Democracy*. London: Collier-Macmillan

운즈 모형은 그 자체로서가 아니라 다른 구체적 이론에 분석틀을 제공한다는 점에서 가치가 있다 하겠다. 몇 가지 이론들을 보자.

- 사회경제적 조건(socio-economic status)이론: 투표참여의 사회경제적 조건 이론은 유권자 개개인의 소득, 교육, 직업 등 사회 내에서의 개인이 차지하는 지위에 대한 총체적인 자료들을 바탕으로 한다. 이 이론에 의하면 사회 경제적으로 높은 지위와 좋은 조건에 처한 사람일수록 투표할 확률이 더 크다. 이런 이론에 걸맞은 현상은 서구 민주주의 국가에서 지속적으로 검증되어왔다.[44] 이러한 사회경제적 조건 이론은 다운즈의 C항목에 주목하는 것으로, 이 이론에 의하면 사회 경제적인 조건이 좋은 사람일수록 정치와 관련된 정보를 습득하는 양이 많으며 또 그 정보를 얻고 처리하는 비용이 적게 든다는 것이다. 이것은 정치적 효능감과 연계되어 참여에 대한 만족감과 연결이 된다.

- 동원투표이론: 유권자는 자발적 판단에 의한 투표뿐 아니라 외부의 압력과 그 압력에 조응하기 위한 방법으로서 투표에 참여하기도 한다. 외부의 압력이란 정부의 권유나 압력뿐 아니라 가족, 친족, 공동체 집단의 유무형의 간섭을 의미한다. 유권자는 자신의 자발적 의사가 아니라 이러한 압력에 의해 아무런 가치 판단이나 정치적 의식 없이, 혹은 압력으로부터 벗어나려는 자구적 행위로 투표에 참여하게 된다. 이런 투표는 일종의 동원된(mobilized) 투표로 볼 수 있는데, 국가마다 수준과 외부압력의 종류는 틀리지만 대체로 민주주의가 덜 발달된 지역에서 자주 확인된다. 동원투표이론은 투표참여 모형의 D

44) Verba, S. and Nie, N. 1972. *Political Participation in America: Political Democracy and Social Equality*. New York: Harper and Row; Wolfinger, R. and Resenstone, S. 1980. *Who Votes?*. New Haven, Conn.: Yale University Press.

항목 중에서 외부의 압력에 조응함으로써 얻는 효용의 가치에 중점을 둔 것이다. 즉 공동체적 관계가 더욱 밀접한 농촌의 경우에는 도시보다 투표참여에 대한 주변의 압력이 높다. 따라서 농촌이 도시에 비해 더 높은 투표율을 기록한다는 것이다.

물론 이런 이론이 어느 사회에나 공통적으로 적용되는 것은 아니다. 동원투표현상은 발달된 민주주의 국가나 도시에서는 찾아보기 어렵고, 사회경제적 지위이론도 모든 국가에 공통적으로 적용되는 것은 아니다. 동원투표이론과 사회경제적 투표이론은 경우에 따라 서로 모순될 수도 있다. 동원이론에 기초한 연구들은 경제적 고통에 직면한 사회집단들이 정부의 개입을 통해 문제를 해결하기 위해 투표에 적극적으로 참여할 것이라고 보았고, 개발도상국에서는 거시경제의 후퇴가 저소득층의 투표참여를 촉진시키기도 했다고 주장했다.[45] 그러나 합리적 선택론에 기반을 둔 자원이론(resource theory)을 옹호하는 이들은 경제적 고통이 투표참여에 부담을 주며 정치참여의 능력을 감소시킨다고 보았다. 왜냐하면 경제적 고통을 받는 이가 개인의 희소한 자원을 정치에 소비하지 않을 것이기 때문이다.[46] 이들의 다른 목소리는 사례와 구체적인 연구 주제에 따라 서로 다른 변인들의 역할에 주목했기 때문이다.

또 각 항목은 투표율에 대한 서로 다른 설명을 가능하게 한다. 정치적 급변기에는 정보처리의 비용이 적게 들고 참여에 대한 의무감이라는 D항에 속하는 변수만이 의미 있을 수도 있다. 인터넷의 보급으로 인한 정보처리의 비용에 관한 것이나, 인터넷 접속의 사회적 격차(digital divide)

---

45) Aguilar, E and Pacek, A. 2000. "Macroeconomic Conditions, Voter Turnout and the Working-Class/Economically Disadvantaged Party Vote in Developing Countries." *Comparative Political Studies* 33:8.

46) Rosenstone, S. 1982. "Economic Adversity and Voter Turnout." *American Journal of Political Science*. 26:1.

현상에 결부되어 사회경제적 계층의 투표율 차이가 나타난다는 가설 등은 C에 초점을 둔 것이며,[47] 2000년 미국 대선이 보여준 박빙의 승부와 극소수의 표차가 결과를 바꿀 수 있다는 사실 때문에 벌어진 재검표의 기억이 2004년 투표율을 높였다는 가설 등은 P에 대한 유권자들의 계산의 차이에 초점을 맞춘 것이라 할 수 있다. 또 투표참여뿐 아니라 투표선택에도 적용될 수 있다. 특정 후보에 대한 투표여부를 V항으로 놓고 공간이론(spatial theory)의 연구들처럼 후보자와 유권자들의 이념적 거리 등을 B항으로 대치하여 분석할 수도 있다. 이처럼 투표참여이론은 구체적인 투표참여의 결과를 설명하는 다른 이론들이 논리적이고 섬세하게 구축될 수 있는 바탕을 마련해준다는 점에서 의미가 있다.

2. 투표선택의 이론

투표행태 연구의 또 다른 관심사는 투표자의 투표선택에 관한 것이다. 유권자들이 왜 특정 정당의 후보자에게 투표하는가의 문제는 정치인뿐 아니라 정치학자들 사이에서도 오랫동안 관심의 대상이었다. 즉 종속변수로서의 투표선택과 그것을 추동한 독립변인을 규명하기 위한 노력이 지속되어왔다. 투표참여와 마찬가지로 투표선택의 이론적, 경험적 연구를 이끌어왔던 미시간 학파는 투표선택의 요인으로 정당일체감, 후보자 평가, 그리고 정책 평가를 꼽았다.

1) 정당일체감 변인

정당일체감(party identification)은 투표행위를 설명하는 초기 이론에 등장한 변인이자 현재까지도 강력한 설명력을 지닌 변인이다. 정당일체감

---

47) Norris, P. 2001. Digital *Divide: Civic Engagement, Information Poverty, and the Internet Worldwide*. Cambridge: Cambridge University Press.

은 유권자가 특정 정당에 대해 느끼는 심리적 애착심과 귀속의식을 의미한다. 이때의 유권자는 특정 정당을 자신의 당으로 간주하는 장기적인 지지자이다. 유권자가 정당일체감을 갖고 있다면 정책 쟁점이나 후보에 대한 정보가 불충분하고 확신이 없더라도 자신이 지지하는 정당의 후보라는 점 때문에 그 후보를 선택할 수 있다. 정당일체감은 정치사회화의 과정과 밀접한 관계를 갖는데, 개인의 정당일체감은 대개 가족 구성원들과 동일한 경우가 많다. 따라서 정당일체감을 갖고 있는 사람이 그 정당에 투표하는 것은 정상적 투표행위로 간주될 수 있다. 여기서 이탈하는 것은 이론적으로 대개 단기적인 충격요소가 작용한 것이라 간주된다.

정당일체감은 주로 정당이 안정적이고 역사가 비교적 길며, 정당체계가 제도화되어 있는 국가에서 지속적으로 나타난다. 미국이나 영국, 캐나다 등의 100년이 넘는 정당체계가 유지되는 정치 사회에서 정당일체감은 강하고 안정적으로 지속되는 경향을 보인다. 따라서 정당의 역사가 짧고 정당체계가 불안한 신생민주주의 국가에서는 정당일체감을 찾기 어렵거나, 정당일체감을 대체하는 다른 정서가 자리 잡고 있는 경우가 있다.

정당일체감이 안정된 민주주의 국가에서 주로 발견되지만, 변화하지 않는 것은 아니다. 정당일체감의 변화는 유권자의 사회경제적 조건의 변화에 따라, 또 사회 전체의 변화나 정당 자체의 성격이 장기적으로 변하는 경우에도 발생한다. 전통적으로 민주당 지지를 보였던 미국 남부가 공화당 지지로 돌아선 것도 루스벨트, 케네디, 존슨 등이 추구한 민주당의 진보적 변화와 밀접한 관계가 있으며, 이런 현상을 정당 지지의 재편성(realignment)라고 부른다.

여기서 이해해야 할 것은 정당일체감이 특정 정당에 대한 투표 여부와 동일한 개념은 아니라는 점이다. 그동안의 경험적 연구에 의하면 정당을 지지하는 것과 그 정당에 반드시 투표하는 것은 개념적으로, 또 경험적으로도 다른 문제이다. 특히 정당체계가 안정된 사회에서도 후보자에 따라, 또 정치이슈의 다른 요인들에 따라 특정 정당의 지지자들이 다른 정당의 후보를 지지하는 사례가 종종 발견된다. 1980년 미국 대통령 선거에서 레이건(R. Reagan)은 전통적으로 민주당에 정당일체감을 느끼는 유권자들로부터 많은 득표를 했는데, 이들을 레이건 민주당원(Reagan Democrats)이라고 부른다. 이러한 특징 때문에 정당일체감을 투표선택과 동일시하지 않고 투표선택을 불러오는 한 변수로서 간주할 수 있는 것이다.

이 이론의 약점 중 하나는 모든 유권자가 정당일체감을 갖지는 않는다는 사실이다. 실제로 미국을 중심으로 정당일체감이 약화되고 무당파(independents)가 증가되는 경향이 장기적으로 나타났다. 무당파는 크게 두 부류인데, 하나는 정치적 무관심층으로 이들은 투표참여율도 무척 낮다. 또 다른 부류는 정치적 관심이 많지만 당파적 경향을 갖지 않거나, 지지할 정당을 찾지 못한 사람들이다. 이들은 투표에 참여할 가능성은 높지만 특정 정당을 계속 지지할 가능성은 낮기 때문에 이러한 무당파 유권자가 늘어나면 선거결과는 예측하기 어렵게 된다. 또 반대로 정치가 양극화의 경향을 겪게 되면 무당파의 수가 줄어들기도 한다. 2000년 이후 미국의 경우에는 지난 수십 년간의 변화와는 달리 민주, 공화 양당을 중심으로 한 양극화가 심해져 무당파층이 줄어들거나 최소한 증가세가 정체되는 경향을 보인다. 그러나 그런 이유 때문에 역으로 소수 무당파의 선택이 정권의 향방을 가르게 될 가능성이 더 커질 수도 있다.

2) 사회균열 변인

정당일체감에 대한 연구가 미국을 기반으로 형성되었기 때문에 다른 민주주의 국가에서도 적용될 수 있는가라는 질문이 나올 수 있다. 특히 다당제가 형성된 유럽 국가의 경우에는 정당 체계가 미국과는 다른 면모를 보이기 때문에 계급이나 이념 등이 더 중요한 요인으로 간주될 수 있다. 물론 계급이나 이념지향이 정당일체감과 완전히 모순되는 것은 아니며 많은 경우에 있어 긴밀하게 연결되어 있다. 그러나 최소한 유럽의 정당체계는 립셋과 로칸의 연구가 밝히듯이 사회적 균열(social cleavage)구조와 밀접한 관계를 가져왔다.[48] 즉 정당일체감에 내재되어 있는 심리적인 귀속감보다도 사회 내에 존재하는 다양한 대립과 긴장을 반영하는 사회적 균열, 즉 집단의 정치·경제 구도상의 배열의 중요성이 강조된다. 가장 중요한 것은 계급, 인종, 성, 종교, 그리고 지역이다. 정당일체감과 마찬가지로 이런 정치경제적 요인에 의한 투표는 정치사회화의 과정과도 관계가 있으며, 최소한 유럽에서 계급은 그것을 가장 분명하게 나타내는 요인일 것이다.

유럽의 정당구조는 국가마다 차이가 있지만 대개 계급적 지지와 연관되어 있다. 대부분의 좌파 정당은 노조를 중심으로 노동자계급과 역사적인 연대관계에 놓여 있으며, 우파 정당은 세속화된 종교적 이데올로기를 중심으로 중산층과 유산자 계급의 지지를 받고 있다. 그러나 이 사회균열적 요인은 개인의 선택과 합리성이 결여되었다는 비판을 받고 있다. 실제로 유럽 사회에서의 계급이탈과 계급적 투표비율의 지속적인 하락이 목도되어왔다. 좌파 정당이 육체노동자가 아니라 비육체노동자로부터 더 많은 지지를 받거나, 새로운 사회적 가치관의 출현은 기존의 계급-정당의 연대관계를 심각하게 저해하기 시작했다. 예를 들면 탈물질주의의 등장과 환경보호의 가치들은 원자력 발전정책과 대규모 고용을 목적으로 하는 굴뚝산업에 대한 보호 등을 견지할 수밖에 없는 좌파 정당에 대한 지지를 철회하고 녹색당과 같은 새로운 정당에 대한 지지로 나타났다.

---

48) Lipset and Rokkan(1967), 앞의 책.

비서구사회의 사회균열 구조는 보다 복잡한 양태로 나타난다. 계급에 기반한 사회적 균열이 맹아적 형태를 띠고 나타나는 경우도 있으나 대개는 인종과 종교, 그리고 지역에 뿌리내린 균열 구조가 투표행태에 상당한 영향을 미치고 있다. 한국의 경우에도 최근까지 지역주의가 투표선택을 설명하는 가장 강력한 영향력을 갖는 요인으로 나타났다. 이런 계급 이외의 집단에 근거한 투표선택은 집단으로서의 합리적 선택이라는 요소도 있으나 동원적 요소도 있다. 또한 그 사회의 산업화와 민주화가 진전될수록 다른 요인, 즉 계급적, 이념적 균열구조가 등장하기 시작함으로써 투표선택의 양상은 더욱 복잡하고 불안정한 현상을 나타낸다.

3) 정책쟁점 변인

투표선택에 있어 정책에 중심을 둔 연구들은 합리적 선택론에 기반하고 있다. 이 관점에서 볼 때 투표는 개별 유권자가 개인의 이익에 근거하여 정당을 선택하는 합리적인 행위이다. 정당일체감에서 보듯이 심리적이고 습관적인 것이 아니라 하나의 목적을 달성하기 위한 수단으로 간주한다. 따라서 정책쟁점이 투표행태에 영향을 미치려면 우선 정책쟁점이 유권자의 이익과 긴밀히 연결되어 있어야 하고, 유권자가 정책쟁점을 인지하고 평가할 수 있어야 하며, 쟁점이 부각되어야 하고, 후보자/정당이 차별적인 정책쟁점을 제시함으로써 유권자가 자신의 이익에 결부된 선택을 할 수 있어야 한다. 이러한 조건이 마련되면 이른바 쟁점투표(issue voting)가 이루어질 수 있다.

쟁점투표는 쟁점 대상의 시간차에 따라 회고적 투표(retrospective voting)와 전망적 투표(prospective voting)로 나눌 수 있다. 전자는 집권당 혹은 현직의원의 정책수행 실적을 중심으로 판단하는 것으로, 이를 긍정적으로 볼 때는 집권당 혹은 현직의원을 그대로 지지하고 부정적일 때는 야당이나 도전자를 선택함으로써 심판을 가하는 행태의 투표이다. 후자는 반면에 정당이 제시한 미래에 대한 정책과 공약을 비교해서 자신의 이익과 결부되는 정당에 투표하는 경우를 의미한다. 다운즈에 의해 발전한 이래 쟁점에 관한 투표는 주로 회고적 투표를 의미하게 되었다[49]

최근 서구에서는 계급투표와 정당일체감에 의한 투표가 약화되는 경향을 보이는데, 이는 쟁점투표의 증가와 연관이 있다. 특정 정책에 관심을 갖는 이익집단과 시민단체가 증가하면서 정책쟁점이 투표결정의 중요한 요인이 되는 것이다.[50] 정책 쟁점의 중요한 분야는 경제적 쟁점으로 알려져 있다. 경제적 쟁점에 의해 선택되는 투표행위를 경제적 투표(economic voting)라고 부른다. 즉 유권자가 현재의 경제적 상황을 긍정적으로 판단하면 집권당을 지지하고 부정적으로 평가하면 야당을 지지한다는 것이다. 경제적 평가는 개념적으로 국가 전체의 경제적 상황과 유권자 개인의 경제적 상황에 대한 평가로 대별된다. 이를 분석하기 위해 사용되는 설문조사들은 주로 특정 과거 시점, 현 정부의 출범시기 혹은 5년이나 10년 전과 비교해서 국가 혹은 개인의 경제적 상황이 나아졌는가를 묻는다. 소위 주머니사정 투표(pocketbook voting)라고 불리는 개인의 경제적 상황에 따른 투표선택은 유권자에게 낮은 수준의 정보만을 요구하기 때문에 가장 흔히 일어나는 투표선택으로 간주될 수 있지만, 기존 연구에 의하면 유권자들은 국가의 거시적 경제지표를 보다 중요하게 생각하는 경향이 있다. 회고적 투표는 경제지표라는 객관적인 증거가 아니라 개인의 주관적인 평가에 근거를 두고 있다. 따라서 경제적 투표는 유권자가 경제적 상황 변화의 책임이 정부/집권당에 있

---

49) Fiorina, M. 1981. *Retrospective Voting in American National Elections*. New Haven, Conn.: Yale University Press.

50) Dalton. R. 1988. *Citizen Politics in Western Democracies*. Chatham, NJ: Chatham House.

다는 점을 인식할 필요가 있다. 즉 개인의 경제사정 악화가 정부의 책임이 아니라 개인의 불행이나 직장 등의 탓이라고 여기면 유권자는 경제적 투표를 하지 않는다.[51] 마찬가지로 국가적 경제상황에 대한 평가도 국가의 책임성에 대한 인지가 있어야 한다.

물론 경제적 쟁점은 전망적 투표에도 적용된다. 그러나 유권자에게 보다 구체적인 정보를 요구하기 때문에 전망적 투표가 회고적 투표만큼 일반적이라고 하기는 어렵다. 게다가 전망적 투표는 회고적 평가에 기반해 이루어질 수밖에 없다. 그러나 선거과정을 통해 보면 전망적 이슈에 대한 관심도 높은 편이다. 현역의원이나 집권당의 경우에는 단순한 과거 실적보다는 앞으로의 공약을 실천할 것이라는 믿음을 주어야만 성공할 수 있다. 대개 유권자들은 물가 안정이나 경제발전의 문제에 대해서는 보수정당을, 실업과 복지문제에 대해서는 진보정당을 선택함으로써 정당들 간의 정책 쟁점에 대한 차이를 비교해 투표선택에 임한다.

4) 후보자 변인

후보자 변인은 후보자가 속한 정당이나 공약과는 무관하게 투표행태에 영향을 미치는 것이다. 즉 후보자의 구체적인 성격, 경력, 행정관리 능력, 지적 능력, 신뢰성, 성실성, 도덕성, 그리고 기타 개인적인 이미지 등이 유권자의 선택에 영향을 미친다는 것이다. 후보자가 복지정책을 주장하기 때문에 그에게 투표했다면 정책 쟁점이 가장 중요한 요인이었을 테지만, 구체적인 정책이나 이념적 지향이 아닌, 단지 후보자가 유능하게 보이고 경험이 많기 때문에 지지하거나 '어떤 일을 잘 할 것 같다'고 예상되기 때문에 지지했다면 후보자 변인이 중요한 변수임을 나타내는 것이다. 정치신인에 대해서는 특히 선거운동 기간 내의 평가가

51) Kinder, D. and Mebane, Jr., W. 1983. "Politics and Economics in Everyday Life," in K. Monroe, ed. *The Political Process and Economic Change*. New York: Agathon Press.

투표 결정에 큰 영향을 끼친다. 매스 미디어에 대한 정치 캠페인이 발전하면서 매스 미디어가 만들어내는 후보자 변인도 상당하다. 선거 TV 토론의 경우 정책에 대한 정보를 제공하고 정치적 지식에 대한 학습 능력을 높이는 것으로 알려져 있으나, 후보자의 이미지를 형성하는 데도 큰 영향력을 갖는다. 1960년 미 대선에서의 케네디와 닉슨의 TV토론은 매스 미디어를 통한 후보자 이미지 형성이 얼마나 중요한가를 보여준 계기가 되었다.

후보자 변인은 선거제도의 종류와도 관계가 깊다. 비례제보다는 1위 대표제의 경우에 후보자에 대한 평가가 더욱 중요하다. 대통령 선거에 있어서도 후보자 자질에 대한 평가는 매우 중요하며, 후보자 자질에 대한 평가와 정당 지지가 일치하지 않을 경우에는 의회와 행정부가 다른 정당의 지배하에 놓이는 분점 정부를 형성하게 된다. 의회중심제(parliamentary system)도 비례제와 결부될 경우 개별 후보의 영향력은 크지 않지만 차기 총리 후보인 각 정당의 지도자들이 갖는 후보자 변인은 무시하지 못할 요인으로 작용한다.

제6장 정치문화와 정치사회화

안승국

제1절 정치문화

1. 정치문화의 등장배경

정치의 주관적 또는 정서적 측면은 정치학에 있어서 오랜 관심의 대상이었다. 플라톤이나 루소와 같은 정치철학자들은 바람직한 정치생활에 적합한 대중의 정서에 중요성을 부여했으며 토크빌(A. de Tocqueville)도 정치에 있어서 가치와 상징, 정서와 같은 요소의 역할을 강조했다. 이에 대한 초기의 연구들은 직관적이고 비경험적인 연구로 진행되었으나, 설문조사와 같은 경험적 자료를 획득할 수 있는 방법이 개발되면서 정치문화 연구는 크게 진전될 수 있었다. 이러한 과학적 연구방법이 도입되면서 정치문화의 개념규정이 보다 명료화되고 구체화되어 국가 간 비교분석이 가능해졌던 것이다. 정치학 분야에 정치문화 개념을 선구적으로 도입했던 알먼드와 버바(G. Almond and S. Verba)는 정치체계들 간의 유사성과 상이성을 규명하려는 시도에서 국민성과 같은 전통적인 개념보다는 정치문화라는 개념을 선호했다. 그들이 정치문화 개념을 선호한 이유는 사회학, 인류학, 심리학을 비롯한 사회과학 전반에서 도출된 개념들과의 호환이 가능했기 때문이었다. 따라서 알먼드와 버바는 사회학 분야에서의 문화에 대한 논의를 수용하면서 거시적 차원에서 정치문화에 대한 이론을 제시했다. 그들의 정치문화 개념은 개인의 심리적 정향이나 인지, 감정, 평가 등과 관련된다.[1)]

정치문화는 다음과 같은 배경에서 등장하게 되었다. 첫째, 선진국에서 민주주의 발전과 선거의 활성화로 국민의 정치적 영향력이 증대됨에 따라 정치행위가 이루어지는 주관적 맥락 내지는 배경에 대한 관심이 집중되었다. 둘째, 행태주의의 영향으로 정치학의 분석단위로서 정치행태가 주목을 받게 되어 행태의 원인규명이 추구되었다. 셋째, 과학적 방법의 도입에 따른 실증적 분석의 필요성이 요청되었다.

알먼드는 「정치체계의 비교」라는 논문에서 정치문화 개념을 도입했다. 알먼드에 따르면 정치체계에 있어서의 정치행위는 특정한 유형의 정향에 기초해 있으며,[2)] 따라서 정치체계의 차이는 기본적으로 이러한 정향유형의 차이에서 기인한다는 것이다. 예컨대 미국 정치체계와 유럽 정치체계 사이의 차이는 동질성과 분절성이라는 정치문화의 상이성에서 비롯된다는 것이다.

2. 정치문화의 개념

문화라는 용어는 다양한 의미를 갖고 있으나 사회과학에서는 행위(또는 행태)의 맥락이 되는 가치 및 규범체계를 지칭한다. 따라서 정치문화는 정치체계에 있어서 정치에 대해 개인이 갖는 태도와 정향의 양태로서 정치행태의 기초가 되는 것이다. 행태는 상황(환경)과 인간 간 상호작용의 결과로 현실에 대한 주관적 인식에 의해 영향을 받기 때문이다. 즉 정치문화는 정치세계에 대한 태도, 느낌, 바람, 가치의 총체인 것이다.

---

1) Almond, G. and Verba, S. 1963 *The Civic Culture*. Boston: Little, Brown, pp.4-11.

2) Almond(1956), 앞의 글.

정치문화의 개념은 다양하게 정의될 수 있다. 비어(S. Beer)는 일반적 문화의 한 측면으로서 정치문화를 정부가 어떻게 행동하고 무엇을 추구해야 하는가와 관련시켜 정의했다.[3] 또한 알먼드와 버바는 정치행위가 이루어지는 상황을 규정하는 신념, 상징, 가치의 체계로 문화를 정의했다. 이와 동일한 맥락에서 파이(L. Pye)는 정치문화를 정치과정에 질서와 의미를 부여하고 정치체계 내의 행위를 지배하는 기본전제와 규칙에 대한 일련의 태도, 신조, 감정으로 정의했다.[4] 알먼드와 버바는 정치체계의 주요 대상과 개인의 역할에 관한 정향들로 구성되는 것으로 정치문화를 해석했다. 이러한 맥락에서 알먼드와 버바는 『시민문화(Civic Culture)』에서 정치문화의 개념을 5개국에서 실시한 정치적 태도에 관한 경험적 조사에 적용했다. 즉 그들은 『시민문화』에서 개인의 정치정향과 태도라는 관점에서 정치문화를 정의했던 것이다. 알먼드와 버바에 따르면 정치문화는 개인의 인지, 감징, 평가 속에 내면화된 징치세계이다. 그들은 이러한 정향들에 대한 공유성과 지속성이 높음을 가정했다. 정치문화는 사회 내에서 개인들에 의해 광범위하게 공유되는 핵심가치로 구성된다는 것이다.[5] 또한 지속성이 있고 쉽게 변화하지 않는 특성을 갖는 것으로 정의되고 있다. 따라서 정치문화는 정치적 대상에 대한 개인의 가치정향이며 정치체계에 있어서 개인들이 공통적으로 공유하고 수용한 규범으로 정의될 수 있다.

정치문화는 다음과 같은 특징을 갖고 있다. 첫째, 정치문화는 기본적으로 집단적인 속성을 갖는다. 즉 정치문화는 사회구성원 대부분이 상호주

---

3) Beer, S. 1962. "The Analysis of Political Systems," in S. Beer and A. Ulam, eds. *Patterns of Government: The Major Political Systems of Europe*. New York: Random House, pp.32-34.

4) Pye, L. 1968. "Political Culture," in D. Shills, ed. *International Encyclopedia of the Social Science* Vol.12. New York: Free Press, p.218.

5) Inglehart, R. 1990. *Culture Shift in Advanced Industrial Society*. Princeton, NJ: Princeton University Press.

관적으로 공유하는 신념, 가치, 정서에 초점이 맞추어져 있다. 따라서 정치문화는 개인으로 환원될 수 없으며 개인적 신념체계와는 개념적으로 구분되는 것이다. 둘째, 정치문화는 변별성을 갖는다. 한 집단의 문화는 다른 사회 또는 집단의 정치문화와 동일하지 않으며 양자 간에는 커다란 차이가 존재한다. 이러한 측면에서 서구(사회)와 비서구(사회)의 정치문화, 엘리트(집단)와 대중(집단)의 정치문화는 상이할 수 있다. 이러한 맥락에서 정치문화는 단순히 정치행태 자체만을 설명하기 위해서는 고려할 필요가 없을지도 모르지만 동일한 사회경제적 구조에 있어서 상이하게 나타나는 정치행태를 설명하는 데 있어서는 중요성을 갖게 되는 것이다.

셋째, 정치문화는 상대적으로 안정적이며 매우 완만하게 변화한다. 물론 극적인 사건이나 극단적인 경험의 결과로 중요한 변화가 나타날 수도 있지만 정치문화는 사회경제적 구조에 대한 주관적 인식의 단순한 반영이 아니다. 정치문화는 다음과 같은 이유에서 급격히 변화되기 힘들다. ① 정치문화가 광범위하게 공유되었다는 것은 다른 정치문화적 요소의 영향이 상대적으로 적으며 이러한 요소들은 거의 주목을 받지 못하므로 기존의 신념이나 가치를 대체할 가능성은 제한되는 것이다. ② 정치문화는 규범적이고 정서적인 요소로 구성되므로 부정되거나 반박되기가 어렵다. ③ 기존의 정치문화와 상반되는 요소들은 일관성을 추구하는 심리적 요인과 양립할 수 없다. 따라서 기존의 정치문화를 강화하는 요소들은 수용되지만 모순되는 요소들은 거부되거나 기존 문화에 부합하도록 변형되는 것이다.

3. 정치문화의 구성요소

1) 정치적 정향

정치문화의 속성은 정치에 대한 태도, 신념, 정서, 관념, 의미, 규범,

정향, 상징, 가치, 세계관과 같은 용어로 묘사된다. 정치문화라는 용어는 정치세계에 대한 주관적 정향을 지칭하는 것이다. 즉 정치문화는 특정 사회의 구성원들의 인식을 규정하고 정치행태에 영향을 미친다. 정치문화는 인지적 정향, 감정적 정향, 평가적 정향이라는 세 개의 기본요소로 구성된다.[6] 정치적 정향은 정치적 행위에 대한 정향으로 전통이나 규범, 정서, 상징에 의해 결정되는 것이다. 첫 번째 요소는 정치체계에 대한 지식과 인식을 포함하는 인지적 정향(cognitive orientation)이다. 인지적 정향은 일종의 경험적 지식과 신념, 정치현실에 대한 이해로 구성된다. 인지적 정향은 국가, 정부 또는 정치체계가 어떻게 구성되고 유지되는가에 대한 인식이다. 예컨대 대통령과 국회의원의 임기, 정부형태가 내각제인가 대통령제인가? 대통령직은 단임인가 중임인가에 대해서 알고 있는지의 여부이다.

<표 6-1> 인지적 정향의 측정

대통령의 임기는 얼마 동안인가?
국회의원의 임기는 얼마 동안인가?
우리 지역구 소속의 의원은 누구인가?
의회에서 다수당은 어떤 당인가?
대통령의 소속정당은 어떤 당인가?

두 번째 요소는 정서적 집착, 정체성과 충성심의 형태, 친화, 무관심, 혐오와 같은 감정을 포함하는 감정적 정향(affective orientation)이다. 즉 감정적 정향은 인지된 정치적 대상에 대한 선호나 혐오와 같은 감정적 반응인 것이다. 세 번째 요소는 가치, 규범, 도덕적 판단을 포함하는 평가적 정향(evaluative orientation)이다. 즉 평가적 정향은 정치가 추구해야

6) Almond and Verba(1963), 앞의 책, pp.17-20.

할 공적인 목표와 정치에 의해 실현 내지는 보장되어야 할 개인의 이익에 관한 신념인 것이다.

2) 정치적 태도

정치적 태도는 주로 권위에 관한 태도에 초점을 맞추어 평등적 태도, 존중적 태도, 순종적 태도로 나누어볼 수 있다. 평등적 태도는 사람들의 정치적 판단능력이 비교적 균등하다고 가정하며, 정책결정과정에 일반 국민들이 광범위하게 참여해야 한다고 본다. 따라서 정치 엘리트의 역할은 최소화되어야 하며, 이들에 대한 대중적 통제는 최대화되어야 한다는 것이다. 존중적 태도는 사람들의 정치적 판단능력이 균등하지 않으며 따라서 정치 엘리트의 역할이 중요하다고 본다. 그러나 정치 엘리트들은 국민의 이익을 실현하기 위해서 통치해야 하며, 권위에 대한 복종은 이러한 이익들이 추구되는 조건에서 유지되어야 한다는 것이다. 셋째, 순종적 태도는 정치 엘리트들의 정치적 판단이 일반 국민보다 월등하게 우월하므로 일반 국민들은 조건 없이 정치 엘리트들에게 복종해야 한다는 것이다. 이러한 태도들은 정치현실에 대한 국민들의 인식과 엘리트와 대중 간의 관계에 대한 인식에 따라 다르게 나타난다.

3) 정치적 신념

정치적 신념은 정치적 쟁점에 대해 이데올로기적 신념을 갖는가 아니면 실용주의적 신념을 갖는가와 관련된다. 이데올로기적 신념은 모호하고 추상적인 원리에 따라 정책대안을 선택하는 경향을 말한다. 실용주의는 실제로 특정 목표를 실현할 수 있는지를 기준으로 정책대안을 선택하려는 경향을 말한다.

정치적 신념은 정책결정과정에 있어서 어느 정도 영향력을 행사한다. 실제 정치체계는 두 개의 정치적 신념이라는 이념형의 연속선상에 위치할 것이다. 또한 어떠한 경우에는 실용주의적 신념이 중시되다가 다른 경우에는 이데올로기적 신념이 중시될 수도 있다. 실용주의적 신념은 상황변화에 따른 융통성이 있지만, 이데올로기적 신념은 반대의견에 대한 관용이 약해서 경직성이 있다.

4) 정치적 신뢰와 정치적 효능감

어떠한 정치체계 또는 국가(정부)이든 간에 국민들의 광범위한 신뢰를 필요로 한다. 정치적 신뢰(political trust)는 정부나 정부를 이끌어가는 공직담당자들에 대한 믿음이다. 정치적 신뢰는 정부에 대한 기대 또는 정치체계나 정치제도가 생산한 산출의 질(정책)에 대해 국민들이 갖는 기대로 볼 수 있다. 정치적 효능감은 개인의 정치행동이 정치과정에 영향을 미칠 수 있다는 느낌을 의미한다.[7] 이러한 느낌은 공직담당자에 대한 관심, 정부에 대한 이해, 정부에 대한 영향력, 정치참여에 있어서 투표의 중요성 등이 포함된다.

페이지(J. M. Paige)[8]는 정치체계의 투입과정에 대한 신념을 정치적 효능감으로, 산출과정에 대한 신념을 정치적 신뢰로 정의하고 정치적 신뢰와 정치적 효능감을 결합하여 네 개의 유형을 제시했다. 첫째, 정치적 신뢰와 정치적 효능감이 모두 높은 경우에는 충성의 태도를 갖게 되어 정부가 국민의 이익을 위해 활동하고 있으며 필요한 경우에는 국민이 정부에 영향력을 행사할 수 있다고 믿으므로 정부에 대해 능동적인 지지자가 된다는 것이다. 이 태도유형은 민주주의체제에서 전형적으로 나타난다. 둘째, 정치적 신뢰는 높으나 정치적 효능감이 낮은 경우에는 종속의 태도를 갖게 되어 정부가 근본적으로 국민의 이익을 위해 활동

---

7) Agnus, C., Gerald, G., and Miller, W. 1965. *The Voter Decides*. Evanston, Ill.: Row Paterson, p.187.

8) Paige, J. M. 1971. "Political Orientation and Riot Participation." *American Sociological Review* 36:5.

하고 있다고 믿으나, 국민의 요구가 이익집단이나 정당을 통해 제대로 정부에 전달되지 못하고 정부 또한 국민의 요구에 관심을 기울이지 않는다고 믿는다. 이 태도유형은 전통적인 정치체제에서 나타난다.

셋째, 정치적 효능감은 높으나 정치적 신뢰가 낮은 경우에는 이의의 태도를 갖게 되어 정부를 불신하고 무엇인가 변화가 일어나야 하며 또 그 변화가 가능하다고 믿으므로 급진적인 행동이 초래된다. 이 태도유형은 불안정한 정치체제에서 나타난다. 넷째, 정치적 효능감과 정치적 신뢰가 모두 낮은 경우에는 소외의 태도를 갖게 되어 정부를 불신하고 정부에 대한 무관심을 갖게 되며, 이와 같은 태도유형은 전체주의 정치체제에서 나타난다.[9)]

4. 정치문화의 대상과 유형

1) 정치문화의 대상

정치문화의 대상은 정치체계, 투입, 산출, 정치행위자로서의 자신으로 구분할 수 있다. 첫째, 특정 정치체계가 안정적이고 효율적으로 유지되려면 국민으로서 개인이 국가 또는 정치체계에 대해 정체성을 가질 필요가 있다. 즉 개인이 계층, 지역, 종교에 대해서보다 국가 또는 정치체계에 대해 소속감이나 충성심을 가져야 하는 것이다. 정치체계에 대한 정체성은 개인이 정치체계의 성원이라는 의식으로 국민형성의 토대이다. 따라서 정치체계에 일체감이 전제될 때 충성이나 지지가 가능하다.

둘째, 정책결정과정과 정책안에 대한 개인의 정향인 투입의 측면으로 특정 정책에 대한 요구와 지지로 나타난다. 경험적 조사의 결과 선진국일수록 정책에 대한 기대감이 높았고, 전근대사회에서는 기대감이 거의 없었다. 셋째, 정치체계에 대한 산출로 정책집행과 이와 관련된 구조

---

9) Paige(1971). 앞의 책, pp.810-820.

및 개인에 대한 정향을 의미하며, 구체적인 정책에 대한 평가로 이루어진다. 넷째는 정치행위자로서의 자신으로, 개인이 자신 또는 자신의 권리와 의무, 능력에 대해 갖는 정향이다.

2) 정치문화의 유형

정치문화는 정체체계 전반에 나타나는 정치정향으로 정의될 수 있다. 알먼드와 버바는 이념형으로서 지방형(parochial), 신민형(subject), 참여형(participant)으로 분류했다. 정치정향이 모든 정치대상에 대해 긍정적이라면 참여형 정치문화이며, 영국, 미국과 같은 선진국들이 이에 포함된다. 개인과 정치체계와의 관계가 수동적이고 개인이 정치체계에 영향력을 갖지 못하는 경우는 신민형이다. 개인이 정치체계를 인식하지 못하는 경우의 유형은 지방형이다. 실제로 특정 정치체계에서 나타나는 정치문화는 각 유형들이 혼합되이 나다난다.[10)]

<표 6-2> 정치문화 유형의 구조

(단위: %)

	민주주의 산업사회	권위주의 과도기사회	전근대적 전통사회
참여형	60	15	10
신민형	30	55	35
지방형	10	35	55

첫째, 지방형 정치문화에서 개인은 정치체계에 대한 기대와 인식이 낮다. 또한 정치체계에 대한 요구가 없으므로 정치참여의 수준도 낮다. 즉 지방형 정치문화에 있어서 개인은 정치체계에 대한 일체감 내지는

10) 서구의 산업사회에서는 참여형과 신민형의 비율이 높고 비서구의 과도기 사회에서는 신민형과 지방형의 비율이 높으며, 비서구의 전근대사회에서는 지방형의 비율이 높다.

정체성을 갖지 못하고 정치에 대한 전반적인 지식이나 이해가 부족하기 때문에 자신의 정치적 역할을 인식하지 못하고 있다. 따라서 지방형 정치문화에서는 구체적인 정치적 역할이 존재하지 않고 개인의 정치정향도 사회적 정향과 구분되지 않는다. 또한 아프리카 국가에서와 같이 정치체계에 대한 일체감이 없고 부족집단이나 거주지역에 대한 일체감이 강하다.

둘째, 신민형 정치문화에서 개인은 정치체계와 산출, 즉 성과에 대해서는 인식을 하고 있지만 투입과 참여자로서 자신에 대한 정치정향은 갖고 있지 않다. 다시 말해서 자신을 적극적 정치참여자로서 간주하지 않는 것이다.

즉 신민형은 최소한 정치체계를 인식하고 정책에 대한 관심을 갖고 있기 때문에 지방형보다 정치문화의 수준이 높다고 할 수 있을 것이다. 그러나 투입에 대한 정치적 정향이 존재하지 않기 때문에 적극적인 정치적 역할이 결여되어 있다는 점에서는 지방형과 동일하다고 할 수 있다. 따라서 지방형 정치문화에서 개인은 정부가 하는 일(산출)에는 관심이 있지만, 자신의 의사나 이익을 정책에 반영되도록 하는 것(투입)에는 관심이 없다. 따라서 산출에 대한 정향만 존재하기 때문에 정치체계와의 관계는 수동적이며 정치체계의 권위를 인식하고 복종하려는 경향이 강하다.

셋째, 참여형 정치문화에서 개인은 네 개의 대상에 대해 정향을 갖고 있다. 특히 개인은 산출뿐만 아니라 투입에까지 명확한 의식을 갖고 있다. 즉 참여형은 정치체계 전반에 대한 지식과 이해, 정치체계에 대한 정체성을 특징으로 하기 때문에 개인은 투입과 산출을 포함하는 과정에 적극적으로 참여하는 것이다.

알먼드와 버바에 따르면 이러한 유형은 각기 사회의 특정 유형에 상응한다. 즉 투입과 산출, 정치체계, 행위자로서의 자신에 대한 정치정향이 존재하지 않는 지방형은 전통사회에서 나타나고, 이와는 달리 모든 대상에 대해 정치정향이 존재하는 참여형은 근대산업사회에서 나타난다. 또한 중간적 위치에 있는 신민형은 과도사회에서 나타난다.[11] 따라서 전통사회에서 근대산업사회로 이행하는 과정에서 개인은 정치체계에 대한 인식을 갖게 되며, 점차 정치참여에 대해 적극적인 태도를 갖게 되는 것이다.

<표 6-3> 정치문화의 유형비교

	정치체계	**투입**	**산출**	**정치행위자로서의 자신**
지방형	×	×	×	×
신민형	○	×	○	×
참여형	○	○	○	○

출처: Almond, G. and Sidney Verba, S. 1963. *Civic Culture*. Princeton, NJ: Princeton University Press, p.17.

5. 정치문화와 정치행태

정치문화론의 목적은 정치문화가 정치행태에 영향을 미치는 인과적 요인을 추론하는 것이다. 그러나 정치문화론의 설명은 정치문화를 어떻게 규정하느냐에 따라 다양하게 제시될 수 있다. 그럼에도 불구하고 문화가 직접적으로 정치체계의 집단적 행태에 영향을 미치는 방식을 규명할 필요가 있다.

첫째, 정치문화는 정치체계 또는 집단의 기본적 목표를 설정하는 데 영향을 미친다. 정치문화는 정치적 정체성 또는 사회적 정체성을 형성

11) Almond and Verba(1963), 앞의 책, pp.14-23.

시키고, 이러한 자기 정체성에 기초하는 이익을 형성시키는 것이다. 또한 정치체계가 성취해야 할 바람직한 목표를 수립하는 것으로서 문화 내에 배태된 가치를 생각해볼 수 있다. 즉 정치문화는 정치체계에서 추구되는 정책의 목표를 결정하는 데 영향을 미치는 것이다.

둘째, 정치문화는 외부환경에 대한 인지를 형성시킨다. 다시 말해서 개인의 관심대상이 되는 정책쟁점의 범주를 조건 짓는 것이다. 즉 정치문화는 개인이 특정 현상에 대해서는 주목하고 다른 현상에 대해서는 무시하도록 영향을 미치는 것이다. 정치문화는 개인이 외부환경의 이러한 특징들을 해석하고 이해하는 데 영향을 미친다. 즉 정치문화는 이익에 대한 기회와 도전과 관련해서 행위가 이루어지는 상황을 규정해주는 것이다.

셋째, 정치문화는 특정한 맥락에서 정치체계 또는 집단의 이익을 추구하거나 보호하는 행태를 형성시킨다. 즉 정치문화는 개인이 선택할 수 있는 행위의 범주를 설정하는 것이다. 문화는 선택의 유형을 결정함으로써 어떤 유형의 행위는 대안으로 고려되고 다른 유형의 행위는 거부되도록 한다. 따라서 정치문화는 특정한 정책유형을 수용하고 정당화시키는 도구의 역할을 수행하게 되는 것이다.

넷째, 정치문화는 고려할 수 있는 정책대안과 그것의 선택에 대한 평가에 영향을 미친다. 즉 정치문화는 정책대안의 편익과 비용에 대한 평가뿐만 아니라 산출의 효과가 바람직한지를 판단하는 데 영향을 미치는 것이다.

이와 같이 정치행태에 대한 정치문화의 전반적인 영향은 특정 행위와 정책에 대한 태도와 정향을 형성시키는 것이다. 즉 정치문화는 개인적 수준에서는 정치행태의 기준을 제시해주고 집단적 수준에서는 제도나 조직의 규범을 제시해주는 것이다. 그러므로 어떤 행위나 정책은 적합한 것으로 수용될 수도 있고, 또 다른 행위나 정책은 부절적한 것으로 거부될 수 있다. 따라서 정치문화가 결정론적으로 정치행태나 정책을 규정하는 것은 아니지만, 주어진 환경에서 채택될 수 있는 행태와 정책의 범위를 대략적으로 구획하는 것이다.

이처럼 정치문화는 개인의 정치적 행태뿐만 아니라 정치제도, 나아가서 정치질서에까지 영향을 미치기 때문에 정치에 대한 주요변수로 간주되고 있다. 정치문화에 영향을 받은 정치행태의 산물은 정치질서와 정치제도로 표출된다. 따라서 정치문화의 수준은 정치의 전반적인 수준에 영향을 미치게 되는 것이다.

또한 정치문화는 정치행태의 지속성을 촉진하기도 한다. 정치행태의 지속성은 정치문화의 상대적 안정성에서 비롯되는 것이다. 외부환경이 변화되더라도 정치행위자들이나 정책결정자들은 기존의 방식으로 정책쟁점을 수립할 수도 있으며, 새로운 쟁점을 제기함에 있어서도 기존의 방식을 선호할 수도 있다. 따라서 정치문화는 정치행태와 정책의 지속성을 설명하는 데 유용한 것이다.

정치문화의 개념은 다양한 정치체계에 있어서 정치행태의 유형을 설명하기 위해 무비판적으로 도입되었다는 비판을 받아왔다. 사실 정치문화에 대한 초기의 연구들은 객관적 사실에 바탕을 두었다기보다는 직관이나 추론에 의존했었다. 이러한 비판의 결과 정치문화 연구에 설문조사, 내용분석, 인터뷰와 같은 보다 체계적인 방법이 도입되었다. 그러나 그 결과 근본적으로 주관적이고 다차원적인 문화라는 개념을 포착하고 측정할 수 있는지의 문제가 제기되었다.

구체적인 사실에 기초한 설명이 가능하지 않다면 정치문화는 정치행태로부터 추론할 수밖에 없는 동어반복적인 개념이 될 것이다. 따라서 정치문화의 개념에서 행태적 요소를 제거하고 문화적 맥락의 내용으로 정의하는 것이 필요할 것이다. 정치문화의 개념에 대한 가장 중대한 비판은 조작정의나 측정과 관련되는 모호성이다. 물론 이러한 모호성은 정치행태의 광범위한 유형을 특정한 정치문화 내에서 설명해야 했기 때문에 불가피한 것일 수도 있다. 그러나 그 결과 정치행태에 대한 문화적 설명은 검증에 있어서 어려움에 직면하게 되었다.

결론적으로 정치문화(론)에 대해서는 다음과 같은 평가를 내릴 수 있다. 첫째, 정치문화에 대한 연구가 알먼드와 버바를 비롯한 서구학자들에 의해서 진행되었기 때문에 정치문화론이 서구중심적 시각에 놓여 있다는 점은 부인될 수 없다. 다수의 정치문화론의 연구는 미국이나 유럽국가의 국민들은 정치참여에 적극적이며 정치현실에 영향을 미치려고 하지만, 아시아나 남미 또는 아프리카 국가들의 국민들은 정치참여에 수동적이며 정치현실을 운명적인 것으로 수용하는 경향이 있다고 분석했다. 또한 개인의 태도나 감정이 정치체계에 영향을 미친다고 가정하여 정치의식의 수준을 정치체계와 연계시키고 있다. 예컨대 미국의 정치문화와 민주주의체제 또는 독일의 정치문화와 나치체제가 상관성이 있는 것으로 주장했던 것이다. 특히 알먼드는 정치문화를 독립변인으로 간주하여 문화의 독자성을 강조하면서 서구정치체계의 우월성이 합리적이고 민주적인 서구의 정치문화에서 비롯된 것이라는 서구중심적 입장을 제시했다.

둘째, 정치문화는 설명보다는 서술이나 분류를 목적으로 한 개념이며, 유형화가 단순하여 실제적인 현실을 반영하지 못한 측면이 있었다. 즉 알먼드와 버바가 제시한 정치문화의 유형론은 분석적이기보다는 서술적인 성격이 강했으며, 이러한 정치문화의 개념은 정치현상을 설명하고 예측하는 데 한계가 있는 것이다. 이러한 비판에 대해 알먼드와 버바는 정치문화가 하나의 이론이 아니라 이론구축에 도입되는 변인과 연관되며 정치문화 개념이 정치학의 심리적이고 주관적 차원을 이해하는 데 기여하고 있다고 주장했다. 또한 정치문화의 설명력은 가설검증에 개방되어 있기 때문에 실증적임을 강조했다.[12)]

셋째, 정치문화론의 기본 가정은 정치문화가 민주적이면 정치제도와 질서도 민주적이 된다는 것이다. 또한 문화적 특성과 정치제도적 특성이 상응되어야 정치체계가 안정된다는 내용을 함축하고 있다. 특히 정치문화에 있어서 동질성의 확보는 정치안정을 이루기 위한 필수조건이라고 할 수 있다. 따라서 분열을 지양하고 다양성을 인정하면서도 합의를 중시하는 정치문화를 추구할 때 비로소 정치안정과 국민통합을 이룩할 수 있을 것이다.

제2절 정치사회화

1. 정치사회화의 개념

정치체계가 유지될 수 있는 것은 일정한 유형의 정치행위나 정향이 존재하기 때문이다. 이와 같은 행위나 정향의 유형은 이전세대로부터 전승된 것이며 또한 다음 세대로 전수된다. 따라서 개인이 정상적인 정치행위를 하기 위해서는 기존의 가치체계나 신념체계 또는 행위양식을 학습할 필요가 있다. 이와 같이 개인이 제도화된 규범이나 가치, 절차를 내면화함으로써 정치체계에 적응해가는 과정을 정치사회화(political socialization)라고 한다.

개인은 정치사회화에 의해 정치문화로 유도되어 일정한 정치정향을 형성하게 된다.[13] 즉 개인의 정치정향은 선천적이고 본능적인 것이 아니라 정치사회화에 의해 학습되는 것이다. 이와 같이 개인은 정치사회화를 통해 형성된 정치정향을 기준으로 정치행위나 정치적 선택을 하게

12) Almond, G. and Verba, S., eds. 1980. *The Civic Culture Revisited*. Boston: Little, Brown, p.26.

13) Almond and Coleman(1960). 앞의 책, p.27.

된다. 따라서 정치행위는 정치문화에 의해 규제되기 때문에 어떠한 조건에서 정치문화가 형성되는가 하는 것이 관심의 대상이다. 즉 개인이 어떠한 과정에 의해 자신의 정치적 견해와 정치적 태도를 형성시키고 발전시켰는가가 연구의 대상이 되는 것이다.

정치사회화는 가정, 학교, 동료집단, 대중매체 등을 통해 개인이 정치에 관련되는 정향과 행위유형을 학습하는 과정이다.[14] 즉 정치사회화에 의해 정치에 대한 지식, 가치, 믿음이 형성되는 것이다. 첫째, 정치사회화는 정치적 태도와 행동양식이 학습되는 과정이다. 둘째, 정치사회화는 개인이 정치현실에 적응하는 데 기여한다. 셋째, 정치사회화는 한 세대의 정치적 신념과 규범을 다음 세대에 전수한다. 넷째, 정치사회화는 학습에 의해 이루어진다. 학습에 의한 정치사회화는 학교교육과 같은 직접학습과 가정이나 사회에서의 경험에 의한 간접학습이 있다. 다섯째, 정치사회화는 평생교육이다. 일단 형성된 정치적 태도 및 정향은 새로운 환경에 적응하기 위해 변화될 수 있다. 즉 특정 정당에 대한 선호는 나중에 다른 정치사회화의 영향을 받음으로써 변화될 수 있는 것이다.

정치사회화의 과정에서 개인은 정치와 정부에 관한 구체적인 지식을 얻게 되고 정부와 사회집단의 차이를 구분할 수 있게 된다.[15] 또한 선

---

14) Langton, K. 1969. *Political Socialization*. New York: Oxford University Press, p.5.

15) 다수의 연구에 따르면 대부분의 초등학생들은 대통령이나 지방자치단체장의 이름을 알고 있으며, 그들 중 일부는 대통령이나 지방자치단체장의 정치적 역할을 이해하고 있다. 또한 10대 후반이 되면 정치적 인식이 더욱 확고해지는 것으로 조사되었다. 이에 대한 선구적 연구로는 Greenstein, F. 1960. “The Benevolent Leader: Children’s Images of Political Authority.” *American Political Science Review* 54; Froman, Jr., L. 1962. “Learning Political Attitudes.” *Western Political Quarterly* 15; Hess, R., Judith V., and Torney, J. 1967. *The Development of Political Attitudes in Children*. Chicago: Aldrime Pundrine Publishing Company; Easton, D. and Dennis, J. 1969. *Children in the Political System*. New York: McGraw-Hill; Dawson, R. and Prewitt, K.

거와 같은 정치적 경험을 하게 되면서 개인은 정치인이나 정당에 대한 이해와 감정을 갖게 되는 것이다. 이와 같이 정치사회화의 전개과정을 통해서 개인은 점차 복잡한 정치과정과 정치구조를 파악할 수 있게 된다.

개인의 정치정향과 태도가 형성되는 과정에서는 집단의 영향력이 작용되는 경우가 많다. 특히 가족, 동료집단과 같은 1차집단(primary group)은 이른바 대면적인 관계에 의해 구성되기 때문에 영향력이 강하다. 즉 일상생활에서 개인은 부모나 친구, 직장동료들과 유사한 견해를 갖게 되기 쉽다. 다시 말해서 개인이 특정집단의 구성원이라는 사실은 정치현상에 대한 그들의 견해에 영향을 미치게 되는 것이다. 따라서 개인들이 어떠한 집단에 속해 있는가에 따라서 정치체계가 산출하는 정책이 누구의 이익에 부합되는가에 대한 견해가 상이할 것이다.

2. 정치사회화 기관

1) 가정

가정은 정치사회화만을 목적으로 하고 있지는 않지만, 개인의 기본적인 정치정향을 형성시키는 기관이라고 할 수 있다. 가정은 유년기부터 개인의 정치사회화에 영향을 미치기 때문에 그 영향력은 강력하며 지속성이 있다. 대체로 개인은 가정에서 정치체계에 대한 태도가 형성된다. 예컨대 복종이 강요되고 거부하면 처벌을 받는 권위주의적 가정에서는 신민형 정치문화의 태도가 형성되기 쉽다. 또한 의사결정 참여가 장려되는 민주주의적 가정에서는 적극적인 정치참여를 특징으로 하는 참여형 정치문화의 태도가 형성되는 것이다.

특히 가정은 개인의 정치적 자아의 형성 초기에 거의 독점적인 영향

1969. *Political Socialization*. Boston: Little, Brown.

력을 행사하기 때문에 정치사회화에 큰 영향을 미치게 되며, 이 시기에 형성된 정치적 태도와 정향은 상당 기간 지속되고 이후의 정치사회화에도 영향을 미치게 된다. 또한 가정이 놓여 있는 인종적, 지역적, 종교적, 경제적, 사회적 배경 등은 개인의 정치적 태도에 영향을 미친다. 즉 종교나 계층, 생활수준, 교육수준 등에 따라 정치적 태도가 달라지는 것이다. 대체로 개인은 부모와 동일한 정치적 성향(예를 들어 정당이나 후보의 선호)을 갖게 되기 쉽다. 기존의 연구에 따르면 특히 정당에 대한 태도인 정당일체감에 있어서 부모와 자식들 간에는 상당히 일치하는 경향이 나타난다. 정치사회화에 있어서 가정의 영향력은 가족구성원의 정치적 견해가 동일하고 가족구성원의 관계가 긴밀하며 접촉(의사소통)이 활발한 경우, 공식적 사회화기관이 활성화되지 않은 경우에 특히 강하다.

2) 학교

정치체계에 대한 태도와 정향은 교육수준에 따라 상이하다. 즉 교육을 많이 받을수록 정부의 영향을 잘 인식하고 있고 정치에 관심이 많으며 정치참여에 적극적이다. 학교는 정치체계 또는 정치제도에 관한 구체적 지식을 전달함으로써 개인에게 정치적 역할을 인식시킨다.

학교의 정치사회화는 가정보다 더 체계적이라는 것이 특징이다. 학교의 정치사회화는 민주주의 국가에서의 시민교육과 권위주의 국가에서의 정치홍보로 나누어볼 수 있다.

정치체계에 대한 정당성이 확보된 민주주의 국가에서의 정치사회화는 정치체계에 대한 지식과 시민의 역할에 중점을 두는 시민교육이 된다. 그러나 정치체계에 대한 정당성이 확보되지 않은 권위주의 국가에서는 정치체계의 정당화에 중점을 두는 정치홍보가 되는 것이다. 어떠한 정치체계든 개인이 충성심과 복종심을 갖게 하려고 한다. 이러한 목적을 위해 민주주의 국가에서는 정치참여가 고취되고 독재국가에서는 독재자의 권력행사를 정당화한다. 따라서 민주주의 국가나 독재국가는 국민들에게 적합한 정치정향이나 태도를 형성시키기 위해 학교교육에 의존하게 되는 것이다. 개인들은 유년기부터 시작해서 청년기까지 학교교육을 받게 된다. 따라서 학교는 젊은 세대의 정치정향과 태도를 형성하는 데 영향을 미치게 된다.

학교의 영향력은 현실적으로도 입증이 되고 있다. 즉 교육의 수준이 높을수록 정치현실에 대해 많은 관심을 갖고 있고 정치참여에 있어서도 적극적이다. 그러나 학교교육이 개인의 정치성향과 태도를 형성시키는 유일한 기관은 아니며 그 영향력이 지속적이라는 보장도 없다. 즉 학교의 영향력은 학교교육이 전달하는 내용이 효과적으로 전달될 수 있을 때 강하게 나타날 것이지만, 그렇지 못한 경우에는 가족이나 동료집단의 영향력이 더 강하게 작용할 것이다.

3) 동료집단

개인은 동등하고 친밀한 관계에 있는 친구나 동료와의 접촉을 통해 동료집단의 가치를 학습한다. 비슷한 연령과 직업, 지위로 구성되는 집단인 동료집단은 집단의 규범과 가치에 순응하도록 개인에게 압력을 가한다. 이들 중에서 특히 동일한 가치와 태도를 갖는 동년배집단이 개인의 정치사회화에 미치는 영향력은 청소년기에 특히 중요하다.

청소년기에는 가족이나 학교가 정치사회화에 미쳤던 영향력이 점차 감소되고 동료집단의 영향력이 증대된다. 또한 청소년기 이후에도 개인의 연령이 증가함에 따라 실질적으로 학교교육이 종료되기 때문에 동료집단의 영향력이 더욱 강하게 작용한다.

따라서 동료집단은 가정에서의 초기 사회화 내용을 강화시키기도 하고 변화시키기도 한다. 개인은 동료들과의 정치체계에 대한 정보와 의

견교환을 통해 정치정향과 태도를 형성하게 되는 것이다. 그러나 동료집단의 영향력은 근대화나 산업화의 수준에 따라 상이하다. 즉 근대화나 산업화가 진전된 경우에는 동료집단을 포함한 다양한 집단들이 개인의 정치사회화에 영향력을 갖는다. 그러나 근대화와 산업화의 수준이 낮은 경우에는 대인관계가 가족에 한정되기 때문에 가족 이외의 집단은 영향력을 행사하기 힘들다. 따라서 산업화가 진전될수록 가족의 영향력은 약화되고, 동료집단과 같은 가족 외부의 집단의 영향력이 증대되는 것이다.

4) 대중매체

신문, 잡지, 라디오, 텔레비전과 같은 대중매체는 구체적인 정치적 사건에 대한 정보를 제공함으로써 정치정향과 태도를 형성시킨다. 정치사회화에 있어서 대중매체의 특징은 독자적으로 정치적 규범을 전달하지 않고 다른 기관이 생산한 내용을 전달하기 때문에 정보의 원천은 매체 외부에 존재한다는 점이다. 대중매체가 전달하는 내용은 직접적으로 개인에게 영향을 미치기도 하지만, 또한 정보에 관심이 많은 여론지도자(opinion leader)에게 전달된다. 여론지도자들은 정보를 해석하고 재구성해서 자기가 영향을 미치는 개인이나 집단에게 전달한다.

대부분의 사람들은 유년기부터 텔레비전을 시청하며 이것은 성년기까지 지속된다. 또한 대부분의 사람들은 신문이나 잡지를 읽는다. 개인은 이러한 대중매체를 통해서 정치에 관련된 정보를 획득하며 정보의 정확성을 신뢰한다. 민주주의국가에서는 언론의 자유가 보장되기 때문에 정치적 사건들에 대한 객관적인 보도가 가능하고 비판 또한 가능하다. 따라서 개인은 보도나 논평을 통해서 정치정향이나 태도를 습득할 수 있다. 언론의 자유가 보장되지 않는 독재국가에서도 대중매체는 매우 중요하다. 왜냐하면 독재자는 전국적인 파급효과를 가진 대중매체를 수단으로 국민들의 정치적 태도를 자신에게 유리하게 변화시키려고 하기 때문이다.

물론 대중매체가 단순한 정보만을 전달하는 것은 아니다. 대중매체는 각기 특정한 관점에서 정치현상이나 정치적 사건을 해석하고 평가해서 개인에게 전달한다. 따라서 대중매체의 관점이 그대로 개인에게 전달되기 때문에 개인은 무비판적으로 이러한 관점을 수용하게 될 수도 있다. 따라서 대중매체가 전달해주는 정보의 내용과 해석을 정확하게 판단할 수 있는 개인의 능력이 요청된다. 특히 언론의 자유가 보장되지 않는 독재국가의 경우 대중매체의 보도내용을 비판적으로 수용할 수 있는 능력이 없다면 개인은 대중매체를 독점한 독재체제의 조작대상으로 전락할 수 있는 것이다.

3. 정치사회화와 정치문화의 관계

정치사회화는 정치체계가 안정적일 때 일관성을 갖고 진행된다. 즉 정치사회화는 사회구성원들에 대한 기존의 규범과 가치를 전수함으로써 이미 형성되어 있는 정치문화를 유지시킨다. 그러나 정치체계의 변동이 초래되었을 때는 변화된 상황에 맞는 내용을 전달하는 이른바 재사회화가 진행된다. 따라서 정치체계나 정치제도의 속성이 변화하면 결과적으로 정치문화의 변화가 나타나게 되는 것이다.

특히 안정적인 서구사회와는 달리 정치적 변화가 초래되고 있는 비서구사회에 있어서 개인이나 집단은 의식이나 가치의 혼란에 직면하게 되며, 이에 따라 개인 간, 집단 간의 갈등과 대립이 심화될 수 있다. 이러한 상황은 개인이나 집단이 공유해왔던 동질적인 정치문화를 해체시키고 새로운 정치문화를 형성시키기도 한다. 이와 같이 정치체계와 제도의 변화로 인해 형성된 새로운 정치문화는 사회구성원들의 정치행태를 변화시킴으로써 다시 정치체계와 정치제도에 영향을 미치게 된다.

이와 같이 정치사회화는 정치문화를 유지하기도 하지만 급격한 환경 변화에 따라 이전에는 존재하지 않던 새로운 정치문화를 창출하기도 한다. 따라서 정치문화와 정치사회화는 상호연속적 과정인 동시에 순환과정이라고 할 수 있다. 즉 정치문화는 정치사회화의 산물이기도 하지만 정치사회화는 정치문화에 의해 조건 지어지고 영향을 받는 것이다. 이와 같이 정치문화와 정치사회화는 상호의존적이므로 각기 독립변인인 동시에 종속변인이 될 수 있다.

정치사회화가 정치적 태도를 형성시키는 동적인 과정이라면, 정치문화는 이미 정치적 태도가 형성된 정적인 성격이다. 따라서 정치체계에 대해서 어떠한 태도를 갖고 있느냐의 문제는 정치문화의 차원이고, 그러한 태도가 어떻게 형성되었느냐의 문제는 정치사회화의 차원이 되는 것이다.

제7장 정치학 연구의 주제와 맥락

안승국·김지희

제1절 정치적 동원과 배분

1. 정치적 동원과 집단행위

정치학에서 동원은 집단이 이익이나 목표를 달성하기 위한 행위로 정의될 수 있다. 즉 집단은 정부가 통제하는 자원에 접근하기 위해 파업, 선거, 시위, 폭동, 선거와 같은 집단행위를 하는 것이다. 따라서 집단행위가 이루어지기 위해서는 우선 집단의 이익이 조직화되어야 할 것이다. 즉 집단구성원으로서 개인은 공통적인 정체성을 갖고 조직적으로 통합되어야 하는 것이다. 조직의 통합 정도는 성별, 인종, 직업에 따라 상이하며, 구성원 간의 유대가 강할수록 그만큼 조직의 통합성도 높다고 볼 수 있다.

일단 이익이 조직화되면 정치적 동원이 이루어질 수 있다. 즉 집단구성원들은 이익실현을 위해 노동력, 투표, 재화를 수단으로 집단행위를 전개하는 것이다. 따라서 수동적인 집단이 이익을 추구하기 위해 적극적으로 정치에 참여하는 것을 동원으로 정의할 수 있다.[1] 이러한 경우

1) Tilly, C. 1978. *From Mobilization to Revolution.* Reading, Mass.: Addison-Wesley, p.7.

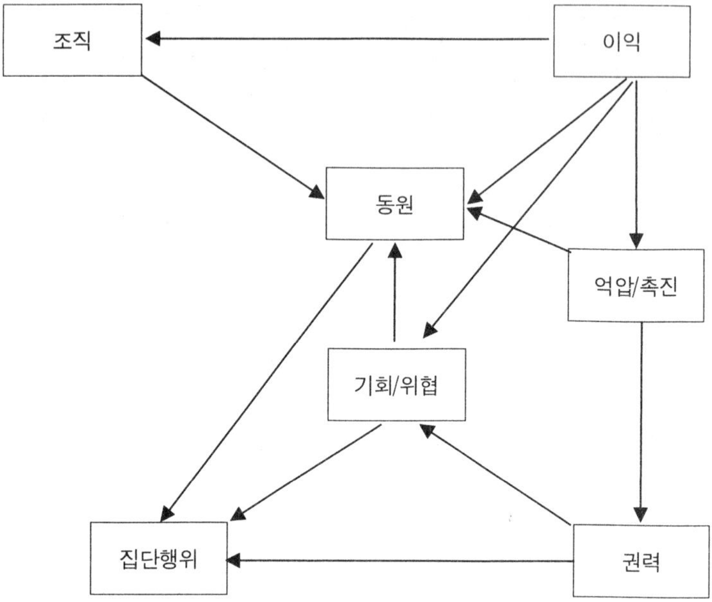

출처: Tilly, C. 1978. *From Mobilization to Revolution*. Reading, Mass.: Addison-Wesley, p.7.

<그림 7-1> 동원 모형

집단이 통제할 수 있는 자원이 많을수록 동원의 수준은 높아지게 된다.

또한 집단행위가 구체화되려면 특정한 기회를 필요로 한다. 이러한 기회에는 집단행위로 인한 비용을 증대시키는 억압과 집단행동을 용이하게 하는 촉진이 있다. 예컨대 정부가 집단의 행위를 방해하고 집단이 필요로 하는 자원을 동결하는 것이 억압이다. 이와는 반대로 집단의 활동을 지원해주고 다양한 정보와 재원을 제공하는 것이 촉진이다. 집단행위가 정부로부터 억압을 받게 되면 집단의 권력은 약화되고 집단의 이익추구가 위협받게 될 것이다. 이와는 달리 촉진을 받는다면 집단의 권력이 강화되고 이익실현의 기회가 증대될 수 있는 것이다.[2)]

2) 위의 책, pp.54-55.

집단의 동원수준은 다른 집단과의 관계에 있어서 이익의 조직화 수준에 따라 좌우된다. 대체로 이익의 조직화 수준이 높을수록 동원의 수준도 높아지는 것이다. 또한 집단의 동원에는 억압과 촉진이 영향을 미친다. 즉 집단이 억압에 직면할 때는 권력이 약화되어 집단행위가 어려워지고, 촉진의 상황에 놓여 있을 때는 권력이 강화되어 집단행위의 기회가 증대된다. 따라서 <그림 7-1>과 같이 집단행위의 발생은 억압이나 촉진에 의한 권력지위, 동원 수준, 그리고 기회나 위협의 구조에 따라 결정된다고 할 수 있을 것이다.

그렇다면 집단행위를 통해 어떤 집단은 이익획득에 성공하고 다른 집단은 실패하는 이유는 무엇일까? 올슨(M. Olson)에 따르면 집단의 목표달성과 관련되는 것은 집단의 크기이다. 집단의 크기는 첫째, 이익의 획득에 필요한 비용과 집단 구성원들에게 배분되는 이익 간의 관계, 둘째, 집단 구성원 간의 행동을 인지하는 정도에 의해 분류된다.[3] 소집단의 경우 집단이 실현할 수 있는 이익에 대해 개인이 차지할 수 있는 몫의 비율이 상당히 크다. 따라서 소집단의 구성원은 비용을 지불하더라도 공동의 이익을 자발적으로 달성하고자 할 것이다. 또한 소집단에서는 구성원 간의 인지도가 높기 때문에 무임승차(free-riding)가 방지될 수 있다.

이와는 달리 대집단에서는 구성원의 행동이 다른 구성원의 비용과 이익에 거의 영향을 미치지 않는다. 또한 대집단의 경우 구성원이 획득할 수 있는 이익은 전체이익의 작은 비율에 불과하다. 따라서 소집단에 비해 대집단의 구성원은 상대적으로 공동의 이익을 추구하기 어려운 것이다. 더구나 대집단에서는 구성원 간의 인지도가 낮기 때문에 무임승차가 발생할 가능성이 높다. 이러한 문제점을 해결하기 위해 대집단에서

---

3) Olson, M. 1965. *The Logic of Collective Action: Public Goods and the Theory of Groups*. Cambridge, Mass.: Harvard University Press, pp.5-52.

는 구성원의 자발적 행위를 고취시키기 위한 조치를 필요로 한다. 즉 집단행위의 비용을 부담하지 않는 구성원인 무임승차자에게는 제재를 가하고, 집단행위에 참여하는 구성원들에게는 보상을 하는 것이다. 따라서 집단행위는 집단의 규모가 작고 제재나 보상과 같은 조치가 존재할 때 잘 이루어질 수 있다.

올슨에 따르면 노동조합과 같이 규모가 큰 집단의 경우 집회나 시위에 참여하는 조합원은 많지 않다. 왜냐하면 임금인상과 같은 집단적 이익은 집회와 시위에 참여한 사람에게만 배분되는 것이 아니고 전체 노동자에게 부여되기 때문이다. 즉 노동자는 집회나 시위에 참여하지 않더라도 이익의 혜택을 받을 수 있다. 따라서 불참에 따른 제재와 참여에 따른 보상이 없다면 자발적인 집단행위를 이끌어내기 어려울 것이다.[4] 즉 개인이 노동조합이나 이익집단에 자발적으로 참여하는 이유는 집단구성원 전체에게 부여될 집단적 이익 때문이 아니라 집단에 참여하는 구성원들에게 선택적으로 혜택을 주기 때문이다.[5]

이러한 관점에서는 마르크스주의의 프롤레타리아 혁명이 의문시된다. 프롤레타리아 계급에 속해 있는 사람들이 합리적으로 행위를 선택한다면 혁명은 발생되지 않는다는 것이다. 왜냐하면 프롤레타리아 계급구성원은 혁명에 참여하지 않아도 혁명이 성공한다면 다른 참여자들과 동일하게 혜택을 누릴 수 있기 때문이다. 즉 계급과 같은 대집단에서 구성원들은 비용을 다른 구성원이 부담하는 것이 자신에게는 이익이 된다고 생각한다. 따라서 집단구성원들은 집단의 이익이 실현되는 것을 원하면서도 비용을 부담하면서까지 집단행위에 참여하지는 않는 것이다.[6]

허쉬먼(A. Hirschman)에 따르면 조직에 대해 요구하는 방식은 퇴출(exit)과 항의(voice)의 두 가지가 있다.[7] 퇴출은 사유재가 유통되는 시장

4) 위의 책, pp.66-97.
5) 위의 책, pp.50-51.
6) 위의 책, pp.8-110.

에 적용되는 방식이다. 즉 시장에서는 구매(진입)와 불매(퇴출)를 통해 선호를 밝힐 수 있다. 그러나 퇴출은 조직이 경쟁에 놓여 있고 대안의 선택이 가능할 때만 이루어질 수 있다. 즉 대안이 없는 경우에는 퇴출을 하더라도 아무런 효과를 기대하기 어렵다. 대안이 없거나 대안을 찾기 어려운 국가나 정치체계에 있어서 취하는 행동은 항의이다. 정치체계나 국가의 영역은 구획되어 있고 구성원은 확정되어 있기 때문에 구성원이 선택할 수 있는 것은 정치과정에 참여하거나 참여하지 않는 것뿐이다. 그러나 정책결정이 미치는 영향력을 피하기 위해 정치체계를 이탈할 수는 없다. 이와 같은 상황에서는 개인이나 집단의 이익을 효율적으로 날성시키기 위해서 사회적 요구를 반영한 권위적 배분이 이루어져야 하는 것이다.

2. 권위적 배분과 정책

집단의 이익을 어떻게 정치과정에 반영할 것인가의 문제는 이익과 관련된 정책이 어떻게 결정되는가의 문제로 귀착된다. 즉 사회적 가치의 배분은 정책에 의해 이루어진다고 볼 수 있다. 따라서 정치과정이 개인이나 집단이 추구하는 이익을 정책으로 전환시키는 과정이라면, 개인이나 집단은 정책결정자들과 상호작용을 통해 이익을 실현하고자 할 것이다.

정치체계는 정책을 수단으로 가치를 권위적으로 배분하기 때문에 정책은 전체 사회에 대해 구속력을 갖는다.[8] 즉 결정된 정책은 정책에 대해 다른 견해를 갖고 있는 사람들에게도 영향을 미치며, 이를 거부하는 경우에는 제재가 가해지는 것이다. 따라서 권위적 배분이란 의미는 결정된 정책을 사회구성원들이 반드시 수용해야 하며 정책의 효과는 사회

---

7) Hirschman, A. 1970. *Exit, Voice, and Loyalty: Responses to Decline in Firms, Organizations and State*. Cambridge, Mass.: Harvard University Press, p.4.

8) Easton(1971), 앞의 책, pp.130-133.

구성원 전체에게 미친다는 것이다.

예를 들어 정부가 농산물 가격을 인상하고 공산품의 가격상승을 억제한다면 농민의 이익은 보호를 받지만, 반대로 제조업자들은 불이익을 받을 것이다. 즉 정부의 정책이 어떻게 결정되는가에 따라 제조업자와 농민의 이해관계는 영향을 받는 것이다. 또한 정책의 효과는 농산물이나 공산품을 구매하는 일반 소비자들에게까지 미칠 것이다. 따라서 일단 정책이 결정되면 농민이나 제조업자들은 정책의 결과를 받아들일 수밖에 없다. 이와 같이 정책결정은 개인이나 집단의 이익이 경쟁과 협상에 의해 이루어지며 어떠한 정책이든 정책에는 이해 당사자의 의견이 반영되는 정치적 성격이 존재한다.

그러나 정책은 사회 전체를 위해 가치를 배분하는 것이다. 즉 정책은 이익과 관련된 개인이나 집단뿐만 아니라 사회를 구성하는 모든 사회 구성원들을 위해 가치를 권위적으로 배분하는 것이다. 이러한 측면에서 정책이란 특정 개인이나 집단에게 혜택을 주기 위해 존재하는 것이 아니라 전체 사회를 위해 존재한다고 볼 수 있을 것이다. 따라서 정책은 다양한 이익들 간의 조정을 통해서 사회 전체의 이익이 극대화되는 지점에서 결정될 필요가 있다.

다시 말해서 정책결정과정은 사회구성원 전체가 이익이 되는 흑자게임(positive-sum game)이 되어야 한다. 따라서 국가는 개인이나 집단들이 과도한 이익을 추구함으로써 나타나는 제로섬 게임(zero-sum game)을 방지할 필요가 있는 것이다. 즉 어떠한 통제나 조정이 없는 무정부상태에서는 개인이나 집단이 극단적으로 이기적인 이익을 추구할 가능성이 높다. 따라서 사회 전체의 이익보다는 개인적 이익추구에 더 중점을 두게 될 것이다. 이러한 측면에서 국가의 개입이 요청되는 것이다.

이러한 점을 고려하면 국가는 사회 전체를 위해 필요한 공공재를 정당하게 배분하기 위한 정책을 수립해야 한다. 공공재는 한 개인의 소비가 다른 개인들의 소비를 감소시키지 않으며 사회구성원들의 소비를 제한하지 않는 재화를 의미한다. 즉 공공재는 사회구성원 전체에게 개방되는 것이다. 바로 이러한 성격 때문에 비용을 지불하지 않고 이익을 누리려고 하는 무임승차가 발생하게 된다. 공공재의 또 다른 특징은 시장이 아니라 권위적 정책결정을 통해 배분된다는 것이다. 시장에서는 보이지 않는 손에 의해 사유재의 효율적 배분이 이루어지지만, 정치체계에서는 시장에서 공급되지 못하는 공공재의 배분이 이루어지는 것이다.

따라서 개인이나 집단의 이익을 어떻게 반영할 것인가라는 문제가 지지나 요구와 관련되는 정치적 수요라고 한다면, 이러한 이익과 관련된 정책이 어떻게 결정되는가 하는 것은 정치적 공급의 문제라고 볼 수 있을 것이다. 이와 같은 정치적 공급은 정치인(또는 정당이나 후보자)이 제시하는 다양한 정책공약들 중 어떠한 것이 유권자의 지지를 받는가에 따라 결정된다. 즉 특정 개인이나 집단의 이익에 부합되는 정책공약을 제시한 후보자가 선거에서 승리한다면 그 이익은 실현될 가능성이 높을 것이다. 또한 정당이나 정치인은 선거에서의 승리나 재선 가능성을 고려해서 정책을 결정할 것이다.

그러나 선거에서 유권자는 정책쟁점 전체에 대해 일괄적으로 투표하기 때문에 일부 쟁점에 대해서는 유권자의 의도가 반영되지 않을 수 있다. 또한 정책을 통한 공공재의 공급이 유권자가 원하는 수준과 상이할 수도 있다. 결과적으로 민주주의체제에서도 유권자의 의사가 반드시 반영되는 것은 아니며, 공공재의 공급수준도 유권자의 수요와 상이할 수 있는 것이다. 따라서 무임승차를 방지함으로써 비용은 다수가 부담하고 혜택은 소수가 누리는 상황을 허용하지 말아야 할 것이며, 공공재의 배분이 모든 사회구성원들에게 혜택이 될 수 있도록 정책을 결정해야 진정한 민주주의체제라고 할 수 있을 것이다.

제2절 정치적 갈등과 협상

1. 갈등으로서의 정치와 이익집단

현실적으로 정치는 갈등의 요소를 포함하고 있다. 즉 모든 사람들이 상이한 이익을 추구하기 때문에 이익의 충돌이 초래되며 이익실현을 위한 경쟁이 존재하는 것이다. 따라서 갈등은 정치의 본질적인 요소들 중 하나라고 할 수 있을 것이다. 사람들은 정치생활을 하는 과정에서 여러 가지 다양한 가치를 추구하며 가장 우선적으로 추구하는 가치도 각 개인에 따라 매우 다를 것이다. 그러므로 정치의 기능이 사회적 가치의 권위적 배분이라면 사람들이 직접적으로 또는 간접적으로 정책결정과정에 영향을 미치려고 하는 것은 필연적인 결과이다.

개인이 추구하는 정치적 이익을 정책결정과정에 반영시키는 것은 개인적 차원에서도 가능하지만 집단을 통해서도 가능하다. 따라서 개인의 정치적 행위는 집단적으로 이루어질 수도 있으며 개인적 행위도 경우에 따라서는 집단적 의미를 갖게 된다. 이러한 맥락에서 사회집단들 중 특히 정부나 의회에 영향력을 행사하여 이익을 획득하려는 것을 목적으로 조직된 집단을 이익집단(interest group)이라고 한다.

이익집단은 다음과 같은 배경에서 형성되었다. 첫째, 개인적 차원보다 원활하게 이익을 추구하기 위해 집단의 필요성이 증대되었다. 둘째, 20세기에 들어 선거권의 확대에 따라 이른바 대중정치 시대가 도래되면서 집단을 통한 정치활동이 증대되었다. 셋째, 산업의 발전으로 다양한 직업범주가 나타나면서 이익이 다양화되었다. 넷째, 다양한 사회계층의 분화에 따라 다양한 가치와 이익을 추구할 수 있는 집단이 요청되었다. 다섯째, 의회를 통한 대표성만으로는 반영될 수 없는 다양한 이익이 나타났다. 여섯째, 20세기에 들어와 정부역할의 강화가 요청되었다. 이에 따라 이익실현의 관건은 정부에 영향을 미칠 수 있느냐가 되었다. 결국 이익의 실현을 위해서는 정책결정과정에 영향력을 행사하는 것이 불가피하게 되었던 것이다. 이익집단은 개인을 국가 또는 정치체계와 연계시켜주고 이익을 표출함으로써 정치과정에 대한 투입기능을 수행한다. 따라서 이익집단은 기능적 측면에서 정치체계의 주요한 구성요소라고 할 수 있는 것이다.

이익집단에는 다음과 같은 유형이 있다. 첫 번째 유형은 대부분의 이익집단이 사적 이익을 추구하는 것과는 달리 특히 정치적인 명분이나 공공성을 강조하는 공공이익집단이다. 예를 들면 공공이익집단은 환경운동이나 반전운동을 전개하고 교육개혁을 추구하는 집단이다. 두 번째 유형은 개인적 이익을 추구하는 전형적인 이익집단이다. 예를 들어 경제인단체나 경영자단체, 각종 협동조합, 각종 직업단체 등이 포함된다. 세 번째로, 이익집단의 요청을 받아 의회나 정부에 영향력을 행사하는 역할을 맡아서 해주는 전문적인 직업인을 로비스트(lobbyist)라고 한다. 로비스트들은 전문지식과 법률지식을 가지고 집단의 이익이 실현될 수 있도록 활동한다. 로비스트의 유형에는 정책결정자와 접촉하여 호감을 사고 특정한 정책쟁점에 영향력을 행사하는 중개인(contact man), 정책결정자에게 이익집단의 이익에 유리한 정보를 제공하는 정보원(informant), 정책결정자 주변에서 정보를 얻어 고객인 이익집단에게 제공하는 감시자(watch dog) 등이 있다.

이익집단은 정치과정에서 다음과 같은 기능을 수행한다. 첫째, 개인의 이익을 결집하여 정치과정에 투입시킴으로써 개인의 이익실현에 기여한다. 즉 집단적 차원에서 이익을 추구함으로써 개인적 차원에서보다 실현가능성을 높일 수 있다. 둘째, 다양한 이익집단들 간의 대화와 교류를 통해 갈등을 감소시킨다. 셋째, 개인의 요구에 따른 정책을 추진하게 함으로써 정부에 대한 국민의 기대를 충족시킨다.

정치조직으로서 이익집단과 정당은 다음과 같은 점에서 상이하다. 첫째, 정당은 국민 전체의 이익을 강조하거나 공공성에 중점을 두지만 이익집단은 특정한 사적 이익에 관여한다. 둘째, 정당은 정권획득을 목표로 하고 선거에 후보자를 내세우지만 이익집단은 그러한 정치활동을 하지 않는다. 그러나 이익집단이 특정 후보자를 지원하는 경우는 있다. 셋째, 정당은 고정적인 이데올로기를 갖고 있지만 이익집단은 고정적인 이데올로기를 갖고 있지 않다. 또한 정당은 특정 정책에 대해서는 유연한 입장을 갖고 있지만 이익집단은 특정 정책에 대해서 고정적인 입장을 갖고 있다.

이익집단은 국민의 정치적 관심을 유도하고 직능대표로서 지역대표의 결함을 보완하여 개인의 이익실현에 기여한다. 그러나 이익집단이 지나치게 활성화되면 정당의 위상이 약화되어 이익집단은 정당의 매개 없이 직접 정책결정과정에 영향력을 행사할 수 있게 된다. 또한 자원이 우월한 특정 이익집단의 이익만이 보장된다면 여타 집단의 다양한 이익을 배제하게 되어 정치적 불평등이 초래될 수 있다.

2. 이익대표체계와 정치적 타협

1) 다원주의

다원주의(pluralism)는 이익집단이 모든 정책을 결정하지는 않지만 정책결정과정에 영향력을 행사할 수 있다는 전제에서 출발한다.[9] 즉 다원주의는 상대적으로 자율적인 다수집단을 상정하며 이러한 집단들이 정치과정에 어느 정도 균등한 영향력을 행사할 수 있는 것으로 간주하고 있는 것이다.[10] 사회 내의 집단들은 자신들의 이익을 실현시킬 수 있는

---

9) 다원주의에서 영향력의 행사가 반드시 이익의 실현으로 귀결되지는 않는다. 그러나 영향력은 집단이 정책에 거부권을 행사할 수 있다는 점에서도 중요하다.

권력과 자원을 보유하고 있는 것이다.

물론 모든 이익집단들이 정책결정과정에 동등하게 접근할 수 있는 것은 아니다. 즉 일부 이익집단과 정부 또는 의회 간에는 긴밀한 관계가 성립될 수 있다. 이러한 관계가 형성되면 외부집단들은 정책결정과정에 접근이 제한되거나 금지된다. 또한 이익집단의 권력은 보유한 자원에 의존하기 때문에 우월한 집단이 정책결정과정에의 접근에 있어서 유리한 위치를 차지하게 된다.

그러나 우월한 집단의 이익이 항상 실현될 수 있는 것은 아니다. 우월한 집단의 이익은 반대집단에 의해 견제될 수도 있다. 정책의 결정이 특정 집단에 혜택을 부여할 때 모든 사회구성원들의 지지를 받기는 어렵다. 반대집단의 규모와 형태는 다양하며 반대의 강도도 정책쟁점에 따라 상이하다. 반대집단이 실질적으로 조직되어 있지 않더라도, 우월한 집단의 이익은 잠재집단에 의해서도 제약될 수 있다. 잠재집단이란 공통된 이익을 갖고 있지만 실질적으로 조직을 갖지 않은 집단이다.[11] 이러한 집단들은 우월한 집단이 자신들의 이익을 위협하면 실질적으로 조직될 수 있다. 정치체계에 있어서 대부분의 사람들은 잠재집단의 구성원 자격을 중복해서 보유하고 있으므로 이러한 집단은 어떠한 집단보다도 강력해질 수 있다.

정부나 의회가 재집권을 포기하지 않는다면 이와 같은 잠재집단의 이익을 고려할 수밖에 없을 것이다. 또한 정부나 의회가 잠재집단의 요구에 주목하지 않는다면 다수의 소외집단이 형성되어, 정치체계에서 자신들의 이익이 보장되지 않는다는 점을 인식하게 됨에 따라 정치적 합의가 붕괴될 수도 있을 것이다. 정부나 의회는 재집권을 위해서 광범위한 집단의 지지를 필요로 하기 때문에 다수집단들의 이익을 보장해주어야

10) Dahl(1982), 앞의 책, p.26.

11) Truman, D. 1967. *The Governmental Process*. New York: Alfred Knopf, p.34.

한다. 또한 정부나 의회 내에서도 특정 부서나 특정 정당이 관심을 갖지 않는 다른 이익도 다른 부서나 다른 정당이 관심을 갖기 때문에 실현될 수 있다. 즉 농업협동조합과 농림부 간에 긴밀한 관계가 존재한다고 해도 정부 내 다른 부서는 농업이 아닌 다른 부문의 이익을 고려할 수 있다. 따라서 정치체계는 다양한 이익을 표출시킴으로써 정책결정과정에서 수혜의 독점을 방지할 수 있는 것이다.

또한 소수의 우월한 집단 간에도 이익을 둘러싼 갈등이 존재하며, 이러한 집단의 정책결정에 대한 영향력은 제한적이다. 결과적으로 우월한 집단들도 다른 집단들과 마찬가지로 정치체계에 제한적으로 영향력을 행사하게 되는 것이다. 다원주의의 관점에서 이러한 결과는 사회에 있어서 집단 간 권력분산을 의미하며, 사회구성의 복잡성과 상호의존성 때문에 정책결정과정은 다수의 이익에 개방될 수 있다. 또한 자원이 균등하게 분배되지 않더라도 경제력이 없는 집단은 투표권과 같은 다른 자원을 갖고 있다.

이러한 맥락에서 정치는 모든 집단이익에 실질적으로 동등한 기회를 부여할 수 있는 집단협상의 절차가 된다. 따라서 다원주의에서는 집단 간의 협상이 가장 중시되며, 협상의 공정성을 침해하는 어떠한 요인도 거부되는 것이다. 다원주의는 정치과정에 경쟁과 협상이라는 시장원리를 적용한 것이다. 이러한 원리에 따라 다원주의는 최소한 절차상으로는 모든 집단들이 참여할 수 있는 협상기제를 제시했다. 그러나 다원주의의 한계는 이와 같은 절차상의 공정성이 보장된다고 해도, 실질적으로는 광범위한 정치적 불평등이 산출된다는 점이다.[12] 즉 다원주의 체제에서는 우월한 자원을 보유한 집단들이 정치과정을 장악하게 되어 정

12) 다알은 집단의 영향력 또는 권력에 따른 불평등은 다른 자원에 의한 불평등 이상의 의미가 있다고 말한다. 그는 이와 같은 정치적 불평등의 고착화를 다원주의의 네 가지 문제점 중의 하나로 지적한다. Dahl(1982), 앞의 책, pp. 40-43.

치의 왜곡이 초래되는 것이다.[13] 이에 따라 자원이 빈약한 소수집단들의 이익은 제대로 반영되지 못하게 된다.

다원주의체제는 자원의 불평등이 존속하는 한 이러한 정치적 불평등을 해소할 수 없으며, 실제로 대부분의 다원주의자들은 어느 정도 이러한 점을 인정하고 있다. 이에 대한 다원주의자들의 해결책은 우월한 집단의 특권적 권리를 인정하든지 아니면 소유권제도를 전면적으로 재편하는 것이다.

그러나 특정 집단의 특권적 지위를 인정할 경우 협상절차의 공정성은 준수되지 않으며, 소유권 제도의 전면적인 개선은 사적 소유권을 기반으로 하는 자본주의체제에서는 한계가 있다. 또한 자원의 분산은 절차의 공정성에 어느 정도 기여하겠지만 문제가 완전히 해결되지는 않는다.

다원주의의 협상기제는 국가와 사회집단 간의 분산적인 과정이다. 따라서 동일한 생점에 내한 동일한 협상과정이 여러 번 반복되므로 많은 비용이 소요된다. 이와 같은 기제는 비효율적일 뿐만 아니라, 집단 간의 이익이 첨예하게 대립되는 경우에는 기본적인 타협조차 이루어지지 않기 때문에 심각한 무질서가 초래된다. 결국 다원주의가 제시하는 기제는 이익을 표출하는 데는 유용하지만 이익을 조정하는 데는 취약점을 노출하게 되는 것이다.

다원주의자들은 이익의 다원성이라는 전제에서 출발하기 때문에 실체로서의 공동선을 거부한다. 다원주의자들의 주장에 따르면 국가는 일반이익을 대표할 수 없으며, 정치과정에는 오직 대립하는 집단들 간의 경쟁과 타협만이 존재할 따름이다.[14] 따라서 공동선은 사적 이익들 간의 타협의 산물로 규정된다.[15] 결과적으로 다원주의자들은 국가와 사회집

13) 위의 책, pp.45-47.

14) Bentley, A. 1967. *The Process of Government*. Cambridge, Mass.: Harvard University Press, p.208.

15) 다원주의자들은 시장과 마찬가지로 공동선은 보이지 않는 손에 의해 성취된

단을 연계시키고 정치를 사적 이익의 타협과정으로 보고 있는 것이다.

그러나 다원주의에서 상정하는 만큼 정책에 대한 접근은 개방적이지 않다. 다원주의의 관점에서 접근은 쉽지 않을 수도 있지만 이익이 잘 조직화된다면 결국 표명될 것으로 본다. 그러나 잘 조직되어 있는 집단도 정책의 방향이나 관점이 맞지 않는다면 정책결정과정에서 배제될 수 있다. 또한 잠재집단의 영향력에도 의문이 제기될 수 있다. 잠재집단은 재집권에 큰 영향력을 행사하지 못할 수 있다. 또한 정당이나 정치인들이 특정 잠재집단에 지지를 호소한다면 다른 집단의 표를 얻지 못하게 된다. 이익이 무시되는 경우에도 잠재집단이 조직을 결성할 가능성은 높지 않다. 정책결정에 대한 접근이 완전히 개방되어 있지도 않고 잠재집단의 영향력도 약하다면 타협은 의문시될 수 있다.

다원주의의 주장대로 민주주의체제에서 권력은 분산되어 있고 다수의 이익집단들은 정책결정에 영향력을 행사할 수도 있을 것이다. 그러나 다원주의는 왜 특정 집단은 정책결정과정에 관여하고 다른 집단은 배제되는지는 설명하지 못했다. 다원주의는 갈등의 부재를 동의로 간주하지만 이러한 동의가 특정 이익에 기여하는지 아닌지는 분석하지 않았다. 또한 이익집단의 영향력은 정책결정에 있어서 하나의 요인이므로 국가의 조직이나 제도와 같은 것도 주요한 요인으로 간주되어야 하는 것이다.

2) 조합주의

다원주의와는 달리 조합주의(corporatism)에서는 이익대표체계에 국가의 개입이 포괄적으로 인정된다. 다원주의에서 국가는 집단 간의 대립을 중재하는 공정한 조정자의 역할을 수행한다. 따라서 국가의 역할은 정치과정에 적극적으로 개입하는 것이기보다는 최소한의 범위에 국한

다고 주장한다. 위의 책, p.208.

되며 공공정책은 집단 간 타협의 산물이 된다. 그러나 다원주의에는 다원적인 이익을 조정할 수 있는 기제, 즉 사회집단들을 통제할 수 있는 기제가 부재하기 때문에 불안정하다. 따라서 다원주의에서는 사회집단들 간의 갈등이 초래되기 쉽다. 조합주의에서는 이러한 문제점을 국가의 개입과 사회집단의 조직화를 통해 해결한다.

슈미터(P. Schmitter)에 따르면 조합주의는 사회집단들을 강제적이고 비경쟁적인 단일한 구성단위에 놓이게 하는 것이다. 조합주의의 구성단위는 계서적으로 조직되기 때문에 정상집단(peak association)은 여타 사회집단들을 통제하는 것이 가능하다. 각 구성단위는 지도자 선임과 이익표출에 있어서 국가의 통제를 수용하는 대가로 특정 범주의 이익대표권을 독점한다.[16] 또한 코슨(A. Cawson)에 따르면 조합주의는 독점적이고 기능적인 이익을 대표하는 조직들이 정책산출에 대해 국가기관과 정치적 교환에 관여하는 특정한 사회적 정치적 과정이다.[17]

조합주의는 정치과정에 투입되는 비용을 줄이고 안정적인 기제를 수립할 수 있다는 장점이 있다. 또한 조합주의는 정치과정에서 다양한 이익집단의 역할과 참여를 제도화함으로써 최소한의 타협을 도출하기 위한 기제를 제시한다. 그러나 조합주의는 몇 가지 문제점을 갖고 있다. 첫 번째 문제점은 구성상의 비민주성이다. 즉 안정적인 정치과정을 구축하기 위해서 구성단위 내 사회집단들의 개별의사는 무시되며 모든 결정은 구성단위 수준에서 이루어진다. 둘째, 이익대표권의 독점으로 인한 배타성의 확산이다. 국가의 선호나 정치적 교환에 의해 부여된 이익대표권은 특정 구성단위에 속하지 않은 사회집단들을 배제시키게 된다.

16) Schmitter, P. 1979. "Still the Century of Corporatism?" in P. Schmitter and G. Lehmbruch., eds. *Trends Toward Corporatist Intermediation*. Beverly Hills, Calif.: Sage, p.13.

17) Cawson, A. 1986. *Corporatism and Political Theory*. Oxford: Basil Blackwell, p.38.

따라서 이익대표권의 독점은 다원주의와 마찬가지로 특정 이익집단이 정치과정을 장악하는 결과가 초래된다. 셋째, 자본과 노동을 중재하는 것은 국가이므로 합의 여부는 국가의 중재능력에 의존한다. 따라서 국가가 능력을 충분히 보유하고 있지 못한 경우에는 정치과정에 혼란이 초래될 수 있다.[18]

조합주의는 다원주의의 통치불능(ungovernability)의 문제를 국가의 개입을 통해 해결하고자 한다. 또한 조합주의는 최근 확장되는 국가조직과 사회집단들 간의 연계 내지는 결속을 설명하는 데 유용하다. 조합주의는 특히 각기 상이한 이익을 추구하는 집단적 범주로서 국가, 자본, 노동 간의 관계에 초점을 맞춘다. 즉 국가, 자본, 노동 간의 관계가 제도적으로 어떻게 구성이 되고 자본과 노동의 이익이 어떻게 추구되는지가 관심의 대상인 것이다. 또한 조합주의는 자본과 노동 간의 갈등과 타협이 어떠한 형태로 나타나고 국가는 어떠한 역할을 수행하는지를 분석한다. 특히 자본과 노동 간의 갈등은 경제성장률이 하락하고 사회적 분배의 양이 감소될 때 심각하게 표출된다. 서구에서는 1960년대 이후 고성장이 종료되면서 다양한 형태의 갈등이 나타났었다. 이러한 갈등은 구체적으로 노동자들의 이익을 추구하는 전략으로서 파업의 증대로 표출된다.

조합주의의 특징 중의 하나는 사회부문에 대한 개입이다. 즉 국가는 정치체계의 안정을 위해 사회집단들과 협상을 전개하는 것이다. 조합주의에 있어서 국가는 특정 계층이나 특정 집단에 의해 통제되지 않고 사회집단들과의 관계에 있어서 독자적인 역할을 수행한다. 즉 국가는 주요 이익집단들을 정치과정에 끌어들여 권력을 공유하게 함으로써 집단 간의 갈등을 최소화하고 안정을 유지하는 것이다. 이익집단은 이익대표의 독점에 대한 대가로 국가의 통제에 놓이게 된다.

---

18) 안승국. 1997. 「결사체민주주의와 정치공동체: 국가-시민사회관계의 대전환 모색」. ≪한국정치학회보≫ 31:3, p.75.

이익대표체계 또는 타협기제로서 조합주의는 두 개의 유형으로 구분할 수 있다. 이익집단에 의한 상향적 투입을 특징으로 하는 것은 사회조합주의(societal corporatism)라고 한다면, 국가에 의한 동원과 통제를 특징으로 하는 것은 국가조합주의(state corporatism)라고 할 수 있다. 국가조합주의는 조합주의의 개발도상국 유형으로서 사회집단을 억압하기 위한 통제양식이라고 할 수 있다.

제3절 정치안정과 불안정

1. 정치안정의 의미

우리 모두는 정치적으로 안정된 사회에서 살기 원한다. 정치적으로 안정된 사회는 곧 경제적·사회문화적으로 안정된 사회이며, 사람들은 그러한 사회 속에서 장래에 대한 두려움 없이 나름대로의 계획에 따라 일상생활을 영위할 수 있기 때문이다. 정치지도층 역시 정치안정(political stability)을 바라게 마련이다. 왜냐하면 정치안정은 그들이 지닌 권력기반이 견고하다는 증거가 되기 때문이다. 그렇다면 정치안정이란 어떤 상황을 지칭하는가? 정치안정은 어떤 조건하에서 이루어질 수 있고, 또 어떤 경우에 안정 상태가 불안정 상태로 바뀌는가? 이러한 정치안정은 여러 가지 모습을 지니고 있으나 크게 보아 ① 정치제도와 질서, ② 정치행태, 그리고 보다 포괄적인 ③ 정치체계의 측면에서 각기 그 양상이 정의될 수 있다.

1) 정치제도와 정치질서의 안정

정치안정은 우선 정치제도의 지속성이라는 측면을 갖는다. 즉 의회제도나 선거제도와 같은 정치제도들이 큰 변화 없이 오랫동안 유지되는 상황을 정치안정이라고 말할 수 있다. 또 이러한 제도들이 근거하고 있는 법적 기반의 안정 역시 정치안정으로 간주된다. 예로서 헌법, 특히 그 가운데에서도 권력구조에 대한 조항이 자주 바뀌는 국가는 결코 정치적으로 안정된 국가가 아니다.

그렇다면 제도적 안정은 어떤 의미를 갖는가? 정치제도는 이미 살펴본 바와 같이 정치행태와 과정을 통제하는 기본적 틀이며, 정치질서(political order)의 바탕이 된다. 따라서 제도적 안정은 곧 한 국가의 정치과정을 이끌어나가는 정치질서의 안정과 직결된다는 점에서 대단히 중요한 정치안정의 측면이다. 정치제도가 대폭적으로 혹은 자주 바뀌는 국가는 정치질서의 급격한 변동을 겪고 있다고 볼 수 있고, 그러한 변동이 특히 국가의 권력기반과 관련된 것일 경우 정치지도층뿐만 아니라 국민의 정치·경제·사회적 이해관계에 심각한 충격을 가져오게 마련이다. 예를 들어 최근 우리나라에서는 대통령제를 계속 유지할 것인가 아니면 의원내각제를 채택할 것인가에 관한 논란이 지속되고 있는데, 이러한 논란은 어떤 권력구조(제도)를 택하는 것이 자신들의 정치적, 경제 사회적 이익을 확보하는 데 유리한가를 둘러싼 정치집단 간의 갈등이 드러난 것이라고 보아도 무방할 것이다.

이처럼 제도적 안정의 수준, 곧 정치제도의 수명과 변동의 폭은 정치안정을 가늠하는 중요한 척도 가운데 하나가 되기 때문에 헌팅턴(S. Huntington)과 같은 학자는 정치안정을 정치제도화(政治制度化, political institutionalization)가 어느 정도 이루어졌는가를 통해 파악하고 있다. 즉 헌팅턴에 따르면 정치제도화란 "정치조직과 절차가 가치와 안정성을 획득하는 과정"[19]이며, 이러한 정치제도화의 수준은 ① 정치조직과 절

19) Huntington, S. 1968. *Political Order in Changing Societies*. New Haven, Conn.: Yale University Press, p.12.

차들이 변화하는 환경에 얼마나 잘 적응하는가(적응성, adaptability), ② 기능과 조직의 측면에 있어서 얼마나 효율적으로 분화(分化)되어 있는가(복잡성, complexity), ③ 다른 사회조직의 영향력을 벗어나 얼마나 독자적으로 움직이는가(자율성, autonomy), 그리고 마지막으로 ④ 구성단위들이 얼마나 큰 통합성과 응집성을 나타내는가(결합성, coherence)에 따라 결정된다.[20] 요컨대 정치제도의 안정은 개인과 정치집단들이 국회에서의 의결방식이나 선거운동방식과 같이 제도가 규정하고 있는 절차와 질서를 얼마나 잘 따르고 있는가에 따라 결정되며, 이러한 질서의 확립은 곧 정치제도의 효율성과 정당성에 대한 신뢰를 반영한다는 측면에서 정치안정, 더 나아가 정치발전(political development)의 필수조건이 된다. 즉 헌팅턴은 정치발전의 수준이 "정치행위자들이 현존하는 여러 정치제도에 어느 정도 귀속(歸屬)되어 있고 또 얼마나 기꺼이 그러한 제도를 자기 것으로 받아들이느냐"에 따라 결정된다고 주장한다.[21] 왜냐하면 정치제도들이야말로 정치행위자들 간의 '규범적 합의와 상호이익'[22]을 반영하고 있기 때문이라는 것이다.

2) 정치행태의 안정

정치행태의 측면에서 본 정치안정은 정치제도의 안정과 직결된다. 행태의 안정과 제도의 안정은 정치안정이라는 마차의 두 바퀴와 같기 때문에 한쪽 바퀴의 안정성은 곧 다른 쪽 바퀴의 안정성에 따라 결정된다. 그렇다면 굳이 정치행태의 안정을 따로 떼어 논의하는 이유는 무엇인가?

우리는 대개 정치안정을 행태의 안정을 통해 바라본다. 예로서 FTA에 반대하는 농민들의 대규모 시위가 점차 폭력적으로 변해갈 때 정치

20) 위의 책, pp.13-24 참조.
21) 위의 책, p.9.
22) 위의 책, p.10.

가 불안정하다고 말한다. 왜냐하면 농민들의 폭력시위는 FTA를 추진하는 정부에 대한 반발이라는 사실을 누구나 알 수 있기 때문이다. 즉 시위와 같은 집단적 정치행태(collective political behaviour)는 정부의 정책이나 정권의 정당성에 대한 도전이라는 측면에서 정치안정과 불안정의 명백한 지표가 된다.

일정한 유형의 개인적 정치행태(individual political behavior) 역시 정치안정의 지표가 될 수 있다. 최근 국회의원 총선거에서 기권하는 사람들이 점차 늘어나는 경향이 나타나고 있는데, 이러한 현상은 정치안정과 무관한 것처럼 보이나 실제로는 커다란 영향을 준다. 국회의원들이 국민의 이익을 제대로 대변하지 못하기 때문에 뽑아보았자 소득이 없고, 따라서 투표할 필요도 없다고 생각하는 사람은 결국 의회제도나 선거제도와 같은 정치제도를 믿지 못하는 사람이라고 볼 수 있다. 이와 같은 불신을 가진 사람이 많으면 많을수록 정부가 정책을 수립하고 집행하는데 필요한 자원의 동원(resource mobilization)이 어려워져 국정관리에 큰 장애가 따르기 마련이다. 조세제도(租稅制度)가 불평등하다고 생각하는 사람들은 탈세할 수 있는 방법을 찾을 것이고, 잘못된 대학입시제도 때문에 자녀들이 피해를 입고 있다고 믿는 학부모들은 가능한 한 빨리 아이들을 외국으로 보내려 할 것이다. 이렇게 된다면 국가재정의 기반이 되는 조세수입이 줄고 막대한 외화가 반출되어 공공정책의 추진에 필요한 자원확보가 어려워진다. 이처럼 개인적 차원에 있어서의 정치적 일탈행위(逸脫行爲, deviant behaviour) 또는 항거행위(抗拒行爲, protest behaviour)는 비록 대중시위와 같이 눈에 두드러지지는 않는다 해도 점차 퍼져 나갈 경우 심각한 정치불안정을 가져온다.

3) 정치체계의 안정

마지막으로 정치안정을 보다 추상화된 정치체계를 통해 바라볼 수 있다. 앞의 제3장에서 살펴본 것처럼 정치체계는 사회적 가치의 권위적 배분과정을 거시적·총체적으로 이해하기 위한 이론적 틀이다. 그런데 정치체계는 진공 속에서 작동하는 것이 아니라 고유한 사회경제적·문화적 환경 속에서 움직이기 때문에 정치체계의 모습은 결국 체계-환경의 상호작용이라는 맥락에서 파악되어야 한다.

모든 정치체계는 항상 환경으로부터 압력을 받고 있다. 변화하는 환경은 체계구성원들로 하여금 정책결정과정에 새로운 요구를 지속적으로 투입하도록 만들기 때문에, 체계는 새로운 요구에 효율적으로 대응할 수 있는 정책을 산출해야 한다는 압력을 받게 된다. 이러한 압력에 적절히 대응하는 체계는 살아남지만 그렇지 못한 체계는 곧 불안정 상태에 빠져 결국에는 붕괴되고 만다. 예를 들어 1979년 우리나라에서 군부 권위주의 유신정권(維新政權)이 무너진 것은 박정희 대통령이 암살되었기 때문이라고 생각하는 사람들이 많다. 물론 정치권력이 소수의 정치지도층 또는 한 사람의 정치지도자에게 집중되어 있을 때 권력 핵심부의 상실은 정권의 급속한 붕괴를 초래한다. 그러나 단순히 박 대통령이 암살되었기 때문에 유신정권이 무너졌다고 볼 수는 없다. 왜냐하면 박 대통령의 암살은 오랫동안 쌓여온 국민의 불만이 연속적으로 폭발된 일련의 사건 가운데 하나일 뿐이기 때문이다. 1979년 봄에 흔히 부마항쟁(釜馬抗爭)이라 불리는 대규모 반정부 시위가 부산·마산지역에서 발생했다. 그런데 종전의 시위가 주로 반민주적 유신헌법 철폐를 부르짖는 지식인 집단(주로 대학생들)에 의해 이끌어졌던 것임에 반해, 이 시위는 '인간다운 경제적 삶'을 요구하는 근로자들의 시위였다는 사실에 주목해야 한다. 부마항쟁의 중요성은 1972년에 출범한 유신정권이 아홉 차례에 걸친 긴급조치(緊急措置)의 발동을 통해 끊임없이 계속되는 지식인·학생들의 반정부 시위를 비교적 성공적으로 진압해왔지만 이 시위에는 효율적으로 대처하지 못했다는 점에 놓여 있다. 즉 부마항쟁은 유신정권의 내부분열과 대립을 초래했을 정도로 강력한 압력을 행사했고, 이러한 분열이 박대통령의 암살이라는 비극적 사건을 초래하여 결국에는 유신정권을 붕괴시킨 것이다.

그렇다면 왜 유신정권(군부 권위주의 정치체계)은 부마항쟁에 적절히 대응하지 못했던 것인가? 유신정권은 존속기간(1972~1979)을 통해 적어도 지식인들의 시위로부터 비롯된 압력에는 충분히 대응할 수 있는 능력을 견지해왔다고 말할 수 있다. 이러한 시위의 주체들은 지식인 계층이라는 소수집단에 한정되어 있었을 뿐만 아니라, 시위 내용도 '민주화' 내지는 '민주주의의 회복'이라는 이념적 이슈에 머물러 긴급하고도 구체적인 경제문제를 중심으로 폭발했던 제3세계의 보편적 대중시위(大衆示威, mass protest)와 다른 성격을 지니고 있었다. 또한 근로자들을 포함한 대부분의 국민들은 군부 권위주의 정권의 정치적 탄압, '근대화의 눈부신 업적'에 대한 정치적 선전과 이데올로기 조작으로 인해 불만을 대중시위로 연결시킬 힘을 키우지 못하고 있었다. 요컨대 부마항쟁 이전에 발생했던 지식인들의 시위는 대중의 전폭적 지지를 얻지 못한 채 유신정권이 만들어 놓은 여러 가지 억압장치에 의해 충분히 제어될 수 있는 수준에 머물렀던 것이다. 즉 유신정권은 지식인들의 시위로부터 비롯된 제한된 수준의 압력에는 충분히 대응할 수 있는 능력을 발전시켜왔고, 이에 따라 환경과 정치체계 사이에 균형상태(equilibrium)가 유지된 것이다. 그러나 추상적인 '정치적 민주화'가 아니라 '인간답게 살기 위한 최소한의 경제적 여건'을 요구하면서 일시에 폭발한 부마항쟁은 근로자들뿐만 아니라 중산층에 이르기까지 광범위한 지지를 얻었으며, 이처럼 새로운 유형의 압력에 대응할 수 있는 능력을 갖추고 있지 않던 유신정권은 붕괴될 수밖에 없었던 것이다.

결국 정치체계의 안정성은 정치체계가 환경으로부터의 압력에 대응할 수 있는 힘, 곧 체계능력(system capacity)을 어느 정도 갖고 있느냐에 따라 결정된다. 정체체계는 환경으로부터의 압력에 대응할 수 있는 능력을 발휘할 경우 오랫동안 유지될 수 있다. 예로서 고대 정치체계들은 현대 정치체계에 비해 그 지속기간이 엄청나게 길었는데, 그 이유는 환경 변화가 거의 없었기 때문이다. 그렇다면 수백 년간 지속된 중국 고대 왕조들이 천재지변을 겪은 후 갑자기 무너진 이유는 무엇인가? 극심한 가뭄과 대홍수는 경제적 기반(농업기반)의 상실과 같이 급격한 환경 변화를 초래했고, 중국의 고대 왕조들은 이로 인한 재정결핍, 유민(流民) 발생, 반란 등의 압력에 대처할 능력이 없었기 때문이다. 이처럼 정치체계의 안정은 체계가 지닌 압력대응 능력에 따라 그 수준이 결정되며, 알먼드[23]는 정치체계가 새로운 압력에 대응할 수 있는 능력을 획득해 나가는 과정을 '정치발전'이라 부르고 있다.

정치체계는 어떻게 이러한 능력을 얻을 수 있는가? 정치학자들은 체계가 지닌 여러 가지 기능들이 새로운 압력을 수용할 수 있도록 점차 전문화되고(기능적 전문화, functional specification), 그러한 기능적 전문화를 뒷받침하기 위해 구조가 점차 세분화되며(구조적 분화, structural differentiation),[24] 더 나아가 체계구성원들의 가치와 신념, 즉 문화가 새로운 구조·기능적 변화를 수용할 수 있도록 합리화(문화적 세속화, cultural secularization)[25] 되어야 한다는 세 가지 조건을 제시하고 있다. 정치체계는 이러한 조건을 갖추어 나갈 때 안정과 발전을 달성할 수 있다.

---

23) Almond and Powell(1978), 앞의 책, pp.19-23.

24) 예를 들어 우리는 지금 50년 전이라면 전혀 나타나지 않았을 요구, 즉 깨끗한 물, 깨끗한 공기를 요구하고 있는데, 우리 정치체계는 이러한 요구에 대응하기 위해 환경보호 기능을 새롭게 갖추었고, 그러한 전문적 기능을 수행하기 위해 정부의 조직이 분화되어 환경부가 새롭게 만들어졌다.

25) 여기에서 '세속화'란 절대적이며 비타협적인 종교 이데올로기와 같은 도그마를 탈피한다는 의미에서 사용된 용어이다.

2. 정치안정연구의 맥락과 주제

허위츠(L. Hurwitz)에 따르면 정치안정이라는 개념은 "정치학 연구에 있어서 개념정의의 혼란을 명백히 보여주는 사례"[26]이다. 지금까지 이루어진 정치안정 연구는 이와 같은 혼란으로 인해 반정부 시위의 확산, 정치질서 또는 정부의 지속성, 정치체제의 정당성에 대한 국민의 지지 등 서로 다른 측면을 대상으로 이루어져 왔으나, 크게 보아 ① 정치체계의 구조적 변동(structural change)과 ② 체제(regime)의 정당성과 헌정질서에 대한 도전이라는 두 가지 맥락을 찾을 수 있다.

1) 정치체계의 구조적 변동

정치체계의 구조적 변동에 초점을 맞춘 연구들은 체계 속에 심각한 구조적 변화가 일어나지 않거나 구조적 변화의 압력을 극복할 수 있는 능력이 확보된 상황을 정치안정으로 규정하고 있다.[27] 이 가운데에서 우선 정치안정의 수준을 정부의 지속성(governmental longevity), 곧 수명(壽命)을 통해 측정하려는 연구들은 정부나 내각(cabinet)의 존속기간이 상대적으로 긴 국가들이 그렇지 못한 국가들에 비해 안정적이라고 본다. 예를 들어 이태리·핀란드·일본·프랑스 제4공화국 등에서 나타난 것과 같은 내각의 빈번한 붕괴와 교체는 정치불안정의 징표가 된다는 것으로서, 러셋(B. Russett)의 행정부 안정성(executive stability) 연구,[28] 블롱들(J. Blondel),[29] 테일러와 허만(M. Taylor and M. Herman)의 내각지속성

26) Hurwitz, L. 1973. "Contemporary Approaches to Political Stability." *Comparative Political Studies* 5, p.449.

27) Eckstein, H. 1966. *Division and Cohesion in Democracy*. Princeton, NJ: Princeton University Press, p.16.

28) Russett, B., et al. 1964. *World Handbook of Political and Social Indicators*. New Haven and London: Yale University Press.

29) Blondel, J. 1968. "Party Systems and Pattern of Government in Western

연구[30] 등이 이에 속한다.

한편 앞서 살펴본 알먼드의 구조기능론적 시각[31]을 채택하고 있는 연구들은 환경으로부터의 압력에 효율적으로 대응함으로써 기본구조를 오랫동안 유지하여온 정치체계, 혹은 구조적 분화를 성공적으로 달성한 정치체계들을 안정적인 체계로 간주하고 있다. 예로서 에이키(C. Ake)는 "정치적 교환의 규칙적인 흐름(the regularity of political exchange)"이 정치안정의 필수조건이라고 주장한다. 즉 체계구성원들이 정치체계 속에서 주어진 기능(역할)을 충실히 수행할 때 체계가 원활히 작동하여 정치안정이 이루어진다는 것이다.[32] 보다 구체적으로 국회의원은 의정활동(정책결정기능, decision-making function)을, 정부관료는 주어진 정책집행 및 관리활동(산출기능, output function)을, 그리고 일반국민들은 투표와 후원금 기부 등 법적·제도적으로 허락된 정치참여활동(투입기능, input function)을 제대로 수행한다면 가치의 권위적 배분과 교환이 원활하게 이루어져 정치체계가 안정상태를 유지할 수 있다는 것이다.

2) 체제의 정당성에 대한 도전

정치체제의 정당성을 둘러싼 폭력적 갈등과 대립이 없는 상태를 정치안정으로 간주하는 연구도 있다. 이러한 연구에 따르면 안정된 정치체제란 권력구조의 변화가 선거와 같은 법적·제도적 절차를 통해 이루어지는 체제이며, 따라서 쿠데타와 같은 폭력적 방법을 통해 정부를 무너뜨리려는 시도는 불안정의 지표가 된다. 예를 들어 77개국을 대상으로 파업·시위·폭동·게릴라전·숙청·암살·혁명 등 폭력적 갈등의 유형을 분

Democracies." *Canadian Journal of Political Science* 1, pp.180-230.

30) Taylor, M. and Herman, V. 1971. "Party Systems and Government Stability." *American Political Science Review* 65, pp.28-37.

31) Almond and Powell(1978), 앞의 책, pp.3-76 참조.

32) Ake, C. 1975. "A Definition of Political Stability." *Comparative Politics* 7, p.273.

류하여 정치안정도를 파악한 럼멜(R. Rummel)의 연구[33]나 119개국에서 발생한 시민폭력의 존속기간·확산성·강도(强度)·범주를 통합하여 정치 불안정의 종합심도(total magnitude)를 측정한 거(T. Gurr)와 루텐버그(C. Ruttenberg)의 연구[34]가 이에 속한다.

한편 체제에 대한 폭력적 도전행위가 나타나지 않는 상황이라기보다는 적극적 지지가 널리 확보되어 있는 상황을 정치안정으로 보는 학자들도 있다. 예로서 립셋은 안정된 사회란 과거 25년 동안 민주적 '게임의 규칙'이 철저하게 지켜진 사회라고 주장했으며,[35] 니들러(M. Needler)는 라틴 아메리카 20개국 정부를 연구하면서 어떤 국가가 얼마나 오랫동안 헌법에 따라 통치되어왔는가를 정치안정의 척도로 삼았다. 즉 자유로운 선거에 의해 구성된 정부가 정치적 자유와 헌정질서를 존중하는 가운데 쿠데타와 같은 폭력적인 변화에 의해 교체되지 않고 최소 6개월 이상 존속했을 때 정통성과 안정성을 확보한 것으로 보고 있다.[36]

제4절 정치적 선택과 결정

정치에 참여하는 개인과 집단의 행태는 여러 가지 모습으로 나타난다. 즉 투표와 같이 비교적 단순한 참여로부터 정책결정에 영향을 미치

---

33) Rummel, R. 1963. "Dimensions of Conflict Behavior Within and Between Nations." *General Systems* 8, pp.1-50.

34) Gurr, T. and Ruttenberg, C. 1971. "The Conditions of Civil Violence: First Tests of a Causal Model," in J. Gillespie and B. Nesvold, eds. *Macro Quantitative Analysis*. Beverly Hills, Calif.: Sage, pp.187-215.

35) Lipset, S. 1959. "Some Social Requisites of Democracy: Economic Development and Political Legitimacy." *American Political Science Review* 53, pp.69-109.

36) Needler, M. 1968. "Political Development and Socioeconomic Development: The Case of Latin America." *American Political Science Review* 62, p.891.

려는 이익집단과 정부의 협상, 의회를 장악하기 위한 정당들의 전략적 연합에 이르기까지 정치행태의 레퍼토리는 매우 다양하다. 그러나 이처럼 복잡다단한 정치행태들은 모두 '선택과 결정(choice and decision)'이라는 범주에 포함된다고 말할 수 있다. 즉 이러한 행태들은 가치의 권위적 배분과정에 있어서 보다 많은 몫을 획득하기 위한 여러 가지 대안(代案, alternatives) 가운데 하나를 선택하는 목적지향적·의도적 행태인 것이다.37)

그런데 목적지향적 행태는 또 한편으로 개인이나 집단이 지닌 독특한 신념과 이념, 가치와 견해, 곧 정치적 성향(性向, dispositions)을 반영한다는 사실을 잊어서는 안 된다. 왜냐하면 정치적 선택과 결정은 어디까지나 정치적 성향의 틀 속에서 이루어지기 때문이다. 예를 들어 투표는 후보자를 '선택'하는 행위이고 그러한 선택은 어떤 후보자에게 표를 던졌을 때 얻을 수 있는 이득에 대한 계산의 결과이지만, 동시에 투표자가 지닌 정치적 성향의 소산이기도 하다. 이러한 맥락에서 정치행태에 대한 연구는 정치적 선택이 이루어지는 경로와 그에 영향을 미치는 정치적 가치와 신념에 주목한다 즉 정치행태 연구는 ① 정치적 선택은 어떤 과정을 거쳐 이루어지는가, ② 이러한 과정에 영향을 미치는 정치적 성향은 어떻게 형성되며 성향의 독특한 조합양상에 따라 어떻게 서로 다른 정치행태가 초래되는가라는 두 가지 연구문제를 갖고 있다. 여기에서는 일단 정치적 선택에 초점을 맞추어 다양한 선택의 경로를 논리적으로 규명하려는 게임이론(Game Theory)을 간략히 살펴보기로 한다.

---

37) 알먼드와 젠코(Steven Genco)는 이러한 '선택과 결정'이야말로 정치의 '존재론적 본질(ontological property)'이라 주장한다. 가브리엘 알먼드·스티븐 젠코. 1997. 「구름, 시계와 정치학연구」, 김웅진 외 편역. 『비교정치론강의 1: 비교정치연구의 분석논리와 패러다임』. 한울, p.173. 참조.

1. 정치적 선택: 게임의 논리

정치적 선택은 마치 포커와 같은 게임의 논리에 따라 이루어진다고 볼 수 있다. 즉 정치적 선택이나 포커 게임은 주어진 상황 속에서 자신의 이익을 극대화하기 위한 전략을 선택하는 행위이다. 물론 정치현상은 대단히 복잡한 현상이지만, 최대한의 이익을 확보하기 위해 상대방의 전략을 예측하고 그에 대응하기 위한 여러 가지 대안 가운데 하나를 고르는 사람들의 상호작용이라는 측면에서 볼 때 포커나 화투와 크게 다를 바 없다. 정치적 행위자와 포커 플레이어는 모두 상대방이 취할 수 있는 전략에 따라 자신에게 돌아올 수 있는 효용(utility)을 예측한 다음 적절한 대응방식을 택하게 마련인 것이다. 이러한 맥락에서 정치체계 속에서 표출되는 개인이나 집단의 행태, 더 나아가 국제관계 속에서 나타나는 국가의 행태를 설명하고 예측하기 위한 분석의 틀을 게임이론이라 부른다.

정치학 연구에 있어서 게임이론은 본래 긴박한 위기상황 속에서 어떤 국가가 왜 특정한 외교전략이나 군사전략을 채택하는지, 그리고 어떤 전략이 가장 타당하고도 효율적인지를 논리적으로 분석하기 위한 실용적 도구로서 만들어진 것이며, 1920년대에 보렐(E. Borel, 1871~1956)이나 노이만(J. von Neumann, 1903~1957)과 같은 수학자들이 제시한 게임의 수리적(數理的) 전개과정에 기반을 두고 있다. 물론 제한된 가정에 따라 일단의 정리(定理, axoims)를 논리적으로 도출하는 수학적 틀로서의 게임이론을 정치현상에 적용한다 할 때 정치적 행위자들이 지극히 복잡하고도 유동적인 상황 속에서 실제로 취할 수 있는 행위를 완벽하게 설명하고 예측할 수는 없다. 또 정치적 행위자들은 위에서 말한 것처럼 단순히 효용의 극대화(utility maximization)만을 지향하는 것이 아니며, 행위의 선택에 있어서 자신이 지닌 고유한 정치적 신념과 가치로부터의 영향을 받게 된다. 그러나 이러한 한계에도 불구하고 게임이론은 정치현상의 특성인 갈등과 협상을 체계적인 게임상황으로 바라보고 있다는 점, 그리고 당면한 정책사안의 해결을 위한 전략적 접근의 틀을 제공해준다는 측면에서 정치학이나 정책학(政策學, policy science) 연구에 널리 적용되어왔다. 예로서 게임이론은 남북한의 군사적·외교적 대치상황을 타개하기 위한 국가전략의 수립이나 전쟁억지책의 도출을 비롯해서 선거전략의 수립에 이르기까지 지극히 실용적인 분야에서 사용되고 있다.

2. 게임이론의 기본 전제와 가정

게임이론을 적용하기 위해서는 몇 가지 전제와 가정에 대한 이해가 필요한데, 그 가운데에서 가장 핵심적인 것은 인간이 '합리적(rational)'이라는 전제이다. 다운즈에 따르면 합리적 인간은 아래와 같은 특징을 갖는다.[38]

① 어떤 목적을 달성하기 위한 여러 가지 대안을 놓고 그 가운데 한 가지를 항상 선택할 수 있다.
② 어떤 대안이 다른 대안보다 좋거나 나쁘다는 등 나름대로 선호순위를 정할 수 있다.
③ 일단 정한 선호순위를 언제든지 바꿀 수 있다.
④ 이러한 순위에 따라 항상 최선의 대안을 선택할 수 있다.
⑤ 동일한 상황이 주어졌을 때에는 항상 같은 결정을 내린다.

이처럼 게임이론은 게임에 참여하는 사람들이 항상 자신의 이익을 합리적으로 계측한다고 가정하기 때문에 무능력한 욕심쟁이나 기인(畸人)이 게임에 참여할 수 있는 가능성을 배제하고 있다. 물론 실제로 정치적 선

38) Downs(1957), 앞의 책.

택과 결정을 내리는 사람들은 완벽한 '합리적 인간'이 아니며, 따라서 게임 참여자들은 인간의 속성 가운데 한 가지인 '합리성' 혹은 '합목적성'만을 지닌 가상적 인간이라고 말할 수 있다. 이처럼 가상적 인간을 상정하는 이유는, 정치적 선택의 과정을 설명하고 예측하기 위해서는 복잡한 과정을 논리적으로 단순화하여 가장 기본적인 흐름만을 도출해야 하기 때문이다. 즉 게임이론가들은 정치적 선택이 아무리 복잡한 과정이라 해도 알고 보면 기본적인 틀을 벗어나지 않는다고 생각한다. 이러한 맥락에서 게임이론은 다음과 같은 네 가지 가정을 세운다.

① 게임은 최소한 2인 또는 2인 이상의 참여자(players)가 있어야 성립되며, 이들 사이에 부분적으로나마 이익의 대립이 있어야 한다.
② 게임참여자들은 전략적 대안들을 갖고 있고, 그 중에서 한 가지를 선택할 수 있어야 한다.
③ 게임을 한다는 것은 각 참여자가 각기 한 가지의 전략을 동시에 선택하는 것이다. 단, 한 참여자가 시간적으로 먼저 전략을 선택했지만 상대방이 그 내용을 모를 때에는 선택이 동시에 이루어진 것으로 간주한다.
④ 게임참여자들은 자신이 선택한 전략에 따라 그 결과가 가져오는 일정한 이득, 곧 보상(payoff)을 받게 된다.

3. 게임의 유형

게임이론은 이와 같은 전제와 가정에 따라 게임을 다음과 같은 몇 가지 기본유형으로 나누고 있다.[39]

---

39) 여러 가지 게임의 유형에 관해서는 Zagare, F. 1984. *Game Theory, Concepts and Applications*. Beverly Hills, Calif.: Sage, pp.21-80; Riker, W. and Ordeshook, P. 1973. *An Introduction to Positive Political Theory*. Englewood

1) 영합 게임과 비영합 게임

게임은 참여자가 얻게 되는 이득의 형태에 따라 영합(零合) 게임(zero-sum game)과 비영합(非零合) 게임(non zero-sum game)으로 구분된다. 즉 참여자 중 한 사람이 얻는 이득의 양이 상대방이 입게 되는 손실의 양과 똑같은 게임, 다시 말해서 한 참여자의 이득을 P라 할 때 상대방의 이득이 -P, 즉 손실이 P가 되어 그 합이 0이 되는 게임을 영합 게임 또는 제로섬 게임이라 부른다[P+(-P)=0]. 예를 들어 두 명의 후보자가 출마한 국회의원 선거는 전형적인 제로섬 게임인데, 그 이유는 한 사람의 당선은 반드시 상대방의 낙선을 초래하기 때문이다(당선+낙선=0).

그러나 이처럼 승자와 패자가 분명히 나뉘어 이득의 합이 0이 되는 게임과 달리, 참여자의 득실이 완전히 상쇄되지 않기 때문에 한 참여자의 이득이 상대방에게 같은 양의 손해를 입히지 않는 게임을 비영합 게임이라 한다. 비영합 게임에서는 참여자 사이에 갈등과 협력의 가능성이 동시에 존재하기 때문에 경우에 따라서는 참여자 모두에게 좋은 결과, 혹은 나쁜 결과가 돌아갈 수 있다. 한미 간의 FTA 협상, 명백한 승자가 없이 지루하게 계속되는 전쟁 등은 참여자들의 선택에 따라 함께 이득을 얻거나 손해를 입게 되는 비영합 게임의 사례이다.

2) 2인 게임과 N인 게임

게임은 참여자의 수에 따라 2인 게임(two-person game), 그리고 3인 이상이 참여하는 N인 게임(N-person game)으로 나누어진다. N인 게임의 가장 두드러진 특징은 참여자들 사이의 연합과 결탁(coalition)의 가능성이 있다는 점이다. 즉 2인 게임에서는 두 참여자가 서로 적대적으로 게임에 임하지만, 참여자가 셋 이상이 될 때에는 참여자 중 일부가 편을 짜서 공동의 적에 대처하는 현상이 발생할 수 있다.

Cliffs, NJ: Prentice-Hall, pp.116-153, 202-239 참조.

3) 협력 게임과 비협력 게임

게임은 또한 참여자들 간의 협력 가능성에 따라 협력 게임(cooperative game)과 비협력 게임(non-cooperative game)으로 구별될 수 있다. 즉 참여자들이 어떤 전략을 택할 것인가에 대해 미리 서로 협의할 수 있는 게임을 협력 게임, 반대로 사전 협의가 아예 불가능하거나 협의 없이 게임을 진행하는 게임을 비협력 게임이라고 부른다. 2인 영합 게임에서는 득실이 상쇄되기 때문에 협력의 여지가 전혀 없지만 비영합 게임은 득실의 정확한 상반성이 없기 때문에 협력 게임이 될 수 있다.

4. 게임 모형

이제 위에서 살펴 본 게임의 논리를 몇 가지 모형을 통해 보다 구체적으로 살펴보기로 한다.

1) 2인 영합 게임 모형

2인 제로섬 게임에서는 앞서 말한 바와 같이 두 참여자의 효용이 똑같아 이득의 합이 항상 0이므로, 한쪽이 일정한 효용을 얻게 되면 상대방은 반드시 그만큼의 손실을 입게 된다. 따라서 참여자들의 이해관계는 완전히 대립되고, 양자 사이에는 아무런 타협이 있을 수 없다. 이와 같은 게임 모형은 지배전략(dominant strategy)이 있는 경우와 해결점(saddle point)이 있는 경우 등 두 가지로 나누어질 수 있다.

(1) 지배전략이 있는 모형: 비스마르크 해전[40)]

이 게임 매트릭스는 제2차세계대전 당시인 1943년 2월 남태평양의 비스마르크 해역에서 일본군과 연합군(미국 및 호주 공군) 사이에 벌어진

---

40) Zagare(1984), 앞의 책, p.17에서 인용한 것임.

B(일본) / A(연합군)	b_1 북진	b_2 남진
a_1 북쪽 해역 정찰	-3(일본) [$a_1 \cdot b_1$] +3(연합군)	-2(일본) [$a_1 \cdot b_2$] +2(연합군)
a_2 남쪽 해역 정찰	+1(일본) [$a_2 \cdot b_1$] -1(연합군)	-4(일본) [$a_2 \cdot b_2$] +4(연합군)

비스마르크 해전(Battle of the Bismarck Sea)을 게임으로 재현한 것이다. 당시 상황을 살펴보면 일본군은 7,000명의 병력을 파푸아 뉴기니의 라바울(Rabaul)에서 라에(Lae)까지 수송하기 위해 비스마르크 해역을 반드시 통과해야 했는데, 북방 해역은 날씨가 흐렸고 반대로 남방 해역은 맑은 상태였다. 그리고 이를 저지하려는 연합군은 비행기의 부족으로 인해 북방 혹은 남방 어느 한쪽으로만 정찰이 가능한 상황이었다.

매트릭스에 나와 있는 효용의 수치들을 살펴보면, 우선 연합군의 경우 북쪽을 정찰할 때의 기대효용인 [3+2=5]가 남쪽을 정찰할 때의 기대효용인 [-1+4=3]보다 높기 때문에 북쪽을 정찰하는 것이 지배전략이 된다. 또 일본군 역시 북쪽으로 항해하는 전략[-3+1=-2]이 남쪽을 항해하는 전략[-2+-4=-6]보다 손실을 최소화할 수 있기 때문에 북쪽을 선택하는 것이 지배전략이다. 따라서 양측 모두 $a_1 \cdot b_1$으로 북방 해역을 선택하는 결과를 가져왔고, 실제로 연합군이 일본군 수송함대를 격침시켜 해전에서 승리했다.

(2) 해결점이 있는 모형: 정부군과 반정부 게릴라의 전투[41)]

이 게임에서 정부군과 게릴라는 각기 두 가지 전략을 갖고 있지만 그 가운데 지배전략이 없다. 우선 정부군은 게릴라를 쫓아 정글로 추격하거

41) 이 모형은 Dougherty, J. and Pfaltzgraff, R. 1981. *Contending Theories of International Relations*. New York: Harper & Row, pp.514-516에서 인용한 것임.

B 게릴라 / A 정부군	b_1 전면전	b_2 국지전
a_1 정글로 추격	+5(게릴라) [$a_1 \cdot b_1$] -5(정부군)	+7(게릴라) [$a_1 \cdot b_2$] -7(정부군)
a_2 주요거점방어	-8(게릴라) [$a_2 \cdot b_1$] +8(정부군)	-1(게릴라) [$a_2 \cdot b_2$] +1(정부군)

나(a_1) 주요거점을 방어(a_2)하는 두 가지 전략 가운데 하나를 택할 수 있는데, a_1을 택했을 때 예상되는 최대손실은 -7이 된다. 즉 정부군이 a_1을 택했을 경우의 손실은 게릴라들이 택하는 전략에 따라 -5와 -7인데 그 중 최소치는 [min(-5, -7)=-7]이며, 같은 논리로 a_2를 택했을 때에는 [min(+8, +1)=+1]이 된다. 따라서 정부군이 주어진 두 개의 전략을 택한다고 할 때 최대손실은 -7 또는 +1이기 때문에 그 중에서 상대적으로 손실이 적은 +1을 보장해주는 전략, 곧 a_2를 택하는 것이 합리적일 것이다. 이처럼 정부군은 게릴라가 어떤 전략을 취할지라도 a_2(주요거점방어)를 택함으로써 효용의 최소치들 중 최대치인 [max(-7, +1)=+1]을 얻을 수 있다. 이러한 +1을 맥시민(maxi-min) 값이라고 부른다.

이와 반대로 게릴라는 정부군의 이득을 최소화하는 전략을 택하게 마련이다. 즉 게릴라가 b_1(전면전)을 택했을 경우 정부군의 최대이득은 [max(-5, +8)=+8]이며, b_2(국지전)를 택했을 때에는 [max(-7, +1)=+1]의 최대이득을 얻게 된다. 따라서 게릴라가 정부군에게 돌아가는 이득을 가능한 한 줄이기 위해서는 정부군의 최대이득 +8, +1 중에서 최소치인 [min(+8, +1)=+1]을 보장하는 전략을 선택하는 것이 가장 현명한 방법이다. 즉 여기에서 +1은 바로 게릴라의 미니맥스(mini-max) 값이 된다. 결국 정부군의 맥시민 전략과 게릴라의 미니맥스 전략이 일치하게 되어 해결점인 $a_2 \cdot b_2$(주요거점방어와 국지전)라는 형태의 전투가 벌어지게 된다. 같은 논리로서 그 역도 가능하다. 즉 게릴라의 맥시민 값 {max(-8, -1)=-1}과 정부군의 미니맥스 값 {min(+7, -1)=-1}이 일치하는 점도 바로 $a_2 \cdot b_2$이다.

2) 2인 비영합 게임 모형

비영합 모형은 앞서 말한 것처럼 참여자들의 이해가 완전히 상반되지 않는 게임으로서 모두가 이득을 보거나 손해를 보는 상황, 혹은 이득·손실이 각기 다르게 나타나는 상황을 상정한다. 그리고 참여자들은 이득을 극대화하기 위해서는 서로 협조하지만, 이득을 분배함에 있어서는 갈등관계에 놓인다.

(1) 비겁자 게임(chicken game)

B / A	b_1 피하는 경우	b_2 피하지 않는 경우
a_1 피하는 경우	0(B: 비겁자) [$a_1 \cdot b_1$] 0(A: 비겁자)	+10(B: 영웅) [$a_1 \cdot b_2$] -10(A: 비겁자)
a_2 피하지 않는 경우	-10(B: 비겁자) [$a_2 \cdot b_1$] +10(A: 영웅)	-100(죽음) [$a_2 \cdot b_2$] -100(죽음)

위의 비겁자 게임은 A, B 두 청년이 친구들이 보는 가운데 누가 영웅이고 누가 비겁자(chicken)인지를 판가름하기 위해 벌이는 게임으로서, 좁은 1차선 도로에서 서로를 향해 자동차를 전속력으로 몰아 돌진하는 방식을 취한다. 여기에서 충돌을 피하기 위해 먼저 진로를 벗어나는 사람이 비겁자가 되어 패배하게 된다. 이 게임에서는 A, B 모두가 상대방의 전략에 상관없이 결정적으로 유리한 지배전략, 즉 충돌을 피하기 위해 핸들을 먼저 꺾는 전략을 갖고 있으며, 따라서 양쪽이 모두 겁쟁이(비겁자)가 되는 결과($a_1 \cdot b_1$)가 나올 가능성이 가장 높다.

(2) 죄수의 딜레마(prisoner's dilemma) 게임

A \ B	b_1 침묵	b_2 자백
a_1 침묵	10일간 구금(B) $[a_1 \cdot b_1]$ 10일간 구금(A)	5년 징역(B) $[a_1 \cdot b_2]$ 10년 징역(A)
a_2 자백	10년 징역(B) $[a_2 \cdot b_1]$ 5년 징역(A)	3년 징역(B) $[a_2 \cdot b_2]$ 3년 징역(A)

두 명의 도둑이 부잣집을 턴 다음날 어떻게 되었는지 궁금해서 범행 현장을 살펴보러 갔다가 수상히 여긴 경찰에게 체포되었다. 경찰은 이들을 경찰서로 연행한 후 서로 입을 맞추지 못하도록 다른 감방에 수감하여 각각 취조를 시작했다. 그런데 이들이 받을 수 있는 벌을 보면, 두 사람 모두 자백을 하지 않을 경우 길에 침을 뱉었다는 경범죄로 기소되어 10일간 구금이라는 가벼운 처벌을 받게 된다. 그리고 양쪽 모두 자백한다면 비록 절도죄로 기소된다 하더라도 정상을 참작해 가장 무거운 처벌을 면하고 3년 징역형에 처해진다. 그러나 한 사람만 자백하고 다른 사람이 자백하지 않을 때, 자백한 사람은 관대한 처벌(5년 징역)을 받지만 자백하지 않은 도둑은 중형(10년 징역)을 받게 된다.

이와 같은 상황하에서는 두 죄수 모두가 자신의 효용을 극대화하려 하기 때문에 침묵이 가장 합리적 대안이라는 것을 알 수 있다. 그러나 이러한 합리적 선택이 최선의 결과를 낳으리라는 보장이 없다는 점이 바로 죄수의 딜레마이며, 결과적으로 같이 입을 다물어 10일간 구금이라는 제일 가벼운 벌을 받을 수 있는 방법이 있음에도 불구하고 둘 다 자백하여 3년 징역형에 처해지게 된다.

죄수의 딜레마 게임이 시사하는 바는 게임 참여자들이 공동이득을 얻을 수 있는 최적의 대안이 있음에도 불구하고 모두에게 손실이 되는 대안을 선택할 수밖에 없는 상황이 존재한다는 점이다. 예로서 국제정치의 전개과정에 있어서는 관련 당사국들이 분쟁을 피하기 위해 어리석은 결정을 내리지 않으려고 아무리 합리적인 노력을 기울인다 해도 결국에는 분쟁에 휘말리게 되는 상황이 실제로 발생한다. 아래 게임 매트릭스는 남북한 간의 군비경쟁이 양측 모두에게 손실을 가져옴에도 불구하고 왜 지속될 수밖에 없었는가를 보여준다.

B(북한) / A(남한)	b_1 군비억제	b_2 군비증강
a_1 군비억제	-10(북한) [a_1 · b_1] -10(남한)	+50(북한) {a_1 · b_2} -100(남한)
a_2 군비증강	-100(북한) {a_2 · b_1} +50(남한)	-50(북한) [a_2 · b_2:군비경쟁} -50(남한)

제8장 정치사상과 정치적 삶

김용민

제1절 정치사상의 기본성격

1. 시민의 행복과 정치사상

인간의 삶은 정치의 영향을 많이 받는다. 우리가 어떤 정치체제를 지니고 있는가, 또는 어떤 법규범을 지니고 있는가에 따라 우리의 일상생활은 변하게 된다. 일례로 박정희의 유신정권하에서 국민들은 두려움에 떨면서 암울한 국가의 미래를 걱정하고 어둡고 비탄조의 노래와 음악을 즐겼으나, 이와는 대조적으로 자유화와 민주화가 확립된 현시대의 국민들은 자유를 만끽하고 풍요를 구가하면서, 내일의 세계에 대한 밝은 희망을 품고 자신들의 감정을 표현하고 발산할 수 있는 온갖 종류의 음악적 장르를 즐기고 있다. 공포로 상징되는 유신시대에 암울한 학창생활을 경험했던 과거의 대학생과, 주체할 수 없을 정도의 자유로 상징되는 민주화시대에 자유분방한 학창생활을 보내고 있는 현재의 대학생 사이에는 같은 한국인이라고 부를 수 없을 정도의 성격의 차이, 가치관의 차이, 문화의 차이가 존재하고 있다.

정치가 우리의 생각과 음악, 그리고 일상적 삶에 지대한 영향을 미치고 있다면, 우리 모두는 자신의 삶을 주체적으로 영위하고 행복한 삶을 누리기 위해서 정치가 무엇인지 또한 정치적 지평 위에 우리 자신이 어떤 위상이나 좌표를 차지하고 있는지 알아야 할 필요가 있다. 우리는 행복해지기 위해서 정치라는 전체와 그 구성부분으로서의 우리와의 관계를 정확히 파악할 수 있어야 한다.

정치체제가 형성되고 법이 만들어지는 근본원리를 우리가 알 때, 우리는 우리의 권리와 이익을 적극적으로 보장하는 방법을 모색할 수 있게 된다. 즉 정치적 원리를 안다는 것은 우리의 현실적 행복과 직결되는 것이다. 정치사상이라는 학문분야는 우리에게 시민으로서 누릴 수 있는 행복의 원리를 가르쳐주고 있다.[1] 예를 들어 플라톤(Platon, 427~347 B.C.)은 『국가(Republic)』에서 '좋음의 이데아(The Idea of the Good)'를 깨우친 철인왕(philosopher-king)이 정의에 기초하여 통치할 때 시민에게 행복이 가능해진다고 주장하고 있으며,[2] 아리스토텔레스(Aristoteles, 384~322 B.C.)는 『정치학(Politics)』에서 중용의 원리에 근거한 혼합정체(polity)가 시민들의 행복을 보다 잘 보장해준다고 주장하고 있다. 크세노폰(Xenophon, c.430~c.354 B.C.)은 『키루스의 교육(Education of Cyrus)』이라는 역사소설에서 정치의 원리를 계산된 우정으로 파악하고 있는데, 그는 시민의 평등성을 전제로 하여 시민들 간에 물질적 이

1) 정치사상과 정치철학은 많은 경우 동의어로 사용되고 있다. 그러나 보다 엄격하게 구분해본다면, 정치사상은 포괄적이고 느슨한 입장에서 정치적 현상과 사물에 관한 올바른 의견을 탐구하는 분야이며, 정치철학은 분석적이고 엄밀한 입장에서 지식을 추구하는 분야이다. 올바른 의견과 지식이 일치되는 경우에는 정치사상은 곧 정치철학이 된다. 본문에서는 특별하게 구분이 필요한 경우가 아니면, 정치사상과 정치철학을 동의어로 사용하고자 한다.

2) 좋음의 이데아가 플라톤 철학의 핵심개념이라는 것은 주지의 사실이다. 좋음의 이데아는 흔히 선의 이데아로 번역되고 있는데, 이는 적확하지 못한 번역이다. 우리는 일상적으로 좋은 책, 좋은 친구, 좋은 물건, 좋은 집 등등의 표현을 자주 쓰고 있는데, 이런 표현에서 형용사로 쓰이고 있는 '좋은'이란 용어가 지향하고 있는 것이 바로 '좋음'이란 이데아이다. '좋음'은 사물의 도덕적인 면을 지칭하는 것이 아니라, 사물의 쓸모 있음, 유용성, 탁월성 등을 지칭한다. 선한 책, 선한 집이라는 표현이 쓰일 수 없다면, 선의 이데아라는 용어보다는 좋음의 이데아라는 용어를 사용해야 할 것이다.

득을 주고받는 가운데 생성되는 그러한 우정이 시민결합의 원리로 작동되는 사회를 행복한 사회로 그리고 있다.[3)]

만약에 우리가 플라톤, 아리스토텔레스, 크세노폰의 정치사상을 모른다고 가정해보자. 그렇다면 우리는 우리 스스로 우리의 시민적 행복을 보장해줄 수 있는 정치질서를 설계해야 하는데, 과연 우리가 그러한 능력을 지닐 수 있을까? 우리는 막연하게 자유, 평등, 정의, 복지가 실현되는 사회를 추구해야 한다고 주장할 수는 있을 것이다. 하지만 이런 사회의 모습을 보다 구체적이며 이론적으로 기술해보라는 요청을 받는다면, 우리는 어디서부터 어떻게 시작해서 무슨 말을 해야 하는지 몰라서 막막한 심정을 느끼게 될 것이다. 그러나 만약 우리가 누군가의 정치사상을 배워서 알고 있다면, 그의 이론을 전적으로 수긍하든 그렇지 않든 간에 그 이론을 사고의 준거로 삼아 나름대로의 논리를 전개해 나갈 수 있을 것이다. 물론 정치사상을 모르고서도 우리는 사회에서 삶을 영위할 수 있다. 그렇지만 그러한 삶은 자유롭고 평등하며 행복한 삶이 될 수 없다. 우리가 정치사상의 도움을 받을 때, 일견 막연해 보이는 우리의 삶은 방향과 목표를 지닌 적극적 삶, 정치적인 삶으로 전환될 수 있다. 개인과 사회의 행복과 정의는 정치사상이 주는 지혜에 의존하지 않고서는 제대로 추구될 수 없다.

2. 정치사상의 핵심주제

정치사상은 '어떻게 국가 안에서 사람들이 더불어 잘 살 수 있겠는가 하는 문제를 합리적으로 탐구하는 분야(the rational inquiry of how to live well together in a state)'라고 정의내릴 수 있다. 이러한 정의를 분석적으

3) 김용민. 2000. 「정치에 있어서 정의와 우정: 플라톤과 크세노폰」. ≪한국정치학회보≫ 34:3, pp.27-47 참조.

로 살펴보자.

첫째, 정치사상은 단순히 '인간 생존의 문제(live merely)'만을 다루지 않고 잘 사는 문제, 다시 말해 생존차원을 뛰어넘어 존재하는 '풍족하고 여유 있는 삶의 문제(live well)'에 더욱 더 큰 관심을 갖는다. 플라톤이 절제 있는 삶(live moderately), 검소하고 질박한 삶을 좋은 삶으로 제시하고 있다면, 아리스토텔레스는 풍족하고 여유 있는 삶을 좋은 삶으로 제시하고 있다는 면에서 대조를 이룬다. 고대 철학자들과는 달리 홉스, 로크(J. Locke, 1632~1704), 루소와 같은 사회계약론자들은 자기보존의 본성을 지닌 사람들이 생존을 보장하기 위한 수단으로 사회계약을 통해서 국가를 인위적으로 만들었다고 주장한다. 하지만 이들 사회계약론자들에 있어서 국가는 단순한 생존뿐만 아니라 궁극적으로 물질적 번영도 보장하는 공동권력으로 나타나게 된다. 고대 정치사상에 있어 좋은 삶은 정신적인 측면과 물질적인 측면, 다시 말해 영혼과 육체가 조화되어서 이루어지는 것으로 나타나는 데 비해, 근대 정치사상에 있어 좋은 삶은 정신적인 측면, 즉 영혼의 문제는 사상되고 물질적인 측면, 즉 육체의 문제만 부각되어서 나타나는 부조화를 보여주고 있다.

둘째, 정치사상은 사람들이 '더불어 사는 문제(live together)'에 주목한다. 이것은 '혼자서 사는 문제(live alone)'는 정치사상의 고려 대상에서 제외된다는 것을 의미한다. 로빈슨 크루소처럼 무인도에서 혼자 사는 사람이나, 남을 고려함이 없이 자기 이익만을 추구하려는 극단적으로 이기적인 사람에게 정치사상은 아무런 도움도 줄 수 없다. 정치적 관계는 나와 남이 있을 때 생기기 시작하며, 정치적 관계를 떠나서 존재하는 사람은 아리스토텔레스의 말을 빌리자면 신이거나 금수에 불과한 것이다. '더불어 잘 산다는 것(live well together)'은 다름 아닌 공동선(common good)을 의미하며, 공동선은 개인과 사회의 행복을 보장한다.

셋째, 정치사상은 국가(state) 안에서 공동선의 실현에 관심을 기울인다. 정치사상은 가족이나 씨족, 부족과 같은 소규모 집단 안에서 인간이 어떻게 행복해질 수 있는가의 문제를 궁극적으로 추구하고 있는 것은 아니다. 아리스토텔레스는 국가는 자급자족이 가능한 최소한의 단위라고 정의하고 있는데, 정치사상은 바로 국가라는 정치적 단위 안에서 인간이 어떻게 행복을 실현할 수 있는가의 문제에 관심을 갖고 있다. 정치사상은 세속적 국가 안에서 시민의 행복을 추구한다는 면에서, 현세가 아닌 내세에서, 즉 신국(神國)에서의 행복의 추구에 관심을 갖고 있는 신학이나 종교와 구별된다.

넷째, 정치사상은 이성을 기반으로 하여 시민의 행복을 합리적으로 추구한다는 면에서 계시에 기반을 두고 신앙을 통해 인류의 행복을 추구하는 종교와 구별된다. 서양사상의 흐름에 있어 이성-철학-좋음의 이데아-아테네가 한 축을 형성한다면, 계시-종교-신-예루살렘은 또 다른 한 축을 형성한다.[4] 철학의 본질은 끊임없이 질문을 던짐으로써 이성을 명료화(clarification of reason)하는 데 놓여 있다. N개의 진리가 존재하고 있다면, N개의 진리에 만족하지 않고 N+1번째의 질문을 던져 끊임없이 '명석하고 판명한 개념(a clear and distinct idea)'을 추구하는 것이 철학의 본령이다. 서양철학의 시조라고 여겨지는 소크라테스(Socrates, 469~399 B.C.)는 흔히 끊임없이 질문을 던지는 철학자로 묘사된다.

사상이나 철학과는 달리 종교에는 신이 주신 진리가 계시를 통해 이미 존재한다. 철학이 의심 속에 존재하고 있다면, 종교는 복종 속에 존재하고 있다. 종교를 믿는 신자들은 주어진 종교적 진리를 절대로 의심해서는 안 되며, 이 진리를 믿고 따라야만 한다. 이러한 의미에서 종교는 지배받기를 본성적으로 싫어하는 인간에게 있어 복종심의 원천이 된다.

---

4) Strauss, L. 1983. "Jerusalem and Athens," in T. Pangle, ed. *Studies in Platonic Political Philosophy*. Chicago: University of Chicago Press.

요약하면 정치사상은 공동선을 보장하는 원칙으로 '정의(正義, justice)'를 제시한다. 정의는 다름 아닌 행복을 보장하는 원칙인 것이다. 정의가 구체적으로 무엇인가에 대해서는 역사적으로 다양한 입장과 관점이 존재한다. 간단히 살펴보면, 우선 플라톤은 시민 각자가 자기 일을 하는 것을 정의라고 규정하고 있다. 아리스토텔레스는 정의를 일반적 정의와 개별적 정의의 두 종류로 나누고 있는데, 일반적 정의는 법을 준수하는 것이고, 개별적 정의는 형평성을 지향하는 것이라고 말하면서 개별적 정의를 다시 분배적 정의와 시정적 정의로 나누어 설명하고 있다. 근대 자유주의자들은 정의원칙으로 능력에 따른 분배를 주장하고 있으며, 마르크스와 같은 공산주의자는 부익부 빈익빈을 심화시키는 자유주의적 분배원칙에 반대하여 사회적 필요에 따른 분배를 정의원칙으로 제시하고 있다. 현대의 대표적인 자유주의 철학자인 롤즈(J. Rawls, 1921~2002)는 자신의 저서인 『정의론(A Theory of Justice)』에서 평등한 자유의 원칙, 기회균등의 원칙, 최소수혜자에게 최대이득을 보장하는 차등원칙을 정의원칙으로 제시하고 있다.[5)]

3. 정치사상의 철학적 위상

정의로운 정치질서에 대한 탐구는 자연스럽게 우주질서에 대한 탐구와 연결된다. 서양의 철학사를 보면 오히려 우주질서에 대한 탐구, 다시 말해서 전체에 대한 탐구는 정치사상보다 앞서서 발전해왔던 것을 알 수 있다. 흔히 우주, 천체, 자연 등으로 표현되는 전체가 무엇이며, 전체와 부분은 어떤 관계가 있고, 전체는 좋은 것인지, 전체는 인간의 이성으로 파악할 수 있는 것인지 등의 문제는 철학적 탐구의 주요 대상

---

5) Rawls, J. 1971. *A Theory of Justice*. Cambridge, Mass.: Harvard University Press. 이 책의 번역서로서 황경식 옮김. 1985. 『사회정의론』. 서광사 참조.

이 되어왔다. 만약에 전체가 좋게 만들어져 있고, 전체가 질서에 따라 조화롭게 움직이고 있으며, 이러한 질서를 인간의 이성으로써 파악할 수 있다면, 인간은 전체의 질서를 모방하여 국가의 질서를 만듦으로써 국가 안에서 타인들과 조화를 이루면서 행복하게 살 수 있을 것이라고 고대 철학자들은 생각했다.

인간은 자연, 또는 우주로 표현되는 전체 속에서 살고 있다. 인간이 자기를 둘러싸고 있는 전체를 의식하지 못하고 전체의 질서 속에 동화되어서 살았다면 철학은 발달하지 않았을 것이다. 하지만 인간의 호기심은 작동되기 시작했고 전체를 대상으로 인식하기 시작했다. 전체를 신의 조화라고 믿기 시작했을 때 신화와 종교가 발달하기 시작했으며, 전체를 이성적으로 탐구하기 시작했을 때 철학은 발달하기 시작했다. 이성적으로 사고를 하기 시작한 인간의 관심은 주로 해, 달, 별, 지구, 자연환경 등의 운동과 변화에 놓이게 되었는데, 여기에서 철학의 초기 형태인 자연철학이 탄생하게 되었다. 그리스 철학의 역사를 볼 때 탈레스(Thales), 헤라클레이토스(Herakleitos), 엠페도클레스(Empedokles), 아낙시만드로스(Anaximandros) 등으로 대표되는 일군의 자연철학자들은 이때에 등장했다.

전체에 대한 관심을 국가와 인간에 대한 관심으로 돌린 철학자가 바로 소크라테스이다. 소크라테스는 인간의 문제를 철학적 사유의 중심에 놓았다. 그는 인간과 인간을 둘러싼 작은 전체인 국가에 관심을 가졌으며, 인간과 국가, 우주를 유기적으로 연관시켜 생각했다. 그는 좋음의 이데아라고 불리는 전체 질서의 구성원리를 국가의 질서, 개인의 질서, 영혼의 질서에 실현하려고 했다. 이처럼 소크라테스의 등장을 계기로 하여 정치와 윤리는 철학의 중요한 문제로 부각되었으며, 정치사상의 전통이 세워지기 시작했다.

전체는 부분들로써 구성되고, 또한 부분들이 모여서 전체를 이룬다면 전체와 부분들 간에는 일정한 관계가 성립된다고 볼 수 있다. 전체는 그 자체가 모든 것이므로 변화하지 않는 하나 혹은 일자(一者, one)이며, 부분들은 다양한 변화를 겪고 있는 다자(多者, many)이다. 전체가 일자, 존재, 진리, 본질, 본성, 정지 등을 의미한다면 부분은 다자, 생성변화, 의견, 외양, 현상, 운동 등을 의미한다. 존재론자, 혹은 관념론자는 현상의 외양을 뛰어넘어 존재하는 영구불변의 이데아가 있음을 주장하는 데 비하여, 생성론자, 혹은 운동론자는 외양이나 운동만이 사물의 본성이며 영원히 변하지 않는 이데아라는 개념은 존재할 수 없다고 주장한다. 좋음의 이데아의 존재를 주장하는 플라톤은 전자의 입장을 대표하는 철학자이며, 인간은 만물의 척도라고 주장한 프로타고라스(Protagoras)는 후자의 입장을 대표하는 소피스트이다.

플라톤의 정치철학에서 정의가 중요한 이유는 정의를 통해서 우주의 질서, 국가의 질서, 개인의 질서가 조화를 이루기 때문이다. 정의로운 국가의 모습은 정의로운 개인의 모습과 닮은 것으로 설명되며, 정의는 시민과 국가에게 행복을 가져오는 것으로 기술된다. 좋음의 이데아에 근거를 둔 정의의 실현은 시민에게 좋음과 행복을 가져다준다. 그러나 국가에서 정의는 저절로 실현되지 않는다. 정의가 실현되기 위해서는 인위적인 정치의 기술(art of politics)이 필요하게 되며, 정치의 기술은 지식과 권력의 결합, 철학과 정치의 결합을 요구한다. 지식과 권력을 겸비한 철인왕은 다름 아닌 우주질서의 원리인 좋음의 이데아를 국가 안에 실현시키는 통치자이다.

전체에 대한 탐구, 좋음에 대한 탐구는 고대 정치사상에만 국한되는 것은 아니다. 근대 정치사상의 문을 연 마키아벨리(N. Machiavelli, 1469~1527) 역시 인간을 둘러싸고 있는 전체를 생각했고, 인간에게 좋음을 실현할 수 있는 정치기술을 새롭게 제시했다. 마키아벨리는 흔히 권모술수의 화신으로 알려져 있다. 그러나 그가 분열된 이탈리아의 통일을 위하여, 또한 전쟁의 무질서로부터 이탈리아를 구원하기 위하여 『군주론(The Prince)』을 썼다는 사실을 우리가 진정으로 이해할 때, 우리는 그가 모든 폭력적 수단을 무차별적으로 사용할 것을 단순하게 옹호하지 않았다는 점을 알 수 있다. 마키아벨리를 마키아벨리즘이란 용어가 풍기는 뉘앙스와 같이 악의 화신처럼 생각해서는 안 된다. 마키아벨리는 당시 이탈리아의 정치현실을 생각하면서 과연 무엇이 군주와 신민 모두에게 좋은지를 고민했던 것이다. 마키아벨리는 정치를 도덕이나 윤리로부터 해방시킴으로써 좋음에 대한 해결책을 찾았는데, 이러한 그의 정치적 관점은 정치와 도덕을 분리시키지 못했던 고대적 관점을 뛰어넘는 혁명적인 것이었다. 플라톤의 철인왕은 악을 통치의 수단으로 사용할 수 없다. 하지만 인간을 '배은망덕하고, 변덕스럽고, 거짓말쟁이이며 사기꾼이고, 위험회피자이며, 탐욕스러운' 존재로 파악하고 있는 마키아벨리는, 이렇듯 사악한 인간들을 통치하기 위해서는 잔인함과 같은 악도 필요에 따라 서슴지 않고 통치수단으로 사용할 수 있는 영악한 군주가 등장해야 할 필요성을 역설한다.

마키아벨리 이외에도 데카르트(R. Descartes, 1596~1650)는 신의 존재증명을 통해, 또한 스피노자(B. Spinoza, 1632~1677)는 실체론의 주장을 통해 전체의 문제에 천착하고 있음을 보여주고 있다. 그리고 홉스, 로크, 루소로 대표되는 사회계약론자들도 자연상태라는 개념을 통해 전체를 파악하고자 했고, 이들은 자신들이 파악한 전체에 대한 이해를 기반으로 하여 인간에게 좋음을 실현할 수 있는 방법을 제시하고 있다.

4. 정치사상의 진보가능성

정치사상이란 과목에 접할 때 우리는 흔히 시대 순에 따라 개별 사상가의 철학을 배우게 된다. 일반적으로 우리는 고대사상을 배운 후에 근대사상을 배우고, 또 그 후에 현대사상을 배운다. 그렇다면 시대적인 순서를 따르지 않고 정치사상을 배운다면 우리는 인식의 혼란에 빠질 것인가? 만약에 역순으로 정치사상을 배우면 안 되는 것인가? 이러한 질문은 궁극적으로 정치사상은 역사적으로 진보해왔는가의 문제로 귀결된다. 정치사상이 진보해왔다면 우리는 초기 단계의 사상으로부터 시작하여 차근차근히 후기 단계의 사상을 배워가야 할 것이다. 그러나 정치사상은 진보하지 않았다고 한다면 우리가 어느 시대의 사상으로부터 출발하더라도 큰 문제가 없을 것이다.

의학이나 물리학, 화학, 생물학과 같은 학문분야는 역사적으로 진보해왔음을 부인할 수 없다. 예를 들어 불치의 병이라고 여겨졌던 병에 대한 새로운 치료법이 계속하여 개발되고 있다는 사실은 의학 분야에서 진보가 이루어지고 있다는 사실을 보여주는 좋은 증거이다. 이러한 의미에서 진보는 벽돌쌓기에 비유될 수 있다. 밑에서부터 차곡차곡 벽돌을 쌓아 올라가야만 우리는 높은 담을 완성할 수 있다. 그러나 음악, 회화, 조각, 건축 등의 분야가 역사적으로 진보해왔는가 하는 문제는 논란의 대상이 될 수 있다. 바흐, 베토벤, 헨델, 모차르트의 작곡기술, 미켈란젤로의 조각기술, 레오나르도 다빈치의 회화기술, 고대 파르테논 신전에 나타난 건축기술 등은 구태의연하며 현시대에서는 더 이상 사용될 수 없는 시대에 뒤쳐진 기술이라고 말할 수 있는가? 이 질문에 대해 '아니다'라고 대답한다면, 우리는 역사적으로 진보하지 않는 학문분야가 있음을 시인해야 한다. 음악을 예로 들어 말하면, 클래식, 팝송, 랩송 등등의 여러 음악적 장르는 진보의 결과가 아니라, 인간이 내적인 아름다움을 표현하기 위한 방식으로 다양하게 개발한 것이라고 할 수 있다. 따라서 우리는 클래식을 몰라도 팝송을 이해할 수 있으며, 클래식은 클래식 나름대로의 아름다움이 있고 팝송은 팝송 나름대로의 아름다움이 있음을 느낄 수 있다.

그렇다면 정치사상이란 학문분야는 의학처럼 역사적으로 진보해온 것일까 아니면 음악처럼 진보와 상관없는 분야일까? 이 질문에 대한 답을 얻기 위하여 고대 그리스의 대표적 철학자인 플라톤과 아리스토텔레스의 관계에 대해 살펴보기로 하자. 주지하다시피 아리스토텔레스는 플라톤의 제자이다. 그러나 과연 그가, 위 벽돌이 아래 벽돌에 의지하여 서있듯이, 스승인 플라톤의 어깨 위에 서 있는지에 관해서는 의문의 여지가 있다. 아리스토텔레스는 자신의 스승인 플라톤의 초월적 이데아설을 계승·발전시키기보다는 그것을 부인하면서 개별 사물이 지닌 내재적 이데아설을 주장하고 있는데, 여기서 우리는 아리스토텔레스가 진리를 추구한다는 목적 아래 스승인 플라톤의 어깨 위에 서있기를 거부하면서 자신이 새롭게 발견한 진리를 주장하고 있음을 확인할 수 있다. 플라톤과 아리스토텔레스의 관계에 잘 나타나 있고, 자연상태에 대한 홉스, 로크, 루소의 상이한 관점에 잘 나타나 있듯이, 정치사상이란 분야는 역사적으로 진보해왔다고 볼 수 없으며, 이 분야는 진리에 대한 다양한 관점이 시간의 흐름에 따라 나타나는 분야라고 볼 수 있다. 이런 면에서 정치사상이란 분야는 진보가 필연적이지 않다는 면에서 음악이나 미술과 같은 예술의 분야와 유사점을 갖는다. 아름다움을 표현하는 양식이 다양하게 존재하듯이, 진리에 대한 관점도 다양하게 존재하는 것이다.

정의로운 정치체제가 어떤 모습을 띠어야 하는지에 대해 플라톤, 아리스토텔레스, 마키아벨리, 홉스, 루소, 롤즈 등이 각기 다른 대안을 제시하고 있고 각각의 대안이 나름대로 의미를 갖고 있다는 것을 고려해 본다면, 정치사상이 진보해왔다고 말할 수는 없을 것이다. 만약에 정치사상이 진보해왔다면 우리는 과거의 정치사상을 배울 필요 없이 최신의 정치사상만 배우면 될 것이다. 이런 면을 고려할 때, 우리는 꼭 시대 순으로 정치사상을 배울 필요가 없다는 것을 깨달을 수 있다.

5. 정치사상의 연구방법

정치사상은 흔히 두 가지 방법으로 연구된다. 하나는 개별 사상가의 이론을 연구하는 것이고, 다른 하나는 공통된 주제를 중심으로 하여 통시적인 관점에서 각 사상가의 입장이나 주장을 검토하는 것이다. 전자의 방법은 개별 사상가를 깊게 탐구하여 그 사상가의 철학체계를 드러내는 방법을 취하는데, 거스리(W. K. C. Guthrie)나 프리드랜더(P. Friedländer)의 플라톤에 관한 연구가 이에 속한다고 할 수 있다.[6] 후자의 방법은 예를 들면 자유주의 연구나 공동체주의 연구와 같이 하나의 주제에 관련된 사상가들의 입장을 종합적 혹은 분석적으로 비교 연구하는 방법을 취한다. 물론 이러한 두 가지 연구방법이 상호배타적인 것은 아니며, 오히려 상호보완적인 것이라 할 수 있다. 개별 사상가에 대한 연구가 집적되어 있어야만 하나의 주제에 대한 각 사상가의 관점을 확실히 알 수 있으며, 통시적 연구가 집적되어 있어야만 개별 사상가들의 사상적 위상과 그 관련성을 확인할 수 있는 것이다.

개별 사상가의 이론을 연구하는 방법은 크게 두 가지로 구분된다. 사상가의 철학적 의도를 알기 위해서는 그가 쓴 저서만 보면 된다는 텍스트주의(textualism)와, 사상가가 살았던 역사적 배경과 연관시켜 그의 저서를 독해해야 한다는 컨텍스트주의(contextualism)가 대립되어 있다. 전자의 방법을 택한 대표적인 학자로 스트라우스(L. Strauss)를 들 수 있으며, 후자의 방법을 택한 학자로 스키너(Q. Skinner)나 포콕(J. G. A. Pocock)을 들 수 있다. 텍스트주의자는 작품의 내용 자체가 작가의 의도를 말해준다는 입장이나, 컨텍스트주의자는 작가의 의도는 그가 살던 역사적 상황과 거기에서 나온 현실적 문제점과 관련되어 있다는 입장을

---

6) Guthrie, W. K. C. 1981. *A History of Greek Philosophy*, 6 vols. Cambridge: Cambridge University Press; Friedländer, P. 1973. *Plato* (translated by Hans Meyerhoff). Princeton, NJ: Princeton University Press.

취한다. 예를 들어 플라톤의 『국가』를 해석하는 데 있어서 텍스트주의자는 플라톤의 시대적 배경과는 상관없이 보편적인 입장에서 좋음의 이데아와 이상국가의 의미를 파악해야 한다고 주장하는 데 반하여, 컨텍스트주의자는 당시 아테네의 파행적 민주주의의 모습에 낙담한 플라톤이 민주주의를 대신할 새로운 정치체제를 옹호하기 위해서 『국가』를 저술하게 됐다고 주장한다. 작자의 의도를 알기 위해서는 두 가지 접근방법이 모두 필요하며, 대부분의 경우 두 가지 접근방법은 상호보완적인 것으로 나타나고 있다. 하지만 한 사상가의 사고가 역사적 구속을 벗어날 수 있는가 없는가의 강조 여부에 따라 작품에 담긴 사상가의 의도에 대한 최종적이며 궁극적인 해석은 다르게 나타날 가능성이 커진다.

스트라우스는 한 사상가의 사고가 역사적으로 구속될 수밖에 없음을 주장하는 역사주의(historicism)에 반대한다. 그는 위대한 철학자는 역사 속에서 주어지는 문제를 다룬 것이 아니라, 시대와 장소를 떠나서 존재하는 보편적이며 영속적인 문제 — 예를 들면 정의의 문제 — 를 다루어 왔음을 강조한다. 이와는 달리 컨텍스트주의자는 역사주의를 신봉하며, 보편적이고 영속적인 문제는 존재하지 않는다고 주장한다. 역사주의적 시각에서 볼 때 인류사회에는 시공을 초월한 사물의 본질 또는 보편적 원리란 있을 수 없고, 특정한 시기의 특정한 사회에만 적용되는 원리가 있을 뿐이다. 텍스트주의자는 사상가가 처해 있는 역사적 배경을 최소한으로 언급할 뿐이며, 사상가의 텍스트에 나타난 표현 하나하나를 치밀하고 논리적이고 이성적으로 분석하여 그의 의도를 밝혀내고자 한다. 이런 입장에서 스트라우스는 우주, 자연 혹은 전체가 이성적 질서에 따라 구성되었듯이 다양한 대화편들로 구성되어 있는 플라톤의 작품세계도 플라톤 자신의 로고스(logos)에 근거하여 언표적 필연성(logographic necessity)에 따라 한마디 언어의 낭비 없이 치밀하게 조직되어 있다는 전제 아래, 신중하고 심오한 독서를 통해 플라톤의 철학세계에 관한 연구를 수행한 바 있다. 스트라우스는 말년에 병고에 시달리는 가운데서도 플라톤의 『법률(Laws)』을 50번이나 독파하고 『플라톤의 법률론』의 집필을 마쳤다고 한다. 이 책은 그의 사후 출판되었다.

컨텍스트주의자는 사상가가 처해 있는 역사적 배경을 최대한으로 기술하고자 하며, 사상가가 고민하는 문제가 사상가 자신의 사적인 삶과 당시 시대 상황에 직간접적으로 연관되어 있음을 밝히고자 한다. 텍스트주의자의 해석이 추상적이고 논증적이고 보편적이라고 한다면, 컨텍스트주의자의 해석은 구체적이고 경험적이며 역사적이라 할 수 있다. 전자의 글은 연구대상이 되는 사상가의 전 작품을 다 읽고 웬만큼 의미를 파악하기 전에는 이해하기 어렵다는 난점을 지니며, 후자의 글은 사상가를 둘러싼 역사를 모르면 이해하기 어렵다는 난점을 지니게 된다.

두 가지 연구방법은 원론적인 입장에서 상호보완되어야 할 필요성이 있다. 우리는 사상가를 작곡가에, 그리고 그의 작품을 읽고 해석하려는 우리 자신을 연주자에 비유할 수 있다. 한 작곡가의 작품세계를 제대로 이해하고 해석해서 우리 자신이 그 곡을 연주할 수 있기 위해서는, 우선적으로 우리는 그 작곡가가 살았던 시대적 배경 및 그 작곡가만이 지닌 독특한 음악성을 알아야 할 것이다. 그러나 우리가 작곡가가 살았던 시대적 배경을 모른다고, 그 작곡가의 작품을 제대로 이해하고 해석할 수 없다고 말할 수 있을 것인가? 만약에 한국에 태어난 우리가 서양 사람인 베토벤이 도대체 어느 시대에 살았었는지는 모르지만 그의 작품을 열심히 듣고 그의 음악세계를 이해하고 해석할 수 있다면, 작곡가를 이해하는 과정에서 더욱 중요한 것은 그 작곡가의 작품세계에 대한 몰입이라고 할 수 있다. 플라톤의 『국가』와 아리스토텔레스의 『정치학』을 이해하기 위해서 반드시 당시 아테네의 역사를 꿰뚫고 있어야 하는가? 필자는 역사를 몰라도 두 작품은 충분히 이해될 수 있다고 생각한다.

만약에 우리가 『국가』나 『정치학』의 저자들이 기원전 4세기경에 아테네에 살았던 사람들이라는 사실을 모른다고 치더라도, 우리가 두 작품을 이해하는 데는 전혀 문제가 없으리라고 생각한다. 결론적으로 말하면, 텍스트주의와 컨텍스트주의는 상호보완의 필요성이 있지만, 양자 간에 해석상의 갈등이 생길 경우 최종적인 권위는 텍스트주의적 해석에 두어야 할 것이다.

제2절 정치사상, 국가, 시민

1. 국가와 시민

정치사상은 국가와 시민이 서로 어떤 관계를 지녀야 하는가에 대한 이상적이고 규범적인 접근이라고 할 수 있다. 국가와 시민 간에 발생하는 모든 정태적이며 역동적 관계가 정치라면, 정치사상은 두 주체 간의 이상적인 관계를 제시하는 데 그 존재의의를 갖고 있다. 정치사상의 고전인 플라톤의 『국가』나 아리스토텔레스의 『정치학』의 핵심적인 주제는 다름 아닌 국가와 시민 간의 관계를 어떻게 이상적으로 규정짓는가 하는 것이었다. 아리스토텔레스의 고전적 정의를 따르면 "심의와 결정이 요구되는 관직에 참여할 자격이 있는 사람이 시민이며, 도시국가는 자족적인 삶을 수행할 목적으로 만든 시민들의 결합"인데, 정치사상은 시민의 행복과 국가의 행복을 조화시킬 수 있는 이상적인 정치원칙을 밝혀낼 것을 주요 목적으로 삼고 있다.

시민의 행복이 항상 국가의 행복과 일치한다면, 다시 말해 인간사회에서 개인과 전체가 항상 갈등 없이 조화를 이룬다면, 정치는 필요하지 않을 것이다. 인간에게 정의로 향하는 본성이 내재되어 있다면 이러한 인간이 모인 사회는 천사의 사회와 같을 것이며, 정치의 기술의 도움 없이도 정의와 행복이 보장될 것이다. 그러나 마키아벨리와 홉스가 잘 지적하고 있듯이 현실의 인간은 근본적으로 지배받기를 싫어하는 존재이며, 자기의 생존과 번영만을 이기적으로 추구하는 존재이다. 이기적 인간을 결합시켜 정치적 의무에 복종하는 시민으로 만들기 위하여 중요한 수단으로 사용되어온 것이 종교, 신화, 지혜, 우정, 사랑, 동의, 효용, 복지, 부(또는 재산), 폭력 등이라 할 수 있다.

종교는 신화에 기반하고 있으며, 신화는 인간에게 복종심을 생성시키는 근원적 기반으로 작용해왔다. 플라톤은 신화와 대립적 관계에 있는 철학적 지혜에 근거하여 국가와 시민 간의 관계를 정립하려 했으며, 아리스토텔레스는 우정에 근거하여 정치공동체를 설립하고자 했다. 기독교인들의 사랑에 입각해 신국이 존재하듯이, 루소는 시민들의 사랑, 특히 애국심에 입각해서 정의로운 국가를 만들고자 했다. 홉스, 로크로 대표되는 사회계약론자들은 자유로운 개인의 동의에 근거하여 시민의 결사체를 만들려 했으며, 벤담(J. Bentham, 1748~1832), 밀(J. Mill, 1773~1836)로 대표되는 공리주의자들은 효용의 극대화, 즉 최대다수의 최대행복이 시민결합의 원리가 되어야 한다고 주장했다. 비스마르크는 노동자들을 회유하고자 사회정책을 최초로 실시했는데, 이후 복지는 시민을 결합시키는 중요한 수단으로 자리 잡게 되었다. 마르크스는 사유재산이 시민을 복종시키는 강력한 수단이 되어왔음을 역사적으로 보여주었으며, 마키아벨리는 폭력이 권력을 지탱하는 최후의 보루임을 누누이 강조했다. 부르주아 지배가 초래하는 부정의와 모순은 사회주의자나 공산주의자에 의해서 철저히 분석되고 비판되었으며, 폭력에 입각한 공포정치는 무솔리니의 파시즘, 히틀러의 나치즘, 스탈린의 독재정치와 같은 참혹한 역사적 경험에 잘 나타났듯이 인간의 기본권과 존엄성을 말살하는 가장 혐오스러운 지배체제로 인식되어왔다.

2. 시민결합의 원리

1) 신화와 지혜

신화와 지혜는 상호 대립적인 시민 결합의 원리이다. 예루살렘과 아테네는 종교와 철학, 계시와 이성이라는 측면에서 상호 대립되는 입장에 놓여 있는데, 두 도시로 대표되는 계시의 왕국과 지혜의 왕국은 인간에게 진정한 행복의 조건이 무엇인지를 극단적으로 보여주고 있다. 지혜와 신화의 대립은 플라톤의 표현을 빌리면 '철학과 시의 오래된 싸움'이다.[7] 이 싸움은 '정치와 문화' 간의 싸움이라고 볼 수 있는데, 왜냐하면 정치는 철학에 근거하며, 문화의 기원은 종교에 있기 때문이다.

근대 계몽주의는 탈신화화로부터 시작되었는데, 탈신화화는 종교-계시가 지배하던 시대에 대신하여 철학-진리-정치가 지배하는 시대를 열었다. 합리화의 시대로 표현되는 계몽의 시대에는 인간의 이성에 부합되지 않는 문화는 저급하고 야만적인 것으로 취급되었고, 문화는 정치적 질서의 울타리 안에서 존재했다. 하지만 최근의 포스트모더니즘은 문화를 이성의 지배로부터 분리시켜 개별적인 문화에 독자성을 부여하고 있으며, 객관적 이성의 세계 대신 주관성의 세계, 감성의 세계를 인간성 발현을 위한 새로운 영역으로 구축하고 있다. 포스트모던 시대의 문화는 신화의 역할을 대신하고 있으며, 그것은 중세에 종교가 그러한 역할을 했듯이 정치의 존재를 위협하는 비이성(非理性, unreason)으로 작용하고 있다. 해체된 인간의 이성을 복원하고, 복원된 이성에 근거해서 거대 신화화된 문화에 대항하면서 이성과 문화, 정치와 문화와의 조화와 균형을 찾고 인간이 정치적 지평에 또다시 우뚝 서기 위해서는, 강력한 시민의식의 형성이 필요하며 시민의식의 형성은 사랑과 우정의 도움에 의해서만 가능하리라고 보여진다.

---

7) Plato. *Republic*. 607b.

2) 우정과 사랑, 그리고 동의와 효용

우정(friendship)과 사랑(love)을 시민결합의 원리로 강조할 때 우리는 공동체주의와 만나게 되며, 동의와 효용을 결합원리로 강조할 때 자유주의와 만나게 된다. 우정과 사랑은 시민적 덕과 공공선의 확립을 목적하고 있으며, 동의와 효용은 시민적 자유의 확립과 물질적 번영을 목적으로 하고 있다. 고전적인 의미에서의 덕은 인간의 탁월한 성품을 의미하는데 그것은 고귀하고 숭고한 것으로 보통 사람들에게는 실현하기 어려운 것으로 나타난다. 생존과 번영을 위한 수단으로 자유를 강조하고 법치주의를 통해 시민의 생명, 자유, 재산의 보호에만 치중하는 근대 자유주의국가는 교육을 통해서만이 완성될 수 있는 시민의 덕에 대해서 더 이상 관심을 갖고 있지 않다. '덕의 상실'은 근대 자유주의의 가장 큰 약점으로 드러나고 있다.

현대 자유민주주의에 대해 철학적 토대를 마련하고 있는 롤즈는 전통적인 자유주의이론이 자유와 평등을 중요한 가치로 정립시키는 데는 성공적이었지만 박애(혹은 우애)에 대한 고려가 소홀했음을 지적하면서, 자신의 정의의 두 원칙은 박애에 대한 고려를 충분히 하고 있음을 주장한다. 롤즈가 박애에 대한 중요성을 인식하고 있다는 것은 자유주의이론에 있어 진보를 가져올 가능성을 열어놓고 있으나, 그가 정의로운 제도의 설립을 통하여 박애의 정신을 정치적으로 실천에 옮길 수 있다고 믿고 있다는 점에서 자유주의자로서의 한계를 노정하고 있다. 많은 자유주의자가 그렇듯이 롤즈는 사랑과 우정을 시민이 지녀야 할 자연적 의무의 범주에 단순히 포함시켜 놓고 있으며, 사랑과 우정이 교육을 통해 함양되고 또한 그것이 시민결합의 강한 원동력으로 사용될 수 있음을 간과하고 있다.

3) 공적 이성

근대 계몽의 역사에서 중요한 위치를 점하고 있는 자유주의의 등장이 개인의 자유, 평등, 자율성 등을 신장시키고 법치주의를 확립시키고 물질적 번영을 구가하는 데, 커다란 기여를 해왔음은 주지의 사실이다. 자유주의의 낙관적 미래를 후쿠야마(F. Fukuyama)는 확신하고 있는데, 그는 향후의 역사발전이 자유민주주의를 넘어서 더 이상 진행될 수 없다는 의미에서 역사의 종언을 선언하고 있다.[8] 그는 자유주의가 그 구성원에게 자유와 평등이 보장된 가운데 사적인 영역에서 자기만족적이고 안온한 부르주아의 삶을 영위하게끔 하는 데 성공하고 있다고 힘주어 강조하고 있다. 하지만 사적 영역에 매몰되어 자아도취적인 행복에 빠진 '최후의 인간'을 우리 인류의 바람직한 미래 모습으로 받아들여야 할 것인가에 대해서는 많은 비판이 제기되고 있다.

현대의 자유주의를 대표하는 철학자인 롤즈나 하버마스(J. Habermas)는 '공적 이성(public reason)'의 권위를 철학적으로 확립함으로써 20세기 들어 수세적 입장에 몰렸던 자유주의를 새롭게 옹호하고 있다. 롤즈의 '원초적 입장'이나 하버마스의 '이상적 담화 상황'은 공적 이성을 도출하기 위한 중요한 이론적 장치로 쓰이고 있다. 그러나 만약 인간이 합리적 선택을 통해서 도출된 결론과 이성적 대화를 통해서 도출된 결론을 항상 적극적으로 수용하고 실천에 옮기는 그러한 이성적 존재가 아니라면, 두 철학자의 자유주의 옹호 논리는 상당 부분 설득력을 상실하게 될 것이다. 우리는 공적 이성의 확립을 통하여 법치주의와 '비인격적이며 절차적인 정의(impersonal and procedural justice)'가 실현되는 사회에 접근해갈 수는 있으나, 이것에만 근거해서는 인간적 유대감이 존중되고 강화되는 그런 공동체적 사회로까지는 나아갈 수 없다. 루소는

---

8) Fukuyama, F. 1992. *The End of History and the Last Man*. New York: Free Press.

'정의는 인간에 대한 사랑'이라고 규정짓고 있는데, 이러한 정의관에 의해서만 절차적 정의를 뛰어넘는 사회의 구현이 가능해진다. 자유주의적 전통인 공적 이성에 근거한 절차적 법치주의의 원리와 공동체주의적 전통인 사랑과 우정의 원리가 결합되어 작동되는 사회는, 자유와 덕이 조화를 이루는 이상적 사회의 한 모델이 될 수 있다.

제3절 정치사상의 역사

서양 정치사상사는 일반적으로 고대 정치사상사, 중세 정치사상사, 근대 정치사상사, 현대 정치사상사의 네 부분으로 구성되지만, 중세는 종교적 권위가 정치적 권위보다 우월했고 정치가 종교에 종속된 시대였기 때문에, 중세 정치사상사는 정치사상사 연구에서 흔히 간과되고 있다. 아래에서는 주로 고대, 근대, 현대의 정치사상을 중심으로 각 시대의 사상적 특성 및 중요 사상가의 이론을 살펴보고자 한다.

1. 고대 정치사상

1) 소크라테스 이전의 철학

고대 그리스 역사는 소크라테스와 플라톤으로부터 비롯되는 정치철학이 등장하기 이전에 종교와 신화적 사고, 자연철학, 소피스트를 중심으로 한 인간 중심적 사고가 발달해왔음을 보여주고 있다. 그리스에서 종교가와 신화론자는 신 중심적 관점에서 인간의 삶을 파악하고자 했다. 그들은 자연과 인간사회에서 나타나는 모든 좋고 나쁜 일은 인간이 감히 거역할 수 없는 신의 섭리이고 운명적인 필연이라고 생각했다. 종교가는 기적이나 계시를 통하여 신의 섭리를 확신할 수 있다고 믿었다.

당시의 그리스 사회를 이해하기 위하여 눈여겨보아야 할 집단이 바로 시인들이다. 시인들은 신화적 사고를 대변하는 계급이었다. 후대의 철학자들이 이성을 통하여 지혜를 얻고자 했음에 비하여 시인들은 '직관'이나 '영감'을 통해 초월적인 신의 질서, 우주의 질서를 이해하고자 했으며, 시를 통해 신의 영광을 칭송하고 자신의 지혜를 표현하고 과시하고자 했다. 시인의 직관이나 영감도 지혜를 얻는 중요한 수단임에는 틀림없지만, 이러한 직관이나 영감은 논리적으로 일관된 체계적인 지식을 산출하는 합리성의 근거로 사용될 수 없다는 한계점을 지닌다.

플라톤은 『국가』에서 '철학과 시의 오래된 싸움'에 대해 언급하고 있는데, 호머(Homer)와 헤시오드(Hesiod)로 대표되는 시인들은 신에 대하여 상황에 따라 모순된 말을 하고 있기 때문에 그들의 말을 진리로 받아들여서는 안 된다고 말하면서, 이상국가에서는 검열을 통해 시인들의 말을 동세해야 한다고 주장하고 있다. 시인들의 영감은 철학자의 합리적 이성을 위협하는 가장 무서운 적이었던 것이다.

호머와 기타 신화론자들 이후에 등장한 자연철학자들은 인간의 삶을 자연과의 연관성 속에서 찾으려 했다. 시인들이 사고의 중심에 신이 위치하고 있었다면, 자연철학자들의 사고의 중심에 '자연'이 위치하고 있었다. 이들은 자연을 신처럼 초월적인 것이 아니고 근원적이고 본질적인 실재로서 인식했으며, 자연현상 속에 궁극적인 원인으로 작용하고 있는 어떤 내적 원리로서 존재자와 존재자들을 드러내는 근원적인 힘을 가리켜 피시스(physis)라 명명했다.[9] 이러한 혁신적 사고의 시발은 이오니아 지방의 밀레토스 사람인 탈레스에게서 찾아볼 수 있는데, 그는 만

9) 피시스와 대립되는 개념이 노모스(nomos)이다. 피시스는 자연(nature)에 가까운 개념으로 이것은 발견되는 것이며, 노모스는 법 혹은 규약이라는 개념에 가까운 것으로 사람들의 동의나 승인에 의하여 인위적으로 만들어지는 것이다. 예를 들어 자연과학의 법칙의 하나인 만유인력의 법칙은 발견되는 것이지 다수 사람의 동의로 만들어질 수 없는 반면, 좌측통행과 같은 교통규칙은 사회의 동의를 통해 만들어지는 것이지 발견되어지는 것이 아니다.

물이 물로 이루어졌다고 주장했다. 그는 아낙시만드로스와 아낙시메네스(Anaximenes)와 더불어 밀레토스 학파에 속한다. 또한 피타고라스(Pythagoras)는 만물은 수로 구성되어 있다고 주장했다. 자연철학자들은 신화론자의 사유를 합리적인 방식에 입각하여 설득력 있게 존재론적으로 사유했으며, 신화론자들이 생각한 영원한 신적 존재는 자연철학자에 의해 피시스로 대체되어 탐구되었다.[10)]

자연철학자들의 관심이 주로 자연에 머무는 데 비하여, 기원전 5세기 중엽부터 나타나기 시작한 소피스트들은 그들의 관심을 인간 자체에 두었다. 프로타고라스나 고르기아스(Gorgias)는 당대의 대표적인 소피스트였는데, 특히 프로타고라스는 "인간은 만물의 척도이다"라는 명제를 내세움으로써 인간 중심적 사고의 기틀을 마련했다. 소피스트들이 인간과 사회에 대한 관심이 많았고 실천적인 유용성을 지닌 지식을 가르치고 보급하는 데 기여를 했다는 것은 사실이지만, 그들은 지식을 돈을 벌기 위한 수단적인 가치로 여기고, 도덕에 대한 진지한 사유를 결여했으며, 사회현상에 대한 체계적인 지식을 구축하지 못했다는 면에서 약점을 노정하고 있다.

소크라테스는 소피스트의 상대주의와 경험주의에 대항해, 불변의 진리가 존재한다는 절대주의와 이성중심주의를 주창함으로써 철학의 굳건한 토대를 마련했다. 소피스트들은 철학적 관심의 대상을 자연에서 인간으로 전환시키는 데 기여했지만, 이들의 인간 중심적인 관점은 인간과 국가가 어떠한 관계를 설정해야 하는가에까지 확장되지는 못했다. 인간을 '시민'으로 파악하고 그들에게 정의가 필요함을 강조한 최초의 철학자가 바로 소크라테스였던 것이다.

---

10) 김내균. 1996.『소크라테스 이전의 그리스 철학』. 교보문고, pp.14-28.

2) 플라톤, 아리스토텔레스, 크세노폰, 키케로의 정치사상

정치학을 이념을 중시하는 정치철학과 처방과 실천을 중시하는 정치과학으로 나누어본다면, 플라톤의 『국가』는 최초의 정치철학서이며 아리스토텔레스의 『정치학』은 최초의 정치과학서라고 말할 수 있다. 플라톤이 말하는 동굴의 우화에서 우리는 플라톤의 정치학의 성격을 파악할 수 있는데, 그에 있어서 정치학은 동굴을 벗어나 '좋음의 이데아'를 깨달은 철학자가 동굴로 다시 돌아오면서 비로소 시작되는 것이다. 플라톤에 있어서 정치학은 현실을 이해하고 파악하는 데 도움을 주는 학문이 아니라, 현실을 구성하고 이끌어 나가는 데 도움을 주는 이념적 학문으로 자리 매김을 하게 된다. 플라톤의 정치에 관한 대화편 가운데 상대적으로 가장 정치과학적 성격을 띤 것이 『법률』」이다. 『법률』은 동굴의 다양하고 구체적인 환경에 따라 융통성 있게 법과 제도를 만들어야 할 것을 강조한다. 『법률』에 나오는 주요 화사인 아테네에서 온 이방인은 특정한 국가에 맞는 법률을 제정하기 위해서 무엇보다도 그 국가가 어떤 자연적 환경에 놓여 있는가를 파악하는 것이 중요하다고 말하면서 자연지형, 인종, 인구, 국가의 규모 등이 법률의 제정에 있어 우선적으로 고려되어야 함을 주장한다. 아리스토텔레스의 『정치학』은 플라톤의 『법률』을 보다 사회과학적이며 체계적으로 발전시킨 연장선 위에 있다고 볼 수 있다.

소크라테스-플라톤의 전통을 따라서 영혼과 육체의 이분법을 받아들이고 있는 아리스토텔레스에게 육체의 만족을 충족시키는 기술을 제공하는 경제학은 영혼의 문제를 다루는 정치학에 비해 종속적이며 또한 열등한 학문으로 나타난다. 그에 있어서 좋은 삶은 육체의 문제가 아니라 영혼의 문제와 관계되는 것이며, 정치학은 바로 영혼에게 좋음을 가져다줄 수 있는 방법을 연구하고 제시하고 실천하는 학문이기에 최고의 학문이며 만학의 왕으로 자리 잡게 된다. 개인적인 차원에서 좋고 올바른 삶의 실현방법을 가르쳐주고 있는 것이 『니코마커스 윤리학(Nicomachean Ethics)』이라고 한다면, 공적인 차원에서 좋고 올바른 삶의 실현방법을 가르쳐주고 있는 것이 『정치학』이다. 정치학은 윤리학을 포함한다.

고대 정치사상을 논의하는 가운데 흔히 간과되는 중요한 저술이 크세노폰이 쓴 『키루스의 교육』이다. 크세노폰은 이 책에서 기원전 6세기 중반에 메디아와 페르시아를 통합하여 페르시아 제국을 건설했던 키루스 대제(Cyrus the Great, 재위기간 558~529 B.C.)를 주인공으로 하여, 키루스가 우정을 바탕으로 대제국을 이루는 과정을 역사소설의 형식으로 묘사하고 있다. 플라톤과 크세노폰은 모두 소크라테스의 제자로서 소크라테스의 가르침을 이해하는 데는 같이 하지만, 그것을 표현하고 전달하는 데는 차이를 보여주고 있다. 크세노폰은 플라톤보다는 좀더 현실적인 입장에서 정치를 접근하고 있다는 면에서 차이를 보이지만, 그 또한 정치질서의 수립을 위해서는 덕이 필요하다고 주장하는 면에서 플라톤의 입장과 유사함을 보이고 있다.

크세노폰의 『키루스의 교육』은 플라톤의 『국가』에 비견될 만한 정치철학서라고 할 수 있는데, 두 작품은 다음과 같은 점에서 대조를 이룬다. 첫째, 『키루스의 교육』은 역사소설이란 형식을 취하고 있는 데 반해 『국가』는 대화란 형식을 취하고 있다. 둘째, 전자는 진정한 우정이 아닌 약간 타락한 형태의 우정을 정치의 원리로 보고 있는 데 반해[11)] 후자는 엄격한 '정의'를 정치의 원리로 보고 있다. 셋째, 전자는 거대한 제국의 형성과정을 그리고 있는 데 반해 후자는 작은 규모의 안정된 도시국가의 모습을 그리고 있다. 넷째, 전자는 키루스와 같은 '정치가

11) 아리스토텔레스는 『니코마커스 윤리학』 8권과 9권에서 우정을 상호이해를 기반으로 하는 진정한 우정, 쾌락을 위한 우정, 이익을 위한 우정의 세 가지 유형으로 나누고 있다. 이런 분류를 따른다면 크세노폰은 정치를 위해서는 이익을 위한 우정이 필요함을 역설하고 있는 것이다.

(statesman)'의 모습을 바람직한 지배자 상으로 제시하고 있는 데 반해 후자는 '철인왕(philosopher-king)'의 모습을 바람직한 지배자 상으로 제시하고 있다.[12)]

플라톤과 아리스토텔레스로 대표되는 그리스의 정치사상은 그리스 멸망 이후 로마로 전파된다. 키케로(M. Cicero, 106~43 B.C.)는 두 철학자의 사상을 적극적으로 받아들인 로마 시대의 대표적인 정치철학자이다.[13)] 키케로는 앞에서 언급한 소크라테스, 플라톤, 크세노폰, 아리스토텔레스 등 네 명의 철학자와 크게 두 가지 점에서 다르다. 첫째, 위 네 명의 철학자의 활동 시기는 기원전 4~5세기인 데 비하여 키케로의 활동 시기는 기원전 1세기로 그 활동시기에 큰 차이가 있다. 둘째, 위 네 명의 철학자는 그리스인으로 주로 아테네를 중심으로 활동을 한 데 비하여, 키케로는 로마인으로 당시 쇄락일로에 있던 로마 공화정을 주요 정치무대로 삼아 활동을 했다는 점에서 차이가 있다.

키케로는 플라톤을 열광적으로 숭배했다. 키케로의 대표적인 정치철학적 작품은 『국가』와 『법률』인데, 이 작품들은 같은 이름을 지닌 플라톤의 대화편인 『국가』와 『법률』을 각각 모방하고 있다. 그러나 키케로는 플라톤을 단순히 모방하는 데 그치지 않고, 로마인의 관점에서 로마 공화국의 경험과 역사를 바탕으로 해서 혼합정체를 갖춘 로마 공화국을 이상국가로 제시하고 있는 점에서 철인왕정을 이상국가로 제시하고 있는 플라톤과 크게 구별된다. 키케로가 이상국가의 모델로 삼고 있는 로마 공화국의 혼합정체는 인민의 자유와 사유재산의 보호를 그 궁극적 목적으로 하고 있고, 자연법에 근거해서 제2차적 자연법인 시민법에 정

12) 플라톤은 지혜를 갖고 있는 세 가지 인간유형으로 철학자, 정치가, 소피스트를 제시하고 있으며, 이 중 철학자(혹은 철인왕)를 '인간의 가능성(human possibility)'이 가장 최고도로 실현된 인간유형으로 생각하고 있다.

13) 김용민. 2007. 「키케로의 정치철학: 『국가에 관하여』와 『법률에 관하여』를 중심으로」. ≪한국정치연구≫ 16:1 참조.

당성을 부여하고 있다. 키케로는 플라톤이나 아리스토텔레스보다도 더욱 현실적인 이상국가의 대안을 제시하고 있고, 또한 자유, 사유재산, 법적 정당성의 원천으로서의 자연법 등의 개념을 보다 명백히 하면서 이러한 개념을 사용하여 국가를 정의하고 있다. 우리는 여기에서 그가 고대 정치철학의 발달에 독창적으로 기여하고 있는 점을 확인할 수 있다.

2. 근대 정치사상

1) 근대성과 마키아벨리

중세의 정치사상은 성 아우구스티누스(St. Augustinus, 354~430)에서 출발하여 토마스 아퀴나스(T. Aquinas, 1225~1274)에 이르기까지 번성했다고 볼 수 있다. 아우구스티누스는 오직 신의 은총하에서만 인간은 행복해질 수 있다고 하면서, 신국에 가기 위하여 인간은 신의 뜻에 복종해야 한다고 가르치고 있다. 토마스 아퀴나스는 아리스토텔레스의 사상을 원용하여 보다 정치적이고 이성적인 관점에서 이성과 신앙을 결합시키려 했다는 면에서 탈중세적 특징을 보이기도 하지만, 그 역시 궁극적으로 인간은 신의 뜻에 복종해야만 행복을 누릴 수 있음을 강조하고 있다는 면에서 중세적 성격을 벗어나지 못하고 있다. 기독교인으로서 아퀴나스는 인간성의 완성이 국가 안에서 일어난다는 생각을 받아들일 수 없었지만, 그래도 그는 정치가 창출하는 질서는 하나님에게 인도하는 우주의 질서와 직접 연결된다고 믿었다. 중세에 기독교가 구축했던 신중심적이고 종교우위적인 정치질서는 르네상스와 종교개혁을 통해 인간중심적 정치질서로 대체되었으며, 새로운 정치적 지평 위에 자유의지를 지닌 개인이 근대적 주체로 등장했다.

근대(modernity)는 개체성의 시대(age of individuality)이다. 근대에 이르

러 마침내 인간은 자유의지와 이성을 지닌 존엄한 인격체로 등장하기 시작했다. 근대의 기점은 일반적으로 '역사적 대사건의 발생'과 '정신의 변화(change of mind)'라는 두 가지 관점에서 논의된다. 우선 근대의 시작을 신대륙의 발견 및 과학의 발달에서 찾아볼 수 있다. 신대륙의 발견은 구대륙이 정치, 경제적인 측면에서 처한 구조적인 위기를 극복하는 하나의 전기를 마련했으며, 다른 한편 레오나르도 다빈치, 갈릴레이 갈릴레오, 프란시스 베이컨 등의 근대적 과학자들을 통하여 발달된 과학적 방법과 지식은 자연을 극복하는 수단을 제공했다. 프란시스 베이컨은 '아는 것이 힘'이라고 주장하면서, 진리를 알기 위해서는 '자연을 고문해야 한다'라고 말할 정도로 과학을 통한 적극적인 자연정복의 필요성을 강조했다. 신대륙의 발견 및 과학의 발달도 근대의 문을 연 중요한 요소임에 틀림없으나 정신의 변화, 또는 인식의 변화라는 요소는 근대성을 규정짓는 더욱 중요한 특징이라 할 수 있다.

인식의 변화의 핵심적인 내용은 다름 아닌 개체의 발견이다. 고대-중세의 시기에 인간은 전체성 혹은 신성에 매몰된 존재에 불과했었다. 플라톤과 아리스토텔레스는 개인보다 정치공동체의 우선성을 강조했으며, 아우구스티누스와 아퀴나스는 신의 섭리는 인간의 이성을 초월하여 존재하는 것이라는 믿음을 설파했다. 고대사상의 특징인 목적론에 의해서 규정된 인간, 중세적 특징인 신의 뜻에 의해서 결정된 인간의 모습은 수동적이고 복종적이며 소극적, 제한적으로 나타난다. 개체성의 발현이라 함은 바로 이러한 목적론적, 종교적인 사슬을 끊고 자유의지를 지닌 인간으로 태어나는 것을 말한다. 르네상스와 종교개혁은 근대적 개체성을 탄생시켰으며, 이후 인간은 증명될 수 없는 형이상학적인 원칙이나 신에 의해서 더 이상 얽매이거나 구속받는 존재로 남아 있지 않게 되었다. 이에 따라 인간의 창조성, 능동성, 적극성, 자유분방함 등은 새롭고 강력한 가치로 존중되기 시작했다.

정치사상의 발달이라는 측면에서 볼 때, 마키아벨리는 인간의 창조성과 능동성을 강조하여 정치를 바라보는 인식의 변화를 불러온 최초의 근대사상가이다. 그는 종교, 윤리, 도덕의 영역으로부터 정치를 분리했고, 자율적이고 능동적인 정치영역이 있음을 새롭게 강조했다. 그가 현실적인 정치영역에서 정치의 주체로 발견한 것은 자유의식을 지니고, 윤리적이고 도덕적인 속박에서 벗어나 욕망과 열정을 아무런 제한 없이 발산하면서, 물질적 안정과 번영을 추구하는 개인들이었다. 마키아벨리는 자유의 원칙에 의해서 지배되는 공화국을 바람직한 정치체제로 생각했는데, "자유를 한번 맛본 시민은 정복할 수 없다"는 그의 표현에서 우리는 그가 시민적 자유의 가치를 얼마나 중요하게 평가하고 있는지를 확인할 수 있다. 그러나 아직도 그에게 있어서 자유는 확실한 개체성에 입각하여 철학적이고 체계적인 의미를 지니고 있는 그러한 자유는 아니었다.

2) 근대 자유주의의 발전

르네상스는 말 그대로 휴머니즘의 부활이지만, 휴머니즘이 좀더 보편적인 의미에서 확대되기 시작한 것은 '자유주의(liberalism)'와 '계몽주의(enlightenment)'의 대두와 연관된다. 자유주의가 인간의 자유롭고 합리적인 선택을 강조하고 다양한 개인들의 상충할 수 있는 선택을 관용성을 가지고 수용해야 한다는 '세계관(Weltanschauung)'이라면, 계몽주의는 인간의 이성적 능력에 굳건한 확신을 가지고 지식의 보편적 확산과 역사의 진보를 믿는 진보적이며 낙관적인 신념체계이다. 아래에서 자유주의의 발달에 큰 영향을 미쳤던 사회계약론자들의 이론, 계몽주의의 철학적 토대를 마련한 데카르트의 이론, 그리고 자유주의에 대한 역사적 평가를 간단히 살펴보기로 하자.

근대에 있어서 자유의 의미가 개인주의에 기초하여 좀더 철학적 체계를 지니게 된 것은 바로 홉스, 로크, 루소로 대표되는 사회계약론자의 이론에 의해서였으며, 개인주의는 자유주의를 구성하는 중심원리가 되었다. 파렉(B. Parekh)에 따르면 자유주의는 개인을 사회의 궁극적이고 환원할 수 없는 단위로 간주하며 사회를 개인의 관점에서 설명하고 있고, 자유주의적 사고의 중심에는 개인은 개념적으로 존재론적으로 사회에 우선하고 개인은 원칙적으로 사회와는 독립적으로 개념화될 수 있으며 정의될 수 있다는 개인주의가 놓여 있다는 것이다.[14]

자연상태라는 개념은 사회계약론자들의 이론의 출발점이다. 자연상태는 국가가 없는 상태로서, 여기서 인간은 자기보존을 위해서 오직 자신의 판단과 힘만을 의존해야 한다. 모든 개인이 자신의 사적인 판단에 따라 행동할 때, 전쟁상태가 도래한다. 사적인 판단이 횡행하는 곳, 그래서 행동의 고질적인 불확실성이 존재하고 전체가 수용하는 행위규칙이 없는 곳에서는 질서가 있을 수 없고, 안정도 있을 수 없으며, 결과의 확실성도 존재할 수 없다. 이처럼 참지 못할 자연상태의 특성들은 질서가 없어서 생기기 때문에, 사람들이 스스로 질서 있는 상태로 들어갈 때에만 피할 수 있다. 질서 있는 상태로 들어가야 할 필요성은 사람들이 자기보전과 관련하여 개인적인 판단의 권리를 포기하는 것을 의미한다. 또한 그것은 분명하고 의심의 여지가 없는 공적 판단의 근원을 창출할 것을 요구한다. 홉스는 이 공적 판단을 위한 대리자를 '리바이어던(Leviathan)'이라고 이름 지었는데, 이것은 사람이 만든 것으로서 자연상태에서의 불확실성과 불화를 해소하고 확실함과 평화의 세계를 구축할 권력을 가진 존재이다. 홉스의 리바이어던은 절대군주로 군림하게 된다. 왜냐하면 사람과 사람들 사이에 리바이어던을 만들자는 계약이 있을 뿐, 리바이어던과 인민들 사이에는 계약이 없으므로 일단 만들어

14) Parekh, B. 1993. "The Cultural Particularity of Liberal Democracy," in Held, D., ed. *Prospects for Democracy*. Stanford, Calif.: Stanford University Press, p.157.

진 리바이어던은 아무런 제약 없이 사람들 위에 군림할 수 있기 때문이다. 홉스와는 달리 로크는 공적 판단의 권위를 지닌 국가는 개인의 재산권을 보장하기 위하여 필요한 권력을 위임받고, 국가가 재산 보호의 임무를 소홀히 했을 때 인민들은 국가권력에 저항할 수 있다는 제한군주론을 주창한다.

홉스나 로크에게 있어서 권력의 정당성은 개인의 동의를 통한 사회계약에서 도출된다. 자기이익의 추구에만 혈안이 되어 있는 자연상태의 개인은 자신의 생존과 번영을 보장하기 위한 수단으로 계약을 통해 공동권력을 창출하게 되는데, 시민은 '자기이익의 계산(calculations of self-interest)'에 따라 공동권력에 복종하거나 거부하기 때문에 이러한 권력은 조건적인 권력에 불과해진다. '리바이어던'을 구성하는 홉스적인 시민은 자기이익의 극대화를 추구하기 위하여 호시탐탐 법망을 피해가고자 하며, 합리적이고 근면한 로크적인 시민은—그는 맥퍼슨(C. B. Macpherson)의 말을 빌리면 '소유지향의 개인주의'를 내면화한 대표적인 근대적 인간유형이며, 루소가 비판해 마지않았던 부르주아인데—자신의 유일한 관심사인 재산의 보호와 증식을 위해 공동권력을 수단적으로 사용하고자 한다. 시민 개개인의 이익을 보장하기 위해 창출된 권력은 그것이 조건적인 권력인 한에서 그 목적이 고상할(noble) 수 없고, 자기정당화의 굳건한 도덕적 토대를 가질 수 없다. 홉스와 로크에 있어서 자유는 생존과 번영을 위한 수단적 가치로 존재할 뿐이지, 덕을 실현하기 위한 고상한 수단으로 존재하지 않는다.

루소는 사회계약이 인민들 간에 이루어지지만 그 실질적인 내용은 개인 각자가 자신들이 포함되어 있는 전체와 계약을 맺는 것이며, 이것은 바로 자기 자신과의 약속이라고 주장한다. 루소에 의하면 우리라는 전체로 구성되는 국가의 권력은 국민 개개인으로부터 나오게 되는데, 바로 여기에서 인민주권론이 성립되는 것이다. 일반의지는 개인 각자가 우리라는 전체가 요구하는 정도에 따라 신체와 재산을 포함하는 모든 것을 양도할 때, 이 모든 공동의 것을 지배하는 우리의 최고의지이다. 한 개인이 일반의지에 따라 행동하는 한, 그는 항상 자유로울 뿐 아니라 동시에 남의 자유도 보장하게 된다. 루소에 있어서 자유는 도덕성의 본질이며, 덕의 조건이나 결과이기보다는 덕 자체로 나타난다. 일반의지가 지닌 도덕성의 본질은 우선 그것이 의지라는 면에서 자유를 기반으로 하고 있다는 점과, 또한 평등을 추구하고 있다는 점이다. 평등이 필요한 이유는 평등이 없이는 자유가 유지될 수 없기 때문이다. 자유와 평등은 모두 일반의지가 지닌 확고한 도덕성의 기반을 제공한다.[15]

근대 자유주의가 지닌 개인주의적 성격에 철학적인 토대를 부여하고, 근대적 합리성의 근간이 되는 이성을 과학적으로 정립하고자 했던 사람이 데카르트이다. 그는 모든 전통적인 신념에 의문을 던지고, 철학적 방법론의 도움을 받아 모든 것의 진위를 '도움 받지 않은 이성(unassisted reason)'에 따라 판단하고자 했다. 그의 이성에 대한 강조는 '정신의 절대화(absolutization of the mind)'로 연결되고, 절대화된 정신은 계몽주의의 확산과 더불어 보편화되는 과정을 겪게 된다. 그의 철학이 지닌 개인주의적 성격은 그 유명한 '코기토(cogito)'—즉 "나는 생각한다. 고로 나는 존재한다."—에 잘 나타나 있는데, 여기서 유의해야 할 점은 생각하는 주체는 남이 아닌 바로 '나'라는 사실이다. 물론 데카르트는 이러한 '나'를 인류 일반으로 보편화하고자 하지만, '나'라는 주체를 강조하다 보면 그것은 필연적으로 개인주의로 흐르게 마련이다. 이와 관련하여 바아버(B. Barber)는 데카르트 철학의 영향을 받은 자유주의 정치사상은 근본적으로 환원론적이고, 사변적이고, 유아론적임을 지적하고 있다.[16]

---

15) 루소의 일반의지에 관한 자세한 설명은 김용민. 2004. 『루소의 정치철학』. 인간사랑 참조.

16) Barber, B. 1984. *Strong Democracy: Participatory Politics for a New Age.*

근대 자유주의의 발전은 인간의 이기심을 충동질하고 옹호함으로써 자유로운 교역을 통한 상업의 발달을 촉진했다. 이러한 자유주의의 발전에 대하여 낙관적인 견해와 비관적인 견해가 교차한다. 낙관적인 견해를 지닌 사람으로 로크, 몽테스키외(Montesquieu, 1689~1755) 등을 들 수 있고, 비관적인 견해를 지닌 사람으로 루소, 마르크스, 니체(F. Nietzsche, 1844~1900) 등을 들 수 있다. 몽테스키외는 '이해관계(interests)'가 지배하는 상업사회의 도래와 함께 사람들 간에 '온유함'이 존재하게 되었고, 이러한 온유함은 한편으로는 안정된 민주적 정치질서의 수립과 다른 한편으로는 경제적 부의 증진에 기여하게 되었다고 주장하고 있다. 이와는 대조적으로 루소는 이해관계에 기초하고 있는 사회는 "사람들이 돈에 대해서만 이야기하고 더 이상 덕에 대해서 이야기하지 않는 사회"임을 주장하면서, 이렇듯 타락한 사회가 정치와 교육에 의해서 근본적으로 수정되지 않는 한 인간성의 파멸은 가속화될 것이라는 경종을 울리고 있다.

마르크스는 자본주의적인 상업사회는 인간성의 회복과 발전을 위하여 작동하기보다는 소외와 착취와 같은 인간성의 파괴를 획책하고 있다고 비판한다. 니체는 신이 죽은 이후 인간의 삶은 두 가지 근본적인 대안을 갖게 되었다고 말하면서, 그 하나는 우리가 인간성의 저 밑바닥까지 내려가서 가축과 같은 존재인 '최후의 인간(the last man)'이 되는 것이고, 다른 하나는 우리가 우리 자신을 초극하여 인간 이상의 존재, 즉 '초인(the super man)'이 되는 것임을 밝히고 있다. 니체는 사적인 영역에 매몰된 부르주아를 '가축적인 인간(herd people)' 또는 최후의 인간으로 칭하고 있는데, 그에 따르면, 이성과 자유의지를 갖고 출발한 근대인은 결국 삶의 위대한 목적을 상실하고 자유와 평등에 안주하는 최후의 인간이 되어버렸다는 것이다.

Berkeley, Calif.: University of California Press, p.51.

근대 정치사상의 정점에 마르크스와 니체가 자리 잡고 있다. 이 두 철학자는 부르주아 사회의 한계와 모순을 비판하고 새로운 대안사회를 제시하고 있다는 점에서는 유사성을 갖고 있으나, 그 비판의 구체적 내용과 제시된 대안사회의 모습에는 상당한 차이점이 존재한다. 20세기의 정치사상은 한편으로는 마르크시즘의 확산 및 이에 대한 자유주의의 대응과, 다른 한편으로는 니체와 하이데거(M. Heidegger, 1889~1976)를 진원지로 하는 포스트모더니즘(post-modernism)의 등장으로 점철된다.

3. 현대 정치사상

1) 롤즈의 정의론

현대 정치사상이란 용어에서 현대라는 말을 영어로 옮기면 'modern'이다. 20세기 후반부에 나타난 새로운 사조인 포스트모더니즘이란 용어에도 'modern'이라는 단어가 들어가고 있다는 사실을 유념할 때, 21세기를 맞이한 우리는 영어식으로 표현하면 아직도 'modern age'에 살고 있는 것이다. 우리 식의 용어인 현대 정치사상은 근대 정치사상과 확연히 구별되는 독자적인 특징을 지니고 있는 것은 아니다. 현대 정치사상은 근대 정치사상의 연장선상에 위치하고 있는 것이다. 마르크시즘은 1917년 러시아에서의 공산혁명을 시발로 하여 20세기 대부분의 기간 동안에 인류역사의 전개에 큰 영향을 미쳐왔지만, 소련과 동유럽에서의 공산정권의 몰락과 더불어 역사의 뒤안길에 묻혀가고 있는 실정이다. 마르크시즘을 논외로 한다면, 현대의 주요 정치사상으로 롤즈와 하버마스를 중심으로 제기되는 자유주의 옹호론과, 이에 대한 대항이론인 공동체주의론, 그리고 니체와 하이데거의 영향을 받고 데리다와 푸코를 중심으로 담론화된 포스트모더니즘을 거론할 수 있다.

롤즈의 『정의론』은 1971년에 출판되면서 철학계 일반에 커다란 반향을 불러일으켰다. 롤즈는 전체 복지의 극대화를 목적으로 삼고 있는 공리주의적 정의관을 극복하기 위해, 옳음이 좋음에 우선한다는 의무론적 토대 위에 자유주의적 정의원칙을 제시하고 있다. 그의 정의원칙은 루소와 칸트(I. Kant, 1724~1804)로 대변되는 계약론적 정치철학의 전통을 계승하고 있다. 롤즈는 계약론자가 가정하는 자연상태와 유사한 '원초적 입장(original position)'이라는 가상적 상황을 고안하여 정의이론의 출발점으로 삼고 있다. 원초적 입장에서 무지의 베일이 내려져 자신의 개별적 특성을 모르는 개인들이 타인에 대해 시기심이나 동정심을 갖지 않고 상호 무관심하게 합리적으로 사고한다면, 그들은 자신의 기본적인 권리와 의무를 할당하고 사회협동체의 이득과 부담에 대한 적절한 분배를 정해줄 정의원칙에 동의하게 될 것이라고 롤즈는 주장한다. 롤즈가 제시한 정의의 두 원칙은 다음과 같다.[17)]

- 제1원칙: 각인은 모든 사람에 대한 유사한 자유의 체계와 양립 가능한 평등한 기본적 자유의 가장 광범위한 총체 체계에 대한 평등한 권리를 가져야 한다.

- 제2원칙: 사회적·경제적 불평등은 다음과 같은 두 조건을 만족시키도록 편성되어야 한다.
  (가) 최소수혜자에게 최대의 이득이 되고,
  (나) 기회 균등의 원칙하에 모든 이에게 개방된 직책과 직위가 결부되어야 한다.

흔히 제1원칙은 자유우선의 원칙, 제2원칙의 (가)는 차등의 원칙, (나)는 기회균등의 원칙으로 말해지는데, 원칙의 적용에 있어 제1원칙은 제

---

17) Rawls(1971), 앞의 책, p.302.

2원칙에 우선하며, 기회균등의 원칙은 차등의 원칙에 우선하는 축차적 서열을 이룬다. 차등의 원칙은 평등한 분배가 최선이지만 불평등한 분배가 있음으로써 한 사회 내에서 수혜를 적게 받는 계층에게 최대의 이득이 돌아가게 된다면 그러한 불평등은 용인해야 한다는 원칙이다.

롤즈의 정의이론을 계기로 하여 1970년대 철학계에서는 공리주의자, 사회주의자, 자유주의자 간에 열띤 논쟁이 붙었으며, 이런 논쟁의 과정을 거치면서 자유주의이론은 더 한층 정교화되었다. 1980년대에 이르러 롤즈적인 자유주의는 또 하나의 세찬 도전을 받게 되는데, 그것은 공동체의 가치와 전통을 중요시하는 공동체주의자로부터의 도전이다. 1960년대에 행해진 자유주의에 대한 주요 반격이 마르크스이론에 근거한 것이었다면, 1980년대에 들어 공동체주의자에 의한 반격은 아리스토텔레스, 루소, 헤겔(G. Hegel, 1770~1831)의 이론에 근거한 것이었다. 대표적인 공동체주의자로 매킨타이어(A. MacIntyre), 샌들(M. Sandel), 테일러(C. Taylor), 왈저(M. Walzer) 등을 손꼽을 수 있다.[18]

자유주의자와 공동체주의자의 근본적인 대립은 인간을 보는 관점의 차이에서 기원한다. 자유주의자는 합리적인 인간의 자유로운 선택에 우선성을 부여한다. 자유주의적 인간은 이기주의적이고, 비사회적이고, 원자적이며, 개인주의적으로 나타나는데, 그는 자신에게 주어진 자유를 수단으로 물질적 번영의 추구에 매진한다. 공동체주의자는 인간은 근본적으로 사회적인 존재이고, 인간의 행위는 그들이 존재하고 있는 사회의 가치에 명시적 혹은 묵시적으로 영향을 받아서 이루어진다는 것을 강력하게 주장하고 있다. 인간은 사회에서 분리되어 존재할 수 있는 추상적이며 합리적인 개체가 아니라 한 국가의 시민으로서, 한 사회의 전통의 담지자로서 존재할 수밖에 없는 정치적 동물이라는 것이 공동체주

18) 자유주의와 공동체주의에 관한 개괄적 소개서로 다음 참조: 스테판 뮬홀·애덤 스위프트 지음, 김해성·조영달 옮김. 2001. 『자유주의와 공동체주의』. 한울.

의자의 인간관이다.

자유주의자와 공동체주의자의 논쟁은 궁극적으로 '개인적 자유(individual freedom)'와 '사회적 덕(social virtue)'이라는 두 가지 가치 중에서 무엇이 사회의 우선적 가치가 되어야 하는 가에 대한 논쟁이다. 본질적으로 자유와 덕은 양립 불가능한 가치가 아니다. 자유주의자가 덕의 존재를 무시하는 것은 아니며, 공동체주의자가 자유의 중요성을 무시하는 것도 아니다. 자유주의자와 공동체주의자 모두 자유와 덕을 중요시하고 있다는 면에서 서양정치사상의 전통에 기반하고 있다. 이 둘 간의 논쟁의 초점은 자유와 덕이 상충될 경우, 어떤 가치에 우선성을 둘 것인가에 놓여 있다. 이 논쟁을 통해 자유와 덕의 의미는 심화되었고, 자유와 사회적 덕을 조화시킬 수 있는 철학적 기반은 넓혀졌으며, 그 결과 자유주의자와 공동체주의자는 서로를 포용하는 상태에 이르렀다.

2) 하버마스의 소통이론

롤즈가 원초적 입장이란 개념을 가지고 전통적인 정치철학의 부흥을 꾀했듯이, 하버마스는 '이상적 대화상황(ideal speech situation)'이란 개념을 가지고 근대 계몽기획의 완성과 자유주의의 정립을 꾀하고 있다. 하버마스는 이상적 대화상황이란 모든 참가자가 자유롭게 토론하고 심의할 수 있는 상황이라고 정의하면서, 토론참가자들의 합의를 통해 도덕적이며 정치적인 규범을 도출할 수 있다고 주장하고 있다. 이상적 대화상황에서 모든 참가자는 다른 사람의 의견을 경청하고 그에 답변하려는 개방성을 가지고 토론에 임해야 하고, 토론참가자는 자기 자신이나 타인을 속일 의도를 가져서는 안 되며 토론의 상대자를 판단력이 있고 성실한 주체로 인정하고 동등한 인격으로 대해야 한다. 그리고 토론과정에서 제기된 질문에 대해 어떤 금기도 적용되어서는 안 되고 누구든지 질문에서 제외되는 특권적 불가침권이 허용되어서는 안 된다. 또한 대화에서 인종적 편견이나 계급의 선입견에 의해 다른 사람의 말을 막기 위한 억압적 수단을 사용하면 안 된다. 하버마스는 이러한 특성을 지닌 이상적 대화상황에서 '의사소통적 합리성(communicative rationality)'이 보장된다고 보고 있다.

하버마스는 이상적 대화상황이란 모델이 역사적으로 실현되어왔음을 지적하고 있다. 그는 18세기에 나타난 부르주아적 정치적 '공론장(public sphere)'의 형성, 의회민주주의의 발달, 정당의 결성, 법치국가의 확립은 모두 공론장 발전의 결과로 설명한다. 그는 공론장의 발전과 함께 생활세계의 합리화가 이루어졌지만, 자본주의의 발달은 화폐와 권력이라는 조정매체를 통하여 국가가 생활세계를 통제하려는 체계의 확장도 동시에 이루어냈다고 지적하면서, 체계의 확장은 의사소통의 왜곡과 생활세계의 식민지화라는 병폐를 야기했다고 비판한다. 이와 같은 진단 아래 하버마스는 의사소통적 합리성의 구현이란 수단을 통해서 이미 왜곡된 공론장을 바로 잡고, 포괄적 이성에 근거한 근대 계몽기획을 완성하고자 노력하고 있다. 하버마스에 있어 자유주의적 공론장의 확립은 법치주의, 절차적 민주주의의 확립을 위한 필요조건으로 등장한다.

3) 포스트모더니즘

포스트모더니즘의 시대에는 아무도 개체성이 지닌 중요한 가치를 부인하지 않는다. 근대는 자유롭고 개인주의적인 인간의 발견과 더불어 시작되었으며, 개인적 권리의 불가침성이라는 개념으로 한층 더 성숙되었다. '개체성을 위한 개체성'이라는 표어는 자본주의의 발달, 물질적 번영, 세련된 문화, 과학과 기술에서의 획기적 진보, 사치, 다양성, 섬세한 예술, 확고한 시민적 자유 등 눈부신 업적을 이루는 데 기여해왔다. 그러나 이 표어는 사랑, 우정, 애국심과 같은 사회적 가치에 의해서 공

동체적 유대가 유지되는 그러한 정감적 공동체를 산출하는 데는 실패하고 있다.[19]

포스트모더니스트들은 획일적인 거대 이성에 근거한 계몽주의 철학과 합리주의 철학을 비판하고 거부하며, 인간은 목적합리성의 원칙에 따라 행위하고 개인의 자율과 자유의지를 존중하며 과학적 지식의 주체로서 객관적 진리에 의거하여 인간해방이란 정치적 목표를 추구하는 주체라고 규정짓는 근대적 주체의 관념을 해체하고자 한다. 그들은 근대적 주체는 이데올로기의 구성물로서 주체-객체의 이분법에 근거한 자유주의적 휴머니즘의 산물이라고 파악한다. 그들은 거대 이성과 근대적 주체를 해체함으로써 근대적 질서의 획일성과 억압성을 극복할 수 있고, 근대성에 의해 주변화되고 억압되고 소외된 '타자'에게 다양성, 다원성, 동등성을 부여할 수 있다고 주장한다. 근대적 주체가 형이상학적 기초를 가지는 추상화된 존재라면, 포스트모더니스트가 내세우는 탈근대적 개인은 감정을 가지고 문화적 맥락에서 살아 숨쉬는 유동적 개인이다. 탈근대적 개인은 획일적 정체성을 거부하고 우연성과 불확실성의 세계를 살아가며, 감성적이고 내면지향적이며 자기의 주관에 따라 자아실현을 추구하는 존재로 나타난다.

획일적 주체관념을 부정하고 다원적 세계관을 주창하는 포스트모더니즘은 사회 내의 다양한 요구에 정당성을 부여하며, 이에 따라 정치의 영역을 넘어서는 보다 근본적인 사회문화적 영역에서의 민주화에 기여하는 중요한 이론적 자원으로 인식될 수 있다.[20] 하지만 포스트모더니즘은 다양한 요구를 옹호하고 정당화시킬 수 있는 이론적 근거를 제공하는 데는 성공하고 있으나, 그 정당한 요구들을 질서지울 수 있는 건

---

19) 김용민. 2002. 「공동체주의와 시민교육」, 이용필 편. 『세계화 과정에서의 공동체주의』. 신유, p.108.

20) 유홍림. 1996. 「포스트모더니즘의 자유주의」. ≪사회비평≫ 16, p.132; 유홍림. 2003. 『현대 정치사상 연구』. 인간사랑, 제6장 참조.

설적 대안을 제공하지 못하고 있다는 한계점을 노정하고 있다.

롤즈와 하버마스가 주장하는 자유주의적 정치적 질서, 매킨타이어, 샌들, 테일러, 왈저 등의 공동체주의자들이 주장하는 공동선, 그리고 푸코(M. Foucault)나 로티(R. Rorty) 등의 포스트모더니스트들이 주장하는 다양한 문화적 가치, 이 모두를 조화시킬 수 있는 방법을 찾는 것이 현대 정치사상이 당면한 과제라고 하겠다.

제9장 국제관계에 대한 이해와 시각

이상환

제1절 국제관계에 대한 이해

국제관계(international relations)를 연구하는 정치학의 한 학문분야를 우리는 국제정치(international politics), 세계정치(world politics) 혹은 범지구적 정치(global politics)라고 일컫는다. 어느 용어를 사용하든 국제관계를 다룬다는 것은 부인할 수 없으며, 다만 그 관계의 주체와 성격에 대해 약간의 차별화된 인식이 존재한다고 할 수 있다.

국제관계의 주체를 협의적으로 정의하면 국가(state actor)에 한정할 수 있으나, 광의적으로 정의하면 국가와 더불어 국제기구·다국적기업 등을 포함하는 비국가 행위자들(non-state actors)을 모두 일컫는다. 또한 정치학 분야에서 국제관계의 성격을 협의적으로 정의하면 정치·군사·안보적 관계에 한정되나 광의적으로는 여기에 경제·사회·문화적인 관계를 포함하는 다양한 관계를 말한다. 오늘날 국제관계를 이해함에 있어서 우리는 그 주체와 성격을 광의적으로 파악함이 타당하다. 한마디로 말하여, 국제관계학(국제정치학, 세계정치학, 지구정치학)이란 국제사회에 있어서 국가 혹은 비국가 행위자들 사이의 정치·군사·안보적 및 경제·사회·문화적 관계를 다루는 학문분야라고 할 수 있다.

우리는 이러한 국제관계를 각기 다른 분석수준에서 다양한 접근방법으로 연구하게 된다. 연구대상을 중심으로 한 분석수준을 언급하면, 개별 정책결정 담당자 수준에서의 연구인 개인 수준의 분석(individual level of analysis), 국가 수준에서의 연구인 국가 수준의 분석(state level of analysis), 그리고 양극 혹은 다극 등 다양한 체제 수준에서의 연구인 국제체제 수준의 분석(international system level of analysis)이 있다. 또한 그 접근방법으로 전통적 접근법(traditional approach)과 행태적 접근법(behavioral approach)이 있으며, 이중 전통적 접근법은 국제관계에 대해 주로 규범적인 접근을 행하고, 행태적 접근법은 전쟁과 세계평화 혹은 전 세계적인 부와 빈곤 등의 원인을 살펴봄에 있어 주로 양적인 접근을 행한다.

정치학의 분야를 한국정치, 정치사상 및 이론, 비교정치 및 지역연구, 국제정치, 행정 및 정책학 등 다섯 가지로 나눌 수 있는데, 여기서 국제정치는 앞에서 언급했듯이 광의적 의미의 국제관계를 다루는 정치학의 한 학문분야인 것이다. 국제정치를 영문으로 world politics라 칭한다면, 국제정치는 전쟁(war)과 세계 평화(peace)의 문제를 다루는 국제안보(international security)와 전 세계적인 부(wealth)와 빈곤(poverty)의 문제를 다루는 국제정치경제(international political economy)로 나눌 수 있다. 공교롭게도 그 첫 글자가 모두 'w'와 'p'인 것이다. 그리고 뒤에 언급하겠지만 세계시민으로서 우리가 지향하는 국제사회의 모습이 부와 평화가 넘치는 국제사회라는 점에서 그 또한 'w'와 'p'로 시작됨을 알 수 있다.

우선 국제안보 영역인 전쟁과 세계평화의 문제를 그 시각과 쟁점의 측면에서 살펴보면 다음과 같다. 2절에서 다루지만 국제관계를 설명하는 세 가지 기제(instrument)로 힘, 제도, 구조가 있다. 각 기제를 강조하는 거시적인 시각을 언급하면 현실주의(realism), 자유주의(liberalism) 혹은 제도주의(institutionalism), 구조주의(structuralism) 등을 들 수 있다. 이러한 맥락에서 상대적으로 미시적인 국제안보 관련 시각을 나열하면 세력균형(balance of power)이론, 공포균형(balance of terror)이론, 세력전이(power transition)이론, 집단안전보장(collective security)이론, 게임이론 등을 말할 수 있다.

국제안보 영역의 쟁점들을 다루기 위해서는 20세기 양차의 대전 중 제2차세계대전 이후 국제관계의 변화를 이해함이 요구된다. 즉 냉전기(Cold War, 1950~1960년대), 긴장완화기(Detente, 1970년대), 신냉전기(New Cold War, 1979~1983년), 탈냉전기(Post Cold War, 1980년대 중반 이후)로 이어지는 국제사회의 흐름에 대한 시식이 필요한 것이다. 이 장에서는 국제안보의 최근 쟁점들을 국가안보(national security) 대 인간안보(human security) 논의, 21세기 국제연합(UN)의 바람직한 역할변화 논의, 세계 각 지역의 주요 분쟁 논의 등을 중심으로 전개하고자 한다.

한편 국제정치경제 영역인 전 세계적인 부와 빈곤의 문제는 그 상대적인 미시적 시각으로 상호의존(interdependence)이론, 종속(dependence)이론, 국가주의(statist)이론 등을 다루게 되며, 그 주요 쟁점으로 통상(trade), 금융(finance), 환경(environment), 노동(labor), 부패(corruption), 인권(human rights) 등 여섯 가지 의제를 다루게 된다. 이들 쟁점들을 전개함에 있어서 국제정치경제체제를 구분하는 브레턴우즈(Bretton Woods) 체제와 후기 브레턴우즈(Post-Bretton Woods) 체제에 대한 이해가 요구된다.

앞서 언급한 여섯 가지 의제들을 다룸에 있어서 주로 1980년대 중반 이후 강조된 시기와 그 세부 의제들에 초점이 맞추어지며, 이를 다자간 협상에 걸맞게 배열하면 우루과이라운드(Uruguay Round; 통상), 그린라운드(Green Round; 환경), 블루라운드(Blue Round; 노동), 금융라운드(Finance Round), 반부패라운드(Anti-Corruption Round), 인권라운드(Human Rights Round) 등의 순서가 된다. 통상을 논의함에 있어 오늘날의 국제경제통합의 흐름이 주요 의제가 되며, 금융의 경우 국제금융시장의 변화와 통화·환율제도 및 외채문제 등이 그 주요 관심사가 된다. 또한 환경문제와 관련한 국제적 갈등, 동북아 환경협력, 환경파괴를 이유로 통상규제 문제 등이 국제환경 관련 세부 의제이며, 국제노동기준과 통상규제의 연계 및 이주노동자 문제 등이 국제노동 관련 세부 의제인 것이다. 새로이 대두된 의제로서 부패문제는 경제협력개발기구(Organization for Economic Cooperation and Development, OECD) 뇌물거래방지협정에 따른 부패와 통상의 연계 및 부패지수 관련 투명성 논의를 중심으로 행해지며, 인권 논의 역시 그 개념 인식 및 국제적 기준 설정 문제, 나아가 인권외교 등을 중심으로 행해진다.

위에 비추어보건대 국제사회는 항시 두 가지 해결해야 할 과제를 안고 변화하여왔다. 그 하나는 전쟁 문제이며, 다른 하나는 빈곤 문제이다. 역으로 말하여, 평화와 부를 창출해야 할 과제에 직면해 있는 것이다. 20세기 말 이래 세계화의 흐름은 우리에게 바람직한 국제사회의 미래를 제시하고 있으나 그 가는 길이 순탄하지만은 않을 것임을 예고하고 있다. 낙관적으로 전망한다면, 최근 지역주의의 흐름은 세계화와 상충되는 것으로 이해되기 쉬우나 지역주의의 성격이 폐쇄적인 것이 아니라 개방적인 것으로서 지구촌의 형성을 지향한다면 바람직하다고 볼 수 있는 것이다. 따라서 지역주의의 발전과정이 지역패권주의로 흐르지 않도록 지역블록 간 상호협력의 심화가 요구된다고 할 수 있다.

궁극적으로 말하여, 바람직한 국제사회의 모습은 부와 평화가 넘치는 '세계민주공동체(world democratic community)'가 되어야 하는 것이다. 균등한 부와 완벽한 평화가 보장되는 국제사회를 현실적으로 달성하기 어려우므로 국제사회의 운영원리(힘이 아닌 제도·규범의 우위)의 민주화를 통해, 즉 국제사회 내 의사결정과정의 민주화를 통해 세계민주공동체를 형성해야 할 것이다. 이 글에서는 국제관계(정치) 분야를 처음 접하는 학생들의 이해를 돕고자 국제관계 연구의 시각과 쟁점을 중심으로 논의를 전개하고자 한다.

제2절 국제관계 연구의 시각

1. 국제관계에서의 힘, 제도, 그리고 구조

1) 국제관계, 구조 하의 힘과 제도의 영향

국제관계를 지배하는 주요한 기제는 힘, 제도,[1] 구조라고 할 수 있다. 국가 간의 관계는 힘의 우열관계로 설명할 수 있고, 국제적 규범의 틀을 중심으로도 분석이 가능하며, 나아가 그 관계가 위치하는 구조적 현실을 토대로 해석이 가능하다. 어느 기제에 강조점을 두느냐에 따라서 그 시각은 현실주의, 자유주의(제도주의), 구조주의로 나뉠 수 있다. 이중 힘과 제도를 둘러싼 이견이 국제정치이론 논쟁을 이끌어왔다.

국제관계를 이해하기 위해서 우리는 힘, 즉 '국력(national power)'이라는 개념을 논의해야 한다. 국력이란 특정국가가 갖고 있는 능력을 의미하며, 군사적·경제적·인구학상의 자원을 모두 포함하는 개념이다. 이를 측정하기 위해서 싱어(D. Singer)는 인구(전체 및 도시인구), 산업능력(에너지소비량 및 철강생산력), 군사능력(군사비지출 및 화력) 등을 활용하고,[2] 오간스키(A. F. K. Organski)는 국민총생산(GNP)과 정치발전을 가늠하는 납세수준(tax effort) 등을 토대로 국력을 파악한다.[3] 이러한 국력에 기초하여 그

1) 제도란 역할을 명령하고 활동을 규제하며 기대하는 바를 규정짓는 공식적 그리고 비공식적인 지속적이고 상호연관된 일련의 규칙을 일컫는다.

2) D. Singer, 1989. "The Level of Analysis Problem in International Relations," in J. Ikenberry, ed. *American Foreign Policy: Theoretical Essays*. New York: Pearson Longman Press.

3) Organski, A. 1981. *The War Ledger*. Chicago: University of Chicago Press.

역학관계를 중심으로 국제관계를 설명하고자 하는 부류의 학자들을 우리는 현실주의자라 부르며, 반면 국력보다는 국제규범을 토대로 국제관계를 파악하려는 부류의 학자들을 자유주의(제도주의)자라고 일컫는다.

현실주의(realism)는 국제체제의 무정부성과 국가의 권력추구욕을 지적하고, 국가 간의 갈등 현상과 협력의 제한성을 강조한다. 즉 국제사회의 권력 정치(power politics)적 성격을 설명하고자 한다. 자유주의(liberalism)는 국가를 포함한 다양한 행위자들 간의 상호의존과 협력을 강조하며 국제제도의 역할을 지적한다. 이에 비하여 신현실주의(neo-realism)와 신자유주의(neo-liberalism)는 각각 현실주의 및 자유주의와 기본적으로 같은 입장을 취하나, 분석수준에 있어서 분석의 초점이 주로 국제체제 혹은 국가 간의 관계에 주어진다. 신자유주의는 어떻게 자기중심적인 행위자들이 무정부 상태 속에서, 그리고 서로의 중요한 이해관계가 상충하는 가운데 협력을 할 수 있을까를 다루며, 국가 간의 협력이 이기적인 국가 사이에서도 일어날 수 있고, 이러한 협력을 위해 중요한 역할을 하는 것이 국제기구나 국제제도라고 한다. 즉 제도화가 중요함을 강조한다.

한편 신현실주의는 국가 간 협력의 장애요인으로 타국의 배신에 대한 우려와 상대적인 이익의 성취에 대한 우려를 지적한다. 또한 상대적인 이익을 중시하여 절대적인 이익이 있어도 협력이 일어나기 힘들다는 논리를 전개한다. 무정부성은 단순히 규범을 이행시킬 대리 기관의 부재가 아닌 다른 국가에 의해 잠재적이고 현실적인 폭력의 위협에 처해 있는 상황을 의미한다고 말한다.[4] 이들 시각을 단순화하여 비교하면, 현실주의와 신현실주의는 무정부 상태 속에서의 갈등(conflict under anarchy)을, 자유주의는 상호의존 속의 협력(cooperation under interdependence)을, 신자

4) Jervis, R. 1982. "Security Regimes." *International Organization* 36:2, pp.357-378.

유주의는 무정부상태 속에서의 제한된 협력(limited cooperation under anarchy)을 각각 강조하는 것이다.

신현실주의자인 월츠(K. Waltz)는 국제체계의 무정부적 구조성을 발견하고 국가의 행동을 이들의 속성이 아닌 체제의 수준에서 설명한다.[5] 모겐소(H. Morgenthau)는 국제적 무정부 상태라는 특징을 인간성에 관한 좀더 근본적이고 선험적인 가정으로부터 이끌어내나,[6] 월츠는 국제체제 수준에서의 가정으로부터 출발하는 것이다. 따라서 이를 구조적 현실주의 혹은 신현실주의라 일컫는다. 월츠에 의하면 불평등한 단위로 이루어진 세계는 상호의존적일 수 없으며, 국가 간의 상호의존성은 협력을 이루는 조건이라기보다 오히려 한 국가의 자율성과 생존을 위협하는 현상이라는 것이다. 극단적 상호의존성은 오히려 전쟁을 촉진하는 원인이 되며, 국제체제의 구조적 성격을 찾아내고 이것이 어떻게 국가들의 행동에 대해 영향을 미치는가를 알아내야 한다는 것이다.

이러한 월츠에 대해 신자유주의자인 코헤인(R. Keohane)은 월츠가 국가권력을 정치력·경제력·군사력을 포함하는 총체적인 개념으로 보기 때문에 국제경제관계를 제대로 설명하기 힘들다고 지적한다.[7] 경제력 배분에 따른 국제구조를 설정해야 한다는 것이다. 즉 국가 간 상호의존의 증가가 곧바로 경제적 갈등으로 이어지는 것은 아니며, 갈등이 발생

---

5) Waltz, K. 1967. "International Structure, National Force, and the Balance of World Power." *Journal of International Affairs* 21, pp.215-231; Waltz, K. 1979. *Theory of International Politics*. New York: Random House; Waltz, K. 1993. "The Emerging Structure of International Politics." *International Security* 18:2, pp.44-79.

6) Morgenthau, H. 1967. *Politics Among Nations, The Struggle for Power and Peace*, 4th ed. New York: Alfred Knopf.

7) Keohane, R. 1984. *After Hegemony: Cooperation and Discord in the World Political Economy*. Princeton, NJ: Princeton University Press; Keohane, R. 1989. *International Institution and State Power: Essays in International Relation Theory*. Boulder, Col.: Westview Press.

하더라도 국가이익의 상호조정과 교섭을 통해 얼마든지 국가 간의 협력을 달성할 수 있다는 것이다. 코헤인의 주장은 국제제도가 국가 간의 협력을 촉진시킬 수 있다는 믿음에 기초하고 있다.

2) 신현실주의-신자유주의 시각 논쟁

볼드윈(D. Baldwin)이 제시한 여섯 가지의 기준을 토대로 신현실주의와 신자유주의를 비교하여 논의하면 다음과 같다.[8)]

첫째, 무정부 상태의 성격과 결과에 있어서 신현실주의는 갈등을 전제로 하고 신자유주의는 협력을 전제로 한다. 즉 신현실주의는 무정부 상태를 국가의 안보·생존에 대한 위협으로 인식하며, 신자유주의는 약속이행의 불확실성 문제를 중시한다.

둘째, 협력 달성 가능성에 관하여 신현실주의는 달성의 어려움을 강조하나 신자유주의는 달성이 가능함을 강조한다. 신현실주의는 국가들이 안보에 일차적인 관심이 있기 때문에 국력의 상대적 차이와 이에 따른 상대적 이익을 강조하나, 신자유주의는 국가들이 상호주의적 전략을 통하여 상대방을 감시하고 비협력적 태도에 대하여 처벌을 할 수 있기 때문에, 그리고 국제제도들의 존재로 인하여 국제협력이 용이하다고 한다.

셋째, 상대적 이익(relative gains)과 절대적 이익(absolute gains) 추구의 차이를 둘러싼 논쟁에 있어서 신현실주의는 국가들이 상대적 이익을 중시한다고 한 반면 신자유주의는 상대적 이익과 절대적 이익은 궁극적으로 차이가 없다고 말한다. 신자유주의적 입장에서 스나이덜(D. Snidal)은 상대적 이익 추구에 관한 가설은 절대적 이익의 용어로 보다 잘 표현될 수 있다고 주장하며,[9)] 밀너(H. Milner)도 절대이익의 추구와 상호주의

---

8) Baldwin, D., ed. 1993. *Neorealism and Neoliberalism: The Contemporary Debate*. New York: Columbia University Press.

9) Snidal, D. 1985. "The Limits of Hegemonic Stability Theory." *International Organization* 39:4, pp.579-614; Snidal, D. 1991. "Relative Gains and the

전략의 결합은 상대이익 추구와 동일하기 때문에 상대이익의 추구가 협력을 방해하지 않을 수 있다고 말한다.[10)]

넷째, 강조하는 국제관계의 이슈영역에 있어서 신현실주의는 상대적으로 국제안보적 이슈를 강조하고, 신자유주의는 상대적으로 국제정치경제적 이슈를 강조한다. 즉 안보 영역에 있어서 상당수의 학자들은 신현실주의적 입장을 취하고 있으며, 반면 경제 영역에 있어서 상당수의 학자들은 신자유주의적 입장을 취하고 있다. 이는 안보 영역에 있어서보다 경제 영역에 있어서 협력의 가능성이 높은 데 기인한 것이라고 할 수 있다.

다섯째, 국가 간 관계에 있어서 상대국의 의도(intention)와 능력(capability)에 대한 입장을 비교하면, 신현실주의는 상대국의 미래 의도에 관한 불확실성으로 인해 능력을 강조하고, 신자유주의는 힘의 분배에 대한 관심보다는 의도를 강조한다. 즉 신현실주의는 상대방의 미래 의도에 대해서 누구도 확신할 수 없기 때문에 국력의 차이를 중시할 수밖에 없다는 것이며, 신자유주의는 특정국가의 안보문제와 상대적 이익에 대한 민감성은 상대방의 의도 및 선호에 대한 인식에 따라 중요한 차이가 있다고 한다.

마지막으로 국제 레짐(international regime)[11)]과 제도의 중요성에 대해

Pattern of International Cooperation." *American Political Science Review* 85:3, pp.701-726.

10) Milner, H. 1987. "Resisting the Protectionist Temptation: Industry and the Making of Trade Policy in France and the United States During the 1970s." *International Organization* 41:4, pp.639-665.

11) 국제 레짐이란 국제관계의 특정영역에서 행위자의 기대하는 바가 수렴되는 명시적 혹은 묵시적인 원칙(principle), 규범(norm), 규칙(rule), 그리고 정책결정절차(decision-making procedure)를 말한다. 여기서 원칙은 사실과 인과관계 그리고 옳고 그름에 대한 믿음을 말하며, 규범은 일반적인 권리와 의무의 관점에서 정의된 행위의 준거를 일컫는다. 규칙은 무엇을 해야 한다는 구체적인 명령과 무엇을 해서는 안 된다는 구체적인 금지를 의미하며, 정책결정절차란 집단적인 선택을 하고 이러한 선택을 이행하는 일반적인 관행을 말한다. 이러

신현실주의와 신자유주의는 다른 인식을 하고 있다. 즉 신현실주의는 국제 레짐의 중요성을 무시하거나 주변적인 것으로밖에 인정하지 않으나, 신자유주의는 국제제도들의 역할을 강조하고 국제제도가 국제협력의 어려움을 상당부분 해결해줄 수 있다고 주장한다. 신자유주의적 입장에서 액설로드(R. Axelrod)[12]와 코헤인[13]은 제도란 행위자들이 직면하고 있는 수익구조를 바꾸고 미래의 그림자를 길게 할 수 있으며 다수 행위자들 사이의 게임을 소수 행위자들 사이의 게임으로 분리시킬 수 있다고 말한다.

결국 국제관계는 (신)현실주의와 (신)자유주의 중 어느 한 시각만 가지고 설명이 불가능하며 양 시각을 모두 고려하여야 한다. 국제관계는 협력과 갈등이라는 두 가지 속성을 공유하고 있다. 갈등만을 강조하다보면 협력의 가능성을 간과하는 우를 범하게 되고, 한편 협력만을 강조하다보면 갈등을 외면한 현실감이 결여된 판단을 하게 된다. 따라서 양 시각을 수렴한 혹은 사례별로 양 시각을 분리하여 적용하려는 노력이 요구된다고 할 수 있다. 한마디로 말하여 힘과 제도, 즉 국력과 국제규범이라는 두 가지 측면의 고려가 국제관계를 이해하는 데 필수적인 것이다.

2. 국제안보의 시각

1) 국제안보에서의 힘과 구조

국제안보 즉 국제사회의 전쟁과 평화의 문제를 다룸에 있어 국가 간

한 규범은 원칙에 어긋나서는 안 되며, 규칙은 이러한 규범과 상반되면 안 된다. 원칙과 규범의 변화는 레짐의 붕괴를 초래하며, 규칙과 정책결정절차의 변화는 레짐 내의 변화를 의미한다.

12) Axelrod, R. 1985. *The Evolution of Cooperation*. New York: Basic Books.

13) Keohane(1984, 1989), 앞의 책.

역학구조와 구조적 틀을 강조하는 대표적인 시각으로 세력균형이론과 세력전이이론 등이 있다. 이들을 그 가정과 주장을 토대로 각각 설명하면 다음과 같다.[14)]

세력균형이론의 가정은 첫째, 각국은 그 자신의 국력을 극대화시키려 하며, 둘째, 각국은 그 자신의 희생의 대가를 치러서라도 상대국의 패권적 야망을 막아내려 하고, 셋째, 일국의 힘만으로 패권적인 야망을 갖고 있는 국가를 제거하기는 힘들며, 마지막으로 일국은 그 자신의 국력을 증가시키거나 적의 국력을 약화시킴으로써 힘의 균형을 유지(군비증강, 영토점유, 완충지대설정, 동맹결성, 개입 등)할는지 모른다는 것이다.

이 이론의 주장에 의하면 각국은 그 자신의 국력을 극대화시키고 상대국을 견제함으로써 힘의 균형상태를 이루고자 하며, 어느 국가도 패권적 지위를 허용하지 않으려 한다. 즉 어느 국가도 초월적인 힘을 갖지 못하며, 이러한 불확실성이 공격, 즉 전쟁개시를 쉽사리 못하게 한다는 것이다. 따라서 세력균형이 약소국의 독립을 가능하게 하고 평화를 보증한다고 한다. 이와 같이 세력균형이론은 국가 간 힘의 균형 상태 유무를 기초로 전쟁의 원인과 평화의 조건을 제시하고자 한다. 예를 들어 세력균형이론에 의하면 제2차세계대전 후 세계평화는 미국과 소련 간 세력균형이 유지되었기에 가능한 것이었고, 한반도 평화 또한 주변 4대 강국 및 남북한 간 혹은 미국을 균형자로 한 남북한 간 세력균형이 있었기에 유지될 수 있었던 것이다.

세력전이이론의 가정을 살펴보면 다음과 같다. 첫째, 국력을 증가시킴에 있어서 동맹과 같은 외적인 요인들보다 산업능력 같은 내적인 요인들이 중요하다. 둘째, 각국은 국력전환의 세 국면인 잠재적 힘의 단계, 과도기적 성장 단계, 힘의 성숙 단계를 거쳐서 진화한다. 셋째, 국제체제는 국력을 기준으로 각기 다른 위치를 점하는 국가군, 곧 패권국,

---

14) Morgenthau(1967), 앞의 책; Organski(1981), 앞의 책.

강대국, 중진국, 약소국으로 구성되어 있다. 넷째, 국제체제는 현존체제에 만족하는 국가군과 불만족하는 국가군으로 구성되어 있다. 마지막으로 현존체제에 불만스러워하는, 따라서 새로운 국제체제를 설립하기 위해서 패권국을 공격하는 도전국이 국제체제에 존재한다.

세력전이이론은 다음과 같은 주장을 한다. 첫째, 동맹은 힘의 균형상태 유지를 위해 쉽게 이합집산하지 않는다. 예를 들어 이념적 결속력이 세력균형 논리를 훼손한다. 둘째, 도전국은 힘의 성숙단계 이전에 패권국에 대해 공격을 개시할 것이다. 셋째, 힘의 균형상태(도전국이 패권국의 힘에 버금가는 상태)가 전쟁의 가능성을 증가시키고, 패권적인 국가의 존재가 오히려 전쟁의 가능성을 낮춘다. 마지막으로 만약 패권국이 현존체제에 만족해하는 또 다른 패권국에 의해 대체되면 평화로운 국제체제 전환이 가능하다. 이러한 주장에 의하면, 결국 패권국의 존재(패권구조) 유무가 평화 유지에 관건이 되는 것이다. 예를 들어 세력전이이론에 의하면 제2차세계대전 후 동서체제에 있어서 평화가 유지될 수 있었던 것은 미국과 소련이라는 패권국이 그 패권구조를 적절히 관리해왔기 때문이라고 할 수 있다. 설사 미국을 중심으로 한 자본주의 패권체제가 일본·독일 등의 도전에 직면해왔을지라도 전쟁의 발발 가능성을 매우 낮게 평가하는 것은 이들 도전세력이 현존체제를 지지하는 국가군에 속해 있기 때문인 것이다.

같은 맥락에서 공포균형이론은 핵균형 여부, 즉 핵무기 보유 여부가 평화유지의 관건이라고 한다. 특히 경쟁적인 인접국가 간 핵무기의 보유는 전쟁발발 가능성을 줄일 수 있는 조건이 된다. 이 이론에 의하면 제2차세계대전 후 세계평화의 유지는 미소 간 핵균형이 존재했기 때문에 가능했던 것이다. 즉 핵전쟁이 공멸을 의미하는 상황에서 전쟁의 승리자는 있을 수 없다는 판단하에, 합리적 행위자라면 전쟁을 개시하지 않을 것이라는 믿음을 강조한다.

2) 국제안보에서의 제도

세계평화를 유지하기 위한 방안으로 국제규범을 강조하는 대표적인 이론인 집단안전보장이론은 집단안전보장을 위한 도덕적 유인과 강제적 압박을 전제로 한다. 이 이론에 의하면 평화애호 국가군(회원국들)의 힘이 도전국보다 훨씬 우세할 때 집단안전보장은 작동하며, 누가 평화파괴자이냐에 대한 일치된 견해가 있어야 집단안전보장은 작동할 수 있다. 아울러 회원국들이 평화 파괴행위에 대해 집단안보를 위한 무력사용의 의지가 있어야 집단안전보장은 작동할 수 있는 것이다.

국제규범에 의해 세계평화를 유지한다는 것은 가장 바람직하나 과거에는 잘 작동하지 않은 것이 사실이다. 국제연맹의 실패와 각종 평화조약이 힘의 논리에 의해 파괴된 예는 이를 잘 대변해준다. 그러나 20세기 말 탈냉전의 흐름과 21세기 새로운 다자안보체제의 수립 노력 속에서 국세안보레짐 구축 논의는 규범에 의한 세계평화의 가능성을 증폭시키고 있다. 예를 들어 최근 북한 핵문제를 둘러싼 6자회담 논의는 국제규범에 의한 동북아 평화체제 유지에 기여하게 될 것이다. 물론 그러한 규범에 의한 안보 관리가 힘의 공백상태에서 이루어지는 것은 아니나, 주변국들의 안보 공동체 의식을 어느 정도 가늠할 수 있는 좋은 사례가 되는 것이다.

최근 부각되고 있는 민주적 평화론 역시 이러한 낙관주의적인 세계관에 근거하고 있다. 그 시각의 골자는 국제사회에서 민주적 정부가 비민주적 정부보다 전쟁을 일으킬 가능성이 상대적으로 적다는 것이다. 민주적 정부는 평화애호국일 가능성이 크며, 전쟁개시 결정을 내리는 과정에 있어서 그 민주성으로 인해 보다 합리적인 판단과 사려 깊은 행동을 하게 된다는 것이다. 요컨대 전쟁 결정을 하기가 상대적으로 어렵다는 것이다. 지난 클린턴 행정부는 미국의 대외전략의 기조로서 '관여와 확산(engagement and enlargement)'이라는 틀을 제시한 바 있다. 여기서

<표 9-1> 국제안보의 주요 시각

	세력균형 시각 (Balance of Power)	**공포균형 시각** (Balance of Terror)	**세력전이 시각** (Power Transition)	**집단안전보장 시각** (Collective Security)
국력의 원천 (Source of Power)	동맹 (Allies)	핵무기 보유 (Nuclear Weapons)	산업능력 (Internal Capabilities)	국제적 동맹 (International Alliance)
전쟁의 원인 (Source of War)	힘의 불균형 상태 (Inequality)	힘의 불균형 상태 (Inequality)	힘의 균형 상태 (Equality)	힘의 균형 상태 (Equality= Aggressor can stand up to the collective)
평화의 원인 (Source of Peace)	힘의 균형 상태 (Equality)	힘의 균형 상태 (Equality)	힘의 불균형 상태 (Inequality)	힘의 불균형 상태 (Inequality= Collective Dominance)
공격자 (Aggressor)	강자 (Strong)	강자 (Strong)	약자 (Weak)	약자 (Weak relative to others)
동맹 중요성 (Allies Importance)	중요함 (Yes)	중요하지 않음 (No)	중요하지 않음 (No)	중요함 (Yes)
국력의 조작 가능성 (Power Manipulable)	가능함 (Yes)	가능함 (Yes)	불가능함 (No)	가능함 (Yes)
국가 목표 (Goals)	국력 극대화 (Maximizing Power)	국력 극대화 (Maximizing Power)	체제지지 혹은 체제파괴 (System Support/ System Destruction)	평화 유지 (Peace)
연구 초점 (Focus of Study)	외교 (Diplomacy)	핵무기개발 여부 (Nuclear Weapons)	경제발전 (Development)	외교/국제기구 (Diplomacy/ International Organization)

관여란 미국의 사활적 이익이 달린 지역에 대한 개입주의를 말하며, 확산이란 미국식 가치, 즉 미국식 민주주의(정치생활양식)와 자본주의(경제생활양식)의 확산을 의미한다. 결국 미국은 미국식 생활양식의 보편화가

궁극적으로 세계평화를 가져올 것이라는 믿음하에서 세계전략을 수행해가는 것이다. 현 부시 행정부하의 이라크 침공은 석유라는 부존자원을 많이 보유하고 중동지역의 중심에 자리 잡은 이라크가 미국의 사활적 이익이 달린 지역이라는 판단하에 친미정권 수립을 위해, 다른 말로 미국식 가치를 공유할 수 있는 정권을 수립하여 중동지역을 평화적으로 관리 운영해보고자 하는 미국의 의사표현이라고 할 수 있다. 고전적 자유주의의 부활이라고 할 수 있는 민주적 평화론은 바로 이러한 생각에 기초하고 있는 것이다.

3. 국제정치경제의 시각

1) 국제정치경제에서의 힘

국제정치경제적 관계에서 힘을 강조하는 신중상주의(Neo-Mercantilism)는 경제적 요소보다 정치적 요소를 강조한다. 중상주의는 특별한 타입의 현실주의이다. 이 시각에 의하면 국가가 국제정치경제의 중심 행위자이며, 특정한 이익/목적을 가진다는 것이다. 신중상주의의 지지자들은 길핀(R. Gilpin),[15] 허쉬먼,[16] 그리고 월츠[17] 등이다. 이 이론은 결집된 이론적 주장이라기보다는 국제관계의 규범적 정책·처방의 집합이다. 길핀은 국제경제 관계가 사실상 정치관계라고 주장하며, 신중상주의는 각국이 자신의 이익극대화를 위해 경제적 계약을 조정하는 정부의 시도를 의미한다고 한다.

---

15) Gilpin, R. 1975. *U. S. Power and the Multinational Corporation: The Political Economy of Foreign Direct Investment*. New York: Basic Books; Gilpin, R. 1987. *The Political Economy of International Relations*. Princeton, NJ: Princeton University Press.

16) Hirschman(1970), 앞의 책; Hirschman, A. 1980. *National Power and the Structure of Foreign Trade*. Berkeley, Calif.: University of California Press.

17) Waltz(1967, 1979, 1993), 앞의 책.

신중상주의이론 혹은 국가주의이론의 가정은 다음과 같다. 우선 부는 국력증가를 위한 절대적으로 근본적인 수단이며, 국력은 부의 유지 혹은 획득을 위한 수단으로서 근본적이고 가치 있는 것이다. 부와 국력의 증가는 국가가 추구하는 궁극적인 목적이다. 이 이론에 의하면 국가는 국제경제관계에서 지배적이며 단일한 행위자이다. 군사력으로 대변되는 국력은 정책의 가장 효과적이며 유용한 수단인 것이다. 국력의 수준이 정책에 대한 각국의 입장을 결정한다. 즉 얼마나 많은 국력을 보유하느냐가 그 국가의 정책적 입장에 영향을 끼친다는 것이다.

허쉬먼은 외국과의 무역이 국력을 증가시킴에 있어 중요한 역할을 한다고 주장한다. 그는 일국의 국력에 입각한 외국무역의 두 가지 주요한 영향을 언급한다. 그 첫째 영향은 무역이 보다 많은 상품공급을 함으로써 혹은 필요한 상품을 교환함으로써 일국의 잠재적 군사력을 증진시킨다는 것이며, 그 두 번째 영향은 일국의 부를 증가시킴으로써 국력 증강의 직접적인 원천이 될는지 모른다는 것이다. 짧게 말하여, 외국무역은 국력을 확장시키는 수단으로서 간주될 수 있는 것이다.[18]

국가주의적 시각이 보는 국제체제는 패권적인 구조이다. 즉 중심부에 패권국이 존재하고 주변부에 종속국이 존재하는 패권적인 체제를 가진다는 것이다. 여기서 패권국은 체제를 유지하고 지배할 수 있는 혹은 하려는 의지를 가진 가장 강력한 국가를 말한다. 종속국은 그 상대적 국력에 있어 뒤떨어지는 국가를 의미한다. 길핀은 정치적 패권과 외국투자 사이에 초점을 맞춤으로써 자유국제경제 체제의 흥망을 설명한다. 그는 자유주의 세계경제질서는 그 체제를 관리하고 안정시키는 패권국의 개입 없이는 자기파괴적인 것이라 주장한다. 그러므로 자유주의적 국제경제는 정치적으로 지배적이고 경제적으로 능력 있는 한 국가를 요한다는 것이다. 길핀은 패권국을 자유주의 세계경제체제의 수호자로서

18) Hirschman(1980), 앞의 책, pp.13-17.

간주하고, 그 지배적인 국가는 기술혁신을 통해서 그 패권적 지위를 보존하기 위해 외국 무역에 힘써야 한다고 주장한다.[19)]

신중상주의이론에 의하면 각국은 그 자신의 이익을 반영한 경제정책을 추구한다는 것이다. 일국은 그 자신의 이익추구가 다른 국가의 희생에 기인하든 안 하든 간에 그 자신의 이익극대화를 위해 부와 권력의 정책을 추구한다. 국가는 부의 극대화, 상품과 서비스의 소비 극대화, 생산과 소비의 극대화, 가격의 급격한 상승 통제, 외국시장에의 도달 및 외국상품의 국내침투 보호를 통해 통상관계에 관여한다. 결국 증가된 경제관계는 필연적으로 '지구촌(global village)'을 초래하는 것이 아니라 국가 간에 경제적 갈등을 증폭시킬는지 모른다는 것이다. 신중상주의이론이 설명하는 국제정치경제적 구조는 미국의 안보·경제 이익을 증진시키는 미국의 패권구조라고 할 수 있다. 그 근본적 의제의 하나는 미국의 패권체제 후 무엇이 다음에 오느냐 하는 것이다.

2) 국제정치경제에서의 제도

서구선진자본주의 국가들 간의 관계를 설명하고 국제정치경제적 관계에서 제도를 강조하는 상호의존이론(Interdependence Theory)은 국제정치경제의 자유주의적 경제적 주장으로, 스미스(A. Smith)의 '보이지 않는 손(invisible hand)'에 기초한 정치와 경제의 분리, 그리고 중상주의적 경제정책에 대한 반발을 기초로 한다. 이는 독립경제주체 간의 자발적인 협력 관계를 강조하며, 모든 참여국의 적정한 경제성장과 혜택을 토대로 수요공급 원칙에 따른 개방경제체제에 근거한 자유무역을 옹호한다. 월러리(R. Walleri)에 의하면 자유주의 세계는 자유방임적 자본주의, 재산권, 제한된 정부, 그리고 사회적 진화론을 강조하며, 완벽한 경쟁하에서 시장은 최대의 경제성장, 발전, 그리고 일반복지를 창출하

---

19) Gilpin(1975), 앞의 책.

는 것이다.[20] 또한 모오스(E. Morse)도 자유시장에서의 개인자유체제는 중상주의하에서보다 고수준의 물질적 이익을 가져다준다고 강조한다.[21]

이 이론의 가정은 다음과 같다. 첫째, 개인은 가장 창조적인 존재로 합리적이며 이익의 극대화를 도모한다는 것이다. 이는 인간 본성에 대한 낙관적인 견해이다. 둘째, 사회는 자기조절적이라서 전혀 간섭할 필요가 없다는 것이다. 보이지 않는 손에 의해서 적절히 움직여진다는 것을 의미한다. 셋째, 정부는 비효율적인 집단이라는 것이다. 정부는 완전경쟁을 위해 불완전한 시장에 개입해야 하나, 그 이상은 아닌 것이다. 넷째, 경제적 거래의 성격은 조화롭고 상호주의적이다. 다섯째, 경제적 거래는 양의 합 게임(positive sum game)에 근거한다.

이 이론이 다루는 국제관계의 주요 행위자는 개인 기업주들(자본가들), 기업들(주로 다국적기업들), 그리고 국제기구들(IMF·GATT 등)이다. 이들이 국제 레짐을 구성한다. 여기서, 레짐이란 '국제정치경제의 특정한 영역(무역, 재정, 통신, 환율 등)을 지배(규칙제정, 행위·규칙 증진, 통제유지 등)하는 관련 행위자들의 연결구조'를 의미한다. 자유주의적 시각에서 보면 레짐은 국제관계의 모든 분야에서 존재하며, 국제관계의 모든 행위자들은 그들 행위를 구속하는 각종 원칙, 규범 및 규정들에 의해 영향 받게 된다.[22]

상호의존이론에 의하면 국가 간 거래의 동기는 한마디로 상호이익, 즉 돈·이익·부에 있고, 그 주된 주장은 증가된 경제관계가 모든 참여국들을 위해 이롭다는 것이다. 즉 국가 간 거래는 하면 할수록 보다 더 많은 이

---

20) R. Walleri, R. 1978. "The Political Economy Literature of North-South Relations." *International Studies Quarterly* 22, pp.592-593.

21) Morse, E. 1976. "Interdependence on World Affairs," in J. Rosenau, ed. *World Politics*. New York: Free Press, p.661.

22) Keohane, R. and Nye, J. 1977. *Power and Interdependence: World Politics in Transition*. Boston: Little, Brown, pp.19-22.

득을 가져오고, 이러한 관계의 확산이 지구촌을 형성하며, 개발도상국은 그 과정에서 발전된다는 것이다. 선진국으로부터 개발도상국으로의 자연적인 자본·기술·관리적 노하우의 이전이 가능하다는 것이다. 이러한 이론의 문제점은 내적인 모순으로서 사회가 자기조절적인가 하는 데서 오는 것과, 실제 세계의 문제로서 거래의 동기는 이익극대화인데 참여하는 모든 국가가 이득을 보아야 한다는 것이 사실인가 하는 것이다. 또한 정치와 경제를 분리하고, 경제를 우선하고 정치는 그 다음으로 하는데 둘을 진정으로 분리할 수 있는가 하는 데서 오는 의문이다.

하나의 분석적 개념으로서 상호의존은 거래의 상호적 득실과 체계적 연관성을 강조하는 공동의 의존을 의미한다. 코헤인과 나이는 세계정치 현실은 복잡한 상호의존으로서 묘사될 수 있다고 주장한다. 그 개념은 세 가지 특징을 토대로 한다. 첫째, 관계의 다양한 채널이 존재한다는 것이다. 이는 정부·비정부 엘리트와 국가 간 기구들 사이의 비공식적 연결 및 국가·정부 간의 공식적 연결 등을 포함한다. 둘째, 다양한 이슈가 유연하게 존재한다는 것이다. 국내·대외 정책의 구별이 덜 명확해지며, 군사·안보문제의 중요성이 감퇴한다. 셋째, 정책수단으로서 군사력의 약화된 역할을 내포한다. 예를 들어 군사적 수단을 가지고 무역분쟁을 해결할 수도 없고 하지도 않는다. 비록 복잡한 상호의존의 의미가 상호작용에 근거할지라도, 상호의존은 항시 참여의 비용과 관련한다. 가장 뚜렷한 비용은 감소된 자율성(autonomy)에 있다. 일국은 자신의 행위의 자율성에 대한 제한을 대가로 특정한 경제적 이익을 얻으려 할는지 모른다는 것이다.[23)]

그런데 이러한 국제관계에 있어서의 상호의존이라는 개념은 세력균형에서와 같이 행위자들이 필요상 의도적으로 상호의존관계를 형성하는 것이 아니라, 국제체제의 본질적 변화에서 자연적으로 파생되는 국

---

23) 위의 책, pp.8-11.

제관계의 행위자 간에 존재하는 정치경제적 상호의존관계를 말하는 것이다. 예를 들어 서구 선진제국들 중 일국의 정치상황과 경제정책이 상대국의 국내 정치 및 경제에 불가피하게 영향을 미치게 되고, 또한 그 역도 성립할 때 그들은 정치경제적으로 상호의존하고 있다고 말할 수 있다. 이러한 선진자본주의 국가들 간의 상호의존관계는 주로 대칭적 상호의존관계로 나타나며, 이는 의존관계를 맺고 있는 국가의 상대적 중요성이 비교적 대등함을 의미한다. 이때 상호의존관계가 꼭 동일분야에서 동등하게 이루어질 필요는 없는 것으로, 한 국가가 상대 국가에게 경제적으로 의존할 수 있는 반면에 상대국은 그 국가에 군사·안보적 측면에서 의존하고 있을 때도 그 관계는 상호의존관계라고 볼 수 있다. 따라서 상호의존이론이 말하는 상호의존관계란 비교적 대칭적 상호의존관계를 칭하는 것이며, 이는 선진자본주의 국가들이 자국은 물론 상대국의 정책에도 깊은 관심을 갖게 되고 상호이익의 극대화를 위해 노력하는 상황이라고 할 수 있다.[24)]

결론적으로 상호의존이론은 최소한의 정치적 개입을 가진 상품의 자유로운 이동으로 상징되는 개방무역체제가 가장 효율적인 경제체제를 가져온다고 주장한다. 다시 말하면, 이러한 개방체제가 무역참여국 및 전체 세계를 위해 최대한의 경제적 복지를 낳는다는 것이다. 상호의존이론은 국제통상관계가 비교우위의 경제적 인식에 의해 행해지며 자유무역체제하에서 각국은 최대한의 경제적 성장과 혜택을 얻을 수 있다고 설명한다.

3) 국제정치경제에서의 구조

종속이론(Dependence Theory)의 주관심사인 제3세계의 경제발전문제는 부유한 국가와 빈곤한 국가 사이의 관계에 관한 논의에 초점이 모아진

---

24) 박경서. 1985. 『국제정치경제론』. 법문사, pp.75-79.

다. 전 세계적인 부와 빈곤의 문제는 상대적으로 저발전에 허덕이고 있는 제3세계 국가들이 그들의 빈곤의 원인으로 선진국에 의한 경제적 착취를 강조하고 있다는 데에 있다. 제2차대전 후 정치적 독립과 경제적 부를 얻기 위해 신생국은 민주적 정치체제와 자유주의적 기업체제를 채택했으며, 1950년대의 발전이론은 신생국의 내적 변화의 중요성을 강조했다. 신생국의 빈곤은 외국원조를 필요로 하게끔 했고 이는 경제적 종속이라는 현상을 낳았으며, 아울러 민주주의의 준비부족으로 인한 반민주적 정권의 등장은 국가의 경제적 발전과 더불어 정치적 독립의 필요성을 대두시켰다. 결국 서구적 민주주의는 경제적 부를 필요로 하는 것이었고, 경제적 곤경이 비민주주의를 심화시켜 대부분의 제3세계 국가들은 비민주주의적이 되어버렸다.[25)]

이러한 시대적 흐름 속에서 남미를 중심으로 한 제3세계 학자들에 의해서 주장된 것이 종속이론이며, 이를 살펴보면 다음과 같다. 선진국의 경제발전은 저개발국가의 착취에 근거하며, 부유국은 빈곤국을 더욱 궁핍하게 만듦으로써 부유해진다는 것이다. 남북체제는 선진공업국과 아시아, 아프리카, 그리고 라틴아메리카의 개도국 간에 이루어지고 있는 경제관계를 말하는 것으로서, 서서관계가 비교적 동등한 수준의 국가 간에 이루어지는 평등관계라면, 남북관계는 경제발달의 수준 및 규범에 있어 현격한 차이가 나는 국가 간의 불평등관계라 할 수 있다. 그리고 이러한 불평등관계의 가장 큰 문제점은 종속현상의 발생인 것이다. 서서관계에 있어서의 경제적 상호의존성은 높은 수준의 상호거래와 상호민감성을 띠게 되는 데 반하여, 종속관계는 일방적 의존현상을 초래하여 불평등한 거래와 일방적 민감성을 야기하게 되는 것이다. 다시 말해서 서서체제의 상호경제관계가 대칭관계라면, 남북경제관계

25) 이상환. 1996. 「신국제정치경제질서의 도래와 세계민주공동체로의 전환」. ≪국제정치논총≫ 36:1, pp.33-56.

는 비대칭관계라 할 수 있다. 이러한 비대칭관계에 의한 종속현상은 무역종속, 투자종속, 통화종속, 원조종속 등이고, 최근에 이르러 종속현상은 더욱 확대되어 기술종속과 경영종속의 문제까지 야기되고 있다. 따라서 남북문제에 있어서의 주요 연구대상은 이러한 각종 종속관계와 이를 탈피하고자 제3세계가 주장하는 신국제경제질서, 남북경제관계에 가장 큰 역할을 담당하고 있는 다국적기업의 활동 등의 문제라 할 수 있다.

상호의존이론은 현 국제경제질서를 경제적 부가 점차 발전된 중심지로부터 저발전의 주변지로 확산되고 있는 시혜적 관계로 보고 있는 반면, 종속이론은 경제적 부가 오히려 주변국으로부터 선진국으로 역류되는 수탈적 관계로 보고 있다. 따라서 종속이론의 핵심적 주장은 종속관계가 심화되면 종속국가의 정치·사회체제를 왜곡시켜 자국의 대중보다는 강대국의 엘리트와 이해관계를 같이 하는 종속국가의 권력엘리트가 탄생하며, 이들이 결정하는 정책은 자연히 강대국이 원하는 방향으로 될 수밖에 없다는 것이다.

종속이론에서 말하는 종속은 '국가들 사이의 불평등한 거래를 강조하는 비대칭적 관계' 혹은 '일국이 다른 국가에 의해 통제되는 상황'을 의미한다. 종속이론은 저발전이 제국주의 혹은 신제국주의의 산물이라 주장하며, 개발도상국의 저발전문제를 다룬다. 이 이론은 선진국의 저개발국에 대한 착취를 강조하며 개발도상국의 저발전의 원인과 결과를 설명함에 있어 그 대외적 요인에 중점을 둔 경제적 설명이다. 지적배경은 신마르크스 학파에 속하며, 침투의 국제경제적 힘에 대한 강조와 발전의 정치적 힘(정부의 통제력)을 등한시한다. 그 이론의 가정은, 첫째, 국가 간의 관계는 갈등적·경쟁적이라는 것, 둘째, 국제사회는 성격상 제로섬 사회라는 것, 셋째, 국제경제체제는 자본주의 원칙에 의해 지배된다는 것, 넷째, 세계정치경제체제는 자본주의 국가들 사이의 경제적으로 종속된 상황이라는 것, 다섯째, 국제경제체제는 제한된 자원에 기초한다는 것, 마지막으로 국제정치경제체제의 구조는 각기 다른 수준의 발전 단계에 있는 국가들로 구성된 핵심-반주변-주변국 구조(core-semiperipheral-peripheral structure)라는 것이다.

종속이론가들을 살펴보면, 종속이론의 견지에서 선진국과 라틴아메리카 제국 간의 불평등한 거래를 살펴보고 국가의 자기통제하의 발전이 외국의 영향하의 발전보다 바람직함을 강조하는 카르도소(F. Cardoso)와 팔레토(E. Faletto),[26] 세계경제를 중심-반주변-주변 국가로 나누고 세계자본주의 경제체제에서 중심국은 그들의 국익을 위해 국가들 사이의 무역을 조작·통제한다고 주장하는 월러스틴(I. Wallerstein),[27] 국가발전의 문제를 사회적 분화로서의 발전·가치의 제정으로서의 발전·종속으로부터의 해방으로서의 발전이라는 세 가지 관점에서 언급하면서 발전이란 외적통제와 그것을 증진시키는 불평등의 내적 구조로부터의 자유로 구성된다고 주장하는 포르테스(A. Portes),[28] 국가 내의 사회변화는 국제적 수준에서의 사회변화를 고려함이 없이 적절히 이해될 수 없다고 주장하면서 폐쇄발전(closed development)은 자본주의세계체제로부터의 철회를 의미하는 한편 자율적이고 그러므로 자본주의 세계체제에 덜 종속적인 균형 잡힌 경제발전을 위한 값비싼 노력을 의미하며, 개발도상국이 종속의 위험을 탈피하기 위해 폐쇄발전의 양식을 따라야 하느냐 하는 것을 고려해볼 가치가 있다고 말하는 셔로우(D. Chirot),[29] 브라질의 경제성장과 그 권위주의적 정치가 국내

---

26) Cardoso, F. and Faletto, E. 1978. *Dependency and Development in Latin America*. Berkeley, Calif.: University of California Press.

27) Wallerstein, I. 1974 & 1980. *The Modern World System*. San Diego, Calif.: Academic Press.

28) Portes, A. 1976. "On the Sociology of National Development: Theories and Issues." *American Journal of Sociology* 82, pp.55-85.

29) D. Chirot, D. 1977. *Social Change in the Twentieth Century*. Fort Worth, TX: Harcourt Brace Company.

사기업, 다국적기업, 그리고 정부관리자 사이의 복잡한 교섭의 함수관계에 있다고 말하면서 그들의 이해관계의 합치가 3각동맹(tripod alliance)의 협력을 초래했다는 에반스(P. Evans),[30] 종속접근법이 근대화시각보다 근본적인 이점을 갖는다고 주장하는 발렌주엘라(S. Valenzuela and A. Valenzuela)[31] 등이다.

종속이론은 1970년대를 중심으로 전후기로 구분되는데, 전기의 주장은 다음과 같다. 첫째, 종속관계는 단지 저발전을 가져온다. 반주변국·주변국에 대한 중심국의 착취로 중심국만이 이득을 보며 주변국은 손해를 본다. 둘째, 종속관계에 의해 만들어진 경제구조는 발전을 위한 장애요인이 된다. 이러한 구조가 선진국에 의한 시장과 가격 통제에 매우 취약하다. 셋째, 국가자율성의 억제문제인데, 선진외국자본의 침투로 인해 균형발전을 위한 주변국의 국민의지를 억압하여 외국의 영향이 그 국가의 이익추구를 위한 주변국정부의 의지를 해친다. 즉 불균형 저발전과 소득불균형을 생산한다는 것이다.

후기의 주장은 종속된 몇몇 국가들의 경제성장에 대한 종속이론의 타당성 비판에 대항한 반론으로, 반주변국을 설명하면서 종속관계는 특정 국가에 약간의 발전을 가져올는지 모르나 그럼에도 불구하고 이러한 현상은 보편적이 아니며 예외적인 경우라는 것이다. 설령 종속발전을 인정할지라도 그 부정적 결과를 간과하지 말아야 한다는 것이다. 즉 주변국의 종속경제 심화, 외채와 그 상환 증가, 소득불균형, 그리고 권위주의적 정권(반민주주의적 정권)의 출현 등이다.

이러한 종속이론의 한계는 첫째, 국제관계의 갈등적·경쟁적·제로섬적

30) Evans, P. 1979. *Dependent Development*. Princeton, NJ: Princeton University Press.

31) Valenzuela, S. and Valenzuela, A. 1978. "Modernization and Dependency: Alternative Perspectives on the Study of Latin American Underdevelopment." *Comparative Politics* 10, pp.535-557.

<표 9-2> 국제정치경제의 주요 시각

	국가주의적 시각 (Statist)	상호의존적 시각 (Interdependence)	종속적 시각 (Dependence)
지적인 토대 (Intellectual Foundation)	신중상주의 (Neo-Mercantilism)	신자유주의 (Neo-Liberalism)	신마르크스주의 (Neo-Marxism)
강조점 (Emphasis)	정치적/내적 요소 (Political/Internal Factors)	경제적/외적 요소 (Economic/External Factors)	경제적/외적 요소 (Economic/External Factors)
주요 행위자 (Major Actor)	국가 (State)	다국적 기업/국제기구 (Multi-National Corporations/ International Organizations)	다국적 기업 (Multi-National Corporations)
구조 (Structure)	패권 구조 (Hegemonic)	국제 레짐 구조 (International Regime)	핵심-주변국 구조 (Core-Peripheral)
수혜자 (Whose Benefit)	상호적/일방적 이익 (Mutual / Unilateral) (self-interested)	상호적 이익 (Mutual)	일방적 이익 (Unilateral)
설명 가능한 체제 (System Explained)	동서체제 (East-West)	서서체제 (West-West)	남북체제 (North-South)
미래 전망 (Future)	낙관적 혹은 비관적 전망 (Optimistic or Pessimistic/ Stability or Conflict)	낙관적 전망 (Optimistic/ Global Village)	비관적 전망 (Pessimistic/ Exploitation)

인 측면을 지나치게 강조하고 있다는 것이다. 즉 국제관계의 상호의존적·상호협력적·상호이익적인 면을 간과하고 있다는 것이다. 둘째, 자본주의 국가 사이의 경제적 종속관계만을 다룬다는 것으로, 공산주의 국가 사이의 종속관계를 무시한다는 것이다. 셋째, 국가 경제발전단계의 세 가지 수준에서 세계경제체제를 분석함에 있어 발전의 정치적인 힘·요소 등을 등한시한다는 것이다. 넷째, 발전의 외적·국제적 요인을 지

나치게 강조하여 정치적·역사적·문화적 결정요소들을 고려함이 없이 경제적 요소에만 중점을 둔다는 것이다. 마지막으로, 방법론적으로 역사를 고찰한 후 그 이론의 타당성을 주장하지 않고 그 이론에 합당한 역사적 사실만을 제시하면서 타당성을 주장함으로써 경험적 방법론을 통한 분석이 빈약하다는 것이다.

결론적으로 종속이론은 세계무역체제가 선진국과 개발도상국 사이의 상품의 불균등한 교환을 특징으로 한다고 주장한다. 즉 선진국과 개도국 사이의 통상관계는 선진국에게만 경제적 이익을 가져다주며, 종속경제는 선진국 경제의 발전과 확장에 의해 통제·조절된다는 것이다. 또한 선진국의 경제적 조건과 상황이 통상관계의 성격과 양을 지배하며, 선진국의 경제상황의 변화가 개도국의 대 선진국 수입침투에 직접 관련되어 있다는 것이다.

4. 국제관계 연구의 실제

1) 정치(안보)적 시각에서 본 한·미 통상관계

한·미 통상관계에 적용되는 국제무역에 관한 두 가지 주요한 이론적 시각은 정치적 시각인 패권안정이론, 안보무역연계이론, 선거주기이론, 그리고 경제적 시각인 잉여능력이론, 경기순환이론, 수입침투이론 등이라 할 수 있다.

패권안정이론[32]은 세계경제는 자유국제무역체제를 유지하기 위하여 그 중심부에 패권국을 요한다고 주장한다. 여기서, 패권국은 그 체제 내의 질서를 보존할 의사와 능력을 갖추고 있다. 길핀, 후에 크래스너

32) Krasner, S. 1976. "State Power and the Structure of International Trade." *World Politics* Vol.28. 317-348.; Krasner, S. 1985. *Structural Conflict: The Third World Against Global Liberalism*. Berkeley, Calif.: University of California Press.; Gilpin(1975, 1987), 앞의 책; Hirschman(1980), 앞의 책.

에 의하여 발전된 패권 모델에 의하면, 패권국의 정치적 그리고 경제적 감퇴는 필수불가결하게 자유무역질서의 붕괴를 가져오는 것이다. 예를 들어 자유무역체제는 미국의 능력이 부족하다면 미국에 의해서 유지될 수 없는 것이다. 이러한 견지에서 한국과 미국은 그 무역관계에 대한 미국의 지배 혹은 영향력에 의해 설명될 수 있는 것이다. 그러므로 증가하는 한·미 통상갈등은 한국에 대한 미국의 상대적 힘의 위치와 함수관계에 있다고 이해될 수 있다. 한국에 대한 미국의 지배가, 비록 주로 정치적 그리고 군사적 힘에 바탕을 두고 지역적 패권을 유지해왔을지라도, 1970년대 이래로 비교적 감소해왔던 것은 사실인 것이다. 패권안정의 시각에서 통상관계에 있어 미국의 약화되어가는 지위는 심각해져가는 한·미 통상마찰과 관련되어 있을는지 모른다. 단순히 말하여, 한국에 대한 미국의 영향력의 정도는 한국과 미국 간의 통상갈등 정도를 결정하는 것이다.

냉전적 양극체제하의 동맹 내 국가들 사이에서 자유무역의 실현은 보다 가능하며 탈냉전적 다극체제하의 이질적인 동맹 사이에서 보호무역이 있음직하다는 점에서 안보무역연계이론[33]은 국가 간의 안보적 상호의존도의 견지에서 국제통상분쟁을 분석한다. 즉 국가 간 쌍무적인 정치·군사적인 협력과 갈등이 양자 간 통상관계와 관련되어 있다고 주장한다. 이러한 관점에서, 한·미 관계는 양극체제하의 냉전적 긴장의 시기에 정치적 그리고 군사적으로 보다 협력적이다. 미국은 냉전적 양극체제하에서 그 우방들에게 보호주의적인 통상정책을 취함으로써 우방들의 경제를 위협하지 않을 것이다. 즉 증대하는 양극적·냉전적 긴장이

---

33) Gowa, J. 1989. "Bipolarity, Multipolarity, and Free Trade." *American Political Science Review* 83, pp.1245-1256; Pollins, B. 1989. "Conflict, Cooperation, and Commerce: The Effects of International Political Interactions on Bilateral Trade Flows." *American Journal of Political Science* 33, pp.737-761; Snyder, G. 1984. "The Security Dilemma in Alliance Politics." *World Politics* 36, pp.461-495.

한·미 간의 정치적 군사적 협력을 강화시키며, 이러한 시기에 미국은 경제적 이익보다는 정치적 이익에 보다 강조점을 두게 되는 것이다. 이러한 견해로부터, 냉전적 양극체제하에서 한반도에 있어 동서긴장에 토대를 둔 강력한 한·미 정치·군사협력은 한·미 통상갈등을 완화시킴으로써 그들의 경제적 관계를 협력적으로 유지하게 하며, 탈냉전적 다극체제로의 전환은 이완된 한·미 정치·군사협력관계로 인해 한·미 통상갈등을 증폭시킬 위험이 있다.

선거주기이론[34)]은 전반적 경제상황이 정치적 선거와 맞추어 순환한다는 것으로, 미국의 경우 현직 소유자는 재임 동안 일련의 예상할 만한 정책패턴을 유지하는데 이는 초기 재임 동안 비교적 검약한 재정을 유지하고 선거에 임박하여 비교적 후한 정부지출을 한다는 것이다. 따라서 그는 국민적 지지 획득의 차원에서 선거 당해년에 보다 보호적인 통상정책을 취할 가능성이 있으며, 이러한 견지에서 피해를 당한 산업은 선거에 임박하여 특히 대통령 선거에 즈음하여 보호주의적 정책을 정부에 요구하려는 경향이 있다. 한마디로 한·미 통상분쟁은 대통령선거 주기에 근거한 국내정치적 요구에 영향을 받는다는 것이다. 특히 미·일 간의 통상분쟁은 이러한 관점에서 적절히 설명된다.

지금까지 언급한 패권안정이론, 안보무역연계이론, 그리고 선거주기이론을 종합해보면, 한·미 통상관계는 미국의 패권적 지위의 약화와 냉전적 양극체제의 이완과 함께 보다 갈등적인 국면으로 전환되어왔고, 그러면서도 지속되어온 우방국으로서의 상호의존적인 협력관계는 통상관계의 갈등적인 면을 억제시켜주는 요인이 되어왔다. 또한 국내정치적

---

34) Nordhaus, W. 1975. "The Political Business Cycle." *Review of Economic Studies* 42, pp.169-190; Golden, D. and Poterba, J. 1980. "The Price of Popularity: The Political Business Cycle Reexamined." *American Journal of Political Science* 24, pp.696-714; Tufte, E. 1978. *Political Control of Economy*. Princeton, NJ: Princeton University Press.

으로는 선거주기에 따른 미 국내적 보호무역 요구는 미국의 대한국 통상관계 및 특히 미·일 통상관계를 주기적으로 갈등국면으로 치닫게 했다.

2) 경제적 시각에서 본 한·미 통상관계

정치적 시각과는 달리, 경제적 시각인 잉여능력이론[35]은 잉여생산능력이 세계무역에 있어 보호주의적 추세를 가속화시켜왔다고 주장한다. 잉여능력의 상황이란 막대한 양의 잉여생산능력으로부터 파생되는 문제를 일컫는다. 스트레인지(S. Strange)는 잉여능력을 "수요가 모든 기업에게 고용과 수익을 유지케 할 정도로 충분히 높은 가격으로 생산을 적절히 흡수하지 못하는 상황"이라 정의한다.[36] 잉여능력이론에 의하면 잉여능력이 자유국제무역을 약화시키며, 개별국가는 잉여생산에 의한 경제불황의 시기에 보호무역정책을 취하고, 경제호황의 시기에 무역자유화로 나가려는 경향이 있다. 이것은 무역정책결정의 단순한 경제적 설명인 것이다.

같은 맥락에서 경기순환이론[37]은 보호무역주의의 중요 결정요인으로

---

35) Strange, S. 1979. "The Management of Surplus Capacity: or How Does Theory Stand Up To Protectionism 1970s Style?" *International Organization* 33, pp.303-333.; Strange, S. 1985. "Protectionism and World Politics." *International Organization* 39, pp.233-259.; Strange, S. 1987. "The Persistent Myth of Lost Hegemony." *International Organization* 41, pp.551-574.; Strange, S. and Tooze, R. 1981. *The International Politics of Surplus Capacity*. London: George Allen & Unwin.

36) Strange and Tooze(1981), 앞의 책, p.13.

37) Destler, I. M. 1986. *American Trade Politics: System Under Stress*. Washington D.C.: Institute for International Economics.; Destler, I. M. 1992. *American Trade Politics*. Washington D.C.: Institute for International Economics; Destler, I. M. and Odell, J. 1987. *Anti-Protection: Changing Forces in United States Trade Politics*. Washington D.C.: Institute for International Economics.; McKeown, T. 1983. "Hegemonic Stability Theory and 19th Century Tariff Levels in Europe." *International Organization* 37, pp.73-91; McKeown, T.

서 국내외적 경제상황을 지적한다. 맥키온은 불경기하에서 기업은 보호무역정책을 정부에 요구하고 정부는 이에 보호주의적 무역정책을 취하게 되고, 호경기하에서 정부는 보다 자유로운 무역정책을 취한다고 말한다. 이 이론에 의하면 실업률과 GNP성장률로 대변되는 일국의 거시적 경제상황이 무역상대국에 대한 정책에 영향을 끼친다는 것이다. 즉 일국의 실업률이 상승하면 산업으로부터의 보호주의적 정책요구는 증대되고 정부는 이에 보호적 조치를 취하려는 경향이 있다는 것이고, 경제성장률이 정체 혹은 퇴보하는 시기에 수입제한을 위한 국내적 요구는 강화된다는 것이다.

수입침투이론[38]은 무역분쟁이 증가된 수입침투로 인한 악화된 무역수지적자에 의해 야기된 보호주의적인 국내적 요구에 근거한다는 것이다. 이 이론은 증가하는 일국의 무역수지 적자가 상대국에 대한 수입제한조치를 취하게 하고, 이에 따라 경제적 갈등이 발생한다고 설명한다. 오델(J. Odell)이 주장하듯이 일국의 시장으로 수입침투가 증가하면 할수록 상대국과의 시장개방과 관련한 무역분쟁의 기회는 증가된다.[39] 전통적인 무역이론이 강조하는 기본적인 가정은 무역수지균형의 유지이고, 무역수지 적자의 지나친 적체는 무역규제의 압력을 증폭시킨다는 것이다. 이와 같이 무역수지 적자의 확대는 국가들로 하여금 무역수지의 균형을 맞추기 위한 수입제한을 이끌는지 모른다.

이러한 경제적 시각에 근거하여 한·미 통상관계는 잉여능력, 경기순환, 수입침투로 설명되는 미국의 전반적인 경제상황과 상호작용할는지

1984. "Firms and Tariff Regime Change: Explaining the Demand for Protection." *World Politics* 36:2, pp.215-233.

38) Cline, W. 1982. *A New Approach to World Trade Policy?* Washington, DC: Institute for International Economics; Krugman, P., ed. 1986. *Strategic Trade Policy and New International Economics*. Cambridge, Mass. MIT Press.

39) Odell, J. 1985, "The Outcomes of International Trade Conflict: The US and South Korea 1960-1981." *International Studies Quarterly* 29, pp.272-273.

모른다. 즉 미국은 호경기하에서 한국의 경제적 침투를 관리하고 인내할 능력과 의사를 갖고 있으므로 보다 자유로운 무역정책을 취할 것이며, 불경기하에서는 정반대일 것이다. 이러한 시각은 통상마찰의 주요 결정요인으로서 과잉생산 및 과잉수입침투 문제를 강조하고, 그 문제는 밀접히 악화되어가는 전체 경제상황과 관련되어 있다고 말한다. 즉 세계무역에 있어 자유주의적 혹은 보호주의적 추세는 전 세계적인 경제상황에 달려 있는 것이다. 이러한 경제적 이론은 한·미 통상관계를 주로 경제적 요소로서 설명하는 것이다. 잉여능력, 실업률, GNP 성장률, 그리고 수입침투 등으로 대변되는 미국의 전반적인 경제상황이 한·미 통상관계에 직접적인 영향을 끼치는 것이다. 따라서 미국은 경제적 어려움에 처하여 한·미 통상갈등을 초래하는 보다 보호주의적인 정책을 취하게 되는 것이다. 결론적으로 이러한 경제적 시각은 한·미 통상분쟁을 미국의 전반적인 경제악화의 견지에서 설명하고자 한다.

3) 정치(안보)·경제의 상호보완적인 시각에서 본 한·미 통상관계

국제통상관계에 관한 두 가지 시각 중 하나를 고른다면 경제적 시각을 선호할 수 있다. 그러나 국가 간의 통상마찰을 가져오는 원인은 정치(안보)적 요인과 경제적 요인 모두에 있는 것으로, 정치적 시각과 경제적 시각은 상호보완적인 것이다. 한·미 통상분쟁을 설명함에 있어 미국의 전반적인 경제상황은 한국에 대한 미국의 정치·군사적 관계와 상호작용하면서 그 분쟁을 결정하는 것이다. 명백히 말하여 한·미 통상관계를 다룸에 있어 우리는 정치(안보)적 그리고 경제적 시각이라는 두 가지 요소를 함께 고려할 필요가 있는 것이다.

<표 9-3>에서 ⓐ는 비갈등적인 한·미 통상관계를 초래하는 자유주의적 미국의 통상정책의 조건을 보여주며, ⓓ는 갈등적인 한·미 통상관

<표 9-3> 정치(안보)·경제의 상호보완적인 시각에서 본 한·미 통상관계

한·미 정치·군사적 관계 (패권안정·안보무역연계)	미국의 경제상황(잉여능력·경기순환·수입침투)	
	적정생산공급·호경기·적정수입침투	과잉생산공급·불경기·과잉수입침투
강력한 미국의 영향력·경직된 양극체제	ⓐ 자유주의 통상분쟁해소 자유주의	ⓑ 보호주의 통상분쟁경향 자유주의
허약한 미국의 영향력·이완된 양극체제	ⓒ 자유주의 통상분쟁경향 보호주의	ⓓ 보호주의 통상분쟁심화 보호주의

계를 파생시키는 보호주의적 미국의 통상정책의 조건을 나타낸다. 즉 비갈등적인 관계는 한·미 통상관계에 있어 미국의 패권증대 혹은 유지·경직된 양극체제와 미국 경제의 성장에 근거하며, 갈등적인 관계는 미국의 패권약화·이완된 양극체제와 악화된 경제상황에 기초하는 것이다. 단순히 말하여 ⓐ는 1950·60년대의 한·미 통상관계를 적절히 설명하여주며, ⓓ는 1990년대 이래 한·미 통상관계를 대변하여준다.

냉전적 양극체제하의 동서긴장이 한·미 간의 정치적·군사적 협력을 강화시키며, 이러한 시기에 미국은 경제적 이익보다는 정치(안보)적 이익에 보다 강조점을 두게 되는 것이다. 이러한 견해로부터 냉전적 양극체제하에서 강력한 한·미 정치·군사협력은 한·미 통상관계를 협력적으로 유지하게 하며, 탈냉전적 다극체제로의 전환은 단기적으로 이완된 한·미 정치·군사협력관계로 인해 한·미 통상갈등을 증폭시킬 위험이 있다. 통상관계의 안보외부효과는 군사동맹 내의 국가들 사이에서 강할 것 같다. 전후 서구시장의 개방은 다극체제에서 양극체제로의 전환과 맥을 같이한다. 1·2차대전 사이의 무역의 붕괴는 부분적으로 다극안보 딜레마의 존재로 인한 것이다. 결론적으로 자유무역의 문제를 죄수의 딜레마 게임으로 간주하는 것은 국제체제에서 존재하는 안보외부효과를 간과하는 것이다. 한·미 통상관계를 설명함에 있어 정치(안보)적 요인의 배제는 심각한 오류를 범할 수 있다.

제10장 국제관계의 주요 쟁점

이상환

제1절 국제안보의 주요 쟁점

1. 냉전기 동서 안보관계

냉전기 동서(East-West) 정치군사적 관계의 주요이슈는 초강대국 간의 대결, 국가안보문제, 군사전략, 군비와 관련된 협상문제, 그리고 핵확산 문제 등을 들 수 있다. 1980년대 후반 미소관계의 극적인 변화와 동서 이념분쟁의 종식은 새로운 관계의 발전을 예고하고 있다. 냉전기 동서 관계는 두 초강대국 사이의 경쟁관계로 해석되며, 초기의 미·소관계는 다음의 세 가지에 기초한다. 즉 트루먼 독트린(Truman Doctrine), 마샬 플랜(Marshall Plan), 그리고 북대서양조약기구(NATO) 등이다.

냉전의 미국적 시각은 트루먼 독트린에 의거해 어려움 속에 있는 반공 정권을 지원하는 것으로, 그 두 가지 근본 원칙은 전 세계적인 자유화(global freedom), 즉 반공주의(anti-communism)와 반소주의(anti-Sovietism)이다. 소련에 대한 미국의 그러한 외교정책은 일련의 모순의 충돌인 것이다. 소련과의 평화적 관계를 유지·증진시키면서 소련의 공격에 대비해 미국의 국방력을 강화하고, 냉전을 유지하면서 인권 확산과 증진을 위한 미국의 도덕적 의무를 강조하며, 제3세계에 대한 지속적인 소련의 간섭을 비난하면서 그 지역에 대한 미국의 간섭을 희망했던 것이다. 미국의 정책은 이러한 모순적 특징에 기초한다.

1950년대 동안 미국의 전략은 두 개념에 기초하는데, 이는 롤백(Rollback), 즉 동유럽국가들을 공산주의로부터 자유화시키는 것이 미국의 의무라는 것과 대량보복(Massive Retaliation), 즉 만약 소련이 공격하면 미국은 대규모로 핵보복을 가한다는 것이다. 1960년대 이래 미국은 상호완전파괴(Mutually Assured Destruction)의 개념에 의존하여 미·소 쌍방 모두 상대방의 대량보복능력을 두려워하는 가운데 평화를 유지해왔다.[1)]

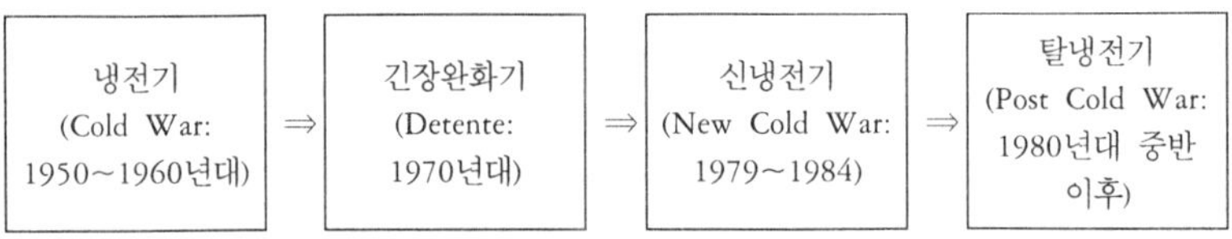

<그림 10-1> 제2차대전 후 국제안보체제의 변화

2. 탈냉전기 지역갈등과 평화구축방안

1) 탈냉전기 국제적 분쟁의 양상

국제분쟁을 그 원인을 중심으로 나누면 영토 및 국경 분쟁, 냉전 분쟁, 독립 분쟁, 국내 관할권 분쟁, 민족·종교 분쟁 등으로 나눌 수 있다. 첫째, 영토 및 국경 분쟁은 국가 간에 일정 영토에 대한 주장이나 반대주장 또는 국경선을 정하는 데에 따른 국가 간 분쟁을 말한다. 분쟁지역의 원주민이 지원하지 아니하는 국가로부터는 언제나 거부된다. 예를 들어 캐시미르사태는 인도와 파키스탄 사이의 캐시미르를 둘러싼 영토분쟁이다. 둘째, 냉전 분쟁은 제2차대전 직후에 전개된 냉전상태 속에

1) Dougherty and Pfaltzgraff(1981), 앞의 책, pp.368-386.

서 형성된 이념적인 대립, 평화조약에 대한 불합의, 군사동맹체제의 형성, 군비경쟁 등에 따른 분쟁을 일컫는다. 한국전쟁은 그 대표적인 예이다. 셋째, 독립 분쟁은 독립문제로 인한 분쟁이다. 아시아, 아프리카 및 중동지역의 많은 국가들의 반식민운동이 국제적인 분쟁의 내용을 구성한다. 전식민국가와의 갈등 또는 새로운 독립국들 간의 경제 및 군사적인 문제들이 그 원인이 된다. 넷째, 국내관할권 분쟁은 단일국가 내에서 발생한 분쟁으로, 남아공에서의 소수인종에 대한 차별문제에 따른 분쟁 발발이 그 예가 된다. 마지막으로 민족·종교 분쟁은 이민족 혹은 이종교도 간 수도권을 둘러싼 갈등에서 비롯된 분쟁이다. 이스라엘과 아랍국가간의 갈등은 그 대표적인 예이며 가장 해결되기 힘든 분쟁이다.

이들 중 탈냉전기의 양상은 민족·종교 분쟁이 지속되고 있으며, 냉전의 와해에 따른 새로운 독립 분쟁과 국내 관할권 분쟁이 대두되고 있다. 2003년 이라크 전쟁은 민족·종교분쟁적 성격과 함께 21세기 미국의 세계전략에 따른 인간안보와 예방전쟁이라는 속성을 동시에 안고 있다. 여기서 인간안보란 인권보호를 위한 주권 제한을 의미하고, 예방전쟁이란 대량살상무기 개발 등 예견되는 추후의 전쟁발발을 미연에 방지하기 위해 감행되는 전쟁 개시를 의미한다. 9·11 테러사건 이후 미국의 세계전략은 반테러리즘이라는 미명하에 이를 척결하기 위한 국제적인 연대를 강조하고 있다. 미국이 지목하고 있는 불량국가들(rogue states)에 대한 제재조처를 통해 국제사회에 잔존하는 테러리즘의 징후를 색출·처단하고자 하는 의지를 보이고 있다. 냉전기의 국가안보(national security) 논리와는 다른 인간안보(human security) 논리가 탈냉전기의 국제사회에서 부각되고 있는 것이 현실이다. 즉 국적과 무관하게 자행되는 인류의 생존을 위협하는 테러 등 폭력 행위에 대해 인권을 보호한다는 차원에서 안보 문제를 다룬다는 것이다.

따라서 UN의 역할이 그 어느 때보다도 강조되는 시기라고 아니할 수 없다. 제2차세계대전의 산물인 UN이 21세기를 맞이하여 현 세계질서와 걸맞게 재편될 필요가 있는 것이다. 최근 논의되어온 안전보장이사회 개편문제도 결국 새로운 국제사회의 역학구조를 반영하려는 의지의 표현이다. 새로운 상임이사국으로 부각된 독일과 일본 및 기타 3개국의 선정이 UN 재편의 서막이 될 것이며, 집단안전보장 기구로서 UN의 실질적인 역할 강화를 위한 논의들이 이어질 것이다. 이 과정 속에서 수의 횡포 문제, 재정 문제 등 전통적인 골칫거리들이 논의될 것이다.

2) 동북아 안보레짐의 구축 가능성과 한계

동북아에서 국제안보 관련 레짐 논의를 살펴보면, 안보영역에 있어서 국제 레짐의 유형은 규모에 따라 크게 국제적 수준, 지역적 수준, 국가간 수준으로 분류할 수 있고, 국제안보 레짐이 수행하는 기능에 따라 군비통제 레짐, 검증 레짐, 비확산 레짐, 위기관리 레짐, 분쟁관리 레짐으로도 분류할 수 있다. 그러나 국제안보 레짐은 보통 안보정책의 수단에 따라 집단무력 레짐 및 협력안보 레짐으로 크게 구분한다.[2)]

집단무력 레짐은 집단적 무력을 사용하거나 사용 의사를 밝힘으로써 전쟁을 억지 또는 종식시키는 것을 목적으로 한다. 또한 집단무력 레짐은 집단방위 레짐과 집단안보 레짐으로 구분할 수 있다. 협력안보 레짐은 다양한 안보영역에서 평화적 혹은 협력적 수단을 통하여 공동으로 평화를 증진시키는 것을 목적으로 한다. 그 하위 레짐으로는 군비통제 레짐, 비확산 레짐, 검증 레짐, 위기관리 레짐 등이 있다.

동북아 안보 레짐의 가능한 유형은 위에 언급한 집단무력 레짐과 협

---

2) 홍기준. 1997, 「OSCE와 ARF 사례연구를 통해서 본 동북아 지역안보협력의 방향」. ≪국방논집≫ 40, pp.177-178.

력안보 레짐 중 평화적·협력적 조처에 기초한 협력안보 레짐이라고 할 수 있다. 따라서 군비통제 레짐, 비확산 레짐, 검증 레짐 및 위기관리 레짐을 그 내용으로 하고 있다. 냉전적 요소가 잔존하고 있는 동북아에서 집단방위 레짐 및 집단안보 레짐 등을 포함하는 집단무력 레짐의 형성은 불가능하며 바람직하지도 않다. 결국 군비통제 레짐과 비확산 레짐(CWC, BWC, NPT, CTBT 등 관련)을 주축으로 한 포괄적인 지역적 협력안보 레짐의 구축이 그 목표가 되어야 하는 것이다. 비확산 레짐을 통한 대량살상무기의 통제, 그리고 군비통제 레짐을 통한 군비경쟁의 완화가 이 지역의 안보 불확실성을 해결할 수 있는 근간이 되는 것이다.

동북아 국가들의 안보 관심사를 국가별로 언급하면, 우선 중국은 지속적인 경제발전을 위한 안정된 지역적 안보환경을 추구하고 있다. 현재 중국의 지역안보 관심사는 미국의 군사적 지역패권 음모를 견제하고 일본의 군비증강을 감시하며 아울러 북한의 핵무기 개발을 포기하게 하는 것이다. 안정된 지역정세를 위하여 중국은 북한의 갑작스런 붕괴와 북미·남북한 간의 전쟁 혹은 갑작스런 주한미군의 철수 등을 경계하고 있다. 무엇보다도 중국이 관심을 두고 있는 안보사항은 일본의 '정상국가화'이다. 즉 21세기 군사적 강국으로 부상하려는 일본을 적절히 견제하는 데 심혈을 기울이고 있다. 따라서 지역적 안보 레짐의 구축을 이러한 문제들을 해결하기 위한 가능한 대안으로 상정하고 있다.

일본은 20세기 잔재 청산을 통해 21세기 진정한 강국으로 부상하는데 전력을 다하고 있다. 그 선결과제로 주변국들과 영토분쟁을 평화적으로 해결하고자 하며, 중국 및 러시아의 군사적 능력을 견제하고 북한의 핵무기 개발을 저지하고자 한다. 일본이 지역안보협력체 구상을 긍정적으로 바라보는 이유는 북한 핵무기 개발 저지와 주변국들과의 영토분쟁 해결에 도움이 될 것이라는 판단 때문이다.

러시아 역시 경제발전을 위해 안정된 동북아 안보환경을 유지하고자 한다. 동북아에서의 미국의 군사적 패권을 견제하면서 지역안보 불확실성을 제거하는 데 관심을 두고 있다. 동북아 지역의 위기관리 체제를 위한 지역안보협력에 긍정적인 자세를 취하고 있다.

미국의 최근 주요 지역적 안보 관심사는 두말할 나위 없이 북한의 핵무기 개발 저지이다. 평화적인 방법으로 이를 해결하기 위해 미국은 중국과 러시아의 북한에 대한 외교적 압박을 요구하며, 이를 원활히 수행하기 위해 동북아 안보 레짐의 필요성을 인식하고 있다.

한국의 주요 안보 관심사는 북한의 핵무기 개발을 저지함과 중-일 간의 군사적 대결구도 속에서 그 활로를 모색하는 것이다. 북한의 핵개발 저지를 위해 지역안보 레짐의 형성을 모색하고 있으며, 미래의 가상적이 될 수도 있는 중국과 일본의 틈바구니 속에서 현실감 없는 군비경쟁을 하기보다는 한-미동맹의 틀을 기초로 동북아 안보 레짐하에서 안보딜레마를 해결하고자 한다.

동북아에서 현재 유일하게 다자주의적인 틀에 대해서 거부감을 갖고 있는 국가는 북한뿐이다. 북한은 지역안보 레짐의 구축이 북한의 정권안보를 손상시키는 구속으로 작동할까봐 이에 부정적인 자세를 취하고 있다. 북-미 간의 양자적 틀 속에서 안보문제를 협상해가며 전통적인 동반자 관계인 중국과 러시아와 공조를 취하는 것이다.

한반도 주변 6개 국가의 입장을 간략히 정리하면, 북한을 제외하고는 모두 다자주의적·규범주의적 틀 속에서 안보문제를 해결하고자 한다. 그러기 위해 동북아 안보 레짐의 형성이 요구되는 것이다. 그러나 이러한 국제 레짐의 형성 및 유지의 요인들이 그 하위 레짐인 국제안보 레짐에도 적용될 수 있는지 살펴보아야 한다. 저비스(R. Jervis)에 따르면 다음의 네 가지 조건이 충족되어야 안보 레짐이 형성되고 유지될 수 있다고 한다. 첫째, 강대국들이 안보 레짐의 창출을 선호해야 한다. 둘째,

행위자들은 다른 행위자들도 상호 안보 및 협력에 대해 가치를 부여하고 있다는 확신을 가져야 한다. 셋째, 모든 중요한 행위자들이 현상유지를 선호하더라도 소수의 행위자들이 안보는 팽창에 의해 가장 잘 달성된다고 믿는 한 안보 레짐은 형성될 수 없다. 넷째, 전쟁과 개별적 안보 추구가 고비용이 소요될 것이라는 믿음을 가질 때 안보 레짐은 형성된다.[3)]

동북아 안보 레짐의 형성 가능성을 저비스의 기준에 따라 다음과 같이 평가할 수 있다. 첫째, 강대국들이 안보 레짐의 창출을 선호하는가? 한반도 주변 4강은 이에 대해 긍정적이다. 특히 북한 핵개발 위기에 직면하여 더욱 그러하다. 둘째, 각 행위자가 다른 행위자들도 상호 안보 및 협력에 대해 가치를 부여하고 있다고 확신하는가? 이에 대한 답도 긍정적이다. 중국과 러시아의 경우 당면 과제인 경제발전을 위해 안정적인 지역질서를 원하고 있으며, 이를 미국과 일본이 인지하고 있다. 아울러 안정적인 지역질서 유지를 위한 미국과 일본의 노력 또한 중국과 러시아가 인정하고 있다. 문제는 불안요인으로서 작용하는 북한의 태도이다. 셋째, 안보는 팽창에 의해 가장 잘 달성된다고 믿는 행위자가 존재하는가? 정권안보를 위해 핵무기 개발을 추구하는 북한이 가장 커다란 장애요인이며, 아울러 중국과 일본 간의 대결·경쟁구도가 군비경쟁으로 이어지면 부정적인 결과를 낳을 것이다. 넷째, 행위자들이 개별적 안보 추구가 고비용이 소요될 것이라는 믿음을 가지고 있는가? 이에 대한 답은 대체로 긍정적이다. 종합해보면, 동북아 안보 레짐에 장애가 되는 요인은 북한의 핵무기 개발노력과 향후 부정적으로 발전될는지 모르는 중국과 일본 간의 대결구도라고 할 수 있다. 따라서 북한 핵무기 개발이 강대국의 외교적 노력에 의해 종식된다면 이는 동북아 안보 레짐의 형성을 앞당기는 계기가 될 것이며, 중국과 일본의 대결·경

---

3) Jervis, R. 1982. "Security Regimes." *International Organization* 36:2, p.357.

쟁구도가 경제적 상호의존의 심화에 의해 완화된다면 그 레짐 형성에 긍정적으로 작동할 것이다.

현재 지적될 수 있는 동북아 안보 레짐 형성에 장애가 되는 요인들을 나열하면 다음과 같다. 첫째, 위에 언급했듯이 중국과 일본 간의 대립·경쟁구도이다. 신현실주의적 시각에 기초한 상대적 이익(relative interest)의 논리 속에서 각국이 지역국제관계를 운용한다면 협력의 가능성은 낮아지며 안보 레짐의 형성 가능성은 희박해진다. 둘째, 북한의 핵무기 개발이 어떤 식으로 해결되느냐가 중요하다. 일단 북한의 핵무기 개발 위협이 주변 강대국의 안보협력을 야기하는 긍정적인 측면도 없지 않다. 다만 이러한 안보협력이 긍정적인 결실을 거두지 못하는 경우 상황은 걷잡을 수 없이 악화될 수 있다. 예를 들어 북한의 핵무기 개발이 기정사실화된다면 일본의 핵무기 개발도 막을 수 없게 되며, 이는 핵무기 개발 도미노 현상을 동북아에서 초래하게 되고 궁극적으로 한국과 대만의 핵무기 개발이 정당화되는 상황을 야기할 것이다. 이럴 경우 동북아 안보 레짐은 그 필요성과 실효성이 유명무실해진다. 셋째, 일본에 대한 주변국의 역사적인 반감이 동북아 안보 레짐 형성에 부정적인 영향을 미치고 있다. 일본에 대한 불신이 아직 잔존하며 동북아 안보협력을 어렵게 할 수 있다. 마지막으로 주한 및 주일 미군의 존재가 동북아 안보 레짐 형성에 부정적인 요인이 될 수도 있다. 지금의 미군 배치는 전후 냉전적 구도하에서 이루어진 것이며, 탈냉전적 구도하에서 이러한 미군의 존재가 레짐 형성에 부담으로 작용할 수 있다. 중국과 러시아, 북한의 입장에서 보면 향후 레짐 형성의 선결조건으로 이에 대한 변화를 요구할 수도 있다.

3) 국제비정부기구의 역할 강화

세계화와 정보화가 국제적으로는 국민국가의 장벽을 허물고 있고, 국내적으로는 국가 내의 특수한 집단들의 요구에 부응할 수 없는 상황이 되었다. 즉 개별 국가는 국제적인 문제를 다루기 위하여 주권의 제한을 수반하는 국가 간의 협력을 필요로 했고, 국내적인 문제를 다루기 위하여 시민사회단체들의 참여를 허용했다. 국내외적인 문제해결을 위해 비공식적인 채널의 역할이 강조되었고, 그 주요한 행위자는 비정부기구(Non-Government Organization, NGO) 혹은 시민사회단체(Civil Society Organization, CSO)인 것이다. '전 세계적인 결사체 혁명(Global Associational Revolution)'이라고 일컬어지는 국가 위기의 근본 이유는 선진국에 있어 전통적인 사회복지정책에 대한 의구심, 개발도상국에 있어 국가주도의 개발에 대한 실망, 중동부유럽에 있어 국가사회주의 실험의 붕괴 등에 기인하며, 각국이 직면하고 있는 사회복지·개발·환경 문제들을 다루는 국가능력의 한계, 과거 20년간 이루어진 통신혁명, 정치경제적 표현의 부재에 의해 좌절된 교육받은 중간계급의 획기적인 확대 등에 따른 것이다.[4)]

국제비정부기구(INGO)의 대표적 역할은 특정사안에 대해 이행 여부를 감시하고 위반 시 경고 혹은 대항활동을 수행하는 일이다.[5)] 환경 및 인권 INGO 활동의 대부분은 감시라고 할 수 있다. 환경 INGO인 그린피스(Greenpeace)는 인공위성 등 첨단장비를 동원하여 감시활동을 하고 있으며, 인권 INGO인 앰네스티(Amnesty International)는 북한의 공개처형문제를 파악하여 보고한 적이 있다. 이를 통해 국제여론을 조성하고 새로운 국제조약이나 협약을 창출해내는 데 기여하는 것이다.

---

4) Geithner, P. 1999. "What Governments Can Do to Encourage Civic Participation." Paper presented at the International Conference on Democracy, Market Economy and Development(February 26-27, 1999). Seoul, Republic of Korea; Salamon, L., and Associates. 1999. *Global Civil Society: Dimensions of the Nonprofit Sector*. The Johns Hopkins Comparative Nonprofit Sector Project.

5) 박재영. 1998.『국제기구정치론』. 법문사, pp.352-360.

감시 기능과 더불어 주요한 기능의 하나는 대중교육 및 여론형성의 기능이라고 할 수 있다. 대중교육과 여론형성을 통한 정치사회적 이슈화 및 정보의 전파가 주요활동의 하나가 되는 것이다. 예를 들어 환경 INGO는 환경문제에 대한 인식제고를 통해 정치적인 이슈화, 나아가 정책반영을 통한 지원을 획득하고자 한다. 이러한 대중교육 및 여론형성은 특정사안에 대해 정당성을 부여하는 역할을 하는데, INGO는 특히 세계공론화와 대중적 지지 동원을 통해 정부나 국제기구의 결정 및 활동에 정당성을 부여함으로써 그 실효성을 증대시킨다. 상당수 국가의 정부와 국제기구들이 INGO들과 정기적으로 협의하고 그 지지를 구하는 것도 INGO의 이러한 기능 때문이라고 할 수 있다.

INGO의 노력이 결실을 거두는 것은 정책결정과정에의 참여로 가능해진다. 이러한 참여를 통해 특정이슈와 관련하여 정부 및 IGO에 대해 영향력을 행사하게 된다. 이러한 영향력 행사는 정부 혹은 IGO에 있어 각국의 대표단이나 기구 자체의 사무국 관계자들을 그 대상으로 하며, 때로는 시위 및 캠페인의 방식이 동원된다. 이러한 참여는 정책반영을 주요한 목표로 하고, 그 방식에는 정책결정과정에서의 정부에 대한 영향력 행사, 선진국 INGO와 개도국 INGO의 연계를 통한 개도국정부에 대한 영향력 행사, 선진국 INGO가 자국정부를 통해 개도국정부에 영향력을 행사하는 것 등이 있다. INGO는 UN이나 관련된 기관에 원하는 이슈를 의제화하도록 촉구하며, 전문지식이나 연구의 성과를 제공한다. 여기서 '의제설정'이란 국제사회의 주요 관심사가 되는 문제에 대한 국제여론의 조성 혹은 공론화의 과정이라고 말할 수 있다. 여기에서 INGO들은 정부나 국제기구 등의 정책결정자들이 시민사회가 요구하는 이슈에 관심을 갖도록 하고, 이를 의제로 설정하도록 하는 역할을 한다.

상기한 활동의 결과, 국제사회에는 레짐이 형성된다. 최근 그 대표적인 예로 언급되는 것은 국제지뢰금지운동(International Campaign to Ban Landmines)이다. 1991년 미국과 독일의 INGO들이 지뢰금지에 대해 힘을 모으기 시작해 설립한 이후, 인권·환경·의료 INGO들이 합류하여 현재 55개국 약 1,000개 정도의 단체가 관여하고 있다. 시위, 정부설득, 인터넷홍보를 통한 대중교육 등 노력의 결과 50여 개 국가가 지뢰수출금지, 15개 국가가 비축분 폐기처분, 30개 국가가 지뢰사용 전면금지 등의 성과를 올렸다. 1997년 9월 노르웨이 오슬로에서 대인지뢰금지조약안(지뢰의 생산·사용·수출 금지)이 작성되어 12월 캐나다의 오타와에서 121개 국가가 서명했다. 한마디로 세계 350여 INGO들이 연대해서 대인지뢰로 인한 피해의 심각성을 세계인들에게 알리고 이에 대한 세계적 관심을 촉구하여, 결국 세계 각국이 대인지뢰사용금지협정에 서명하도록 만든 놀라운 공적을 세운 것이다.

제2절 국제정치경제의 주요 쟁점

1. 제2차대전 후 국제정치경제질서의 변화

제2차대전 후 서구자본주의체제는 동구사회주의체제와의 대결 속에서 군사적으로는 NATO라는 군사협력체제로, 정치경제적으로는 브레턴우즈 체제라는 경제협력체제로 그 활로를 모색했다. 따라서 전후 서구자본주의체제의 변모는 1944년 미국의 뉴햄프셔 주 브레턴우즈에서 44개국 대표가 모여 설정한 경제규정들로 출범한 브레턴우즈 체제라는 국제경제질서의 형성과 이의 약화 및 새로운 질서의 등장으로 묘사될 수 있다. 이 체제의 3대지주는 국제통화기금(International Monetary Fund, IMF), 후에 세계은행(World Bank)으로 개칭한 국제부흥개발은행(International

Bank for Reconstruction and Development, IBRD), 그리고 관세와 무역에 관한 일반협정(General Agreement on Tariffs and Trade, GATT)이다.

이러한 브레턴우즈 체제는 유럽경제공동체(European Economic Community)의 배타적 관세동맹과 일본의 보호무역주의에 대한 미국의 경제력 우위에 기초한 묵인으로 1950·60년대 동안 잘 운용되었다. 1970년대에 들어서자 미국은 경상수지와 무역수지 위기를 경험했다. 이에 따른 미국의 협조요청이 유럽과 일본에 의해 무시되자, 1971년 8월 15일 닉슨 대통령은 체제변혁의 일환으로 금태환제 정지와 변동환율제 실시를 천명했다. 아울러 미국으로의 수입품에 10% 관세를 일괄부과하기로 결정했다. 혹자는 이를 브레턴우즈 체제의 종말이라 표현했다. 1970년대는 두 차례의 오일쇼크에 의해 커다란 경제적 혼란을 경험했다. 즉 1973년 석유수출기구(OPEC)에 의한 400% 유가인상은 개발도상국들의 외채증가와 산유국들의 경제력 향상을 가져왔고, 1979년 2차 오일쇼크는 세계경제의 보호주의적 경향을 강화시켰다. 이는 또한 미국의 패권적 지위의 약화를 가져왔다. 이러한 패권의 약화를 케네디(P. Kennedy)는 그의 저서 『강대국의 흥망(The Rise and Fall of Great Powers)』에서 패권적 국가로서 미국의 '지나친 군사적 개입(imperial overstretch)', 즉 미국의 세계문제에 대한 개입이 국력의 한계를 지나침으로써 미국의 패권이 종결되었다고 주장했다.[6] 제2차대전 후 가장 큰 채권국이 가장 큰 채무국으로 전락했고, 미국의 연방정부예산적자는 누적되어 1990년에 3조 달러에 이르게 되었다. 1990년대 초 미국 연방정부 재정파산에 따른 연방정부의 잠정휴업은 이러한 심각성을 잘 대변해주는 것이다.

현존 최강국으로서 미국의 지위를 인정할지라도 과거의 패권적 지위는 이제 더 이상 미국의 모습이 아니라고 말할 수 있다. 서구선진자본

6) Kennedy, P. 1987. *The Rise and Fall of Great Powers*. New York: Random House, p.515.

브레턴우즈 시기 (Bretton Woods: 1950~1960년대)	⇒	브레턴우즈 이후 시기 (Post Bretton Woods: 1970년대 이후)

<그림 10-2> 제2차대전 후 국제정치경제체제의 변화

주의 국가들 사이의 관계도 미국의 연방적자 및 무역적자의 심화가 계속된다면, 그리고 EU의 출범과 더불어 그들의 배타적 보호무역주의가 시행된다면 어두운 미래를 보일 것이다. 이와는 반대로, 1986년 시작된 우루과이라운드(Uruguay Round, UR) 회담의 결과 탄생된 세계무역기구(World Trade Organization, WTO)체제의 출범은 서구선진자본주의 국가들 사이의 협력적 관계를 기대케 한다.

북미, 서구, 일본 등 주요 선진자본주의 국가들의 경제적 상호의존관계는 이들 국가들의 경제적 번영에 기여한 바도 크지만, 또한 이에 수반되는 문제점도 적지 않았다. 즉 일국의 무역, 금융, 및 투자정책은 곧바로 상대국의 무역, 금융, 및 투자정책에 직접적인 영향을 미치게 함으로써, 국가의 경제정책이 내부요인은 물론 외부요인에 의해 심각한 영향을 받게 되고 점차 자주성을 잃게 될 위험에 처하게 되었다. 특히 경제적 상호의존관계가 이를 적절히 운영할 수 있는 기구 및 수단, 그리고 지도력의 형성보다 더욱 빠른 속도로 진전됨에 따라 서방세계의 경제운영문제는 더욱 철저한 집단운영방식을 택하든지, 아니면 상호의존관계에 제동을 걸고 다시 국가별 해결방식을 모색해야 하는 양자택일의 전환기에 처하게 되었다.

동서 경제적 관계를 살펴보면, 전후 형성된 사회주의 계획경제는 1980년대 이후 와해되기 시작하여 1989년 민주화혁명 이후 하나씩 종결되었다. 사회주의경제권의 형성은 사회주의 국가들의 경제적 요청보다는 소련의 정치적 필요에 따라 형성된 것이었다. 종주국과 위성국의 상하관계를 특색으로 사회주의 국가들이 소련의 경제적 지배를 강요받아왔다. 사회주의경제권의 경제발전은 소비를 억제한 가운데 중공업우선정책을 강행한 데 따른 것으로, 교역은 동유럽국가들을 일방으로 소련을 다른 일방으로 하는 형태가 주종이었고, 동유럽국가들 사이의 교역은 미미한 수준이었다. 대외적으로 시장경제권과 동서관계가 약간 있었을 뿐이었다.

사회주의경제와 자본주의경제 간의 경제교류는 이들의 정치관계와 표리를 이루며 대결과 화해로 점철되어왔다. 사회주의경제와 자본주의경제와의 관계는 제2차대전 직후 코메콘(COMECON)과 마샬 플랜의 수립으로 경제봉쇄를 통한 경쟁 갈등관계로 형성되었고, 사회주의 경제에 대한 고립 촉진을 유발했다. 1960년대 초에는 구소련과 동구권의 흉작으로 사회주의경제권이 경제교류에 적극성을 보이자 경제교류가 다소 활발해졌으나, 1968년 소련의 체코 침공으로 다시 반전되었다. 1970년대에는 1972년 10월 통상협정이 조인되어 경제부문에서 협력의 전기를 마련했는데, 서독의 대소 수출이 3억 5,000만 달러(1969년)에서 35억 달러(1979년)로, 같은 기간에 일본의 대소 수출이 2억 6,400만 달러에서 25억 달러로 급등했다. 미국의 대소 수출은 연평균 10억 달러(1972~1975년)에서 연평균 24억 달러(1976~1979년)로 증가했는데, 이러한 경제교류의 확대는 정치적 화해를 배경으로 했다. 소련과 동유럽국가들이 서방과의 경제교류를 열망한 이유는 경제적 문제의 해결, 즉 곡물구매 및 선진기술도입의 필요성 때문이었다. 반대로 서방이 사회주의 국가들과의 경제교류에 관심을 갖게 된 기본적 동기는 경제적 양보의 대가로 정치적 양보(군축협상·월남전 종식)를 획득하고자 하는 데 있었다.[7]

---

7) Spero, J. 1985. *The Politics of International Economic Relations*. New York: St. Martin's Press, pp.343-385.

1970년대 말(1979년 소련의 아프간 침공 등) 이래 동서관계는 다시 위축되어 소련과 동유럽국가들은 수입증가에 상응하는 수출증가를 하지 못함으로써 1981년 말 747억 달러의 외채를 기록했고, 서방의 입장에서는 정치적 양보를 얻는 데 실패했다. 미·소관계는 1983년 9월 대한항공기 격추사건으로 갈등이 증폭되었다가 이후 완화되어갔다. 소련의 브레즈네프 후계자들의 서방에 대한 화해 모색으로 1980년대 후반 동서관계는 혁명적 대전환을 했다. 고르바초프가 1985년 3월 집권한 후 그는 소련경제의 근본적인 개혁을 표방하고, 경제회복 없이는 소련의 지위는 상실된다고 주창했다. 1989년 1월 부시-고르비 몰타 정상회담으로 동서냉전의 국제질서가 종지부를 찍게 되었고, 1990년대에 들어서서 1991년 7월 소련 및 동구권은 전략무기감축조약(START)을 조인했다. 한편 그에 앞선 6월에는 코메콘을 해체했다. 1991년 12월 소련이 스스로 해체한 이유는 사회주의제제의 구소적 취약성, 서방의 경제봉쇄, 서방과의 군비경쟁이 사회주의경제에 미친 과중한 부담 등으로 대내적 성장지속과 대외적 경제교류의 확대를 도모하기 위해서였다.

한마디로 사회주의 국가들의 세계 정치경제체제로의 통합은 그들 경제개혁의 성공유무에 달려 있는 것이다. 이들 국가들은 자본주의적 경제양식으로의 변화에 발맞추어 정치양식도 보다 민주적인 방향으로 옮겨질 것이다. 맥퍼슨(J. Macpherson)이 자본주의와 자유민주주의 간의 상응성을 지적했듯이, 자본주의적 경제발전은 자유경쟁주의와 사유재산제에 기초하는 자유민주주의를 그 토대로 하는 것이다. 즉 자본주의적 시장경제가 민주주의를 촉발시킨다는 것이다. 이러한 민주주의로의 변화는 경제발전의 속도에 따라 진행될 것이다.[8] 앞으로의 미국과 러시아의 관계는 냉전종식 이후 구소련의 자유시장경제와 민주주의제도의 도입

---

8) Isaak, R. 1995. *Managing World Economic Change*. Englewood Cliff, NJ: Prentice-Hall, pp.68-70.

으로 협력우호적 관계로 발전될 것이며, 구 사회주의 국가들의 경제개혁의 성공·실패 여부가 그들의 정치적 민주화를 좌우할 것이다.

2. 국제정치경제의 쟁점에 대한 이해

1) 통상

(1) 신국제통상질서의 이해

제2차세계대전 후 국제경제질서는 브레턴우즈 체제하에서 운영되었으며, 이를 떠받치는 3대지주는 GATT, IMF, IBRD였다. 이중 GATT는 통상 문제를, IMF와 IBRD는 금융 문제를 다루어왔다. GATT가 추구했던 통상 관련 제도적 대원칙은 자유무역주의와 공정무역주의라고 할 수 있다. 문제는 WTO가 출범하기 전까지 GATT가 이러한 대원칙을 엄정하게 지켜나갈 수 없었다는 것이다. 그 이유는 두 가지로 요약될 수 있다. 하나는 GATT 규범이 갖고 있는 한계이다. 예를 들어 GATT는 조부권(grandfather rights)을 인정하여 GATT 규범 이전의 개별 국가의 국내법을 우선시했으며, 규제대상 품목을 주로 유형의 상품에 한정하여 농산물 및 지적재산권 등에 관하여는 그 원칙을 잘 시행하지 못했다. 다른 하나는 냉전기적 상황이 경제보다는 안보에 더 관심을 두게 했고, 안보논리에 묻혀서 경제원리는 국가 간의 경제관계를 완전히 지배하지 못했다. 즉 안보적 고려가 왜곡된 시장원리를 야기했다. 이들 두 가지를 연유로 GATT는 유명무실하게 되었고, 새로운 변화를 요구하게 되었다.

엄밀히 말하여 GATT는 레짐의 형태로 존재했던 것이며, 쌍무주의의 틀 속에서는 빛을 발하지 못했다. 1986년 제8차 다자간 통상협상인 우루과이라운드의 출범은 탈냉전의 흐름 속에서 자유무역과 공정무역을 실현하려는 현실적인 요구를 반영한 것이었다. 위에 언급한 GATT의

현실적 한계를 극복하고 냉전기적 안보논리를 제거한 가운데 진정한 시장논리, 즉 규범주의하에서 전 세계 모든 나라들이 모여 다자주의의 틀 속에서 논의를 하고자 했다. 이러한 UR 협정의 주요 내용은 WTO의 수립, 보다 포괄적이며 실제적인 다자적 규범의 수립, 분쟁해결절차의 강화 등이다. 1986년 시작된 UR은 1993년 12월에 타결되었고, 이에 따라 WTO는 1995년 1월에 출범했다. 이러한 WTO의 출범은 국제통상관계를 규범주의와 다자주의의 틀에서 해결하려는 노력의 반영인 것이다. 물론 WTO 협정은 미완의 규범으로 그 한계를 보완하기 위해 뉴라운드가 진행 중에 있다. 도하개발의제(DDA)에 따른 최근의 논의는 1993년 UR 타결 시 해결하지 못했던 사항(기설정 의제)에 대해, 그리고 대략 지난 10여 년간 WTO가 보여준 한계점을 극복하기 위해서 행해지고 있는 것이다.

(2) 국제경제협력

국제협력은 상호이해 증진을 위한 교류를 전제조건으로 하며, 이러한 교류로는 문화교류·학문 및 교육 교류·스포츠교류·관광교류 등이 있다. 국제경제협력의 유형은 구성국 수를 기준으로 양자(국)간 협력과 다자(국)간 협력으로 나뉘며, 그 성격을 기준으로 정부 간 협력과 민간협력으로, 그 대상을 기준으로 자본협력과 기술협력으로, 협력조건을 기준으로 유상협력과 무상협력으로 나뉜다. 또한 사업성격에 따라 계획사업원조와 비계획사업원조로 나뉜다.

국제경제통합이란 지리적으로 인접한 다수의 국가가 동맹을 결성하여 상호간에 무역의 자유화를 꾀하며 역외국가에 대해서는 공동으로 무역제한을 가하는 형태의 국가 간 결합을 일컫는다. 그러한 통합이 가능하기 위한 전제조건으로는 지리적 인접성, 비슷한 경제발전 정도, 비슷한 사회문화 구조, 각종 대외정책의 공통성, 유사한 인종 및 혈통 등을 들 수 있다. 국제경제통합 유형을 단계별로 설명하면 첫째, 자유무역지대(free trade area) 설정은 역내 국가 간 상품의 자유무역을 보장하고 역외국가에 대해 독자적인 관세정책 및 무역제한조치를 취할 수 있게 한다. 둘째, 관세동맹(customs union)은 역외국가에 대해 공동(수입)관세를 부과하고 역내국가 간 상품의 자유무역을 보장한다. 셋째, 공동시장(common market) 설정은 역내국가 간 재화뿐만 아니라 노동 및 자본과 같은 생산요소의 자유이동을 보장하고 역외국가에 대해 각국이 공동의 관세제도를 취한다. 넷째, 경제연합(economic union)은 공동시장의 경우에다가 가맹국 간 경제정책의 조정과 협력을 강화하기 위해 공동 경제정책을 실시함을 더한다. 마지막으로 완전한 경제통합(complete economic integration)은 가맹국 상호간에 초국가적 기구를 설치하여 그 기구로 하여금 각 가맹국의 모든 사회경제정책을 조정·통합·관리하는 형태의 통합을 말한다.

오늘날 세계 각 지역별로 경제블록화가 가속화되고 있으며, 대표적인 예로 유럽연합(EU)은 이러한 국제경제통합의 유형 중 가장 앞선 형태이다. 북미의 북미자유무역협정(NAFTA), 중남미의 중남미공동시장(MERCOSUR), 동남아의 동남아국가연합(ASEAN) 등 각 지역별로도 경제협력체가 구성되어 있으나 아직 동북아에는 이렇다 할 경제통합의 모습이 가시화되지 않고 있다. 다만 한·미 FTA 협상 타결이 한국과 중국 혹은 한국과 일본 간, 나아가 동북아 국가 간 FTA로 이어질지는 미지수이나 동북아에 경제통합의 물꼬를 튼 것은 사실이다.

2) 금융

(1) 환율제도와 국제금융구조의 변화

1800년대의 금본위제도를 시작으로 1980년대 후반의 루브르 협정까지 국제통화제도는 여러 가지 환율제도를 기반으로 하여 운영되었다.[9]

1980년대는 금융에 관해서도 국가 간 지리적 장벽이 붕괴되고 세계금융시장이 등장했다. 1990년대는 이에 따른 여러 가지 조정의 문제로 어려움을 겪었고, 1997년 동아시아 금융위기도 1980년대 국제금융시장의 완전자유화와 개방화에 따른 부적응의 여파라고 할 수 있다.

국제금융(international finance)으로부터 세계금융(global finance)으로의 변화는 유럽 및 일본경제의 부상과 신흥공업국들의 성장, 그리고 석유수출국기구(OPEC)의 역할이 강화되면서 유로-달러시장과 동남아의 엔화권이 형성되고, 석유가의 획기적 인상으로 인한 석유달러의 집중화로 이의 재순환 문제가 국제금융시장의 성격과 구조를 근본적으로 변화시킴으로써 야기된 것이다. 1980년대 초에 이르러 전후 국가규제하에 운영되었던 국가중심 금융체제로부터 고전적 자유주의의 자유방임주의정책으로 금융정책이 변화된 것이다. 대처(M. Thatcher)와 레이건(R. Reagan)이 국내금융시장은 물론 국제금융시장의 규제를 본격적으로 완화시키면서 국제금융시장이 시장원리에 의해 운영되기 시작했다.

이러한 세계금융체제의 등장은 기술혁명으로 가능케 되었다. 장거리 무선통신과 컴퓨터의 발달은 지구촌 곳곳의 금융거래를 실시간으로 가능케 했고, 세계를 하나의 금융시장으로 통합시켰다. 금융시장이 국가의 기능보다 시장기능에 의해 운영되도록 했고, 세계금융시장의 민간기능이 확대되면서 금융의 자유개방화는 국가 간 정책조정과 협력을 더욱 필요로 했다.

---

9) ►고정환율제도: 금본위제도(the Gold Standard, 1821~1914) → (불안정한 변동환율제도/양차대전 사이) → 브레턴우즈=금-외환본위제도(the Gold Exchange Standard=좁은 변동폭의 고정환율제도 Fixed Rates with Narrow Bands, 1944~1971) → 스미소니언 체제(넓은 변동폭의 고정환율제도=Fixed Rates with Wide Bands, 1971~1973).
►변동환율제도: 자유변동환율제도(Free or Clean Float, 1973.3.) → 킹스턴 체제(1976.1. 관리변동환율제도 managed float) → 플라자 협정(1985.8. 관리변동환율제도하의 조율 시도) → 루브르 협정(1987.2. 관리변동환율제도하에서 이루어진 합의).

오늘날 기축통화로서 여전히 미국 달러가 중요한 역할을 담당하고 있지만 다른 화폐들, 특히 독일 마르크와 일본 엔의 역할이 증가되어왔고, 특히 유로의 등장은 국제금융체제를 일극체제에서 양극체제로 전환시키고 있다. 현재의 환율체제는 매우 복잡한 양상을 보이고 있으며, 국제금융시장에서의 거래규모가 기하급수적으로 증가하고 있고, 이에 따라 안정화를 위한 정부개입의 효과를 기대하기 어려운 상태이다.

(2) 개도국의 외채 문제

외채는 한 국가(또는 거주자)가 다른 국가(또는 비거주자)에 대하여 이행하여야 하는 채무계약을 말하며, 한 국가의 정부 또는 민간부문에서 다른 국가의 정부 또는 민간부문에 대하여 갚아야 하는 빚을 의미한다. 외국인이 소유한 국내의 건물, 공장, 그리고 그밖의 부동산 등도 모두 외채이며, 외채는 반드시 외국의 은행이나 IMF, 세계은행 같은 공적기관으로부터의 대출만을 의미하는 것은 아니다. '외국인이 소유한 국내자산의 합'을 말한다.

개도국에서 부채의 상환불능(debt default, moratorium) 상태가 발생한 이유는 다음과 같다. 개도국은 1970년대와 1980년대 경제개발에 따른 자본수요를 충당하고자 선진국의 민간 및 공공차관을 도입했으나 경제발전은 예상을 밑돌아서 부채의 원리금 상환이 큰 재정부담이 되었다. 멕시코와 베네수엘라의 경우 국제석유가의 급격한 하락으로 국가의 수출소득이 대폭 감소되어 계획됐던 부채의 상환이 어렵게 되었다. 수출소득에 국가의 경제성장을 전적으로 의지했던 많은 저발전 국가들은 선진공업국들의 잇단 보호무역주의 장벽에 부닥쳐 예정했던 수출소득을 올리지 못하고 국제수지균형을 맞추기 어려워진 것이다. 또한 제3세계의 정치적 부패는 발전을 위해 도입한 외채를 효율적으로 관리하지 못하고 낭비하게 하여 경제는 침체되고 부채는 증가되는 최악의 결과를 야기했다.

이러한 외채문제는 채무국만의 문제는 아니며, 지불불능사태는 채권국의 경제에도 타격을 주게 된다. 이를 탈피하기 위한 방안으로 베이커 플랜과 브래디 플랜이 있다. 베이커 플랜(the Baker Plan, 1985년 미 재무장관)은 외채의 상환일정 조정에 필요한 공적자금 지원을 그 주요 내용으로 한다. 외채 탕감은 아니며, IMF와 세계은행이 필요한 재원을 제공한다. 채무국들로 하여금 경제정책을 수정하도록 하고, IMF와 합의한 채무국들은 구조개혁과 경제정책의 수정을 통하여 장기적으로 외채를 상환할 수 있도록 하이야만 한다.

한편 브래디 플랜(the Brady Plan, 1989년 미 재무장관)은 베이커 플랜에 외채감면(relief), 삭감(reduction), 또는 탕감(forgiveness)이라는 새로운 제안을 포함한다. 국제금융시장에서 개도국들의 외채상환 가능성을 대단히 낮게 보고 있다. 개도국들의 현존하는 외채 규모가 너무 커서 이들 국가들이 부채를 상환할 수 있을 정도 수준의 경제성장은 전혀 불가능하다는 판단에 기초한 것이다.

3) 환경

(1) 환경문제의 국제화와 그린라운드

전 세계적인 자유무역의 실현을 위한 우루과이라운드(UR)가 타결된 후, 1995년 1월 세계무역기구(WTO)체제의 출범과 함께, 이번에는 '그린라운드(Green Round, GR)'라는 다자간 환경협상이 대두되고 있다. 앞으로 환경문제의 국제화는 더욱 빠른 속도로 진행될 것이며, 우리의 경제에도 많은 영향을 미치게 될 것이다. 즉 환경오염의 국제적 광역화로 인하여 환경오염을 둘러싼 인접국과의 분쟁이 예상되며, 아울러 범세계적 차원의 환경보전을 위한 압력이 더욱 거세어질 것으로 전망된다.

지구환경보전에 대한 인식을 새로이 하게 한 국제적 노력은 1972년

스톡홀름에서 소집된 'UN 인간환경회의'이며, 이 회의에서 채택된 '스톡홀름 선언'은 지구환경회의의 기본헌장으로 원용되고 있다. 이에 따라 창설된 'UN 환경계획(UNEP)'은 케냐의 나이로비에 본부를 두고 있는 환경보전을 위한 가장 중심적인 국제기구이다. 이 기구의 목적은 환경분야에서의 국제협력 촉진, 환경오염에 관한 지식 함양, 그리고 세계의 환경상태 파악을 위한 지구감시(Earthwatch)에 있다. 지구환경문제에 대한 국제적 인식이 국제사회에 재부각된 것은 스톡홀름 선언이 채택된 지 10년째인 1982년 UN이 '세계자연헌장(World Charter for Nature)'을 채택했을 때이다. 환경문제에 대한 전 세계적인 인식과 대응자세도 그 이전에는 경제개발과 환경보전의 양자 간에 어디에 더 우선 가치를 두어야 할 것인가에 관한 '개발·보전의 양자택일론'이 지배적이다가, 1980년대로 들어오면서부터는 환경의 질을 손상하지 않고 지속적인 성장을 해 나가야 한다는 '개발·보전의 균형조화론'으로 전환되었다고 할 수 있다.

환경문제에 대한 전 세계적인 관심은 1992년 6월 브라질의 리우데자네이루에서 열린 'UN 환경개발회의'에 세계 60개국의 정상, 170개국의 정부 대표, 2만여 명의 환경전문가, 그리고 민간환경단체 대표들이 참가하여 환경보전의 기본원칙을 규정하는 '리우 선언(Rio Declaration on Environment and Development)'과 21세기를 향한 환경보전의 구체적 행동지침인 '의제 21(Agenda 21)'을 채택한 데에 잘 나타나 있다. 리우 선언이 환경과 개발의 조화를 추구하기 위한 기본원칙이라 한다면, 의제 21은 환경문제의 발생원인과 해결방안을 규정하고 이의 실효적인 이행상황을 평가 감시하는 장치를 포함하고 있는 21세기를 향한 종합실천계획이라 할 수 있다. 1997년 6월 UN본부에서 개최된 'UN 환경특별총회'에는 60여 개국의 국가정상이 참석하여 1992년 브라질 리우에서 열렸던 '지구정상회의(Earth Summit)'에서 합의한 공약의 이행상황을 평가하고, 보다 효과적인 지구환경보전에 필요한 정치적인 의지를 결집했다. 그 결과 채택된 '의제 21의 추가이행 프로그램'은 '의제 21'의 효과적인 이행을 위한 중점 추진분야를 선정하고 각 분야별 구체적 추진방향을 제시했다. 2002년 남아공의 요하네스버그에서 개최된 세계환경회의에서 합의된 사항은 향후 지구환경논의의 지침역할을 담당할 것으로 예상된다. 이는 지속가능한 발전(sustainable development)의 3대축인 환경보호 및 경제·사회발전의 상호 의존성과 보완성을 강화하고 전진시키기 위한 공동의 책임을 강조하고 있다.

(2) 환경문제와 관련한 국제적 갈등

환경문제와 관련한 국가들 사이의 갈등은 크게 두 가지 유형을 띠고 있다. 하나는 인접국가 간의 갈등이며, 다른 하나는 선진국 대 개도국 간의 갈등이다.

첫 번째 유형인 인접국가 간의 갈등은 특정지역의 환경문제를 야기한 원인제공국가의 규명과 그 책임 정도를 결정하는 문제와 관련된 지역적 혹은 양자 간 환경갈등을 의미한다. 그러나 그 원인제공국가에 의한 피해가 정확히 어느 정도인지에 대한 평가가 결코 간단한 일이 아니며, 그 국가가 얼마를 책임져야 할지를 결정하는 문제가 쉽지 않기 때문에 이들 피해에 대한 지역적 혹은 양자간 물질적 배상의 합의는 더더욱 쉽지 않은 것이다.

두 번째 유형은 환경문제에 대한 선진국과 개발도상국 간의 갈등으로 그 근본적인 시각차가 현격하고, 대립양상도 첨예하여 인접국가 간의 갈등보다 더욱 대결적인 양상을 띠고 있다. 이는 선진국·개도국 모두 지구환경 보전의 중요성에 대한 인식은 같이하고 있지만, 그 실행을 위한 구체적 방법에서는 커다란 의견차이를 보이고 있음에 기인한다. 먼저 선진국의 경우 기득권 고수를 위한 환경보호의 관점에서 지구환경파괴는 개도국들의 재생불가능한 천연자원 또는 생태계 파괴적인 자원의 수출에 의존하는 환경파괴적인 '지속불가능한 개발방식(unsustainable development)'에 있다고 규정하고 있는 데 반하여, 개도국의 경우 생산과 소비의 차원에서 선진국들이 과도하게 방만하고 자원낭비적인 '지속불가능한 생활양식(unsustainable life style)'을 누림으로써 심각한 환경문제를 유발하고 있다고 주장한다.

그들 간의 또 다른 의견대립은 책임에 따른 지원의 관점에서 찾아볼 수 있다. 지금까지의 환경파괴에 대한 책임문제는 재정적·기술적 지원 수준에서의 대립이다. 첫째로 자금지원 문제의 경우, 개도국들은 역사적 환경파괴 책임에 대한 오염자 부담원칙을 적용하여 지금까지의 선진국의 대 개도국 원조자금인 '공적개발원조자금(ODA)'과는 별도로 새롭고 충분한 환경관련 기금의 제공을 요구하는 데 반하여, 선진국들은 ODA에의 추가지원을 내세우고 있다. 둘째로 기술이전 문제의 경우, 특히 한국과 같은 선발 개도국들의 관심분야인데, 개도국들은 비상업적(non-commercial)이고 특혜적인(preferential) 기술이전을 요구하고 있으나, 선진국들은 대부분의 기술이 민간기업 소유이며 지적소유권에 의해 보호되고 있음을 지적하여 개도국이 요구하는 비상업적 특혜적 기술이전을 거부하며 민간기업 간의 기술협력을 강조하고 있다. 요컨대 환경문제를 둘러싼 남북갈등은 환경보전을 앞세워 후진국의 개발을 규제하고 자국의 환경기술을 수출하며 자국에 적용되는 환경규제제도를 이용하여 무역에서의 국제경쟁력을 강화시키고자 하는 선진국의 입장과, 가능한 한 개발권을 침해받지 않으면서 환경보전을 위한 선진기술 및 재정지원을 좀더 많이 확보하고 환경·무역 규제로부터 벗어나려는 후진국의 입장이 첨예하게 대립되는 데서 그 본질을 찾을 수 있다.

(3) 동북아지역 환경협력 문제

국제환경문제에 대한 동북아 3국의 입장을 살펴보면 다음과 같다. 한국은 한편으로 개발도상국의 입장에서 그 특수상황이 고려되고 국제환경규제가 개도국의 개발을 방해하거나 수출의 장애로 이용되는 데 대해 강력하게 반대한다는 점에서 국제환경규제가 자국의 경제안보를 위협할 것임을 우려하고 있다. 다른 한편으로 지구환경보전을 위한 기금조성과 기술이전의 보장을 전제로 개도국들이 환경기술개발을 촉진시켜야 할 것을 강조함으로써 환경안보능력을 강화시키고자 하는 입장을 견지하고 있다. 반면 일본은 자국의 경제력과 환경안보능력을 토대로 지구환경문제의 완화를 위한 경제사회활동의 운영에 자신을 가지고, 나아가 세계환경안보를 위한 기구구축과 감시 및 조사활동의 강화, 그리고 환경기술의 개발과 보급을 촉진하고자 한다. 뿐만 아니라 일본은 개도국의 환경보전을 위한 개발원조를 확충하고 이를 환경적 고려와 결부시키고자 한다. 그러나 이러한 일본의 입장은 지구환경규제가 자국의 정치경제적 이해관계에서 보면 유리하게 작동할 것이라는 견해에 기초하고 있으며, 심지어 개도국에 대한 개발원조를 환경문제와 결부시킴으로써 개도국에 대해 개입할 수 있음을 천명하고 있다. 중국의 입장은 한국에 비해 경제개발과 환경보호 간의 균형을 보다 포괄적으로 제시하고 있으며, 지구환경문제에 대한 선진국의 책임을 명시하고 국제환경협력에 있어 각국의 주권보장과 세계평화와 안정이 전제되어야 한다는 점을 보다 강조하고 있다. 즉 중국은 국가적·세계적 환경안보와 더불어 이와 관련된 포괄적 세계안보를 문제시하고 있는 것이다.[10]

새로운 환태평양시대를 맞이하고 있는 동북아의 한국, 중국, 그리고 일본은 각기 정도의 차이는 있으나 괄목할 만한 경제성장과 함께 이 과정에서 파생되는 심각한 환경문제를 경험하고 있다. 즉 각국의 경제발

---

10) 최병두. 1995. 『환경사회이론과 국제환경문제』. 한울, p.324.

전 과정과 산업구조 등은 커다란 차이를 가지고 있으며, 이로 인해 발생하는 환경문제와 이에 대한 각국의 해결능력은 상당한 차이를 내포하고 있는 것이다. 특히 세계 제2의 경제대국인 일본은 막대한 경제력을 바탕으로 다른 국가들의 경제에 자신의 영향력을 강화시키고자 하며, 이러한 과정에서 상대적으로 에너지과소비·공해다발형 산업들을 개발도상국들에 이식함으로써 이들 국가들의 환경오염을 가속화시키고 있다. 한국은 일본과의 긴밀한 경제관계 속에서 급속한 경제성장을 이루어왔지만, 아직 선진국에 비해 상대적으로 열악한 경제 및 환경관련 기술수준으로 인해 환경오염의 어려움을 겪고 있다. 이에 비해 상대적으로 낮은 경제발전 단계에 있는 중국은 환경오염문제를 심각히 고려하지 않은 채 개발우선의 경제발전전략을 추구하고 있다. 이로 인해 동북아 지역의 환경문제는 점점 악화되어가고 있는 실정이다. 이는 역내 국가들 간에 새로운 분쟁의 가능성을 야기하며, 아울러 이에 대처하기 위한 지역환경협력을 크게 요구하고 있는 것이다.[11]

(4) 환경보전이라는 명분으로 인해 취해지는 통상규제에 의해서 빚어지는 갈등

국제무역과 환경보전은 큰 관계가 없는 것처럼 보이지만 실제로 서로 대립하고 있다. UR협정은 자유무역을 위해 대부분의 무역제한조치 철폐를 목적으로 하고 있는 반면에, 지구환경 보호를 위한 대부분의 국제환경협약들은 환경보호를 효과적으로 하기 위해 무역규제조치를 요구하고 있어 서로 정면으로 충돌하고 있다. 이 문제를 해결하기 위해 GATT 이후의 신설 무역기구인 WTO는 UR 이후 다음 번 다자간 무역협상에서 그린라운드를 핵심적 의제로 다루게 된다. 그린라운드란 지구환경 보호를 위해 공해유발 제품 및 생태계 훼손행위에 대해 다자간

11) 위의 책, pp.218-219.

협상방식으로 무역규제 원칙을 제정하려는 국제적 움직임을 포괄적으로 지칭하는 용어이다. UR이 무역자유화를 지향하는 것이라면, GR은 환경보전을 위해 무역을 규제하려는 움직임인 것이다. GATT를 승계한 WTO가 그린라운드에 지대한 관심을 갖고 있는 이유는 환경관련 무역규제조치들이 개별국의 일방적 규제조치 등을 통하여 무원칙적으로 동원될 경우 규제내용 간의 형평성이 유지되지 않을 뿐만 아니라, 이런 조치들이 자유무역의 원칙과 상충될 가능성이 있다고 보기 때문이다. 따라서 WTO는 보다 포괄적인 그린라운드를 통해 환경관련 각종 국내법과 국제협약에 의한 무역규제조치를 WTO 체제 내로 흡수하기 위한 무역규범의 재조정에 나서기로 했다. 그 결과 1994년 4월 15일 마라케시 각료회의에서 무역과 환경에 관한 결정을 채택함으로써 WTO 내에 무역환경위원회를 설치, 이 문제를 검토키로 하는 데까지 이르게 되었다.

환경-통상 갈등의 발단은 여러 국가들이 국내적 환경규제를 자국산업의 보호를 위한 비관세장벽으로 활용하려는 데 있다. 환경기준은 그 국가가 처한 사회적, 경제적, 기술적 여건에 따라 다를 수밖에 없음에도 불구하고 많은 국가들이 자국의 국내 환경기준을 수입품 등 모든 상품에 일방적으로 적용하려 하고 있다. 특히 국가 간 환경통제기술의 차이가 심각한 경우, 이러한 움직임은 기술수준이 낮은 국가에게는 치명적인 문제가 될 수 있다.

환경보전을 이유로 한 통상규제는 다음과 같은 유형으로 분류할 수 있다. 첫째는 자국의 환경을 보호하기 위해 자국 내로 수입되는 제품에 엄격한 기준을 적용하는 경우이다. 자동차 배기가스의 기준을 강화하고 대체연료의 사용을 일정비율 의무화한 미국의 1990년 대기정화법과 독일의 포장폐기물의 회수를 위한 예탁금제, 그리고 덴마크의 음료수용기 회수제도가 대표적이다. 외국으로부터 수입되는 제품에 대한 환경관련

조치는 보통 무차별적으로 적용되거나 내국제품의 경우와 같은 기준을 적용하는 한 정당성이 인정된다. 다만 수입제품에 대한 환경기준이 국내제품에 비해 더욱 엄격하다거나, 원산지 국가에 따라 차등을 둔다면 환경을 위장한 보호주의적 무역조치에 해당된다. 둘째는 상이한 환경정책 및 기준으로 인한 국제경쟁력 차이를 상쇄키 위한 무역규제조치이다. 제품의 생산과정(PPM)과 관련된 무역규제조치는 제품이 어떠한 환경기준하에서 생산되었는가에 관한 문제로, 궁극적으로 환경보호의 문제라기보다는 경쟁력의 문제이다. 1991년 미국의회에는 미국보다 완화된 환경관리기준을 이용해 저가로 외국에서 제조되어 수입되는 물품에 상계관세를 부과하자는 법안이 제출된 적이 있었다.

셋째는 자국의 외부환경을 파괴하며 제조 또는 수확된 상품의 수입에 일방적인 제재를 가하는 것인데, 환경보호를 명분으로 한 위장된 보호무역주의로 발전될 가능성이 많다. 이는 결국 한 국가의 환경정책을 타국에 강요하는 결과를 초래하게 되며, 이 경우 보호주의적 무역조치의 남용가능성은 매우 큰 것이다. 넷째는 몬트리올 의정서나 바젤 협약 등의 개별적 협약에 의한 무역규제이다. 비가입국에 대한 제재를 규정한 이들 협약은 지구 차원의 환경위험을 저감시키기 위한 것으로, 대외무역 의존도가 높은 우리나라는 이러한 협약을 준수하는 수밖에 없다. 환경협약의 무역규정은 비가입국에 대한 제재적 성격뿐만 아니라 환경협약에의 참여를 유도하는 인센티브의 성격도 지니고 있다.12)

환경관련 통상규제는 향후 더욱 강화될 전망인데 그 이유 중의 하나는 국제경제관계에서 무역의 비중이 점차 높아져가면서 국제수출경쟁이 치열해지는 속에서 기업들이 생존을 위해 불공정 요인을 찾게 되고, 이에 국가 간의 환경기준의 차이를 그러한 불공정 요인에 포함시키게 된다는 것이다. 다른 하나는 국제환경문제의 해결에 있어 국가 간의 협

---

12) 신유균. 1995. 『신교역질서와 한국의 선택』. 한국무역경제, pp.128-129.

력이 불가결한데, 환경문제의 중요성에 대한 인식이 제고됨에 따라 비협조국에 대한 제재수단으로서 무역규제가 강화될 것이라는 점이다. 따라서 환경관련 무역규제조치인 환경기준강화(기술장벽), 생산과정 관련 규제(경쟁력), 그리고 국제환경협약하에서 비당사국에 대한 통상규제 등이 강화될 것이다.

4) 노동

(1) 블루라운드의 현황과 전망

블루라운드(Blue Round)란 노동기준과 무역을 연계시키기 위한 것이다. 기본적 인권과 관련하여 모든 나라들이 준수해야 할 일정한 기준의 노동기준이 있어야 한다는 의미이다. 즉 개발도상국들이 저수준의 노동기준하에서 생산한 상품을 수출하는 행위를 사회적 덤핑으로 간주하여 이러한 불공정한 행위를 무역제재의 수단을 통해 시정해야 한다는 것이다. 선진국들은 자신들의 심각한 실업문제가 개발도상국이 싼 임금으로 만든 상품 때문에 생겨난 것으로 인식하고, 개도국의 빈약한 노동기준에 대해 무역제재를 가할 수 있다면 자국상품의 경쟁력이 살아나고 고용도 증대될 수 있다는 발상에서 계속적인 문제를 제기한다. 선진국들은 국제적인 노동기준을 설정하고 이 기준에 미달하는 국가의 상품에 대해서는 무역제재조치를 취하려고 한 것이다. 개도국들은 아동노동 및 죄수노동 금지, 결사의 자유 보장 등 인도적 차원의 명분을 내세운 선진국들의 주장을 개도국의 저임금 경쟁력을 겨냥한 위장된 보호주의라고 반박하고, 노동기준에 관한 문제는 ILO에서 논의될 내용일 뿐이라고 주장한다.

국제노동기준은 국제적으로 근로조건과 노사관계를 지배하는 규율이다. 구체적 내용으로는 강제노동 금지, 아동노동 금지, 결사의 자유 및 단체교섭권과 같은 기본인권에 관한 사항, 최저임금제, 최대 근무시간

제한, 작업장의 위생 및 안전 등과 같은 경제적 후생수준과 관련 있는 근무여건에 관한 사항 등이 있다. 그러나 오늘날 이러한 노동기준의 준수를 강제할 법적·제도적 장치는 미흡한 실정이다. 무역과 연계시킬 수 있는 노동기준에 대해서 국제사회의 구체적인 합의 도출이 부재한 것이 현실이다. 물론 핵심적 노동기준(기본적 인권)에 대한 합의는 가능하다. ILO의 결사의 자유, 단체교섭권, 강제노동금지, 아동노동금지 등은 1995년 3월 덴마크 코펜하겐에서 개최된 세계사회개발 정상회의에서 핵심적 노동기준으로 인정된 바 있다

현실적으로 국제적 노동기준의 효과는 부정적이다. 노동기준의 설정 여부와 관계없이 노동기준은 노동시장에서 내생적으로 결정되는 것이다. 단체교섭제도나 노동관행은 국가마다 고유한 성격이 있으며, 개도국에 광범위하게 존재하는 아동노동은 아무리 노동기준을 인위적으로 설정한다고 하더라도 해결할 수 없다. 강제노동은 강제적으로 노동을 해야 하는 근로자가 효용극대화를 추구할 수 없고 또한 직업선택의 자유를 가지지 못하기 때문에 자원배분을 왜곡시켜 경제적 효율성의 손실을 발생시킨다.

노동기준에 대한 보호수준이 다른 국가 간의 경쟁은 특히 고기준의 국가와 저기준의 국가가 직접 경쟁하는 부문에서 선진국에게 불리하게 작용될 수 있다는 점이 지적된다. 이는 과도하게 낮은 노동기준이 특별한 비교우위를 창출하고, 이것이 수출을 자극하고 외국인 직접투자의 유입을 가져온다는 믿음에 근거한다. 예를 들어 1987년에 행해진 한국과 대만의 규제적 노동정책의 완화는 노동부족과 결부되어 임금을 상승시키는 결과를 초래했으며, 결과적으로 일시적인 수출부진을 야기했다. 장기적으로 자유로운 노동정책으로부터 야기되는 고임금은 높은 생산성을 수반하기 때문에 노동기준의 개선이 무역성과에 미치는 명확한 패턴은 나타나지 않는다. 개도국과의 무역이 선진국의 고용과 임금에 미

치는 영향에 대해서 정확히 평가하기는 현실적으로 어려운 상황이다.

(2) 블루라운드의 대내적 영향

신국제경제환경으로 인해, 표준화된 노동집약적 상품의 대량수출을 통한 축적이라는 기존의 한국의 축적 모델은 한계를 드러내기 시작했다. 한국정부의 신노동정책은 노사의 자율성을 강조하고, 노동운동의 성향에 따라 당근과 채찍을 선택적으로 활용하며, 노동통제 수단의 변화 등을 기초로 한다. 국가경쟁력 제고 측면에서의 노동정책은 탈규제·민영화 정책과 유연한 노동시장정책을 근간으로 한다.

5) 부패

(1) 국제적 '반부패' 논의의 현황과 전망

최근 들어 OECD 등 국제기구들을 중심으로 국제적 상거래에 있어서 뇌물거래방지, 즉 반부패논의가 진행되고 있다. 이와 같은 최근 국제기구들의 부패방지 논의는 국제상거래과정에서 발생하는 뇌물공여행위가 공정한 경쟁을 제한함으로써 궁극적으로 국제 무역과 투자의 증진을 저해하는 결과를 초래한다는 인식에서 출발하고 있다. 최근에 일고 있는 국제적인 반부패 논의의 중심축은 미국이 담당하고 있으며, 이러한 논의가 부패와 무역의 연계성을 강조하고 있다는 점에서 주목할 가치가 있다고 말할 수 있다.

'반부패라운드(Anti-Corruption Round)'란 WTO 체제하에서 새로운 이슈로 거론되고 있는 부패와 무역의 연계문제와 관련하여 국제적 상거래에 있어서 부패 관행의 규제를 위해 국제적 규범의 마련을 위한 다자간 협상을 의미한다. 하지만 WTO에 속해 있는 개도국들이 이에 반대하고 있어 아직까지 이를 전 세계적 차원의 뇌물방지 논의로 보기는 어려운 것이 현실이다.

국제적 반부패 논의는 당초 미국의 역사적 경험으로부터 파생된 것이다. 미국의 닉슨 대통령을 사임토록 했던 워터게이트(Watergate) 사건을 수사하던 특별검사는 수사과정에서 미국 기업들의 불법선거헌금 사실을 밝혀냈을 뿐만 아니라 이들 미국 기업들이 해외영업을 하면서 외국정부의 결정에 영향력을 행사하기 위해 해당 외국공무원들에게 뇌물을 공여한 사실을 적발해내게 되었다. 이는 당시로서 매우 충격적인 사건이었고, 이러한 일련의 분위기를 반영하여 외국정부의 결정에 영향을 미칠 의도에서 행해진 당해 외국 정부인사에 대한 금전이나 금품의 공여에 대한 규제를 목적으로 하는 해외부패관행법(Foreign Corruption Practices Act)이 1977년에 제정되었다. 그런데 그후 미국 기업들은 외국에서의 대형프로젝트 계약을 따내기 위해 외국공무원에게 뇌물을 공여한 기업들에 대해 뇌물과 부당수수료를 과세대상소득에서 공제해주기까지 하는 다른 나라들의 기업들에 비하여 해외사업 수주 등에서 불리한 위치에 놓일 수밖에 없게 된 데 대하여 심한 불만을 가지게 되었다. 미국은 1996년도 수출전략보고서를 통해 지난 1994년 중반 이후 타국의 불공정행위로 미국 기업들이 36건의 계약기회를 놓침으로써 110억 달러의 손실을 입었다고 주장했다. 미국은 이 보고서에서 경쟁이 치열한 상품의 경우 뇌물이 수출계약을 체결하는 데 결정적인 역할을 한다며, 뇌물을 제공한 기업들이 전체계약의 80% 정도를 따내고 있는 것으로 추정했다. 결과적으로 1970년대 초에 있었던 워터게이트 사건은 미국으로 하여금 해외부패관행법을 제정토록 하는 계기가 되었고, 이는 더 나아가 국제적으로 다자차원의 해외부패관행의 규제를 위한 국제적 논의의 계기가 되었다고 말할 수 있다.

OECD가 국제투자, 환경, 경쟁정책, 노동, 반부패 등 향후 WTO체제에서 중요하게 부각될 소위 신통상 이슈들에 대한 규범을 제정하는 데 있어 주도적 역할을 하고 있음은 이미 잘 알려진 사실이다. 1993년

OECD 이사회는 산하 국제투자 및 다국적기업위원회에 대하여 '국제무역 및 투자에 있어 불법적 지불행위 방지 권고안' 작성을 요청했다. 이에 따라 1994년 OECD 이사회에서 '국제상거래에 있어서 뇌물에 관한 권고'를 채택했고, 이어 1996년 OECD 이사회에서 '외국공무원에 대한 뇌물의 손금처리에 관한 권고'를 채택했다. 1997년 5월에는 OECD 이사회에서 '국제상거래에 있어 뇌물방지에 관한 개정권고'를 채택했고, 외국공무원에 대한 뇌물제공자의 형사처벌을 위한 국제협약 협상을 즉시 개시토록 결정했다. 따라서 이러한 권고내용에 따라 OECD는 1997년 12월 '뇌물방지협약'을 체결했고, 각국의 비준을 거쳐서 1999년 2월 발효했다. 공식 명칭은 '국제상거래에 있어서 외국공직자에 대한 뇌물공여방지에 관한 협약(약칭 OECD 부패방지협약)'으로, 이 협약은 뇌물을 제공받은 관리에 의해 저질러지는 범죄행위인 '수동적 뇌물수령(passive bribery)'과 대조되는 의미에서 일부 국가에서 '능동적 뇌물공여(active bribery)'라고 칭해지고 있는 뇌물을 약속하거나 제공하는 자에 의해 저질러지는 범죄행위를 다루고 있다.

지금까지 부패방지를 위한 논의는 OECD외에 WTO, UN, World Bank, IMF, OAS, EU 등에서도 활발하게 전개되어왔지만, OECD가 주도적인 역할을 하여왔으며, 앞으로도 OECD는 보다 심도 있는 전문적인 논의를 통해 다른 국제기구들의 논의를 이끌어 나갈 것으로 예상된다. 특히 OECD 논의는 여타 기구에서의 논의와 달리 국제상거래에서 제공되는 뇌물에 초점을 맞추고 있고, 회원국 대부분이 세계 주요 교역국이며 이들 회원국 기업이 주요 뇌물제공자들이기 때문에 더욱 OECD에서의 논의가 중요하다고 할 수 있다.

물론 반부패라운드의 실효성에 대한 의문도 제기되고 있다. 반부패국제협정을 체결하더라도 선언적인 의미 이상의 강제력을 갖기 어렵다는 이유로 국제기구에서의 논의에 대해 부정적인 반응을 보이는 국가들도 있다. 또한 현재의 반부패논의가 뇌물 '공급'에만 초점을 맞추고 있을 뿐 '수요'를 무시하고 있다는 지적도 있다. 진정한 성공을 위해서는 '뇌물수요처'인 개발도상국들의 국내개혁이 병행되어야 한다는 것이다.

(2) 국제투명성기구의 부패인지지수에 대한 논의

국제투명성기구(Transparency International, TI)는 반부패운동의 일환으로 부패에 대한 국가별 순위를 나타내는 국가별 부패인지지수(Corruption Perceptions Index, CPI)를 1995년부터 매년 독일 괴팅겐 대학과 공동으로 조사하여 발표해왔다. 163개국을 대상으로 조사한 TI의 2006년 부패지수는 12개의 설문조사(9개 기관)[13]가 사용되었으며, 최소한 3개의 설문조사가 행해진 국가에 대해서 CPI가 측정되었다. 한편 146개국을 대상으로 조사한 TI의 2005년 부패지수는 16개의 설문조사(10개 기관)가 사용되었으며, 역시 최소한 3개의 설문조사가 행해진 국가에 대해서 CPI가 측정되었다. 이처럼 TI의 CPI는 TI가 직접 설문조사를 수행하여 작성한 것이 아니라 공신력을 지닌 다른 기관에 의해 수행된 기존의 조사결과를 활용하고 있으며, 그것이 의미하는 바는 '부패의 정도'라 할 수 있다.

CPI는 공공분야의 부패에 초점을 맞추고 있으며, 부패를 사적 이득을 위한 공직의 악용으로 정의하고 있다. CPI에 인용된 설문조사들은 대체

---

13) CPIA(세계은행, IDA와 IBRD)의 Country Policy and Institutional Assessment, EIU(Economist Intelligence Unit)의 Country Risk Service and Country Forecast, FH(Freedom House)의 Nations in Transit, IMD(IMD International, World Competitive Center)의 World Competitiveness Yearbook, MIG(Merchant International Group)의 Grey Area Dynamics, PERC(Political & Economic Risk Consultancy)의 Asian Intelligence Newsletter, UNECA(United Nations Economic Commission for Africa)의 Africa Governance Report, WEF(World Economic Forum)의 Global Competitiveness Report, WMRC(World Markets Research Center)의 Risk Ratings.

로 일치하게 사적 이득을 위한 공권력의 오용에 관해서 질문을 던지고 있으며, 이 질문들은 예를 들어 공공조달분야 공무원의 뇌물수수에 초점을 맞추고 있다. 사용된 자료들은 행정부패와 정치부패를 구별하지는 않고 있다. 간략히 말하여 부패인지지수는 특정국가에서 공무원과 정치인들이 부패관행에 연루된 정도를 평가한다.

CPI의 작성에 사용된 모든 기관이 부패의 정도를 측정하는 목적을 갖고 있는 반면, 각각의 샘플 디자인은 상당한 차이를 보인다. 세계경제포럼(World Economic Forum, WEF), 국제경영개발원(International Institute for Management Development, IMD), World Bank, 프라이스워터하우스쿠퍼스(PricewaterhouseCoopers, PwC)의 자료는 주로 내국인을 대상으로 한다. 반면 정치경제리스크컨설팅(Political & Economic Risk Consultancy, PERC), FH, 이코노미스트인텔리전스유닛(Economist Intelligence Unit, EIU)의 자료는 해당 국가에 거주하는 외국인을 대상으로 한다. 하지만 내국인과 외국인의 여론은 상당 부분 밀접한 상관성을 나타내기 때문에 샘플에 있어서의 차이는 결과에 그리 큰 영향을 주지 않는다. CPI의 작성은 샘플과 데이터에서의 차이를 갖는 다양한 출처의 자료를 사용하며, 각각의 범주로 순위를 정하기 때문에 모든 자료를 합산하여 각 국가의 평균값을 결정하기 이전에 표준화(standardizing)시켜야 할 필요가 있다. 예를 들어 IMD, PERC는 애초부터 등급의 범주를 0부터 10으로 나누기 때문에 큰 변화가 없지만, WEF의 경우는 1부터 7까지로, EIU는 0과 4 사이로, FH는 평가범주를 1부터 6으로 나누고 있으며, 세계경영환경조사(World Business Environment Survey, WBES)는 부패에 대해 두 개의 데이터를 제시하고 있다. TI는 2000년부터 CPI 작성 시에 표준화의 과정을 거치기 시작했다. 각 자료들은 서로 다른 평균값과 표준편차를 가지고 있지만 표준화의 과정이 서로 다른 평균값과 표준편차를 동일하게 만드는 것을 의미하는 것은 아니다. 왜냐하면 CPI의 작성에

<표 10-1> 2006년 OECD 국가들의 부패인지지수(순위)

전체 순위	OECD 순위	국가	2006년 CPI	2005년 CPI	2005년 대비	OECD 가입 년도
1	1	핀란드	9.6	9.6	-	1969
		아이슬란드	9.6	9.7	-0.1	1961
		뉴질랜드	9.6	9.6	-	1973
4	4	덴마크	9.5	9.5	-	1961
6	5	스웨덴	9.2	9.2	-	1961
7	6	스위스	9.1	9.1	-	1961
8	7	노르웨이	8.8	8.9	-0.1	1961
9	8	호주	8.7	8.8	-0.1	1971
		네덜란드	8.7	8.6	+0.1	1961
11	10	오스트리아	8.6	8.7	-0.1	1961
		룩셈부르크	8.6	8.5	+0.1	1961
		영국	8.6	8.6	-	1961
14	13	캐나다	8.5	8.4	+0.1	1961
16	14	독일	8.0	8.2	-0.2	1961
17	15	일본	7.6	7.3	+0.3	1964
18	16	프랑스	7.4	7.5	-0.1	1961
		아일랜드	7.4	7.4	-	1961
20	18	벨기에	7.3	7.4	-0.1	1961
		미국	7.3	7.6	-0.3	1961
23	20	스페인	6.8	7.0	-0.2	1961
26	21	포르투갈	6.6	6.5	+0.1	1961
41	22	헝가리	5.2	5.0	+0.2	1996
42	23	한국	5.1	5.0	+0.1	1996
45	24	이탈리아	4.9	5.0	-0.1	1961
46	25	체코	4.8	4.3	+0.5	1995
49	26	슬로바키아	4.7	4.3	+0.4	2000
54	27	그리스	4.4	4.3	+0.1	1961
60	28	터키	3.8	3.5	+0.3	1996
61	29	폴란드	3.7	3.4	+0.3	1996
70	30	멕시코	3.3	3.5	-0.2	1994
OECD 국가 CPI 평균			7.18	7.15	+0.03	
세계 CPI 평균			4.09	4.11	-0.02	

출처: 국제투명성기구(http://www.transparency.org)

사용되는 자료들은 서로 다른 국가들을 대상으로 하고 있는 경우가 대부분이기 때문이다. 대신 표준화 과정의 목적은 CPI의 작성 시 각 자료에 포함된 국가의 평균값과 표준편차가 변화하지 않게 하는 것이다. 이는 각각의 기관이 다른 국가와의 상대적인 비교를 통해 국가별 부패 순위를 정하는 것을 목적으로 하는 것과 관련이 있다.[14)]

CPI는 주로 기업인과 정치분석가의 부패에 대한 주관적인 평가를 취합하여 10점 만점으로 환산하고 국가별 순위를 매긴 것이다. 부패의 정도가 심할수록, 즉 청렴도가 낮을수록 낮은 점수를 받는 반면 부패의 정도가 약할수록 높은 점수 즉 10점에 근접하게 된다. 부패지수는 부패에 대한 주관적인 체감지수이며, 대상 국가의 일반적인 부패 수준을 나타내는 것이라 할 수 있다. 그러므로 부패지수는 객관적으로 존재하는 부패의 규모 및 강도와는 거리가 있을 수 있음을 고려해서 그 의미를 해석해야 한다. 표준편차는 설문조사 자료에 따른 부패인지도의 격차를 의미하며, 그 값이 클수록 해당 국가에 대한 부패인지도가 설문조사에 따라 다르게 나타남을 의미한다. 또한 사용된 설문조사자료의 수가 많을수록, 표준편차가 작을수록 CPI의 신뢰도는 증가한다.[15)]

상기한 바와 같이 TI의 CPI는 '부패의 정도'를 평가하고자 하는 목적을 갖는다. 그러나 부패의 정도는 서로 다른 해석을 제시할 수 있다. 부패의 정도는 부패한 행위의 빈도, 뇌물 지불의 양, 부패를 통해 달성된 계약자의 전체적인 이득과 모두 연관되어 있으며, 이들 또한 서로 밀접한 상관관계를 가지고 있기 때문이다. 따라서 부패의 정도에 영향을 미치는 요인 중 어느 한 요인만을 과도하게 측정하는 자료는 한 국가 내에서의 부패 수준에 대한 왜곡을 가져올 수 있다. 이 때문에 부패의 사회경제적 영향을 분석하기 위한 경험적 연구들은 TI에서 작성한 CPI

---

14) Transparency International(인터넷: http://www.transparency.org).

15) Transparency International(인터넷: http://www.transparency.org).

외에도 다른 기관의 다양한 부패지수를 활용하고 있다. TI의 CPI 작성에 자료를 제공해주는 기관 외의 다른 기관들 역시 대부분은 전문가나 해당 국가의 기업인 등을 대상으로 다양한 지표에 반영되는 부패에 대한 체감 또는 인식 정도를 설문하여 이를 토대로 부패지수를 산출하고 있다.

6) 인권

(1) 국제적 '인권' 개념의 다양성과 보편성 논의

17세기 후반 유럽의 지적 혁명과 함께 싹튼 인권사상은 그후 영국, 프랑스, 미국 혁명의 정신적 밑거름이 되었고, 2차대전 중 홀로코스트(Holocaust)와 같은 비극을 통해 인간이 인간에게 얼마나 잔인할 수 있는지를 경험하고 난 후 인권은 전 세계적인 이슈가 되었다. 인권유린을 막기 위한 국제사회의 노력은 1948년 UN의 세계인권선언(Universal Declaration of Human Rights)을 시작으로 구체화되었고, 이 선언문에 포함된 인간의 권리는 이제 보편적 가치로 받아들여지고 있다. 그러나 여러 가지 권리가 동시에 성취될 수 없을 경우, 보호해야 할 권리의 순서를 논리적으로 정하는 것은 쉽지 않다. 중국의 주장처럼 권리의 우선순위를 결정하는 보편적 혹은 일률적 기준을 도출하기란 지극히 어려운 문제이다. 중국은 바로 이러한 점을 이용하여 미국이 중국의 인권문제를 거론하는 것에 대해 내정간섭이라며 반발했다. 또한 유고 공습에서처럼 미국이 인권외교를 추구하는 방법에 대해서도 논란의 여지가 있을 수 있다. 예컨대 인권침해국에 대한 제재의 수단이 피제재국 국민들의 또 다른 인권을 침해하는 상황을 야기할 수도 있기 때문이다.

중국의 천안문 사태 이후 중국의 인권문제에 대해 비난의 화살이 집중되면서 아시아의 인권은 인권 담론의 핵심적인 주제가 되었다. 먼저 인권상황의 개선을 요구하는 서구의 외교적 압력이 가해졌고, 이에 대항하여 아시아 국가들은 서구중심적 인권개념에 대해 도전했다. 서구에서 생성된 인권과 자유의 원칙이 역사적, 문화적 배경을 달리하는 비서구 지역에 그대로 적용될 수 없다는 것이다.

1993년 방콕 선언은 "인권이 그 본질에 있어서 보편적이지만 국제적 규범의 설정이 역동적이고 진화중이라는 맥락에서 국가별, 지역별 특성과 역사적, 문화적, 그리고 종교적 배경이 가지는 다양한 의미를 염두에 두고 인권을 고려하여야만 한다"라고 했다. 이러한 방콕 선언문이 진정으로 말하고자 했던 것은 아시아적 특수성으로 인해 서구의 것과는 근본적으로 다른 아시아적 인권개념을 창조하겠으며 또한 그렇게 하는 것이 정당하고, 인권문제에 매달리는 서구의 외교정책은 아시아를 지배하려는 패권적 음모에 불과하다는 것이다.

방콕 선언 이후 '아시아적 인권'은 좀더 세련된 모습으로 포장되었다. 한마디로 배타적 상대주의에 기초하고 있는데, 배타적 상대주의는 인권의 절대성과 보편성을 부정하고 인권의 개별화와 서열화가 가능하다고 믿는 것이다. 인권의 개별화와 서열화란 인간의 여러 권리를 각각 독립적인 것으로 간주하고 권리들 간에 우선순위를 설정하는 것을 말한다. 여기에서 권리들 간의 서열을 매기는 결정적 변수는 역사적 문화적 특성이고, 서열에 따라 덜 중요하다고 간주되는 권리는 더 중요하다고 간주되는 권리의 확보를 위해 얼마든지 포기될 수 있다는 것이 논의의 핵심이다. 이러한 논리를 바탕으로 리콴유와 마하티르는 궁핍으로부터의 탈출, 나아가 물질적 풍요, 그리고 조화로운 사회 건설의 이름 아래 '서구적 인권'개념이 결코 보편적 인권이 될 수 없음을 강조했다. 즉 개인의 자유와 권리에 앞서 전체의 생존문제를 해결하는 경제발전이 더욱 중요하기 때문에 시민적 정치적 권리는 유보될 수 있고 유보되어야 한다는 것이다. 그러나 경제발전을 위해서 왜 인권이 반드시 제한되어야 하는지에 대해서는 아무런 설명도 하지 않으며, 단지 자국의 '특수한 경험'만을 근거로 할 뿐이다. 사실 자유의 제한과 경제발전 사이에는 일반화될 수 있는 상관관계가 전혀 없다는 것이 많은 연구 결과들이 공통적으로 내리는 결론이다. 즉 인권을 탄압하는 정부가 경제발전을 보장한다고 믿을 경험적 근거가 없다는 것이다.

물론 모든 민주주의 체제가 획일적으로 조직되어 있지 않다는 것은 분명하다. 다양한 역사적, 문화적 환경에 따라 형성된 다양한 민주주의 체제가 존재하고 있다. 그러나 그러한 체제의 다양성은 모두 민주주의 원칙이 정하는 경계 내에 존재하는 다양성인 것이다. 보편성을 부정할 수 없는 이유는 민주주의의 이론과 원칙이 이미 존재하는 정치체제를 합리화하기 위한 목적으로 형성된 것이 아니라 '선험적 가치관 혹은 원칙들'에서 출발한 이론이자 이상이기 때문이다.

(2) '인권'을 이유로 한 국제적 압력의 타당성 논의

인간이라면 누구나 단지 인간이라는 이유만으로 소중한 존재라는 명제, 즉 인권은 결코 부정될 수도 없고 되어서도 안 된다. 이러한 보편적 관점에서 보자면 인권 확보와 신장을 위한 국제사회의 노력 자체는 도덕적으로 타당한 것이다. 그러나 인권 신장을 위한 전략적 차원에서 보았을 때 서구적 인권개념을 비서구 지역에 그대로 강요하는 전략은 재고의 여지가 있다. 만약 문화적, 역사적 특성에 따라 인권에 대한 다양한 인식이 존재하는 것이 현실이라면 서구에서 생산된 인권개념을 일률적으로 적용하는 것은 인권을 신장하기 위한 최상의 방법이 아니라는 주장이 설득력을 가진다. '인권에 대한 강제되지 않은 합의'가 필요한 것이다. 인권에 대한 '통문명적(intercivilizational)' 접근을 통해 상이한 문화 속에서 근사한 개념들의 교합점을 찾는 것이 절실하다고 할 수 있다. 바꾸어 표현하자면, 아시아 지역의 인권을 신장하기 위한 노력은 아시아의 문화와 전통에 도전하기보다 토착적 인권 전통을 발굴하여 그것을 바탕으로 아시아인들이 인권의 가치에 자발적으로 동의하도록 설득할 수 있어야 한다는 것이다.

미국이 세계 인권문제에 관심을 갖게 되는 계기는 인권탄압적인 정부하의 국민들에 대한 동정심, 인권탄압적인 정부 지도자들에 대한 분노, 인권탄압은 미국의 건국정신에 위배된다는 신념, 인권문제를 제기함으로써 대외적으로 미국의 이미지 제고, 그리고 동서 이념투쟁에서 인권문제의 외교적 수단으로의 활용가능성 등으로 요약될 수 있다.

미국의 인권외교가 인권문제를 국제사회의 도덕적인 관심사로 등장시킨 것은 분명한 사실이다. 그러나 미국의 인권정책이 얼마나 효과적으로 국제 인권신장에 공헌했느냐 하는 것을 검증하기는 어려운 일이다. 미국 인권외교정책의 대외적 효과를 일반적으로 평가해보면 별 효과가 없는 것으로 파악되고 있다. 그 이유는 미국의 인권정책이 가지는 한계점 때문이며, 이는 인권개념의 상대성·내정간섭의 비정당성·일관성 없는 정책수행·경제제재의 부작용 등으로 요약될 수 있다. 구체적으로 말해서 상대적 개념인 인권을 국제기준으로 판단·평가하는 것은 곤란하다는 점이며, 설사 그러한 합의된 가치기준이 설정되어 있다고 하더라도 인권을 이유로 타국의 내정에 간섭하여 불이익을 주는 것은 정당화되기 어려운 점을 지적할 수 있다. 또한 대통령에 따라, 그리고 그 대상국가에 따라 인권정책의 내용과 추진방법이 다르게 나타나는 관계로 정책의 타당성이 의심되며, 타국의 인권보호를 위해 경제제재를 가하는 경우 또 다른 비인도적인 문제를 야기하는 모순을 가져올 수 있는 것이다.

미국이 지금까지 보여준 이율배반적 인권정책 — 예컨대 베트남 전쟁의 경우에서처럼 자유수호라는 미명 아래 한 국가의 주권을 철저하게 짓밟는 행위, 중국과의 관계에서처럼 인권문제를 경제적 이익과 안보문제를 위한 지렛대로 사용하는 듯한 경향, 동티모르의 경우에서처럼 실익이 없는 곳에서는 인권보호에 소극적 자세를 보이는 모순 등—은 국제사회에서 미국으로부터 인권외교를 주도할 자격을 박탈하기에 충분하다.

미국의 인권외교정책이 그 실효성을 갖기 위해서는 다음과 같은 점을 염두에 두어야 한다. 우선 일관성 있는 인권외교정책을 추진하여야 하며, 내정간섭의 소지가 없도록 사전에 관련국 정부와 '조용한 외교'를 통해 조율할 것이 요구된다. 또한 인권개념과 관련하여 국제적으로 합의된 '도덕적 가치기준'을 설정하여 이를 달성하기 위한 국제적인 공감대를 형성하여야 하며, 효과적인 제재수단으로 사용되고 있는 경제제재는 또 다른 인권침해를 낳을 우려가 있으므로 이는 최후의 외교적 수단으로 활용함이 바람직하다. 나아가 국제적 인권보호를 위한 노력은 정부 간 노력보다 비정부 간 노력이 보다 효과적이며 갈등의 소지가 적으므로 그 주도권을 비정부 간 세력에게 상당부분 양도함이 필요하다.

제3절 바람직한 국제사회의 미래

1. 21세기 새로운 세계질서에 대한 이해

21세기 오늘날의 국제 정치·경제 질서는 새로운 안보상황을 맞이하여 그 어느 때보다도 국제협력이 요구되고 있고, 이에 따라 미국을 중심으로 한 강대국 간 새로운 안보 레짐의 형성이 가속화되고 있다. 한편 경제적 측면에서는 세계경제통합 현상이 심화되고 있으나 세계화의 부정적 결과에 대한 개도국의 우려로 지역적 차원의 통합논의가 보다 활발하게 이루어지고 있다. 이와 같이 세계질서는 안보 및 경제 논의에 있어서 이원화된 세계화 양상을 보이고 있다. 이를 구체적으로 살펴보면 다음과 같이 묘사될 수 있다.

첫째, 21세기 새로운 안보상황은 그 어느 때보다도 국제협력을 요구하고 있다. 탈냉전 이후 이념갈등과 강대국 간의 분쟁 가능성은 현격히 감소했으나 민족·종교·영토·환경 관련 갈등과 인접국가 간의 분쟁 가능성은 오히려 증가하고 있다. 한편 안보의 개념도 종래의 정치적·군사적 개념에 한정하지 않고 보다 다원적이며 포괄적인 개념으로 재정립되어가고 있다. 즉 정치·군사·외교 등에 집중되었던 협의적 안보개념을 경제·사회·문화 등을 포함하는 광의적 안보개념으로 확대한 것이다. 최근 논의되고 있는 '인간안보(human security)'의 개념은 단순한 생존권에 한정하지 않고 삶의 질까지 포괄하는, 국가수준이 아닌 개인수준의 안보인식을 기초로 하고 있는 것이다. 이러한 새로운 안보위협은 일개 국가의 노력이나 위협에 대한 개별적인 접근방식으로는 해결하기가 쉽지 않은 것이다. 따라서 지역적·범세계적인 다자적 차원에서의 국제적 협력 노력이 지속적으로 요구되는 것이다.

둘째, 미국 중심의 강대국 간 새로운 안보 레짐의 형성이 가속화되고 있다. 미국은 부시 행정부의 출범 이래 동맹관계를 강조하는 외교노선을 표방하면서 미사일 방어(MD)체제 구축을 위한 노력을 경주해왔으며, 이에 대한 우려로 중국과 러시아는 전략적 제휴 움직임을 강화하여왔다. 그러나 9·11 테러사태 이후 미국이 테러와의 전쟁을 선언하고, 강대국들의 참여를 독려하면서 기존의 동맹국들은 물론 중국과 러시아도 이에 동참하게 됨에 따라 강대국 간 새로운 관계가 맺어지게 되었다. 미국을 중심으로 하고 NATO와 일본 및 중국·러시아가 동조하는 반테러 국제 레짐의 구축은 단지 테러문제뿐만 아니라 각종 국제정치 현안, 특히 안보 관련 이슈에 강대국들 간의 합의를 유도하는 새로운 안보 레짐의 형성을 의미하는 것이다. 새로운 안보상황에 기인한 이러한 신안보 레짐은 미국의 주도와 주요 강대국들의 협력을 기반으로 하는 과두

안정적 안보질서라고 할 수 있으며, 과거의 대립적 성격보다는 협력적 성격이 강한 국제체제라고 할 수 있다.

셋째, 세계경제통합 현상이 심화되고 있다. 1990년대 이후 세계화의 흐름 속에서 세계경제는 통상·금융 분야에서 지역적·범세계적으로 통합이 가속화되고 있다. 세계화와 자유무역주의 추세가 심화되면서 국가 간 교역이 증대했으며, 이러한 추세는 국제경제통합에 대한 낙관적 전망을 가능케 한다. 난항을 겪어왔을지라도 뉴라운드 협상의 진행은 WTO가 시장개방 확대와 새로운 통상규범 설정을 통해 다자주의적 통상질서를 안정적으로 정착시키고, 세계화의 심화와 세계경제의 번영을 도모하겠다는 의지를 재확인했다는 점에서 그 중요한 의미가 있다. 최근 지역협력의 방향은 지역협력체의 회원국 확대와 협력심화가 지속되는 가운데 기존협력체 간의 연계강화를 통한 광역지역주의의 등장이 활발하게 이루어지고 있다. 이러한 추세는 향후에도 지속될 것이며, 특히 동아시아(East Asia Free Trade Area, EAFTA)와 중남미(Free Trade Area of the Americas, FTAA) 지역을 중심으로 더욱 활발히 전개될 것으로 전망된다.

넷째, 국제적 차원의 안보 및 경제 논의에 있어서 이원화된 세계화 양상이 노정되고 있다. 국제적 차원에서의 빈부격차가 신자유주의에 입각한 세계화의 추진으로 더욱 가속화되어왔다는 인식이 세계화에 대한 제3세계의 반발감을 더욱 증폭시킬 가능성을 배제할 수 없는 상황이며, 이러한 상황전개에 대한 위기의식은 카타르 도하에서 개최된 WTO 각료회의에 반영되었고, 또한 국제적 차원에서 빈곤퇴치와 빈부격차 해소에 대한 관심을 고조시키는 계기로 작용하고 있다. 이에 따라 21세기 국제질서의 일반적인 양상인 다자협력은 세계화에 대한 반발요인의 발생으로 경제적 측면에서는 국가 간 세계화 대 반세계화의 조정국면을 거쳐서 지역적 경제협력을 다지면서 이를 확대하려는 소극적인 노력을 취한다면, 반면에 테러사건 이후 새로운 안보인식하에 안보적 측면에서는 보다 국제적인 차원의 협조체제를 모색하는 적극적인 양상을 보일 것으로 전망된다.

최근 한반도 주변 정세는 다음과 같이 요약될 수 있다. 첫째, 강대국 간 세력 경쟁과 새로운 양자관계의 형성이다. 냉전종식 이후 동아시아에서는 러시아의 영향력이 쇠퇴하면서 미국이 유일하게 안보·경제적으로 강대국 지위를 행사해왔으며, 최근 안보협력 확대를 통한 미·일동맹의 강화와 이에 대응하기 위한 중·러 간 전략적 동반자 관계의 구축이라는 새로운 양자관계의 형성으로 나타나고 있고, 특히 중국과 일본은 영향력 확대를 위한 노력으로서 해·공군력을 중심으로 한 군비증강을 꾀하고 있다. 이처럼 지역 내 강대국 간 세력 경쟁은 안보적 측면에서 미·일동맹 강화와 중·러 동반자 관계의 구축으로 나타나고 있으나, 경제적 측면에서 중·러 양국이 미·일의 경제적 도움을 필요로 하고 있으므로 한반도 주변 4대강국 간 새로운 양자관계는 냉전적 갈등과는 달리 경쟁 속에서 제한된 협력을 모색하는 안정적 관계를 보이고 있다.

둘째, 경제적 상호의존 심화현상이다. 동아시아 지역 경제는 1990년대 이후 미국경제의 지속적인 호황에 힘입어 외환위기 시 일시적으로 주춤하다가 일본을 제외하고 전반적으로 점진적인 성장을 보여왔으며, 역내국가 간 교역량의 증대로 경제적 상호의존이 심화되고 있다.

셋째, 남북한 간 협력·갈등의 혼재 현상이다. 6·15 남북정상회담 이후 금강산 관광사업과 이산가족 상봉 등을 통해 남북한 간 화해와 협력을 시도해왔고, 북한의 ARF 가입과 영국·독일·호주 등에 대한 대서방국 수교도 북한의 외교적 고립 탈피를 촉진시킴으로써 한반도 안정과 평화에 공헌하는 요인으로 작용하여 왔으며, 이러한 흐름은 한반도 주변질서의 안정에 기여하는 긍정적 요인이라고 할 수 있다. 그러나 9·11 테러사태 이후 핵·미사일 문제 등으로 인한 북·미 대화 재개의 지연, 북·일 수교

협상의 비관적 전망, 북한의 생화학무기 보유관련 사찰문제 등은 한반도 안정에 부정적 영향을 미칠 수 있는 요인으로 잠재하고 있다.

향후 동북아 정세는 새로운 질서를 구축하기 위한 주변 강대국 간의 경쟁과 협력이 지속되는 모습을 보일 것이다. 안보적인 측면에서 한·미·일 남방삼각체제와 북·중·러 북방삼각체제가 견제하는 냉전적 구도가 근저하면서, 한·미 동맹관계와 미·일 동맹관계를 토대로 주도적 위치를 점하려는 미국에 대해 중국과 러시아가 경계를 하는 양상이 계속될 것이다. 특히 9·11 테러사태가 보여주듯이 새로운 안보위협은 미·중 및 미·러 관계를 새로운 협력관계로 발전시킬 기회를 제공하고 있으며, 한반도 주변의 평화와 안정을 위한 다자간 안보 레짐의 형성을 가능하게 하는 촉진제 역할을 할 것으로 보인다. 이러한 안보상황과 함께 경제적 측면에서 한반도 주변 4강과 한국의 경제적 상호의존은 보다 심화될 것이며, 중국의 경제적 부상에 따른 영향력 증대는 동북아 경제질서에 새로운 변화를 야기할 것이다. 결국 향후 동북아의 불안정적인 요인으로 대표적으로 꼽을 수 있는 것은 중국과 일본 간의 지역패권적 지위를 차지하기 위한 상호경쟁적인 대립이라고 할 수 있다. 중국의 부상과 이에 따른 일본의 위기의식이 동북아 안보환경을 부정적인 방향으로 이끌 수 있는 것이다. 최근 일본의 자위대 해외파병과 보통국가화 추구는 양국 간 잔존하는 역사적 문제와 함께 중·일 양국 간 갈등의 소지를 안고 있는 것이 현실이다.

2. 세계민주공동체를 위한 제언

새로운 세계질서는 가능성과 위험성을 동시에 안고 있다. 총체성 원리에 기반을 둔 냉전적 세계질서가 해체되고 있다는 점에서 새로운 질서를 모색할 수 있는 희망이 존재하지만, 탈냉전적 질서하에서 새로운 대립적 요인들이 등장하고 있기에 위험성은 상존하고 있다. 총체적 권력의 부재로 인한 정치의 불확실성은 국제질서의 다원화와 다양성을 증대시킨다. 새로운 세계질서는 여전히 다원성과 통일성의 원리가 충돌되는 양상을 보이고 있다. 예컨대 지역주의는 주권의 약화를 전제한다는 점에서 국제관계에서 총체성의 원리를 극복하고자 노력하는 것으로 이해되지만, 지역주의의 형성 모색은 새로운 유형의 총체적 힘(다른 지역주의에 대한 우위 또는 패권 확보)을 창출하려는 움직임으로 볼 수 있다. 이러한 움직임은 냉전체제와 관련하에 세계질서의 다원화에 기여한다고 볼 수 있지만, 새로운 유형의 지역적 패권의 형성에 기여할 수도 있다. 반면에 냉전체제하 구심력의 원리(힘의 집중화)가 붕괴되고 원심력의 원리가 작용하기에 개별 국가들의 자율성이 실질적으로 증대되고 있다. 이와 같이 다원성과 통일성의 원리가 동시에 작용하고 있는 새로운 세계질서는 그 실체를 형성해가고 있는 상황이다.

앞으로의 세계질서는 국가중심체제가 약화되고, 그 대신 국가가 범세계적·지역적 국제기구 및 레짐과 공존할 것이라는 신자유주의(neo-liberalism)적인 시각이 타당해 보인다. 지역주의와 범세계화라는 두 가지의 다소 대립적인 현상을 보이면서 다른 한편 양극체제로부터 다극체제로 전환되어가고 있다. 여기서 지역주의는 범세계화로 가는 과도기적 양상으로 이해될 수 있으며, 탈냉전적 다극체제는 단순한 세력균형적 안정이 아닌 범세계적인 공동체[16] 의식에 기초한 상호의존적 연결

16) 사회사상적으로 공동체는 근대사회에 있어 인간 관계성의 변동과정에서 창조된, 그 이전의 사회 결합양식을 이념화한 개념이다. 이것은 생명의 재생산(생산과정이 끊임없이 반복되고 갱신되어가는 현상)에 관계를 가지는 혈연적 관계의 공동성과 생활의 재생산에 관계를 가지는 지연적·공간적 관계의 공동성을 포함하는 공동생활의 양식을 말한다. 이와 더불어 감정의 공동소유, 지식이나 관념의 공동소유, 법규범의 공유를 중요시하는 가치의 공동성을 포함하기도 한다. 국내정치적 차원에서의 민주공동체는 기본적으로 동일성의 정치가 아닌 타자의 정치에 기반을 두고 있다. 따라서 정치적 무관심층의 탈정치성을 극복하고 소외집단의 정치적 참여를 유도하며 개인주의의 극단화가 야

망에 의한 안정으로 파악될 수 있는 것이다. 범세계화 현상이 가속화됨에 따라 국가의 그 해당 국민에 대한 지배력은 점차 약화될 것이며, 궁극적으로는 범세계체제, 즉 하나의 세계민주공동체로 발전할 가능성이 있다. 한마디로 국가주권의 약화와 개인 자율성의 확대로 앞으로의 세계정치경제질서를 이해할 수 있는 것이다. 이러한 신국제정치경제질서는 궁극적으로 세계적인 공동체 의식구조를 창출할 것이며, 이에 따라 하나의 범세계체제인 세계민주공동체를 형성할 것이다. 세계민주공동체의 형성은 단순한 윤리적 차원의 국가 간 협력이 아니라 전 세계적 위기 속에서 호혜적 차원의 국제관계하에 발전될 수 있는 현실이라고 말할 수 있는 것이다.

범세계화 현상이 가속화됨에 따라 국가의 그 해당 국민에 대한 지배력은 점차 약화될 것이며, 궁극적으로는 범세계체제, 즉 하나의 세계민주공동체로 발전할 가능성이 있다. 새로운 세계질서하의 정치생활양식은 자유민주주의가 될 것이고 이는 국가 간 상호의존의 심화와 개인 자율성의 확대라는 상반된 의미와 혼재하는 것이 될 것이다. 다시 말하여, 국제관계의 국내적 영향력의 확대가 국가주권의 약화를 가져올 것이며

기하는 사회적 병리현상을 극복하는 데 있어서 진정한 민주공동체는 필요하다. 이러한 입장이 과거에는 하나의 이상으로 치부되는 경향이 강했다. 그러나 최근 사회의 다원화와 공공영역에 대한 관심의 증대는 참여 정신을 발현시키는 계기를 제공하고 있다. 특히 공공문제를 논의하기 위한 공적인 영역이 확장되고 있다는 점을 고려할 때, 민주공동체의 현실성을 강조해도 무리가 없을 것이다(국제정치적 차원에서의 민주공동체는 뒤에 나오는 세계민주공동체를 참조하시오). 정치의 공공성을 회복시키려는 시도는 공동선을 강조하는 공동체주의(communitarianism)와 개인의 권리를 강조하는 칸트주의적 자유주의(Kantian liberalism)에 의해 주도되어왔다. 공동체주의는 실체적인 공동선 개념에 입각해 정치공동체를 구성할 것을 제안하기 때문에 결과적으로 전근대적 한계를 벗어나지 못했으며, 칸트주의적 자유주의는 정치의 공공성을 도덕적 차원이나 윤리적 차원에서 추구하기 때문에 정치의 영역을 도덕의 영역으로 환원시켰다. 공동선에 입각해 정치공동체를 수립하는 것이 필요하다는 점은 인정하지만, 이들과 같이 공동선이 선험적으로 주어지기보다는 정치적으로 창출되어야 한다.

이는 각 국가영역 내의 개별 행위자들의 정치적 자율성의 확대를 수반할 것이다. 아울러 경제생활양식도 자본주의적 발전이 토대를 두고 있는 효율성에 사회주의적 발전이 근거를 두고 있는 형평성을 보완한 새로운 양식이 될 것이다. 한마디로 국가주권의 약화와 개인 자율성의 확대로 앞으로의 세계정치경제질서를 이해할 수 있을 것이다. 이러한 신국제정치경제질서는 궁극적으로 세계적인 공동체 의식구조를 창출할 것이며, 이에 따라 하나의 범세계체제인 세계민주공동체를 형성할 것이다. 세계민주공동체의 형성은 단순한 윤리적 차원의 국가 간 이상적인 협력이 아니라 전 세계적 위기 속에서 호혜적 차원의 실질적인 국제관계하에서 발전될 수 있는 당위적 현실이라고 말할 수 있는 것이다.

세계민주공동체의 형성은 국제관계에 있어 민주적 질서의 확립을 통한 공동체의 구축을 의미한다. 여기서 공동체란 공동목표의 추구하는 바를 알고 이와 같은 목표를 성취하는 데 나타나는 문제를 혼자서는 해결할 수 없다는 사실을 최소한도 안다는 것을 요구하고 있다.[17] 세계민주공동체의 정치는 상호의존에 근거한 국가 간 연대(solidarity)를 통해서 가능해지는 것이다. 세계민주공동체의 구축은 기존의 비대칭적 불평등한 국제정치구조를 해체시키고 새로운 공동체를 형성함으로써 가능할 수 있는 것이다. 세계민주공동체라 불리는 새로운 국제적 공동체는 기존의 국제정치구조가 약소국의 이익이 적절히 반영되지 않는 배제의 구조였던 것과는 달리, 약소국의 자율성을 최대한 보장하고 이들을 규제하는 최소한의 힘의 논리만 존재함으로써 기존의 구조보다는 대칭적인, 상대적으로 형평한 체제가 될 것이다. 즉 세계민주공동체는 모든 국가들의 이익이 보장될 수 있는 실질적인 기회를 보장함으로써 배제의 논리를 제거할 수 있게 되는 것이다.

---

17) Spiro, H. 1962. "Comprehensive Politics: A Comprehensive Approach." *American Political Science Review* 56:3, p.589.

참고문헌

가브리엘 알먼드·스티븐 젠코. 1997. 「구름, 시계와 정치학연구」, 김웅진 외 편역. 『비교정치론강의 1: 비교정치연구의 분석논리와 패러다임』. 한울.

강성남. 1997. 「국제적 반부패논의: 최근 동향과 쟁점」. ≪국제문제분석≫ 32(인터넷: http://www.nanet.go.kr/nal/3/3-1-2/kuk-32.htm).

고성준. 1996. 「국제무역에 있어 부패관행의 규제에 관한 연구」. 『통상법률』. 법무부.

권은경 외. 1998. 『OECD 뇌물방지협정의 주요내용 및 대응방안 연구』. 국토개발연구원.

김내균. 1996. 『소크라테스 이전의 그리스 철학』. 교보문고.

김동수. 1994. 「민주주의와 공동체주의: 자유주의·공동체주의 논쟁을 넘어서」. ≪한국정치학회보≫ 28:1.

김동춘 외. 2000. 『NGO란 무엇인가』. 아르케.

김동한. 1991. 「미국의 인권외교정책과 한국의 민주화」, 극동문제연구소(편). 『현대세계체제의 재편과 제3세계』. 극동문제연구소.

김영호. 1997. 「신현실주의의 비판적 고찰」. ≪국제정치논총≫ 37:2.

김용민. 2000. 「정치에 있어서 정의와 우정: 플라톤과 크세노폰」. ≪한국정치학회보≫ 34:3.

_____. 2002. 「공동체주의와 시민교육」, 이용필 편. 『세계화 과정에서의 공동체주의』. 도서출판 신유.

_____. 2004. 『루소의 정치철학』. 인간사랑.

_____. 2007. 「키케로의 정치철학: 『국가에 관하여』와 『법률에 관하여』를 중심으로」. ≪한국정치연구≫ 16:1.

김웅진 외. 2001. 『정치학조사방법, 재미있는 퍼즐풀기』. 명지사.

김웅진·김지희. 2000. 『비교사회연구방법론』. 한울 아카데미.

__________. 2005. 『정치학연구방법론: 경험과학연구의 규준과 설계』. 명지사.

김진철. 1982. 「국제적 상호의존관계의 이론적 접근」. ≪한국정치학회보≫ 16.

김진철. 1987. 「상호의존론」. ≪국제정치논총≫ 27:2.

김홍규. 1997.『사회과학통계분석 SPSS for Windows』. 나남출판.

Lijphart, A., 최명 역. 1987.『민주국가론』. 법문사.

미네르바정치연구회 편. 2005.『국제질서의 패러독스』. 인간사랑.

박경서. 1985.『국제정치경제론』. 법문사.

박재영. 1998.『국제기구정치론』. 법문사.

_____. 1999.『국제정치 패러다임』. 법문사.

배긍찬. 2000.『동아시아 지역협력 추진 전망』. 외교안보연구원.

_____. 2001.『동아시아 정체성 창출방안 연구』. 외교안보연구원.

_____. 2003.『동북아 경제중심국가 건설을 위한 외교적 과제』. 외교안보연구원.

스테판 뮬홀·애덤 스위프트 시음, 김해성·조영날 옮김. 2001.『자유주의와 공동체주의』. 한울.

신유균. 1995.『신교역질서와 한국의 선택』. 한국무역경제.

심지연 편저. 2004.『현대정당정치의 이해』. 백산서당.

안승국. 1997.「결사체민주주의와 정치공동체: 국가-시민사회관계의 대전환 모색」. ≪한국정치학회보≫ 31:3.

_____. 2006.「동북아 발전국가에 대한 세계화의 영향: 해체인가? 재구축인가?」. ≪세계지역연구논총≫ 24:1.

염홍철. 1987.「국제정치경제: 종속의 시각」. ≪국제정치논총≫ 27:2.

유홍림. 1996.「포스트모더니즘의 자유주의」. ≪사회비평≫ 16.

안순철. 1998.『선거체제비교: 제도적 효과와 정치적 영향』. 법문사.

이범준 외. 1998.『미국외교정책: 이론과 실제』. 박영사.

이상환. 1995.「미국과 동북아 3국간의 무역분쟁: 패권안정이론과 잉여능력이론의 고찰」. ≪국제정치논총≫ 35:1.

_____. 1996a.「미국 국제무역위원회(USITC)의 연례보고서를 통해 본 미국과 동북아 3국간의 통상관계」. ≪한국정치학회보≫ 30:1.

_____. 1996b.「신국제정치경제질서의 도래와 세계민주공동체로의 전환」. ≪국제정치논총≫ 36:1.

_____. 2001a.「국제적 반부패논의와 반부패 국제비정부기구의 역할: 국제투명성기구의 활동을 중심으로」. ≪세계지역연구논총≫ 16.

_____. 2001b.「부패지수의 국제정치경제: 국제투명성기구에 대한 경험적 분석을 중심으로」. ≪사회과학논집≫ 19:1.

_____. 2001c.「미국의 인권외교정책: 코소보와 동티모르의 사례 비교」. ≪국제정치연구≫ 3:2.

전재성. 1999. 「E. H. 카아의 비판적 현실주의 국제정치이론」. ≪한국정치학회보≫ 33:3.

_____. 2000. 「현실주의 국제제도론을 위한 시론」. ≪한국정치학회보≫ 34:2.

유홍림. 『현대 정치사상 연구』. 인간사랑.

정연식·이상환. 2000. 「미국의 인권외교정책: 중국과 한국의 사례 비교」. 『21세기 국제관계연구의 쟁점과 과제』. 박영사.

조경근. 1995. 「그린라운드(Green Round)의 국제정치적 특성: '자유무역레짐'의 변화를 둘러싼 갈등과 협력의 구조」. ≪국제정치논총≫ 35:2.

존 롤즈 지음, 황경식 옮김. 1985. 『사회정의론』. 서광사.

진덕규. 1994. 『현대정치학』. 학문과 사상사.

최병두. 1995. 『환경사회이론과 국제환경문제』. 한울.

통계청. 2000. 『국제통계연감 2000』. 통계청 통계정보국 자료관리과.

Kourvetaris, G., 박형신 외 옮김. 1998. 『정치사회학』. 일신사.

홍기준. 1997. 「OSCE와 ARF 사례연구를 통해서 본 동북아 지역안보협력의 방향」. ≪국방논집≫ 40.

홍득표. 1992. 「외교정책결정과 정치위험분석」. ≪국제정치논총≫ 32:2.

홍재우. 2006. 「변화하는 승자독식의 민주주의: 영국의 선거제도」. 김웅진 외. 『라운더바우트를 도는 산적과 말도둑』. 르네상스.

_____. 2007. 「호주의 정당체계와 선거제도: 또 하나의 웨스트민스터 모델?」. 『지구촌의 선거와 정당』. 한국외국어대학교 출판부.

Agnus, C., Gerald, G., and Miller, W. 1965. *The Voter Decides*. Evanston, Ill.: Row Paterson.

Aguilar, E and Pacek, A. 2000. "Macroeconomic Conditions, Voter Turnout and the Working-Class/Economically Disadvantaged Party Vote in Developing Countries." *Comparative Political Studies* 33:8.

Ake, C. 1975. "A Definition of Political Stability." *Comparative Politics* 7.

Almond, G. 1956. "Comparative Political System." *Journal of Politics* 18:3.

_________. 1988. "The Return to the State." *American Political Science Review* 82:3.

Almond, G. and Powell, G. 1978. *Comparative Politics: System, Process, and Policy*. Boston: Little, Brown.

Almond, G. and Coleman, J., eds. 1960. *The Politics of the Developing Areas*.

Princeton, NJ: Princeton University Press.

Almond, G. and Verba, S., eds. 1980. *The Civic Culture Revisited*. Boston: Little, Brown.

Almond, G., Powell, G. and Mundt, R. 1996. *Comparative Politics Today, A Theoretical Framework*. New York: Harper Collins.

Anderson, L. 2001. "The Implications of Institutional Design for Macroeconomic Performance." *Comparative Political Studies* 34:4.

Armingeon, K. 2002. "The Effects of Negotiation Democracy: A Comparative Analysis." *European Journal of Political Research* 41.

Aristotle. 1984. *The Politics*. S. Everson, ed. Cambridge: Cambridge University Press.

_______. 1985. *Nicomachean Ethics*. T. Irwin, trans. Indianapolis: Hackett Publishing Company.

Aron, R. 1981. "Alternation in Government in the Industrial Countries." *Government and Opposition* 17:1.

Arrow, K. 1951. *Social Choice and Individual Values*. New York: Wiley.

Axelrod, R. 1985. *The Evolution of Cooperation*. New York: Basic Books.

Baehr, R. 1994. *The Role of Human Rights in Foreign Policy*. London: Macmillan.

Baldwin, D., ed. 1993. *Neorealism and Neoliberalism: The Contemporary Debate*. New York: Columbia University Press.

Baldwin, R. 1985. *The Political Economy of U.S. Import Policy*. Cambridge, Mass.: MIT Press.

Barber, B. 1984. *Strong Democracy: Participatory Politics for a New Age*. Berkeley, Calif.: University of California Press.

Barry. B. 1970. *Sociologists, Economists, and Democracy*. London: Collier-Macmillan.

Benjamin, R. and Duvall, R. 1985. "The Capitalist State in Context," in R. Benjamin and S. Elkin, eds. *The Democratic State*. Lawrence, Kans.: University Press of Kansas.

Bentley, A. 1967. *The Process of Government*. Cambridge, Mass.: Harvard University Press.

Bhagwati, J. 1988. "The United States Trade Policy: Reversing Gears." *Journal of International Affairs* 42:1.

Blondel, J. 1968. "Party Systems and Pattern of Government in Western Democracies." *Canadian Journal of Political Science* 1.

Campbell, A., Converse, P., Miller, W., and Stokes, D. 1960. *American Voters*. New York: John Wiley.

Cardoso, F. and Faletto, E. 1978. *Dependency and Development in Latin America*. Berkeley, Calif.: University of California Press.

Cawson, A. 1986. *Corporatism and Political Theory*. Oxford: Basil Blackwell.

Chirot, D. 1977. *Social Change in the Twentieth Century*. Fort Worth, TX: Harcourt Brace Company.

Cicero. 1970. *De Republica & De Legibus*. C. W. Keyes, trans. Cambridge, Mass.: Harvard University Press.

Cline, W. 1982. *A New Approach to World Trade Policy?* Washington D.C.: Institute for International Economics.

________., ed. 1983. *Trade Policy in the 1980s*. Washington D.C.: Institute for International Economics.

Conybeare, J. 1984. "Public Goods, Prisoners' Dilemmas and the International Political Economy." *International Studies Quarterly* 28:1.

Crepaz, M. 1996. "Consensus versus Majoritarian Democracy: Political Institutions and their Impact on Macroeconomic Performance and Industrial Disputes." *Comparative Political Studies* 29:1.

Dahl, R. 1982. *Dilemmas of Pluralist Democracy: Autonomy vs Control*. New Haven, Conn.: Yale University Press.

Dalton. R. 1988. *Citizen Politics in Western Democracies*. Chatham, NJ: Chatham House.

Dawson, R. and Prewitt, K. 1969. *Political Socialization*. Boston: Little, Brown.

Destler, I. M. 1986. *American Trade Politics: System Under Stress*. Washington D.C.: Institute for International Economics.

___________. 1992. *American Trade Politics*. Washington D.C.: Institute for International Economics.

Destler, I. M. and Odell, J. 1987. *Anti-Protection: Changing Forces in United States Trade Politics*. Washington D.C.: Institute for International Economics.

Deutsch, K. and Singer, D. 1964. "Multipolar Power Systems and International Stability." *World Politics* 16.

Dougherty, J. and Pfaltzgraff, R. 1981. *Contending Theories of International Relations*. New York: Harper & Row.

Downs, A. 1957. *An Economic Theory of Democracy*. New York: Harper & Row.

Duverger, M. 1954. *Political Parties: Their Organization and Activity in the Modern State*. London: Methuen

__________. 1986. "Duverger's Law: Forty Years Later," in B. Grofman and A. Lijphart, eds. *Electoral Laws and Their Political Consequences*. New York: Agathon Press

Easton, D. 1953. *The Political System: An Inquiry into the State of Political Science*. New York: Knopf.

________. 1971. *The Political System. An Inquiry into the State of Political Science*. Chicago: University of Chicago Press.

Easton, D. and Dennis, J. 1969. *Children in the Political System*. New York: McGraw-Hill.

Eckstein, H. 1966. *Division and Cohesion in Democracy*. Princeton, NJ: Princeton University Press.

Evans, P., Rueschemeyer, D., and Skocpol, T., eds. 1985. *Bringing the State Back In: Strategies of Analysis of Current Research*. Cambridge: Cambridge University Press.

Evans, P. 1979. *Dependent Development*. Princeton, NJ: Princeton University Press.

_______. 1997. "The Eclipse of the State? Reflections on Stateness in an Era of Globalization." *World Politics* 50:1.

Farrell. D. 1997. *Comparing Electoral Systems*. London: Prentice-Hall.

Fiorina, M. 1981. *Retrospective Voting in American National Elections*. New Haven, Conn.: Yale University Press.

Frank, A. 1967. *Capitalism and Underdevelopment in Latin America*. New York: Monthly Review Press.

Frieden, J. 1988. "Sectoral Conflict and U.S. Foreign Economy Policy, 1914-1940." *International Organization* 42:1.

________. 1998. "The Euro: Who Wins? Who Loses?." *Foreign Policy* 112.

Friedländer, P. 1973. *Plato*. H. Meyerhoff, trans. Princeton, NJ: Princeton University Press.

Friedrich, C. and Brzezinski, Z. 1984. *Totalitarian Dictatorship and Autocracy*.

New York: Praeger.

Froman, Jr., L. 1962. "Learning Political Attitudes." *Western Political Quarterly* 15.

Fukuyama, F. 1992. *The End of History and the Last Man*. New York: Free Press.

Geithner, P. 1999. "What Governments Can Do to Encourage Civic Participation." Paper presented at the International Conference on Democracy, Market Economy and Development(February 26-27, 1999). Seoul, Republic of Korea.

Gilpin, R. 1975. *U.S. Power and the Multinational Corporation: The Political Economy of Foreign Direct Investment*. New York: Basic Books.

________. 1987. *The Political Economy of International Relations*. Princeton, NJ: Princeton University Press.

Golden, D. and Poterba, J. 1980. "The Price of Popularity: The Political Business Cycle Reexamined." *American Journal of Political Science* 24.

Goldstein, J. 1986. "The Political Economy of Trade." *American Political Science Review* 80.

__________. 1988. "Ideas, Institutions, and American Trade Policy." *International Organization* 42:1.

Gowa, J. 1989. "Bipolarity, Multipolarity, and Free Trade." *American Political Science Review* 83.

_______. 1994. *Allies, Adversaries, and International Trade*. Princeton, NJ: Princeton University Press.

Greenstein, F. 1960. "The Benevolent Leader: Children's Images of Political Authority." *American Political Science Review* 54.

Grieco, J. 1988. "Anarchy and the Limits of Cooperation: A Realist Critique of the Newest Liberal Institutionalism." *International Organization* 42:3.

Grofman, B. and Reynolds, A. 2001. "Electoral Systems and the Art of Constitutional Engineering: An Inventory of the Main Findings," in R. Mudambi, P. Navarra, and G. Sobbrio, eds. *Rules and Reason: Perspective on Constitutional Political Economy*. New York: Cambridge University Press.

Gurr, T. and Ruttenberg, C. 1971. "The Conditions of Civil Violence: First Tests of a Causal Model," in J. Gillespie and B. Nesvold, eds. *Macro*

Quantitative Analysis. Beverly Hills, Calif.: Sage.

Guthrie, W. K. C. 1981. *A History of Greek Philosophy*, 6 vols. Cambridge: Cambridge University.

Haggard, S. and Simmons, B. 1987. "Theories of International Regimes." *International Organization* 41:3.

Hansen, W. 1990. "The International Trade Commission and the Politics of Protectionism." *American Political Science Review* 84.

Harrop, M. and Miller, W. 1987. *Elections and Voters: A Comparative Introduction*. New York: New Amsterdam Books.

Held, D. 1993. *Prospects for Democracy*. Stanford, Calif.: Stanford University Press.

________. 1995. "Democracy and the New International Order," in D. Archibugi and D. Held, eds. *Cosmopolitan Democracy: An Agenda for a New World Order*. Cambridge: Polity Press.

Hess, R., Judith, V., and Torney, J. 1967. *The Development of Political Attitudes in Children*. Chicago: Aldrime Pundrine Publishing Company.

Hirschman, A. 1970. *Exit, Voice, and Loyalty: Responses to Decline in Firms, Organizations and State*. Cambridge, Mass.: Harvard University Press.

____________. 1980. *National Power and the Structure of Foreign Trade*. Berkeley, Calif.: University of California Press.

Hobbes, T. 1972. *Leviathan*. Harmondsworth, UK: Penguin Books.

Hudock, A. 1999. *NGOs and Civil Society: Democracy by Proxy?* Cambridge: Polity Press.

Isaak, R. 1995. *Managing World Economic Change*. Englewood Cliffs, NJ: Prentice-Hall.

Huntington, S. 1968. *Political Order in Changing Societies*. New Haven, Conn.: Yale University Press.

Hurwitz, L. 1973. "Contemporary Approaches to Political Stability." *Comparative Political Studies* 5.

Jervis, R. 1982. "Security Regimes." *International Organization* 36:2.

Kaplan, A. 1998. *The Conduct of Inquiry*. New Brunswick·London: Transaction Publishers.

Katz, R. and Mair, P. 1995. "Changing Models of Party Organization and Democracy: The Emergence of the Cartel Party." *Party Politics* 1.

Kennedy, P. 1987. *The Rise and Fall of Great Powers*. New York: Random House.

Keohane, R. 1984. *After Hegemony: Cooperation and Discord in the World Political Economy*. Princeton, NJ: Princeton University Press.

_________. 1989. *International Institution and State Power: Essays in International Relation Theory*. Boulder, Col.: Westview Press.

Keohane, R. and Nye, J. 1977. *Power and Interdependence: World Politics in Transition*. Boston: Little Brown.

Kinder, D. and Mebane, Jr., W. 1983. "Politics and Economics in Everyday Life." in K. Monroe, ed. *The Political Process and Economic Change*. New York: Agathon Press.

Kindleberger, C. 1973. *The World in Depression, 1929-1937*. Berkeley, Calif.: University of California Press.

Krasner, S. 1976. "State Power and the Structure of International Trade." *World Politics* 28.

_________. 1978. *Defending the National Interest*. Princeton, NJ: Princeton University Press.

_________. 1983. "Structural Causes and Consequence: Regimes as Intervening Variables," in S. Krasner, ed. *International Regimes*. Ithaca, NY: Cornell University Press.

_________. 1984. "Approach to the State: Alternative Conceptions and Historical Dynamics." *Comparative Politics* 16:2.

_________. 1985. *Structural Conflict: The Third World Against Global Liberalism*. Berkeley, Calif.: University of California Press.

Krugman, P., ed. 1986. *Strategic Trade Policy and the New International Economics*. Cambridge, Mass.: MIT Press.

___________. 1998. "Who's Afraid of the Euro?" http://www.pathfinder.com/fortune (April).

Kuhn, T. 1970. *The Structure of Scientific Revolutions*. Chicago: University of Chicago Press.

Langton, K. 1969. *Political Socialization*. New York: Oxford University Press.

Lambsdorff, J. 1998. "The First Enquiry into the Bribery Propensity of Leading Exporting Nations." *European Journal of Development Research* 10.

___________. 1999. "Exporter's Propensity to Pay Bribes — A Trade Perspective." Unpublished Manuscript. Göttingen University.

LaPalombara, J. and Weiner, M. eds. 1966. *Political Parties and Political Development*. Princeton, NJ: Princeton University Press.

Lasswell, H. 1936. *Politics: Who Gets What, When, and How*. New York: McGraw-Hill.

Lee, S. 2002. "Global Anti-Corruption Issues: Empirical Analyses on the Relationships between the Corruption Perception Index of Transparency International and National Socio-economic Situations in East Asia." 2002 International Studies Association Annual Conference Proceedings.

______. 2003. "Security Concerns in Northeast Asia and Korea's Role." Paper presented at the 18th Annual Conference of the Council on Korea-U.S. Security Studies, Washington, D.C.(October 8-10).

Lewis-Beck, M., Bryman, A., and Liao, T., eds. 2004. *The Sage Encyclopedia of Social Science Research Methods*, Vol.2. Thousand Oaks, Calif.: Sage.

Lijphart, A. 1984. *Democracies: Patterns of Majoritarian and Consensus Government in Twenty-One Countries*. New Haven, Conn.: Yale University Press.

______. 1994. *Electoral Systems and Party Systems: A Study of Twenty-Seven Democracies, 1945-1990*. Oxford: Oxford University Press.

______. 1999. *Patterns of Democracy: Government Forms and Performance in Thirty-Six Countries*. New Haven, Conn.: Yale University Press.

Linz, J. 2000. *Totalitarian and Authoritarian Regimes*. Boulder, Col.: Lynne Rienner Publishers.

Lipset, S. 1959. "Some Social Requisites of Democracy: Economic Development and Political Legitimacy." *American Political Science Review* 53.

______. 1994. "The Social Requisites of Democracy Revisited." *American Sociological Review* 59:1.

Lipset, S. and Rokkan, S. 1967. "Cleavage Structures, Party Systems, Voter Alignments: An Introduction," in S. Lipset and S. Rokkan, eds. *Party Systems and Voter Alignments*. New York: Free Press.

McKeown, T. 1983. "Hegemonic Stability Theory and 19th Century Tariff Levels in Europe." *International Organization* 37.

______. 1984. "Firms and Tariff Regime Change: Explaining the Demand for Protection." *World Politics* 36:2.

Macridis, R. 1986. *Modern Political Regimes: Patterns and Institutions*. Boston:

Little, Brown.

Marx, K. 1978. "Economic and Philosophic Manuscripts of 1884," in R. Tucker, ed. *Marx-Engels Reader*. New York: W. W. Norton.

Mauro, P. 1995. "Corruption and Growth." *Quarterly Journal of Economics* CX.

_______. 1997. "The Effects of Corruption on Growth, Investment, and Government Expenditure: A Cross-Country Analysis," in *Corruption and the Global Economy*. Washington D.C.: Institute for International Economics.

_______. 1998. "Corruption and the Composition of Government Expenditure." *Journal of Public Economics* LXIX.

Michels, R. 1962. *Political Party: A Sociological Study of the Oligarchical Tendencies of Modern Democracy*. New York: Free Press.

Miliband, R. 1969. *The State in Capitalist Society*. New York: Basic Books.

Milner, H. 1987. "Resisting the Protectionist Temptation: Industry and the Making of Trade Policy in France and the United States During the 1970s." *International Organization* 41:4.

Moon, D. 1975. "The Logic of Political Inquiry, A Synthesis of Opposed Perspectives," in F. Greenstein and N. Polsby, eds. *Political Science: Scope and Theory, Handbook of Political Science*, Vol.1. Reading, Mass.: Addison-Wesley.

Morgenthau, H. 1967. *Politics among Nations: The Struggle for Power and Peace*, 4th ed. New York: Alfred Knopf.

Morse, E. 1976. "Interdependence on World Affairs," in J. Rosenau, ed. *World Politics*. New York: Free Press.

Nettle, J. 1968. "The State as a Conceptual Variable." *World Politics* 20:3.

Needler, M. 1968. "Political Development and Socioeconomic Development: The Case of Latin America." *American Political Science Review* 62.

Nordlinger, E. 1977. *Soldiers in Politics: Military Coups and Government*. Englewood Cliffs, NJ: Prentice-Hall.

Nordhaus, W. 1975. "The Political Business Cycle." *Review of Economic Studies* 42.

Norris, P. 2001. *Digital Divide: Civic Engagement, Information Poverty, and the Internet Worldwide*. Cambridge: Cambridge University Press.

_______. 2004. *Electoral Engineering: Voting Rules and Political Behavior*.

Cambridge: Cambridge University Press.

Odell, J. 1985. "The Outcomes of International Trade Conflicts: The US and South Korea, 1960-1981." *International Studies Quarterly* 29.

Olson, M. 1965. *The Logic of Collective Action: Public Goods and the Theory of Groups*. Cambridge, Mass.: Harvard University Press.

Organski, A. F. K. 1981. *The War Ledger*. Chicago: University of Chicago Press.

Paige, J. M. 1971. "Political Orientation and Riot Participation." *American Sociological Review* 36:5.

Parekh, B. 1993. "The Cultural Particularity of Liberal Democracy," in D. Held, ed. *Prospects for Democracy*. Stanford, Calif.: Stanford University Press.

Perlmutter, A. 1981. *Modern Authoritarianism*. New Haven, Conn.: Yale University Press.

Plato. 1968. *The Republic of Plato*. A. Bloom, trans. New York: Basic Books.

____. 1980. *The Laws of Plato*. T. Pangle, trans. New York: Basic Books.

Pollins, B. 1989. "Conflict, Cooperation, and Commerce: The Effect of International Political Interactions on Bilateral Trade Flows." *American Journal of Political Science* 33.

Polsby, N. 1975. "Legislatures," in F. Greenstein and N. Polsby, eds. *Handbook of Political Science*, Vol.5. Reading, Mass.: Addison-Wesley.

Portes, A. 1976. "On the Sociology of National Development: Theories and Issues." *American Journal of Sociology* 82.

Poulantzas, N. 1975. *Political Power and Social Classes*. London: Verso.

Powell, G. 1982. *Contemporary Democracies*. Cambridge, Mass.: Harvard University Press.

Powell, R. 1991. "Absolute and Relative Gains in International Relations Theory." *American Political Science Review* 85:4.

Przeworski, A. 1991. *Democracy and Markets*. Cambridge: Cambridge University Press.

Przeworski, A. and John, S. 1988. *Paper Stones: A History of Electoral Socialism*. Chicago: University of Chicago Press.

Rae, D. 1967. *The Political Consequences of Electoral Laws*. New Haven, Conn.: Yale University Press.

Rawls, J. 1971. *A Theory of Justice*. Cambridge, Mass.: Harvard University Press.

Riker, W. 1982. *Liberalism Against Populism: A Confrontation Between the Theory of Democracy and the Theory of Social Choice*. Prospect Heights, Ill.: Waveland Press.

Riker, W. and P. Ordeshook. 1968. "A Theory of the Calculs of Voting." *American Political Science Review* 62.

______________________. 1973. *An Introduction to Positive Political Theory*. Englewood Cliffs, NJ: Prentice-Hall.

Rosenstone, S. 1982. "Economic Adversity and Voter Turnout." *American Journal of Political Science* 26:1.

Rummel, R. 1963. "Dimensions of Conflict Behavior Within and Between Nations." *General Systems* 8.

Russett, B., et al. 1964. *World Handbook of Political and Social Indicators*. New Haven and London: Yale University Press.

Saint-Exupéry, A. 1946. *Le Petit Prince*. Paris: Gallimard.

Salamon, L. and Associates. 1999. *Global Civil Society: Dimensions of the Nonprofit Sector*. The Johns Hopkins Comparative Nonprofit Sector Project.

Sartori, G. 1967. *Parties and Party Systems: A Framework for Analysis*. Cambridge: Cambridge University Press.

_________. 1986. "The Influence of Electoral Systems: Faulty Laws of Faulty Method?" in B. Grofman and A. Lijphart, eds. *Electoral Laws and Their Political Consequences*. New York: Agathon Press

_________. 1994. *Comparative Constitutional Engineering: An Inquiry into Structures, Incentives and Outcomes*. Basingstoke, UK: Macmillan.

Schmitter, P. 1979. "Still the Century of Corporatism?" in P. Schmitter and G. Lehmbruch., eds. *Trends Toward Corporatist Intermediation*. Beverly Hills, Calif.: Sage.

Shugart, M. and Carey, J. 1992. *Presidents and Assemblies: Constitutional Design and Electoral Dynamics*. New York: Cambridge University Press.

Singer, D. 1989. "The Level of Analysis Problem in International Relations," in J. Ikenberry, ed. *American Foreign Policy: Theoretical Essays*. New York: Pearson Longman Press.

Skocpol, T. 1985. "Bringing the State Back In: Strategies of Analysis of

Current Research," in P. Evans, D. Rueschemeyer, and T. Skocpol, eds. *Bringing the State Back In*. Cambridge: Cambridge University Press.

Snidal, D. 1985. "The Limits of Hegemonic Stability Theory." *International Organization* 39:4.

________. 1991. "Relative Gains and the Pattern of International Cooperation." *American Political Science Review* 85:3.

Snyder, G. 1984. "The Security Dilemma in Alliance Politics." *World Politics* 36.

Spero, J. 1985. *The Politics of International Economic Relations*. New York: St. Martin's Press.

Spiro, H. 1962. "Comprehensive Politics: A Comprehensive Approach." *American Political Science Review* 56.

Strange, S. 1979. "The Management of Surplus Capacity: or How Does Theory Stand Up To Protectionism 1970s Style?" *International Organization* 33.

________. 1985. "Protectionism and World Politics." *International Organization* 39.

________. 1987. "The Persistent Myth of Lost Hegemony." *International Organization* 41.

Strange, S. and Tooze, R. 1981. *The International Politics of Surplus Capacity*. London: George Allen & Unwin.

Strauss, L. 1983. "Jerusalem and Athens," in T. Pangle, ed. *Studies in Platonic Political Philosophy*. Chicago: University of Chicago Press.

Taagepera, R. and Shugart, M. 1989. *Seats and Votes: The Effects and Determinants of Electoral Systems*. New Haven, Conn.: Yale University Press.

Tavits, M. 2004. "The Size of Government in Majoritarian and Consensus Democracies." *Comparative Political Studies* 37:3.

Taylor, M. and Herman, V. 1971. "Party Systems and Government Stability," *American Political Science Review* 65.

The Union of International Associations, ed. 1999. *Yearbook of International Organizations*. London: K.G. Saur Verlag.

Tilly, C. 1978. *From Mobilization to Revolution*. Reading, Mass.: Addison-Wesley.

Truman, D. 1967. *The Governmental Process*. New York: Alfred Knopf.

Tufte, E. 1978. *Political Control of the Economy*. Princeton, NJ: Princeton University Press.

Valenzuela, S. and Valenzuela, A. 1978. "Modernization and Dependency: Alternative Perspectives on the Study of Latin American Underdevelopment." *Comparative Politics* 10.

Verba, S. and Nie, N. 1972. *Political Participation in America: Political Democracy and Social Equality*. New York: Harper and Row.

Verney, D. 1994. "Parliamentary Government and Presidential Government," in A. Lijphart, ed. *Parliamentary Versus Presidential Government*. Oxford: Oxford University Press.

Walleri, D. 1978. "The Political Economy Literature of North-South Relations." *International Studies Quarterly* 22.

Wallerstein, I. 1974 & 1980. *The Modern World System*. San Diego, Calif.: Academic Press.

Walt, S. 1988. "Testing Theories of Alliance Formation." *International Organization* 42:2.

Waltz, K. 1967. "International Structure, National Force, and the Balance of World Power." *Journal of International Affairs* 21.

________. 1979. *Theory of International Politics*. New York: Random House.

________. 1993. "The Emerging Structure of International Politics." *International Security* 18:2.

Ware, A. 1996. *Political Parties and Party Systems*. New York: Oxford University Press.

Wilson, J. 1983. *Social Theory*. Englewood Cliffs, NJ: Prentice-Hall.

Wolfinger, R. and Resenstone, S. 1980. *Who Votes?* New Haven, Conn.: Yale University Press.

Xenophon. 1932. *Cyropeaedia(The Education of Cyrus)*. W. Miller, trans. Cambridge, Mass.: Harvard University Press.

Zagare, F. 1984. *Game Theory, Concepts and Applications*. Beverly Hills, Calif.: Sage.

국제투명성기구 (인터넷: http://www.transparency.de).

반부패국민연대 (인터넷: http://ti.or.kr/index.html).

찾아보기

저자약력

김용민

한국외국어대학교 정치외교학과 교수(현)
미국 University of Chicago 정치학 박사

<주요논저>

- 『루소의 정치철학』 (인간사랑, 2004).
- 「정치에 있어서 정의와 우정: 플라톤과 크세노폰」. ≪한국정치학회보≫ 34:3(2000) 외 다수.

김웅진

한국외국어대학교 정치외교학과 교수(현)
미국 University of Cincinnati 정치학 박사

<주요논저>

- 『정치학연구방법론』 (명지사, 2005).
- 『신화와 성화: 과학방법론의 패권정치』(전예원, 2001) 외 다수.

김지희

한림대학교 연구교수(현)
한국외국어대학교 정치학 박사

<주요논저>

- 『대통령과 내각』(한국학술정보, 2007).
- 「신뢰와 내각의 안정성: 서유럽 내각제국가에 대한 교차사례분석」. ≪세계지역연구논총≫ 22:2(2004) 외 다수.

김형철

비교민주주의연구센터 연구위원(현)
한국외국어대학교 정치학 박사

<주요논저>

- 「민주주의 수준에 대한 사회경제적·정치제도 요인의 효과: 8개 신생민주주의 체제에 대한 경험적 비교연구」. ≪한국정치학회보≫ 41:1(2007).
- 「혼합식 선거제도로의 변화와 정치적 효과: 뉴질랜드, 일본, 그리고 한국을 중심으로」. ≪시민사회와 NGO≫ 5:1(2007) 외 다수.

안승국

비교민주주의연구센터 책임연구위원(현)
한국외국어대학교 정치학박사

<주요논저>

- 「동아시아에 있어서 민주주의 확산과 지역적 인과효과」. ≪국제지역연구≫ 10:2(2006).
- 「대만의 민주화과정 분석」. ≪한국정치학회보≫ 35:2(2001) 외 다수.

이상환

한국외국어대학교 정치외교학과 교수(현)
미국 Michigan State University 정치학 박사

<주요논저>

- 「동아시아 경제위기와 그 해법: 한국과 말레이시아 사례에 관한 비교분석」. ≪한국정치학회보≫ 36:2(2002).
- 「국제정치분야의 경험적 연구에 관한 분석: 국제정치논총과 한국정치학회보를 중심으로」. ≪국제정치논총≫ 41:4(2001) 외 다수.

홍재우

비교민주주의연구센터 연구위원(현)
미국 University of Missouri-Columbia 정치학 박사

<주요논저>

- 「민주주의 지지에 대한 정치제도의 영향력」. ≪한국정치학회보≫ 40:1(2006).
- "Ghana's Political Parties: How Ethno/Regional Variations Sustain the National Two-Party System." *Journal of Modern African Studies* 44:4(2006) 외 다수.

현대 정치학 강의

초판 1쇄 인쇄 2007년 8월 25일
초판 1쇄 발행 2007년 8월 30일

지은이 김웅진·김용민·김지희·김형철·안승국·이상환·홍재우
펴낸이 최병문

펴낸곳 명지사
주소 100-855 서울시 중구 장충동 2가 190-5 폴리빌딩
전화 02-2271-3117
팩스 02-2264-9029
이메일 mmzisa@yahoo.co.kr
등록 1978년 6월 8일 제5-28호

Printed in Seoul Korea.
ISBN 978-89-7125-179-9 93340

가격 25,000원